船工

牧童

落市归家

大宅院

柯桥

替姆妈看菜摊

农妇

说书

水上运输

老酒作坊

水果摊

竹器店

运棉忙

绍兴方言研究

SHAOXING FANGYAN YANJIU

王福堂 著

语文出版社
·北京·

图书在版编目（C I P）数据

绍兴方言研究 / 王福堂著. -- 北京 : 语文出版社,
2013.10
ISBN 978-7-80241-845-5

Ⅰ. ①绍… Ⅱ. ①王… Ⅲ. ①吴语－方言研究－研究
Ⅳ. ①H173

中国版本图书馆CIP数据核字(2013)第180127号

责任编辑　张双亭
装帧设计　李建章
出　　版　语文出版社
地　　址　北京市东城区朝阳门内南小街51号　100010
电子信箱　ywcbsywp@163.com
排　　版　河北新华第一印刷有限责任公司
印刷装订　北京市兆成印刷有限责任公司
发　　行　语文出版社　新华书店经销
规　　格　787mm×1092mm
开　　本　1/16
印　　张　23　　4插页
字　　数　331千字
版　　次　2015年12月第1版
印　　次　2015年12月第1次印刷
印　　数　1-3,000
定　　价　55.00元

010-65253954(咨询) 010-65251033(购书) 010-65250075(印装质量)

目　　录

第一章　绍兴方言声韵调

一　绍兴地区和绍兴方言简况

绍兴地区在我国东部沿海浙江省杭州湾南岸，会稽山北麓。境内南部为山区，北部沿海一带为平原，总面积约1500平方公里。气候温和，农业发达，经济富庶，文化传统深厚。

绍兴地区很早就有人类的活动。北邻杭州的良渚文化遗址和东邻余姚的河姆渡文化遗址，分别在五千年之前和七千年之前。绍兴本身也是一个历史名城，起源可以上溯到公元前两千多年的夏禹治水。《越绝书·记地传第十》说："禹始也忧民救水，到大越，上茅山，大会计，爵有德，封有功，更名茅山为会稽。"这是说绍兴原名由茅山改为会稽，和禹在当地计算众人治水的功绩一事有关。《史记·夏本纪》还说："帝禹东巡狩，至于会稽而崩。"说夏禹称帝后是在会稽去世（约公元前2078年）的。目前绍兴还有纪念夏禹的庙宇和陵墓。稍后的《吴越春秋》（卷六）又说："禹以下六世而得帝少康。少康恐禹祭之绝祀，乃封其庶子于越，号曰'无余'。"是说越的国君是禹的后人。以后越国传至勾践时，还曾与吴国争夺霸权，越国先被吴国征服，后又灭亡吴国。至此越国终于以僻远之邦逐鹿中原，称霸诸侯，但最后仍为楚击破。不过有关夏禹和会稽的说法可能有传说的成分，比较真切的史实要到勾践称霸后才能确定。《越绝书》也说："越王夫镡以上至无余，久远，世不可纪也。夫镡子允常，允常子勾践，大霸称王。"是说越国在国君夫镡、允常以前渺茫无法记载，要到夫镡、允常的后人勾践灭吴（公元前473年）称霸以后，才有信史。而这时已经是东周春秋时期了。

不过上古时期的越族并不是华夏族，越国实际上是由越族建立的。他们的语言应为越语，属壮侗语族而不属汉语。且越语至今已消亡无存，仅在《吴越春秋》《越绝书》《说苑》等书中还有一些零星的记载，书写成汉语的标音字。如“朱余”为“盐官”旧称，《越绝书·记地传第十》：“朱余者，越盐官也。越人谓盐曰‘余’。”越国的统治者当时和普通百姓一样操越语，或者只是统治集团转用汉语，这两种情况都是有可能的。但秦统一中国，汉武帝徙越民于江淮之间后，越地居民转为汉族，会稽话（或山阴话）转为汉语，则是肯定无疑的。虽然自古以来勾践的“卧薪尝胆”已成为会稽地区的骄傲，会稽“乃报仇雪耻之国，非藏垢纳污之区”也已成为本地的一种标榜，不过由于种族的变化，语言的换用，秦汉以来的绍兴方言已成为汉语方言，越语只能是其中的一种底层而已。

秦统一中国后，会稽改名山阴，属会稽郡。南北朝陈时，山阴分为山阴、会稽两县。唐时郡名改为越州，南宋时又改为绍兴府。清末民初废府，山阴、会稽合并，称绍兴县。1949年后，绍兴先后改为地区和市，现辖绍兴、上虞、嵊县、新昌、诸暨五县，市区改名越城区。目前的绍兴方言分布在绍兴市越城区和绍兴县境内，以及划入上虞县的原东关地区。

绍兴方言是一个颇为著名的汉语方言。这一方面是因为它历史悠久，另一方面也因为它是吴方言区具有代表性的方言之一。因此绍兴方言的传统研究开始得较早。目前还能看到的有以下几种著作：一是康熙时毛奇龄的《越语肯綮录》，二是乾隆时茹敦和的《越言释》，三是光绪时范寅的《越谚》。其中搜罗丰富，影响最大的，当数《越谚》。范氏在序中说，自己的写作是为了“使言之于口者悉达之于笔，淹雅者通今，谫陋者博古”。所以该书虽然为记录方言创造了不少自造字和标音字，但严守扬雄《方言》实录的传统，没有同时代人专重考据的弊病。周作人在该书的跋中说：“他是以记录俗语为目的，有一语即记录一语，纯是方言志的性质。”

最早按照现代语言学的观点和方法研究绍兴方言的著作，则要数德国人摩棱多夫（P.G.von Möllendorff）的《宁波方言的字音》（*The Ningbo Sillabary*，1901年）。这是一部研究宁波方言语音的著作，但附录中收入了宁波、绍兴、台州三个方言各约4000个字音的材料。绍兴方言的声韵和字音是由包斯菲尔德牧师（C.E.Bousfield）提供的。根据记音符号，可以了解绍兴方言声韵的确切音值，以及方言从当时至今天的某些音韵变迁。稍晚的著作有赵元任的《现代吴语的研究》（1928年）。该书介绍了江浙许多吴方言的声韵调、少量词语和语法成分，包括绍兴方言在内。该书运用现代语言学的理论和方法，成为汉语方言研究的新的范例，影响更大。后来很多关于吴方言研究和绍兴方言研究的文章，都是在它的基础上完成的。

目前绍兴方言研究已有较好的开展，研究者不乏其人。因为有《越谚》的传统，主要成果仍是方言词汇的调查和记录，如杨葳、杨乃浚的《绍兴方言》（2000年），车文耀的《绍兴方言词汇》（2005年）。也有一些结合地域历史文化特点的著作，如王敏红的《越谚与绍兴方俗语汇研究》（2009年），屠国平的《绍兴方言语音特征与越地语言文化》（2012年）。方言本体的研究，则有王福堂的《绍兴话记音》（1959年），吴子慧的《吴越文化视野中的绍兴方言研究》（2007年），以及市志和县志中绍兴方言的有关记载，等等。这方面其他比较完整的作品还没有见到。对于像绍兴方言这样一个具有一定重要性的方言来说，这显然是一种不足。有必要从各地区土话入手研究绍兴方言，撰写一部由现代语言学理论指导的，兼具语音、词汇、语法等多方面内容的基础性质的著作。这也是许多人共同的看法。

二 绍兴方言的声韵调

（一）声母

1. 绍兴方言共有29个声母

p p^h b m f v

t	tʰ	d	n		l
ts	tsʰ	dz		s	z
tɕ	tɕʰ	dʑ	ȵ	ɕ	ʑ
k	kʰ	g	ŋ	h	ɦ
∅					

2. 绍兴方言的声母有如下特点

（1）声母发音时具有明显的喉头作用。阴调字零声母有一个喉头闭塞音 ʔ。如“鸭”ˀæʔ꜆、“衣”꜀ˀi、“乌”꜀ˀu、“迂”꜀ˀy。阳调字的声母则带有喉头声带摩擦成分 ɦ。如“淡”꜃d$_{ɦ}$æ̃、“仲”dz$_{ɦ}$oŋ꜅、“袖”ʑ$_{ɦ}$iɤ꜅、“马”꜃m$_{ɦ}$o。边、鼻音声母在阴调出现时，也会带一个明显的喉头闭塞音，并减轻喉头声带摩擦。如“捞”꜀ˀlɒ、“搣”ˀmieʔ꜆。

（2）绍兴方言和其他吴方言一样，有一整套浊辅音声母。浊辅音 b、d、g、dz、dʑ、v、z、ʑ、ɦ 的发音方法和一般吴方言相同，成阻时声带不颤动，除阻时带有一个浊气流，实际上是清音浊流。赵元任在《现代吴语的研究》中根据刘半农的意见，标写为 b̥ɦ、d̥ɦ、g̊ɦ、d̥z̥ɦ、d̥ʑ̥ɦ、v̥ɦ、z̥ɦ、ʑ̥ɦ、ɦ̥ɦ。不过这是指浊声母字单念时说的。在语流中，它们还是地道的浊音，是浊音浊流，如 bɦ、dɦ、gɦ、dzɦ、dʑɦ、vɦ、zɦ、ʑɦ、ɦ。另外，浊的边、鼻音声母 l、m、n、ȵ、ŋ 却是成阻时带音，除阻时也有一个浊气流，可以用右下角加一个小的 ɦ 来表示，如 l$_{ɦ}$、m$_{ɦ}$、n$_{ɦ}$、ȵ$_{ɦ}$、ŋ$_{ɦ}$。

（3）各辅音发音时肌肉紧张程度和破裂性不等。清塞音 p、pʰ、t、tʰ、k、kʰ 最强，浊塞音 b、d、g 和清塞擦音 ts、tsʰ、tɕ、tɕʰ 次之，边、鼻音 l、m、n、ȵ、ŋ 又次之，浊塞擦音 dz、dʑ 更弱，听感上和浊擦音 z、ʑ 相去不远。绍兴方言的 p、pʰ、t、tʰ、k、kʰ 比北京方言的发音要硬一些。

3. 下面对各组辅音的发音部位略作描写，并与北京方言的同类辅音相比较

双唇音 p、pʰ、b、m，发音时双唇自然接触，下唇较上唇略为靠前，不像北京方言那样下唇要略微后退，还要抿起嘴唇来。

唇齿音 f、v，发音时下唇稍微后退，与上齿靠近，而北京方言的是下唇后退到上齿下面，好像上齿微微咬住下唇一样。

舌尖音，其中 t、tʰ、d、n 舌尖抵着上齿背，是舌尖前音，而北京方言的是舌尖抵着上齿龈，是舌尖中音。l 是舌尖抵着上齿龈，和北京方言的一样，也是舌尖中音。ts、tsʰ、dz、s、z 是舌尖后部抵着上齿背（同时舌尖抵着下齿背），或舌尖直接抵着上齿背，和北京方言的一样，是舌尖前音。

舌面音 tɕ、tɕʰ、dʑ、ȵ、ɕ、ʑ 比北京方言的要后一些，特别在韵母的主要元音是后元音时更要靠后，如“九” ꜂tɕ˧ iɤ、“牛” ꜁ȵ˧ iɤ（或 ꜁ɲiɤ）。

舌根音 k、kʰ、g、ŋ 比北京方言的稍后，如“解” ꜂ka、“壳” kʰoʔ꜆。在和不圆唇前元音 æ、ᴇ、e 配合时，舌根和软腭的接触部位往往前移并扩大，成为腭化辅音，同时辅音和元音之间出现一个过渡音，听起来像是一个很松的介音 i。如“间” ꜀kæ̃～꜀kʲæ̃、“甲” kæʔ꜆～kʲæʔ꜆、“开” ꜀kʰᴇ～꜀kʰʲᴇ、“岸” ŋẽ꜅～ŋʲẽ꜅、“搿” geʔ꜇～gʲeʔ꜇。跟其他元音配合时，没有这种腭化的现象。

喉门音 h、ɦ 是深喉音，不同于北京方言的浅喉音 x。h 在合口韵前，发音部位因舌根作用而稍稍上移，为 ħ。ɦ 的发音在齐合撮口韵前比在开口韵前的摩擦要轻，听起来像是带喉头摩擦成分的半元音 j、w、ɥ。如“蟹” ꜂ha、“火” ꜂hu（→ ꜂ħu）、“鞋” ꜁ɦa、“移” ꜁ɦi（→ ꜁jʱi）、“湖” ꜁ɦu（→ ꜁wʱu）、“雨” ꜃ɦy（→ ꜃ɥʱy）。

（二）韵母

1. 绍兴方言有57个韵母，其中阴声韵17个，鼻化韵9个，鼻尾韵11个，入声韵15个，声化韵5个

ɿ a ᴇ ɤ ɒ o æ̃ ẽ ø̃ aŋ əŋ ɒŋ oŋ aʔ æʔ eʔ əʔ øʔ oʔ

i ia iᴇ iɤ iɒ io iæ̃ iẽ iø̃ iaŋ iŋ iɒŋ ioŋ iaʔ ieʔ iøʔ ioʔ

u ua uᴇ uo uæ̃ uẽ uø̃ uaŋ uɒŋ uoŋ uaʔ uæʔ ueʔ uøʔ uoʔ

y

m̩ n̩ ȵ̩ ŋ̩ l̩

2. 绍兴方言韵母的特点

（1）没有复合元音。阴声韵有9个单元音。如“泰”tʰa꜄、“美”꜃mᴇ、“仇”꜁dzɤ、“毛”꜁mɒ、“多”꜀to、“被”꜃bi、“火”꜂hu、“椅”꜂y、“紫”꜂tsɿ。

（2）有入声韵，韵尾是一个喉塞音 ʔ，如“搭”tæʔ꜆。

（3）有3组鼻化韵：æ̃、iæ̃、uæ̃，ẽ、iẽ、uẽ，ø̃、iø̃、uø̃。如“办”bæ̃꜅、“念”ȵiæ̃꜅、“环”꜁guæ̃，“分”꜀fẽ、“天”꜀tʰiẽ、“昏”꜀huẽ，“盘”꜁bø̃、“原”꜁ȵiø̃、“管”꜂kuø̃。（曾听到有的老年人发音时末了带有一个轻微的舌尖鼻音 n，如“滚”꜂kuẽ$_{n}$，保留了发展出鼻化韵的鼻尾韵。）

（4）边、鼻音声母 l、m、n、ȵ、ŋ 可以单独发音，自成音节，构成声化韵。其中 l̩、ŋ̩ 可以单独成字，如“儿文”꜁l̩、“耳文”꜃l̩、“二文”l̩꜅、“鱼白”꜁ŋ̩、“五白午白”꜃ŋ̩。m̩、n̩、ȵ̩ 只在个别口语词中作为语素出现。如“姆妈”m̩꜄ ꜀mo、“姨娘”ȵ̩꜄ ꜁ȵiaŋ、“唔有”ȵ̩꜄ ꜃ȵiɤ、“唔得”꜀n̩ teʔ꜆。

（5）鼻尾韵的韵尾只有一个-ŋ。韵尾-ŋ 前的低元音多少有些鼻化，本身也呈弱化。如“忙”꜁mɒŋ、“阳”꜁ɦiaŋ 实际上是꜁mɒ̃^{ŋ}、꜁ɦiã^{ŋ}。

（6）入声韵的韵尾只有一个 -ʔ。如“合盒”ɦeʔ꜇、“一栉”ieʔ꜆、“北德”poʔ꜆。韵尾-ʔ 不强，在连读时消失，入声只是一个促调，如“合作”ɦe'꜇ tsoʔ꜆。

（7）韵母系统中没有的韵母也可出现在语助词中。如表假设的“呶”nɒʔ꜇。

3. 绍兴方言韵母中元音的发音特点

韵母中共有13个元音：i、y、e、ø、ᴇ、æ、a、ɒ、o、ɤ、u、ə、ɿ。元音发音时肌肉不很紧张，舌位略略偏央，因此音色比较模糊。高元音 i、u、y 发音时带有双唇或舌面的摩擦：i$_{j}$、u$_{w}$、y$_{ɥ}$。唇形接近自然状态，圆唇元音不很圆，开唇元音不很展。下面对各元音的发音部位用严式音标描写，并举数例（例字用宽式音标标音）。

i [i˧]“基”꜀tɕi，“皮”꜁bi，“英”꜀iŋ。

y [y˧]“雨”꜃ɦy，“居”꜀tɕy，“书”꜀ɕy。

e [e⊣⊥] “门” ꜁mẽ，“捆” ꜂kʰuẽ，“褐” eʔ꜆，“骨” kueʔ꜆。

ø [ø⊣⊥] “满” ꜃mø̃，“掇” tøʔ꜆；[ɵ⊣⊥]——在 u 后：“碗” ꜂uø̃，“殟” uøʔ꜆。

ᴇ [ᴇ⊣] “坯” ꜀pʰᴇ，“推” ꜀tʰᴇ，“海” ꜂hᴇ。

æ [æ⊣⊥] “慢” mæ̃꜅，“关” ꜀kuæ̃，“塔” tʰæʔ꜆，“刮” kuæʔ꜆。

a [a⊣]——单用或在 i 后：“拜” pa꜄，“夜” ɦia꜅，“麦” maʔ꜇；[ᴀ]——在 u 后：“怪” ꜂kua，“划” ɦuaʔ꜇。

ɒ [ɒ⊢] “帽” mɒ꜅，“岛” ꜂tɒ，“高” ꜀kɒ；[ɒ⊢⊥]——在 i 后：“小” ꜂ɕiɒ。

o [o⊢⊥]——阴声韵中：“波” ꜀po，“多” ꜀to，“鹅” ꜁ŋo；[o⊢]——入声韵中：“木” moʔ꜇，“独” doʔ꜇；[ʊ⊢⊤]——鼻尾韵中：“东” ꜀toŋ，“公” ꜀kuoŋ。

ɤ [ɤ⊢⊤] “某” ꜃mɤ，“藕” ꜃ŋɤ，“羞” ꜀ɕiɤ。

u [u⊢] “古” ꜂ku，“乌” ꜀u。

ə [ə⊥] “能” ꜁nəŋ，“得” təʔ꜆。

ɿ [ɿ⊣] “资” ꜀tsɿ，“史” ꜀sɿ。

此外，声化韵中，l̩ 的部位较声母 l 为后，而且有些卷舌，接近顶音。m̩、n̩、ȵ̩、ŋ̩ 跟声母 m、n、ȵ、ŋ 相同。

（三）声调

绍兴方言有8个声调：平上去入，各分阴阳。列表如下：

①阴平 ꜀□ 52　③阴上 ꜂□ 335　⑤阴去 □꜄ 33　⑦阴入 □꜆ 45

②阳平 ꜁□ 231　④阳上 ꜃□ 113　⑥阳去 □꜅ 11　⑧阳入 □꜇ 23

声调中，阴上、阳上开头的平调部分实际上有点降，阴去、阳去的平调实际上也有点降。阴入调是个升调，和一般记作平调的不同。

绍兴方言声调中低调较多，而且比北京方言的整个音域也都要低一些。比如听起来阴平就没有北京方言的去声高，北京人认为只是个41。

综上所述，绍兴方言有浊声母，阳调字声母带有喉头 ɦ 摩擦成分，元音音色比较模糊，有鼻化韵和声化韵，声调中有一半是低调。这些就构成了绍兴方言语音重浊低沉的特色。

三　绍兴方言的音韵

（一）声韵调的配合

1. 绍兴方言声母和韵母的配合

绍兴方言声母韵母的配合主要决定于声母的发音部位和韵母的开齐合撮，跟方言本身的特点也有关。下面是声母韵母配合表。（表格里的空缺表示其中的声母韵母不能配合。）

声　母	开	齐	合	撮
p p^h b m f v	+	+	+	
t t^h d n	+	+	+	
l	+	+	+	+
ts ts^h dz s z	+		+	
tɕ $tɕ^h$ dʑ ȵ ɕ ʑ		+		+
k k^h g h	+		+	
ŋ	+			
ɦ ∅	+	+	+	+

（1）唇音 p、p^h、b、m、f、v 主要和开口韵配合。合口韵只限于 u 韵母，如“布” bu꜄、“富” fu꜄。f、v 齐齿韵限于 i 韵母，如“飞” ꜀fi、“维” ꜁vi，合音字“覅” fiɒ꜄ 是唯一的例外。

（2）t、t^h、d、n、l 主要和开口韵配合。合口韵只限于 u 韵母，如“肚” ꜃du、“奴” ꜁nu。n 除了书面语才用的“你” ꜃ni 一字外，不跟其他齐齿韵配合。只有 l 声母有撮口韵，如“旅” ꜃ly文 ꜃li白。

（3）ts、ts^h、dz、s、z 主要和开口韵配合。合口韵也只限于 u 韵母。如“粗” ꜀ts^hu、“苏” ꜀su。一般不能和齐撮韵配合。不过清末时有一些人被称为堕民（写作“堕贫”，音同“大瓶”），社会地位低下，受到周围人的歧视。他们口音中的 ts 组（中古精组）声母却是可以和细韵配合的。比如，把绍兴方言的“酒” ꜂tɕiɤ 念成 ꜂tsiɤ、“须”

꜀ɕy 念成 ꜀sy 等（这实际上是保存了较古的“尖音”）。这种“堕贫口音”也同样受到歧视。民国以后提倡社会平等，他们的子弟开始上学，这种口音就越来越少。解放后，已经听不到这种口音了。

（4）tɕ、tɕʰ、dʑ、ȵ、ɕ、ʑ 只与齐撮韵配合，不与开合韵配合。如“鸡” ꜀tɕi、“树” ʑy꜅。ȵ 与 n 两个声母，大多数情况下 n 只在开合韵前出现，ȵ 只在齐撮韵前出现。如“难” ꜁næ̃、“怒” nu꜅，“泥” ꜁ȵi、“女” ꜃ȵy。但前述“你”字可能因为是从官话借入的，n 声母可以和齐齿韵配合，因此“你” ꜃ni ≠ “耳” ꜃ȵi，相互对立。这样，ȵ 与 n 就不能归入同一个音位了。

（5）k、kʰ、g、h 有开合韵，没有齐撮韵，ŋ 有开口韵，没有齐合撮韵。如“该” ꜀kᴇ、“掐” kʰæʔ꜆、“烘” ꜀huoŋ、“岳” ŋoʔ꜇。

（6）零声母阴调四呼俱全。如“压” æʔ꜆、“幽” ꜀iɤ、“乌” ꜀u、“迂” ꜀y。

（7）阳调字没有零声母。ɦ 声母四呼具全。与开口韵配合时摩擦明显，如“鞋” ꜁ɦa。与齐合撮口韵配合时，摩擦减弱成为半元音 j、w、ɥ，如“有” ꜃ɦiɤ→꜃jɦiɤ、“湖” ꜁ɦu→꜁wɦu、“预” ɦy꜅→ɥɦy꜅。齐合撮口韵的 ɦ 声母，按实际音值也可以分别标作 j、w、ɥ（宽式标音 ɥ 也可以写作 j），甚至处理为零声母 i、u、y，仅只开口韵有 ɦ 声母。这些都只是处理上的不同考虑。

（8）声化韵 l̩、m̩、n̩、ȵ̩、ŋ̩ 不能以等呼论。考察来源，l̩ 是几个古止摄开口日母字的读书音，可能是无法标写借入的官话的卷舌元音，就用吴方言音近的声化韵 l̩ 来替代了。如“耳” ꜃l̩文 ꜃ȵi白。ŋ̩是由古疑母遇摄合口字演变来的。如“五” ꜃ɦu文 ꜃ŋ̩白。（在感叹词中，ŋ̩ 还可以和声母 h 直接配合，如“哼” ꜀hŋ̩。）m̩、n̩、ȵ̩ 则是同化作用等的结果。如“姨娘” ȵ̩꜄（ɦi）꜁ȵiaŋ、“唔有” ȵ̩꜄（ŋ̩）꜃ȵiɤ（ɦ-）、“唔得” ꜀n̩（ŋ̩）teʔ꜆。

2. 绍兴方言声母和声调的配合

绍兴方言保存了古浊声母的浊音音值，又完整地保存了古调类。古调类按声母清浊分化为二，同名调调型相近（其中阳平调231因为有调头的缘故和阴平调52不太一样）。这就有了绍兴方言声母和声调相配合的特殊关系：清声母字（全清声母字和次清声母字）读阴调，浊声母字（全浊声母字和次浊声母字）读阳调。如“哥” ꜀ko、“剪” ꜂tɕiẽ、“汉” hẽ꜄、“劈” pʰieʔ꜆；“锄” ꜁dzu 文 ꜁zɿ 白、“造” ꜃zɒ、“地” di꜅、“或” ɦuoʔ꜇；“鹅” ꜁ŋo、“尾” ꜃vi 文 ꜃mi 白、“二” ȵi꜅、“落” loʔ꜇。不过次浊声母中边、鼻音声母 l、m、n、ȵ、ŋ 的个别字也可以和阴调配合，造成例外。如“捞” ꜀lɒ、“搣” mieʔ꜆、“挠” ꜀nɒ、“扭” ꜂ȵiɤ、“齆～鼻头” ŋ̍꜄。

(二) 绍兴方言声韵调配合的特点

（1）介音只有 i、u 两个。撮口韵只有一个 y 本韵。

（2）合口韵不丰富。除 k、kʰ、g、h、ɦ 及零声母有较多的合口韵以外，ŋ 声母没有合口韵，其他声母的合口韵只限于和 u 韵母本身的配合。

（3）清浊声母分别和阴阳调相配合，声调的阴阳可以按声母的清浊来区分。

四 绍兴方言声韵调的变化

绍兴方言字音中的声韵调有一定的配合规律，但也常会有一些变化。这种变化，部分和文白异读有关，部分是语流音变的结果，部分和内部分歧相关。下面分别叙述。

（一）文白异读

字音中声韵调的这种变化，是外方言——主要是官话方言——影响的结果。外方言的影响使字音增加了读音。这种读音开始时主要用于正式场合，因此称为读书音，简称“文”，原有的读音相应地称为口语音，简称“白”。不过绍兴方言某些音类也有一些字音一方面经历演变，一方面又在某些词语中保持原有读音。这种形成原因不同的读音一般也称为文白异读。如“拖” ꜀tʰo 文 ꜀tʰa 白，～箱子、“顷” ꜂tɕʰiŋ 文 ꜂tɕʰiaŋ 白，来得一～哉。不过这一类的口语音数量很少，因此需要特别注意。

由于外方言影响造成的文白异读，可以分声母、韵母两方面来说。

1. 声母的文白异读

（1）个别奉母字读书音 v，口语音 b。如“肥” ꜁vi 文 ꜁bi 白。“肥”字口语音是分化出奉母的並母的念法。

（2）个别微母字读书音 v，口语音 m。如“蚊” ꜁vẽ 文 ꜁mẽ 白、“忘” vɒŋ꜅ 文 mɒŋ꜅ 白。这些口语音是分化出微母的明母的念法。

（3）日母大部分字读书音 z，口语音 ȵ，口语音转为读书音时，韵母要由齐齿转为开口。如“人” ꜁zẽ 文 ꜁ȵiŋ 白、“让” zaŋ꜅ 文 ȵiaŋ꜅ 白、“日” zeʔ꜇ 文 ȵieʔ꜇ 白。日母小部分字（止摄开口韵）读书音为声化韵 l̩。如“二” l̩꜅ 文 ȵi꜅ 白。

（4）见系开口二等部分字读书音 tɕ、tɕʰ、ȵ、ɕ、ɦ（i），口语音 k、kʰ、ŋ、h、ɦ、ø，口语音转为读书音时，韵母要由开口转为齐齿。如“解见” ꜂tɕia 文 ꜂ka 白、“敲溪” ꜀tɕʰiɒ 文 ꜀kʰɒ 白、“岩疑” ꜁ȵiẽ 文 ꜁ŋæ̃ 白、“眼岩” ꜃ɦiẽ 文 ꜃ŋæ̃ 白、“孝晓” ɕiɒ꜄ 文 hɒ꜄ 白、“杏匣” ꜃ɦiŋ 文 ꜃ɦaŋ 白、“莺影” ꜀iŋ 文 ꜀aŋ 白。

2. 韵母的文白异读

（1）果摄一等字韵母都为 o。如“搓” ꜀tsʰo、“戈” ꜀ko。个别字却又保持早期的韵母 a（ia）。如“破” pʰo꜄ 文 pʰa꜄ 白、“左” ꜂tso 文 tɕia꜄ 白，～手。但一等字韵母见系个别字又进一步高化为 u。如“荷” ꜁ɦo 文，～花，꜁ɦu 白，～包蛋，“和” ꜁ɦo 文，～气，꜁ɦu 白，爹～儿子。

（2）假摄二等字为 o。如“茶” ꜁dzo。但个别章组字保持较早读音 a，如“扯” ꜂tsʰa，或引入读书音，如“射” zᴇ꜅ 文 zo꜅ 白。

（3）遇摄一等模韵为 u。如“徒” ꜁du。但明、泥母后也保持较早的韵母 o，如“墓” mu꜅ mo꜅ 文、“怒” nu꜅ no꜅ 文；疑母后则声母吞没韵母成为声化韵 ŋ̍，如“五” ꜃ɦu 文 ꜃ŋ̍ 白。三等鱼韵保持古开口韵，如精组字“蛆” ꜀tɕʰi 白、知系字“鼠” ꜂tɕʰy 文 ꜂tsʰɿ 白、见组字“锯” tɕy꜄ 文 kᴇ꜄ 白。

（4）蟹摄字一等咍韵为 ᴇ，如“台” ꜁dᴇ。但个别字归入泰韵为 a，如“戴” tᴇ꜄ 文 ta꜄ 白。

（5）止合三精知照组字读书音 ᴇ，口语音 ʅ，如“嘴精纸” ᶜtsᴇ文 ᶜtsʅ白、“水审旨” ᶜsᴇ文 ᶜsʅ白。见系字读书音 uᴇ，口语音 y，如“龟见脂” ꜀kuᴇ文 ꜀tɕy白、“亏溪支” ꜀kʰuᴇ文 ꜀tɕʰy白、“柜群至” guᴇ꜊文 dʑy꜊白、“围喻微” ꜁ɦuᴇ文 ꜁ɦy白。

（6）梗摄开口二等字读书音 əŋ、iŋ 或 əʔ，口语音 aŋ 或 aʔ，如“生” ꜀səŋ文 ꜀saŋ白、“杏” ᶜɦiŋ文 ᶜɦaŋ白、“石” zəʔ꜆文 zaʔ꜆白。合口二等字读书音 əŋ，口语音 uaŋ，如“横” ꜁ɦəŋ文 ꜁ɦuaŋ白。三等字为 iŋ，但个别字保留口语音 iaŋ，如“顷” ᶜtɕʰiŋ文 ᶜtɕʰiaŋ白，来得一～哉。

（7）通摄合口三等泥母知系见组声母字读书音 oŋ、uoŋ 或 oʔ，口语音 ioŋ 或 ioʔ，如“浓” ꜁noŋ文 ꜁ȵioŋ白、“戎” ꜁zoŋ文 ꜁ȵioŋ白、“拱” ᶜkuoŋ文 ᶜtɕioŋ白、“叔” soʔ꜀文 ɕioʔ꜀白。

（二）语流音变

1. 许多声母念塞擦音 dz、dʑ 的字（从澄床母）在口语中丢掉了闭塞成分，念成单纯的擦音 z、ʑ

从　“才”“财” ꜁dzᴇ～꜁zᴇ，“辞”“词” ꜁dzʅ～꜁zʅ，
　　“凿” dzoʔ꜆～zoʔ꜆。

澄　“槌” ꜁dzᴇ～꜁zʅ，“尘” ꜁dzẽ～꜁zẽ。

床　“锄” ꜁dzu～꜁zʅ，“常” ꜁dzɒŋ～꜁zɒŋ。

有些原来应该是擦音 z、ʑ 的字（邪禅母），口语中有时反而有一个闭塞成分，念成塞擦音 dz、dʑ：

邪　“随” ꜁dzᴇ～꜁zᴇ，“穗” dzᴇ꜊～dzʅ꜊～zʅ꜊，
　　“序” ᶜdʑy～ᶜʑy～ʑy꜊。

禅　“尝” ꜁dzɒŋ～꜁zɒŋ，“属” dzoʔ꜆～zoʔ꜆，
　　“殊” ꜁dʑy～꜁ʑy。

2. 口语中语流迅速，一些常用而非语句意义重点的词（如系词、语助词和个别副词、量词），声母韵母往往发生变化

大致有下列几种情况：

（1）声母清和浊的转换（同音字在右上角以星号＊表示，下同）

咯　得　哉　东* 带* 借*　及*　介 都

清　koʔ　təʔ　tsᴇ　toŋ　ta　tɕia　tɕieʔ　ka　tu

|　|　|　|　|　|　|　|　|

浊　goʔ　dəʔ　dzᴇ　doŋ　da　dʑiaʔ　dʑieʔ　ga　du

（2）零声母及次浊声母的喉头闭塞作用和喉头摩擦音 ɦ 的转换

咦　啊　噢　咳　呵　嘞　呐　唻　末*　脑*

清　ˀi　ˀa　ˀɒ　ˀᴇ　ˀo　ˀlæʔ　ˀneʔ　ˀlᴇ　ˀmeʔ　ˀnɒ

|　|　|　|　|　|　|　|　|　|

浊　ɦi　ɦa　ɦɒ　ɦᴇ　ɦo　lɦæʔ　nɦeʔ　lɦᴇ　mɦeʔ　nɦɒ

（3）韵母舒声和入声的转换

还　是　个　歇

舒　꜁ɦuæ̃　꜃zᴇ　ko꜄　꜀ɕi

|　|　|　|

入　ɦuæʔ꜇　zeʔ꜇　koʔ꜆　ɕieʔ꜆

（4）入声韵母元音的转换

得　特　咯

təʔ　dəʔ　goʔ

|　|　|

teʔ　deʔ　geʔ

其中“咯”（“个”的入声写法）在语流中声韵的变化最多，如 ko꜄ 一~、koʔ꜆ ~ goʔ꜇ 拨我~、keʔ꜆ ~geʔ꜇ 一~人、gəʔ꜇ 九~人。但也有些见系字声韵不变，如语助词“过”ku꜄、“叫”tɕiɒ꜄、“亨”haŋ꜄，其中除喉头清擦音 h 一般不易变化较明确外，其他原因还不清楚。

3. 个别入声字的韵母可以丢掉介音

鼻 bieʔ꜇ ——鼻头 beʔ꜇ ꜁dɤ

别 bieʔ꜇ ——别人家 beʔ꜇ ꜁ȵiŋ ꜀ko

粒 lieʔ꜇ ——颗粒 ꜀kʰo ꜀leʔ꜇

4. 语流中，副词“勿”“只”、语助词“咯”可以跟后面经常连用的字合音，由两个音节合并成一个音节，成为合音字。（“勿”声母为 v，合音字声母为 f，清浊不同，其中应有不同的原因。）

勿要 veʔ꜇ iɒ꜄ →覅 fiɒ꜄

勿用 veʔ꜇ ɦioŋ꜅ →甮 foŋ꜄，꜀foŋ

勿会 veʔ꜇ ɦuᴇ꜅ →𣍐 fᴇ꜄，꜀fᴇ

只要 tseʔ꜆ iɒ꜄ →嘦 tɕiɒ꜄

只有 tseʔ꜆ ꜃ɦiɤ →⿰只有 tɕiɤ꜄

“咯” goʔ꜇ 则可以分别跟“啊” a、“噢” ɒ、“呵” ɦo、“咳” ɦᴇ 等合成一个音节。但这种合音比较灵活，字形上也没有写成专门的合音字。例如：

去勿得咯啊（或噢）！tɕʰi꜄ veʔ꜇ təʔ꜆ ga（或 gɒ）—— 可不能去啊！

勿见得咯呵！veʔ꜇ tɕiẽ꜄ təʔ꜆ go——不见得吧！

卖菜咯咳！挑过来！ma꜅ tsʰᴇ꜄ gᴇ，꜀tʰiɒ ku꜄ ꜁lᴇ——卖菜的！挑过来！

（三）内部分歧

绍兴境内东西两部分从南北朝以后长期分立为会稽、山阴两县，清末民初才合而为一。分县时和合并后都有一些不大的内部分歧，分别称会稽口音和山阴口音，现称东头埭话和西头埭话。城区话属东头埭话。目前东头埭话有很大的发展，西头埭话则已经退缩到县郊西北角的柯桥、安昌一带，分布地区缩小很多。

下面分别从人口、年龄和地域的角度简单介绍绍兴方言的内部差别。

1. 老中青差别

（1）《越谚》和《现代吴语的研究》所记都没有反映绍兴方言 h、ɦ 声母合口韵字可以念成 f、v 声母的情况。笔者的口音也没有这种现象（只个别字有混淆的）。但目前城区各种年龄的人 h、ɦ 声母合口韵字都可以念成 f、v 声母。如“火” ꜂hu～꜂fu、“花” ꜀huo～꜀fo、“糊” ꜁ɦu～꜁vu、“话” ɦuo꜅～vo꜅。

（2）城区口语中，来自咸山臻摄的几个鼻化韵和入声韵的字，韵母可以有两个至三四个又读，但并不表示文白之分。如咸摄开口一等、山臻摄合口一二三等，舒声字两读：

ẽ ～ø̃　“南” ꜀nẽ～ ꜀nø̃，“村” ꜀tsʰẽ～ ꜀tsʰø̃

uẽ～uø̃　“宽” ꜀kʰuẽ～ ꜀kʰuø̃，“欢” ꜀huẽ～ ꜀huø̃

促声字两读至四读：

eʔ～øʔ　“突”deʔ꜆～døʔ꜆

eʔ～øʔ～oʔ　“说”seʔ꜇～søʔ꜇～soʔ꜇

eʔ～øʔ～oʔ～əʔ　“捋”leʔ꜆～løʔ꜆～loʔ꜆～ləʔ꜆

iøʔ～ioʔ　“掘”dʑiøʔ～dʑioʔ

ueʔ～uøʔ　“骨”kueʔ꜇～kuøʔ꜇

ueʔ～uøʔ～uoʔ　“扩”kʰueʔ꜇～kʰuøʔ꜇～kʰuoʔ꜇

至21世纪90年代时，城区方言又有一些变化，其中老年人口音如下：

（1）iøʔ 韵母字归入 ioʔ 韵母，“掘”dʑioʔ꜆ 与“局”同音。

（2）uøʔ 韵母趋于消失，原与 uøʔ 相混的 ueʔ 韵母字又读 uoʔ 韵母，如“骨”kueʔ꜇ 又音 kuoʔ꜇，与“国”相同。

（3）部分 ts 组声母 ẽ 韵母字又读 ø̃ 韵母，如“战”tsẽ꜄ 又音 tsø̃꜄，与“钻”相同，“参人～” ꜀sẽ 又音 ꜀sø̃，与“酸”相同。部分 k 组声母 uẽ 韵母字又读 uø̃ 韵母，如“昆” ꜀kʰuẽ 又音 ꜀kʰuø̃，与“宽”相同。

（4）部分 ẽ、eʔ 韵母字有新读音 əŋ、əʔ 韵母，如“斟” ꜀tsẽ 新读 ꜀tsəŋ，与“蒸”相同，“痕” ꜁ɦẽ 新读 ꜁ɦəŋ，与“衡”相同，“涩室适”seʔ꜇ 新读 səʔ꜇，与“色”相同。

（5）文白异读 io文 o白 有了新文读 ia，如“家”原音 ꜀tɕio文 ꜀ko白，又音 ꜀tɕia文。

2. 地域差别

绍兴城区及东郊直至县界（包括邻县上虞曹娥江以西的东关地区），语音相似，大致是东头埭话。西头埭话只分布在西北远郊柯桥、安昌一带，又因萧山方言影响，有一些特点。另外，平水以南的山区王坛、稽东等地，因嵊县方言影响，也有一些特点。如：

（1）止合三知系字韵母城区为 y，少数有口语音 ʅ，但王坛、稽东只读 ʅ。如“鼠” ꜂tsʰʅ。

（2）咸山摄开口一等覃寒韵见系字、咸山摄开口三等知系字，城

区为 ẽ，柯桥、安昌为 ø̃。如柯桥“含” ꜁ɦø̃、“陕” ꜂sø̃、“看” kʰø̃꜄、“扇” sø̃꜄。

（3）山摄合口一等韵、三四等韵见系字，城区为 ø̃、iø̃、uø̃，柯桥、安昌为 ə̃、uə̃、yə̃。如柯桥“潘” ꜀pʰə̃、“完” ꜁ɦuə̃、“劝” tɕʰyə̃꜄。

（4）清上归阴平。如柯桥“体” ꜀tʰi、“耿” ꜀keŋ。

第二章　绍兴方言连读变调

一　绍兴方言的本调和变调

绍兴方言连读变调的情况较为复杂。字调在单念时和跟别的字连念时固有不同，连字成词和不成词也可能不一样，个别同形词还有依靠不同变调来区别意义的。不过，连读变调规律中也会有一些例外。

绍兴方言的8个声调，称为本调。在连读中又可生成7个变调。这样，口语中实际出现的声调就多达15个。

7个变调如下：

①超平55 ②变上115 ③升入$\underline{25}$ ④降入$\underline{54}$ ⑤上入5

⑥中入3 ⑦下入1

二　不成词两字变调

不成词两字结构计有述宾、主谓、述补、偏正、并列五种。其中述补、偏正、并列三种结构的变调和成词两字变调相同，述宾、主谓两种结构各有特殊的变调。叙述如下：

（一）述宾结构两字变调表

左面表头为前字声调，上面表头为后字声调。标写的调值为变调值，为方便起见，略去入声调值下的横线。下同。

	阴平	阳平	阴上	阳上	阴去	阳去	阴入	阳入
阴平	抽签	耕田	浇水	舂米	挑担	生病	烧粥	煎药
	33 52	55 231	55 335	55 113	33 55	55 11	55 45	55 23

阳平	磨刀	摇船	寻死	骑马	查账	抬轿	留级	磨墨
	11 52	55 231	55 335	55 113	11 55	55 11	55 45	55 23
阴上	扭痧	掸尘	解手	闯祸	讨债	写字	打铁	补袜
	33 52	55 231	55 335	55 113	33 55	55 11	55 45	55 23
阳上	坐车	养牛	舀水	犯罪	上当	坐轿	犯法	上学
	11 52	55 231	55 335	55 113	11 55	55 11	55 45	55 23
阴去	戒烟	扇茶	救火	送礼	唱戏	做寿	过节	戽浴
	33 52	55 231	55 335	55 113	33 55	55 11	55 45	55 23
阳去	背书	骂人	磨粉	认罪	射箭	认字	炼铁	念佛
	11 52	55 231	55 335	55 113	11 55	55 11	55 45	55 23
阴入	吃烟	杀头	握手	发痒	织布	触电	出血	脱袜
	3 52	5 231	5 335	5 113	3 55	5 11	5 45	5 23
阳入	读书	掘潭	拔草	落雨	立志	入味	落雪	服毒
	1 52	5 231	5 335	5 113	1 55	5 11	5 45	5 23

（二）述宾结构两字变调规律

1. 后字为阴平、阴去的

前字——舒声去声不变，阴平、阴上变同阴去，阳平、阳上变同阳去，促声阴入变中入，阳入变下入。

后字——阴平不变，阴去变超平。

2. 后字为阴上、阴入、阳调的

前字——舒声变超平，促声变上入。

后字——不变。

（三）主谓结构两字变调表

	阴平	阳平	阴上	阳上	阴去	阳去	阴入	阳入
阴平	山高	花红	天好	书重	心细	刀钝	肩阔	天落
	55 52	55 231	55 335	55 113	55 33	55 11	55 45	55 23
阳平	人凶	毛长	茶苦	皮厚	头痛	鞋大	柴湿	皮薄
	115 52	115 231	115 335	115 113	115 33	115 11	115 45	115 23
阴上	水清	水浑	胆小	水冷	狗叫	火旺	手湿	纸薄
	335 52	335 231	335 335	335 113	335 33	335 11	335 45	335 23

阳上	眼花	卤咸	雨小	罪重	马快	米糯	眼瞎	稻熟
	115 52	115 231	115 335	115 113	115 33	115 11	115 45	115 23
阴去	醋酸	筷长	炮响	税重	屁臭	菜烂	气急	酱辣
	55 52	55 231	55 335	55 113	55 33	55 11	55 45	55 23
阳去	病多	夜长	夜短	路远	雾散	雾大	路阔	树直
	55 52	55 231	55 335	55 113	55 33	55 11	55 45	55 23
阴入	笔粗	国强	脚小	壳厚	竹细	屋漏	脚阔	壳薄
	5 52	5 231	5 335	5 113	5 33	5 11	5 45	5 23
阳入	鹤飞	蜜甜	药苦	墨淡	袜臭	月大	墨黑	麦熟
	25 52	25 231	25 335	25 113	25 33	25 11	25 45	25 23

(四) 主谓结构两字变调规律

前字——阴上不变调，阳平、阳上变为变上，阴平、去声变超平，阴入变上入，阳入变升入。

后字——不变调。

(五) 其他不成词两字变调

除述宾、主谓两种结构有变调以外，单音词与语助词“咯”“得”等结合为两音节结构，也要发生特殊的连读变调。两字变调表（竖行列形容词“酸”“甜”等，横行列语助词“哉”“俫”等，横行缺阴上例）如下：

	阴平	阳平	阴上	阳上	阴去	阳去	阴入	阳入
阴平	酸哉	酸俫		酸呶	酸过	酸患*	酸咯	酸末
	33 52	55 52		55 52	33 55	33 55	55 54	55 54
阳平	甜哉	甜俫		甜呶	甜过	甜患*	甜咯	甜末
	11 52	115 52		115 52	11 55	11 55	115 54	115 54
阴上	小哉	小俫		小呶	小过	小患*	小咯	小末
	335 52	33 52		33 55	335 52	335 52	33 5	33 5
阳上	老哉	老俫		老呶	老过	老患*	老咯	老末
	115 52	11 52		11 55	115 52	115 52	11 5	11 5
阴去	臭哉	臭俫		臭呶	臭过	臭患*	臭咯	臭末
	33 55	33 33		33 33	33 33	33 33	33 3	33 3

阳去	大哉	大唻	大呶	大过	大患*	大咯	大末
	11 55	11 11	11 11	11 11	11 11	11 1	11 1
阴入	黑哉	黑唻	黑呶	黑过	黑患*	黑咯	黑末
	3 55	3 52	3 55	3 55	3 55	3 5	3 5
阳入	白哉	白唻	白呶	白过	白患*	白咯	白末
	1 55	1 52	1 55	1 55	1 55	1 5	1 5

(六) 单音词和语助词组成的两字结构变调规律

前字——阴平在阴平、去声前变同阴去，其他变高平；阳平在阴平、去声前变同阳去，其他变变上；上声在阴平、去声前不变，其他前阴上变同阴去，阳上变同阳去；去声不变；阴入变中入，阳入变下入。

后字——阴平在平声、上声后变同阴平，去声、入声后变高平；阳平在平、上、入声后变阴平，去声后不变；上声在平声后为阴平，上、入声后为高平，去声后不变；去声在平、入声后为高平，上声后为阴平，去声后不变；入声在平声后为降入，上声、入声后变上入，阴去后变中入，阳去后变下入。

三 成词两字变调

(一) 成词两字变调表

	阴平	阳平	阴上	阳上	阴去	阳去	阴入	阳入
阴平	花生	青年	辛苦	修养	天性	鸡蛋	方法	科学
	33 52	33 52	33 55	33 55	33 55	33 55	33 5	33 5
阳平	梅花	人民	桃子	朋友	同志	文字	人客	明白
	11 52	11 52	11 55	11 55	11 55	11 55	11 5	11 5
阴上	普通	本能	欣赏	海马	考试	指示	改革	枕木
	335 52	335 52	335 52	335 52	335 52	335 52	335 54	335 54
阳上	尾巴	苎麻	老酒	父母	武器	友谊	道德	老实
	115 52	115 52	115 52	115 52	115 52	115 52	115 54	115 54

阴去	战争	太阳	懊悔	供养	记忆	志愿	宪法	数目
	33 33	33 33	33 33	33 33	33 33	33 33	33 3	33 3
阳去	地方	问题	代表	运动	忘记	电话	未必	练习
	11 11	11 11	11 11	11 11	11 11	11 11	11 1	11 1
阴入	作家	铁桥	色彩	给养	客气	速度	法则	克服
	3 52	3 52	3 55	3 55	3 55	3 55	3 5	3 5
阳入	蜜蜂	石榴	翼膀	活动	白菜	实现	密切	学习
	1 52	1 52	1 55	1 55	1 55	1 55	1 5	1 5

（二）成词两字变调规律

1. 前字平声、入声的

前字——阴平变同阴去，阳平变同阳去；阴入变中入，阳入变下入。

后字——平声变同阴平，上声、去声变超平，入声变上入。

2. 前字上声的

前字——阴上不变，阳上变为变上。

后字——舒声变同阴平，促声变为降入。

3. 前字去声的

前字——不变。

后字——前字阴去后舒声变同阴去，促声变中入；前字阳去后舒声变同阳去，促声变下入。又舒声变超平，促声变上入。

上面规律3中后字的两种不同变调，条件还不清楚。

（三）前字去声的个别词的后字可以兼有两种变调

下面的词或是另一种变调，或是兼有两种变调。

至亲 tsʅ꜄ ꜀tɕʰiŋ——33 55　令尊 liŋ꜅ ꜀tsẽ——11 55
灶头 zɒ꜄ ꜁dɤ——33 55　夜头 ɦia꜅ ꜁dɤ——11 55
报纸 pɒ꜄ ꜂tsʅ——33 55　字典 zʅ꜅ ꜂tiẽ——11 55
吊桶 tiɒ꜄ ꜃doŋ——33 55　大雨 do꜅ ꜃ɦy——11 55
晏昼 æ̃꜄ tsɤ꜄ ——33 55　上昼 zɒŋ꜅ tsɤ꜄ ——11 55
替代讨～ tʰi꜄ dᴇ꜅ ——33 55　地洞 di꜅ doŋ꜅ ——11 11～11 55

背脊 pᴇ꜄ tɕieʔ꜆ ——33 5　　料作 liɒ꜅ tsoʔ꜆ ——11 5

快活 kʰɒ꜄ ɦueʔ꜇ ——33 5　　忌日 dʑi꜅ ȵieʔ꜇ ——11 5

四　不成词两字变调和成词两字变调的区别

述宾结构和主谓结构按不成词两字变调规律变调，由它们转化而成的词按成词两字变调规律变调。这里略举数例，以见不成词变调规律和成词变调规律的区别。

下面是述宾结构和词的差别：

	词组	词
爱人 ᴇ꜄ ꜁ȵiŋ	55 231	33 33
打手 ꜂taŋ ꜂sɤ	55 335	335 52
看相 kʰẽ꜄ ɕiaŋ꜄	33 55	33 33（眼热）
炒饭 ꜂tsʰɒ væ̃꜅	55 11	335 52
说话 soʔ꜆ ɦuo꜅	5 11	3 55（话）
踏步 dæʔ꜇ bu꜅	5 11	1 55（台阶）

下面是主谓结构和词的差别：

	短语	词
醋酸 tsʰu꜄ ꜀sø̃	55 52	33 33
花红 ꜀huo ꜁ɦuoŋ	55 231	33 52（沙果）
马快 ꜃mo kʰua꜄	115 33	115 52（衙役）
头大 ꜁dɤ do꜅	115 11	11 55（伤脑筋）
墨黑 moʔ꜇ həʔ꜆	25 45	1 5（很黑）

五　成词两音节特殊变调

（一）个别双音词以不同变调来区别词汇意义

孙子 ꜀sẽ ꜂tsɿ　33 55（儿子的儿子）　335 52（古人名）

奶奶 ᶜna ᶜna　33 33（乳房，乳汁）　115 52（夫人）

（二）亲属称呼中的叠音词按规律2变调

公公 ꜀kuoŋ ꜀kuoŋ，爹爹 ꜀tia ꜀tia，哥哥 ꜀ko ꜀ko —— 335 52

婆婆 ꜁bo ꜁bo，爷爷 ꜁ɦia ꜁ɦia，娘娘 ꜁ȵiaŋ ꜁ȵiaŋ —— 115 52

姐姐 ᶜtɕi ᶜtɕi，婶婶 ᶜsẽ ᶜsẽ —— 335 52

舅舅 ᶜdʑiɤ ᶜdʑiɤ，弟弟 ᶜdi ᶜdi —— 115 52

妹妹 mᴇ꜖ mᴇ꜖ —— 115 52 ~ 33 33

（三）少数表时间的词语也按规律2变调

今朝 ꜀tɕiŋ ꜀tsɒ，今年 ꜀tɕiŋ ꜁ȵiẽ —— 335 52

明朝 ꜁mẽ（-iŋ）꜀tsɒ，明年 ꜁mẽ（-iŋ）꜁ȵiẽ，前日 ꜁ʑiẽ ȵi꜖（-ieʔ꜊），前年 ꜁ʑiẽ ꜁ȵiẽ—— 115 52

（四）双音词中带词头的词按不成词两字（述宾结构）变调规律变调，带词尾的词按成词两字变调规律变调

阿哥 æʔ꜀ ꜀ko —— 3 52　阿妹 æʔ꜀ mᴇ꜖ —— 5 11

老三 ᶜlɒ ꜀sæ̃ —— 11 52　老蔡 ᶜlɒ tsʰa꜄ ——11 55

钉头 ꜀tiŋ ꜁dɤ —— 33 52　筷头 kʰua꜄ ꜁dɤ —— 33 33

瞎子 hæʔ꜀ ᶜtsɿ —— 3 55　橘子 tɕiøʔ꜀ tseʔ꜀ —— 3 5

六　成词三字变调

（一）前字阴平变调表

左面表头为中字声调，上面表头为后字声调。下同。

	阴平	阳平	阴上	阳上	阴去	阳去	阴入	阳入
阴平	收音机	天安门	天花板	花生米	交通线	先锋队	婚姻法	花岗石
	33 55 52	33 55 52	33 55 52	33 55 52	33 55 52	33 55 52	33 55 54	33 55 54
阳平	敲门砖	天鹅绒	参谋长	宣传部	空城计	消防队	方程式	天文学
	33 55 52	33 55 52	33 55 52	33 55 52	33 55 52	33 55 52	33 55 54	33 55 54
阴上	思想家	秋海棠	新产品	分水岭	天主教	资本论	宗主国	生产力
	33 55 52	33 55 52	33 55 52	33 55 52	33 55 52	33 55 52	33 55 54	33 55 54

阳上	千里驹	经纬仪	休养所	千里马	私有制	修道院	端午节	心理学
	33 55 52	33 55 52	33 55 52	33 55 52	33 55 52	33 55 52	33 55 54	33 55 54
阴去	新四军	公证人	消费品	通讯社	推进器	相对论	交战国	经济学
	33 55 52	33 55 52	33 55 52	33 55 52	33 55 52	33 55 52	33 55 54	33 55 54
阳去	司令官	司令员	工艺品	司令部	高射炮	烟幕弹	金字塔	音韵学
	33 55 52	33 55 52	33 55 52	33 55 52	33 55 52	33 55 52	33 55 54	33 55 54
阴入	装甲车	观察员	丝织品	三角眼	工作证	礓蹋步	三角尺	风格学
	33 5 52	33 5 52	33 5 52	33 5 52	33 5 52	33 5 52	33 5 54	33 5 54
阳入	生力军	军乐团	三合土	工业社	抛物线	科学院	中立国	生物学
	33 5 52	33 5 52	33 5 52	33 5 52	33 5 52	33 5 52	33 5 54	33 5 54

（二）前字阳平变调表

	阴平	阳平	阴上	阳上	阴去	阳去	阴入	阳入
阴平	蒲公英	鱼肝油	无花果	传声筒	航空信	唯心论	填充法	微生物
	11 55 52	11 55 52	11 55 52	11 55 52	11 55 52	11 55 52	11 55 54	11 55 54
阳平	猫头鹰	形容词	无名指	黄梅雨	黄芽菜	梧桐树	和平鸽	遗传学
	11 55 52	11 55 52	11 55 52	11 55 52	11 55 52	11 55 52	11 55 54	11 55 54
阴上	扬子江	原子能	寒暑表	蒙古马	男子汉	原子弹	泥水作	长颈鹿
	11 55 52	11 55 52	11 55 52	11 55 52	11 55 52	11 55 52	11 55 54	11 55 54
阳上	人造丝	虞美人	劳动者	刘姥姥	形象化	疗养院	劳动节	鹅卵石
	11 55 52	11 55 52	11 55 52	11 55 52	11 55 52	11 55 52	11 55 54	11 55 54
阴去	行政区	行政权	弹性体	红线女	明信片	无线电	头盖骨	邮政局
	11 55 52	11 55 52	11 55 52	11 55 52	11 55 52	11 55 52	11 55 54	11 55 54
阳去	常备军	同义词	图画纸	刑事犯	门外汉	常用字	瞭望塔	文艺学
	11 55 52	11 55 52	11 55 52	11 55 52	11 55 52	11 55 52	11 55 54	11 55 54
阴入	微积分	亡国奴	棉织品	违法户	原则性	文法论	银押发	摩擦力
	11 5 52	11 5 52	11 5 52	11 5 52	11 5 52	11 5 52	11 5 54	11 5 54
阳入	留学生	龙舌兰	蓝墨水	农业社	垂直线	唯物论	农业国	民俗学
	11 5 52	11 5 52	11 5 52	11 5 52	11 5 52	11 5 52	11 5 54	11 5 54

（三）前字阴上变调表

	阴平	阳平	阴上	阳上	阴去	阳去	阴入	阳入
阴平	水晶宫	手风琴	感光纸	总经理	卷心菜	普通话	总编辑	手工业
	335 55 52	335 55 52	335 55 52	335 55 52	335 55 52	335 55 52	335 55 54	335 55 54
阳平	指南针	紫罗兰	海南岛	小朋友	扁桃腺	委员会	小人国	管弦乐
	335 55 52	335 55 52	335 55 52	335 55 52	335 55 52	335 55 52	335 55 54	335 55 54
阴上	保险箱	小品文	总统府	总管理	保管员	敢死队	党组织	考古学
	335 55 52	335 55 52	335 55 52	335 55 52	335 55 52	335 55 52	335 55 54	335 55 54
阳上	走马灯	指导员	展览馆	普鲁士	所有制	展览会	小米粥	想象力
	335 55 52	335 55 52	335 55 52	335 55 52	335 55 52	335 55 52	335 55 54	335 55 54
阴去	解放军	感叹词	统计表	古汉语	火箭炮	反映论	反证法	止痛药
	335 55 52	335 55 52	335 55 52	335 55 52	335 55 52	335 55 52	335 55 54	335 55 54
阳去	打字机	写字台	打字纸	水电站	海岸线	委任状	保护色	古韵学
	335 55 52	335 55 52	335 55 52	335 55 52	335 55 52	335 55 52	335 55 54	335 55 54
阴入	纺织机	纺织娘	派出所	补足语	所得税	简笔字	胆汁质	胆结石
	335 5 52	335 5 52	335 5 52	335 5 52	335 5 52	335 5 52	335 5 54	335 5 54
阳入	小学生	比目鱼	土特产	比翼鸟	火药库	水墨画	手术室	火药局
	335 5 52	335 5 52	335 5 52	335 5 52	335 5 52	335 5 52	335 5 54	335 5 54

（四）前字阳上变调表

	阴平	阳平	阴上	阳上	阴去	阳去	阴入	阳入
阴平	牡丹花	雨花台	美洲虎	老花眼	五金店	五香豆	脑充血	重工业
	115 55 52	115 55 52	115 55 52	115 55 52	115 55 52	115 55 52	115 55 54	115 55 54
阳平	五言诗	五弦琴	旅行者	老朋友	老前辈	有神论	网球拍	语言学
	115 55 52	115 55 52	115 55 52	115 55 52	115 55 52	115 55 52	115 55 54	115 55 54
阴上	理想家	语体文	有产者	户口簿	导火线	市委会	马口铁	理解力
	115 55 52	115 55 52	115 55 52	115 55 52	115 55 52	115 55 52	115 55 54	115 55 54
阳上	养老金	丈母娘	领导者	武士道	马后炮	养老院	晚米粥	忍受力
	115 55 52	115 55 52	115 55 52	115 55 52	115 55 52	115 55 52	115 55 54	115 55 54
阴去	老太公	老太婆	五线谱	马致远	重要性	有线电	下意识	李太白
	115 55 52	115 55 52	115 55 52	115 55 52	115 55 52	115 55 52	115 55 54	115 55 54

阳去	近卫军	语助词	互助组	近视眼	宇宙线	理事会	老办法	社会学
	115 55 52	115 55 52	115 55 52	115 55 52	115 55 52	115 55 52	115 55 54	115 55 54
阴入	蚌壳精	软骨头	染色体	暴发户	染色剂	软骨病	五一节	语法学
	115 5 52	115 5 52	115 5 52	115 5 52	115 5 52	115 5 52	115 5 54	115 5 54
阳入	美术家	脑膜炎	眼药水	女学士	免疫性	静物画	演绎法	动物学
	115 5 52	115 5 52	115 5 52	115 5 52	115 5 52	115 5 52	115 5 54	115 5 54

（五）前字阴去变调表

	阴平	阳平	阴上	阳上	阴去	阳去	阴入	阳入
阴平	教科书	寄生虫	秘书长	汽车站	印花布	少先队	四方桌	试金石
	33 33 33	33 33 33	33 33 33	33 33 33	33 33 33	33 33 33	33 33 3	33 33 3
阳平	证明书	幼儿园	透明体	印尼语	太阳系	太和殿	进行曲	太阳历
	33 33 33	33 33 33	33 33 33	33 33 33	33 33 33	33 33 33	33 33 3	33 33 3
阴上	探险家	驾驶员	刽子手	个体户	系统性	探险队	蘸水笔	副主席
	33 33 33	33 33 33	33 33 33	33 33 33	33 33 33	33 33 33	33 33 3	33 33 3
阳上	吊眼疤	气象台	半导体	向导社	镇静剂	教养院	快动作	气象学
	33 33 33	33 33 33	33 33 33	33 33 33	33 33 33	33 33 33	33 33 3	33 33 3
阴去	探照灯	战斗员	照相馆	世界语	教务处	进化论	计算尺	战斗力
	33 33 33	33 33 33	33 33 33	33 33 33	33 33 33	33 33 33	33 33 3	33 33 3
阳去	志愿军	印度洋	战利品	见面礼	放大镜	纪念会	试验室	税务局
	33 33 33	33 33 33	33 33 33	33 33 33	33 33 33	33 33 33	33 33 3	33 33 3
阴入	战略家	著作权	印刷品	布谷鸟	变压器	副作用	战国策	建筑物
	33 3 33	33 3 33	33 3 33	33 3 33	33 3 33	33 3 33	33 3 3	33 3 3
阳入	教育家	太极拳	副食品	注目礼	计划性	数目字	矿物质	汉白玉
	33 3 3	33 3 3	33 3 33	33 3 33	33 3 33	33 3 33	33 3 3	33 3 3

（六）前字阳去变调表

	阴平	阳平	阴上	阳上	阴去	阳去	阴入	阳入
阴平	自尊心	共青团	败家子	万花筒	地方戏	外交部	办公桌	奠基石
	11 11 11	11 11 11	11 11 11	11 11 11	11 11 11	11 11 11	11 11 1	11 11 1
阳平	害人精	代名词	炼油厂	外来语	地平线	二元论	共和国	自然物
	11 11 11	11 11 11	11 11 11	11 11 11	11 11 11	11 11 11	11 11 1	11 11 1

阴上	夜点心	代表团	电子管	大小篆	豆板酱	电影院	代表作	电子学
	11 11 11	11 11 11	11 11 11	11 11 11	11 11 11	11 11 11	11 11 1	11 11 1
阳上	电动机	运动员	凤尾草	大道理	望远镜	糯米饭	凤尾竹	大理石
	11 11 11	11 11 11	11 11 11	11 11 11	11 11 11	11 11 11	11 11 1	11 11 1
阴去	电唱机	地震仪	县政府	盐菜卤	电气化	慢性病	辩证法	电报局
	11 11 11	11 11 11	11 11 11	11 11 11	11 11 11	11 11 11	11 11 1	11 11 1
阳去	自治区	大自然	代用品	自治领	办事处	自卫队	调度室	备忘录
	11 11 11	11 11 11	11 11 11	11 11 11	11 11 11	11 11 11	11 11 1	11 11 1
阴入	大脚疯	箸夹头	大腹贾	二百五	败血症	坏血病	会客室	地质学
	11 1 11	11 1 11	11 1 11	11 1 11	11 1 11	11 1 11	11 1 1	11 1 1
阳入	大学生	技术员	艺术品	大力士	弹药库	大佛寺	蛋白质	附着力
	11 1 11	11 1 11	11 1 11	11 1 11	11 1 11	11 1 11	11 1 1	11 1 1

（七）前字阴入变调表

	阴平	阳平	阴上	阳上	阴去	阳去	阴入	阳入
阴平	扩音机	北冰洋	百分比	结蛛网	百家姓	北京话	八仙桌	发音学
	3 55 52	3 55 52	3 55 52	3 55 52	3 55 52	3 55 52	3 55 54	3 55 54
阳平	说明书	七弦琴	托儿所	百灵鸟	必然性	国防部	霍元甲	鸭头绿
	3 55 52	3 55 52	3 55 52	3 55 52	3 55 52	3 55 52	3 55 54	3 55 54
阴上	摄影机	蓄水池	复写纸	出版社	黑板报	急口令	不等式	出版物
	3 55 52	3 55 52	3 55 52	3 55 52	3 55 52	3 55 52	3 55 54	3 55 54
阳上	织女星	接待员	不动产	歇后语	铁道线	黑社会	接待室	吸引力
	3 55 52	3 55 52	3 55 52	3 55 52	3 55 52	3 55 52	3 55 54	3 55 54
阴去	织布机	八股文	笔套管	笔记簿	必要性	设计院	国际法	国庆节
	3 55 52	3 55 52	3 55 52	3 55 52	3 55 52	3 55 52	3 55 54	3 55 54
阳去	发电机	赤练蛇	发电厂	发电站	不定数	宿命论	八字脚	铁路局
	3 55 52	3 55 52	3 55 52	3 55 52	3 55 52	3 55 52	3 55 54	3 55 54
阴入	赤膊鸡	甲骨文	压迫者	踢蹋舞	迫击炮	压发帽	八一节	吸铁石
	3 5 52	3 5 52	3 5 52	3 5 52	3 5 52	3 5 52	3 5 54	3 5 54
阳入	吃勿消	出纳员	博物馆	啄木鸟	接力赛	博物院	百日咳	畜牧业
	3 5 52	3 5 52	3 5 52	3 5 52	3 5 52	3 5 52	3 5 54	3 5 54

（八）前字阳入变调表

	阴平	阳平	阴上	阳上	阴去	阳去	阴入	阳入
阴平	录音机	拉丁文	列车长	石膏像	录音带	协商会	值班室	石英石
	1 55 52	1 55 52	1 55 52	1 55 52	1 55 52	1 55 52	1 55 54	1 55 54
阳平	白皮松	骆驼绒	绝缘体	白毛女	入场券	殖民地	六和塔	白云石
	1 55 52	1 55 52	1 55 52	1 55 52	1 55 52	1 55 52	1 55 54	1 55 54
阴上	灭火机	热水瓶	日本海	木子李	盒子炮	热水袋	墨水笔	绿宝石
	1 55 52	1 55 52	1 55 52	1 55 52	1 55 52	1 55 52	1 55 54	1 55 54
阳上	白牡丹	杂技团	独养子	独养女	侄女婿	烈女传	白米粥	物理学
	1 55 52	1 55 52	1 55 52	1 55 52	1 55 52	1 55 52	1 55 54	1 55 54
阴去	月季花	热带鱼	白报纸	日记簿	杂货店	十进制	合众国	活报剧
	1 55 52	1 55 52	1 55 52	1 55 52	1 55 52	1 55 52	1 55 54	1 55 54
阳去	十字街	白话文	日用品	日内瓦	十字架	十字路	实验室	特效药
	1 55 52	1 55 52	1 55 52	1 55 52	1 55 52	1 55 52	1 55 54	1 55 54
阴入	剧作家	邋遢人	立足点	合作社	列国志	目的地	腊八粥	目的物
	1 5 52	1 5 52	1 5 52	1 5 52	1 5 52	1 5 52	1 5 54	1 5 54
阳入	芍药花	植物园	滑石粉	白木耳	叶绿素	勿入调	六月雪	植物学
	1 5 52	1 5 52	1 5 52	1 5 52	1 5 52	1 5 52	1 5 54	1 5 54

（九）成词三字变调规律

1. 前字平、上、入声的

前字——阴平变同阴去，阳平变同阳去，阴上不变，阳上变为变上，阴入变中入，阳入变下入。

中字——舒声变超平，促声变上入。

后字——舒声变同阴平，促声变降入。

2. 前字阴去的

前字——不变。

中字——舒声变同阴去，促声变中入。

后字——舒声变同阴去，促声变中入。又舒声变超平，促声变上入。

3. 前字阳去的

前字——不变。

中字——舒声变同阳去，促声变下入。

后字——舒声变同阳去，促声变下入。又舒声变超平，促声变上入。

以上前字去声的变调规律中，后字两种不同变调的条件还不清楚。

（十）个别词的后字可以兼有两种变调

下面的词或是另一种变调，或是兼有两种变调。

告化子 ka꜄ huo꜄ ꜂tsɿ——33 33 55

地搁板 di꜅ koʔ꜆ ꜂pæ̃——11 1 55

汽车站 tɕʰi꜄ ꜀tsʰo ꜃dzæ̃——33 33 55

大花脸 do꜅ ꜀huo ꜃liẽ——11 11 55

破花絮 pʰa꜄ ꜀huo ɕi꜄ ——33 33 55

大头菜 da꜅ ꜁dɤ tsʰᴇ꜄ ——11 11 55

汽车路 tɕʰi꜄ ꜀tsʰo lu꜅ ——33 33 55

盐鸭蛋 ɦiẽ꜅ æʔ꜆ dæ̃꜅ ——11 1 55

四仙桌 sɿ꜄ ꜀ɕiẽ tsoʔ꜆ ——33 33 5

办公室 bæ̃꜅ ꜀kuoŋ səʔ꜆ ——11 11 1～11 11 5

太湖石 tʰa꜄ ꜁ɦu zaʔ꜇ ——33 33 5

大后日 do꜅ ꜃ɦɤ ȵieʔ꜇ —— 11 11 5

（十一）成词三字组也有前两字变调而后字保持原调不变的

有这种变化的往往是把前两字作为一个单位来看待的结果。

教科书 tɕiɒ꜄ ꜀kʰo ꜀ɕy——33 33 33～33 33 52

豆腐皮 dɤ꜅ ɦu꜅ ꜁bi——11 11 231

肥皂粉 ꜁bi ꜃zɒ ꜂fẽ——11 11 11～11 11 335

阵头雨 dzẽ꜅ ꜁dɤ ꜃ɦy——11 11 11～11 11 113

计算尺 tɕi꜄ sẽ꜄ tsʰaʔ꜆ ——33 33 3～33 33 45

附着力 vu꜅ dzaʔ꜇ lieʔ꜇ ——11 1 1～11 1 23

这种情况也见于人名。

闻一多 ꜁vẽ ieʔ꜆ ꜀to——11 5 52～11 5 52

王国维 ꜁ɦuɒŋ kuoʔ꜆ ꜁vi——11 5 52～11 5 231

梁山伯 ꜁liaŋ ꜀sæ̃ paʔ꜆——11 55 54～11 55 45

例词“闻一多”中阴平后字“多”在两种情况下标写的调值相同，但节律有别，不变调的字音念得略重（也许变调的字音可以略微降低一些，标写为42），两种念法仍然是不同的。

七　数量词的变调

（一）数词变调表

	阴平	阳平	阴上	阳上	阴去	阳去	阴入	阳入
①	33	11	55	115	55	11	3	1
②	52	52	55	55	55	55	5	5
③乘	55	55	55	55	55	55	5	5
③加	—	—	—	—	—	—	—	—

（表中①②③表示该数字在数词中的前后顺序，横线“—”表示不变调。）

（二）数词变调规律

第一字——阴平变同阴去，阳平变同阳去，阴上、阴去变超平，阳上变为变上，阳去不变调，阴入变中入，阳入变下入。

第二字——阴平不变调，阳平变同阴平，上声、去声变超平，入声变上入。

第三字——与第一、二字为相乘关系时舒声变超平，促声变上入，为相加关系时不变调。

下面分别说明。

1. 双音节

按第一、二字变调规律变调。如：

十三 zeʔ꜇ ꜀sæ̃——1 52　　三五三十五 ꜀sæ̃ ꜃ŋ̍——33 55

但是“三”在“十、百、千、万、亿”前不按上表变同阴去，而变为超平，如：

三十 ꜀sæ̃ zeʔ꜌——55 5

“千”作第二字不按上表保持为阴平，也变为超平，如：

七千 tɕʰieʔ꜀ ꜀tɕʰiẽ——3 55

2. 三音节

前两字按第一、二字变调规律变调。第三字如果与前两字为相乘关系，则舒声变超平，促声变上入，如：

四十万 sɿ꜄ zeʔ꜌ væ̃꜅——55 5 55

如果与前两字为相加关系，则保持本调不变，如：

四十五 sɿ꜄ zeʔ꜌ ꜃ŋ̍——55 5 113

3. 三音节以上，四音节分为两个双音节变调，五音节分为一个双音节和一个三音节变调。其余以此类推

一百十五 ieʔ꜀ paʔ꜀ zeʔ꜌ ꜃ŋ̍——3 5 1 55

一万三千二 ieʔ꜀ væ̃꜅ ꜀sæ̃ ꜀tɕʰiẽ ȵi꜅——3 55 33 55 11

4. 插在数字中间的“零”一律念超平调。有“零”无“零”不影响前后数字的变调规律

一百三一百三十 ieʔ꜀ paʔ꜀ ꜀sæ̃——3 5 52

一百零三 ieʔ꜀ paʔ꜀ ꜁liŋ ꜀sæ̃——3 5 55 52

(三) 数量词

数词与量词结合时，变调互有影响。情况如下：

1. 量词

舒声变超平，促声变上入。但在多音节数词最后一个音节为平声时，也有变同阴平和降入的。如：

十张 zeʔ꜌ ꜀tsaŋ——1 55

十三张 zeʔ꜌ ꜀sæ̃ ꜀tsaŋ——1 55 55 ～1 55 52

十只 zeʔ꜌ tsəʔ꜀——1 5

十三只 zeʔ꜌ ꜀sæ̃ tsəʔ꜀——1 55 5～1 55 54

2. 数词

只有最末一个音节可能受影响。有两种情况：一是双音节，或三音节的末一字与前面数字为相乘关系的，仍按数词变调规律变调。如：

十五斤 zeʔ꜇ ꜃ŋ̍ ꜀tɕiŋ——1 55 55

一百万斤 ieʔ꜆ paʔ꜆ væ̃꜅ ꜀tɕiŋ——3 5 55 55

二是单音节，或三音节末一字与前面数字为相加关系的，该音节按第一字变调规律变调。如：

五斤 ꜃ŋ̍ ꜀tɕiŋ——115 55

三十五斤 ꜀sæ̃ zeʔ꜇ ꜃ŋ̍ ꜀tɕiŋ——33 5 115 55

八　轻重音

绍兴方言中，不仅是动宾结构、介宾结构和主谓结构要把重音落在最后一个音节上，而且一般的多音词和词组，重音也都要落在最后一个音节上。标写调值时，本调在上，变调在下。

学堂̣ ɦoʔ$^{23}_{1}$dɒŋ$^{231}_{52}$　　梅子̣ mᴇ$^{231}_{11}$tsɿ$^{335}_{55}$

石头̣ zaʔ$^{23}_{1}$dɤ$^{231}_{52}$　　三角形̣ sæ̃$^{52}_{33}$ koʔ$^{45}_{5}$ɦiŋ$^{231}_{52}$

词中的语素没有念轻声的。语句内非意义重点的一些词（大多是虚词），口语中往往念得比较轻，但是调值仍然清楚，并不自成一调。如例句中的“咯”：

慢慢咯̣走！ mæ̃$_{11}$mæ̃$^{11}_{55}$geʔ$^{23}_{5}$tsɤ^{335}——慢慢地走！

第三章　绍兴方言音韵比较

绍兴方言跟中古音、北京方言的语音比较，分声母、韵母、声调三个方面。以绍兴方言和北京方言的语音比较为主，与中古音的比较只作为说明后附于括号中。中古音以《广韵》《集韵》为依据，注明声母的清浊和声母的母、组、系，韵母的韵摄和开合（其中韵母以平声赅上去），声调的平上去入。

比较中兼用绍兴方言的文白异读。内部分歧以稍早东头埭话的城区读音为准。不列又音（又音请参见第四章同音字汇）。如韵母 uøʔ 只是 ueʔ 的又读，音韵比较时不列。比较中还注明部分字、个别字、一个字、旧读、文读、白读等。

一　声母的比较

绍兴—北京

p — p　波巴布比悲保彪贬禀扮笔博剥冰百卜（帮母开口、合一）

　— f　贩畈（非母白读个别字）

　— m　秘泌（帮母止开三个别字）

p^h — p^h　破怕普派披票剖品篇喷胖拍扑（滂母开口、合一）

　— f　蝮覆（敷母白读个别字）

b — p^h　婆爬蒲排皮瓢爿贫旁朋膨篷（並母开口、合一，平声）

　— p　薄龅部败被刨拔勃雹煏白（並母开口、合一，仄声）

　— f　肥防缚（奉母白读个别字）

m — m　马墓买米美毛某慢蜜忙墨麦木（明母开口、合一）

— ø（u） 尾未味晚万问网忘望袜（微母白读部分字）

f — f 夫飞富法反放风（非母合三、开三尤）赴肺费番芬纺丰副（敷母合三、开三尤）

v — f 父肥浮凡饭佛房缚服（奉母）

— ø（u） 尾武万文闻亡（微母）

t — t 多堵带刀斗点丹顿当灯顶冬（端母）

— tʂ 啄（知母白读个别字）

t^h — t^h 拖土太讨透添天吞托忒听痛（透母）

d — t^h 驼徒抬桃头甜田屯堂藤停同（定母平声）

— t 大度代地掉豆淡电宕邓独（定母仄声）

— tʂ 浊（澄母仄声白读个别字）

n — n 挪拿奴耐闹纳暖嫩诺能农（泥母开一二、合一）你（泥母止开三一个字）

l — l 罗路来离老流廉立拦怜律良肋冷六（来母）

ts — ts 左做再最资醉早簪棕（精母开合一、止开合三、通合三）

— tʂ 缀知朝昼沾展珍张中（知母二三）渣债爪皱蘸盏榛壮（庄母二三）遮诸赘支锥照周占针战真章终（章母三等）

ts^h — ts^h 搓粗菜催次草参~加匆（清母开合一、止开合三、通合三）

— $tʂ^h$ 耻超抽趁畅畜~生（彻母二三）叉钗吵插察衬创（初母二三）扯处齿臭昌充（昌母三等）

dz — ts^h 才槽惭存藏隐~层丛（从母开合一、止开合三、通合三，平声）

— ts 坐在暂藏西~罪族（从母开合一、止开合三、通合三，仄声）

— $tʂ^h$ 茶池锤潮沉陈场虫（澄母二三，平声）承（船母二三，平声）常（禅母三等，平声）

— tʂ 稚赵宙赚绽侄丈轴（澄母二三，仄声）骤（崇母二

三，仄声）

— s　遂（邪母个别字）

— ʂ　谁涉（禅母个别字）

s — s　锁素赛碎四虽扫送（心母开合一、止开合三、通合三）

— ʂ　沙晒师帅稍瘦衫山虱霜（生母二三）舍税尸水少手闪深扇失商叔（书母三等）

z — s　似穗颂（邪母开合一、止开合三、通合三）

— ʂ　蛇示甚神剩（船母二三）时谁绍寿十善慎上熟（禅母三等）

— ts^h　瓷槽蚕（从母平声个别字）

— tʂ^h　锤（澄母平声个别字）锄愁床（崇母平声个别字）蟾辰唇常成（禅母平声个别字）

— ts　自造杂（从母仄声个别字）

tɕ — tɕ　借挤焦酒接浸剪荐进将即井（精母开三四、合三）居鸡寄娇九剑今肩（见母开合三四）家介交（见母开二文读）

— k　龟归鬼贵拱供（见母止合三、通合三白读）

— tʂ　猪（知母止合三）诸（章母止合三）

tɕ^h — tɕ^h　且蛆妻俏秋签千亲抢请（清母开三四、合三）去弃丘欠揿牵圈却腔轻顷曲（溪母开合三四）敲确（溪母开二文读）

— k^h　亏（溪母止合三白读个别字）

— tʂ^h　处（昌母止合三）畜~生（彻母通合三）

dʑ — tɕ^h　齐樵潜前全秦墙晴（从母开三四、合三，平声）渠奇桥求钳琴拳芹强穷（群母开合三，平声）

— tɕ　藉就捷贱绝尽匠静（从母开三四、合三，仄声）巨技轿旧俭妗件倦近劈极（群母开合三，仄声）

— k　跪柜（群母止合三白读，仄声）

— ɕ　徐寻羡旋（邪母少数字）

— tʂ^h　除（澄母遇合三，平声）

— tʂ　住逐轴（澄母遇合三、通合三，仄声）

ȵ — n　扭碾年（泥母开三四、合三）牛凝倪（疑母开三四、合三）

— ʐ　热染肉（日母白读）

— ø(i，y)　语义尧严研愿银仰玉（疑母开合三）

ɕ — ɕ　絮细小秀心线先雪信相息性（心母开三四、合三）戏嚣晓吸显欣香兴兄嗅胸（晓母开合三四）孝（晓母开二文读）

— ʂ　书输（书母遇合三）

ʑ — $tɕ^h$　齐前晴（从母开三四，平声）

— tɕ　就绝匠荠（从母开三四、合三，仄声）

— ɕ　序袖寻羡旋席（邪母开三四、合三）

— ʐ　如（日母遇合三）

— ʂ　薯竖树（禅母遇合三）

k — k　哥古改怪高狗甘干官关根刚广公（见母开合一二）龟供（见母止通合三文读）

— tɕ　加阶交减间讲（见母开二文读）

k^h — k^h　可苦开块考敲口坎看宽垦抗扩肯哭（溪母开合一二）亏（溪母止合三文读）

— $tɕ^h$　敲（溪母开二白读）

g — k^h　狂（群母合三平声）

— k　跪柜（群母止合三文读仄声）

ŋ — ø　俄牙伍艾傲藕岸雁昂硬（疑母开合一二）

h — x　火灰好吼蚶汉欢昏荒黑烘（晓母开合一二）

— ɕ　瞎孝（晓母开二文读）

ɦ — x　河胡孩回号后函汗换痕航黄红（匣母开合一二）

— ɕ　系贤穴形（匣母开合四等）陷学杏（匣母开二文读）

— ø(i，u)　野围（喻母）

ø — ø　窝埃矮蛙奥坳欧暗安碗挖恩恶汪莺翁（影母）雅（疑母文读）

—ȵ　岩（疑母开合一二个别字）

二　韵母的比较

绍兴—北京

ɿ　—ɿ　紫次字私似（止开三精组）滓（止开三庄组个别字）

—ʅ　知迟师支齿示尸视（止开三知系）滞制世逝（蟹开三祭韵知章组）

—uei　嘴穗吹水谁坠（止合三精组知系白读）

i　—i　比披地利奇起希衣（止开三帮组端见系）蔽米低例祭妻西鸡启艺（蟹开三四帮组端见系）

—ei　碑被媚（止开三帮组个别字）飞肥未（止合三微韵非组）废肺吠（蟹合三废韵非组）泪（止合三支脂韵来母）

—ɚ　儿二耳（止开三日母白读）

—y　虑蛆絮徐（遇合三鱼韵来母精组）屡（遇合三虞韵来母）

u　—u　布普墓土奴祖素古误虎胡乌（遇合一模韵）阻初助数（遇合三鱼虞韵庄组）夫父务（遇合三虞韵非组）母戊（流开一侯韵明母个别字）副妇（流开三尤韵个别字）

—uo　锅火和（果合三戈韵见系个别字）

—y　驴（遇合三鱼韵来母一个字）

y　—y　女取序须居区巨语虚于（遇合三鱼虞韵端见系）

—u　著除输树如（遇合三鱼虞韵知章组）

—ye　靴（果合三戈韵见系个别字）

a　—ai　拜派排买斋柴晒揩矮（蟹开二皆佳夬韵）戴灾赛埃凯（蟹开一咍韵个别字）带太奈赖蔡（蟹开一泰韵端系）

— ie 懈鞋蟹（蟹开二皆佳韵见系）

— ə 扯（假开三麻韵个别字）何（果开一歌韵一个字）

— au 帽槽到灶号遭兆斠教（效开一二豪肴韵部分字）

— ua 耍（假合二麻生母一个字）

— uai 外（蟹合一泰韵个别字）

— o 破（果合一戈韵一个字）

— uo 拖（果开一歌韵一个字）

ia — ie 姐且藉卸邪夜（假开三麻韵精组喻母）解戒（蟹开二皆佳韵见系文读）

— ia 涯（蟹开二佳韵见系个别字）

— ə 惹（假开三麻韵日母）

— iau 荞窑（效开三宵韵个别字）

— uo 左（果开一歌韵精母一个字）

ua — uai 怪快坏（蟹合二皆佳夬韵见系）

— uei 会(⿰亻强)（蟹合一泰韵个别字）

ᴇ — ei 碑悲美备（止开三支脂韵帮组）贝沛（蟹开一泰韵帮组）雷内（蟹合一灰韵泥组）

— uei 随醉虽追槌椎水（止合三泥精知章组）堆蜕催罪碎（蟹合一灰泰韵端精组）脆岁赘税芮（蟹合三祭韵精章组）

— ai 戴胎代再菜才腮该开碍海孩爱（蟹开一咍韵）盖艾害蔼（蟹开一泰韵见系）

— y 锯裾⿱宀居（遇合三鱼韵个别字白读）

iᴇ — ie 也（假开三麻喻母文读一个字）

uᴇ — uei 规亏葵毁魏威围（止合三见系）盔桅灰煨（蟹合一灰韵见系）绘（蟹合一泰韵匣母）桂惠秽卫（蟹合三四祭废齐韵见系）

— uai 块（蟹合一咍泰韵见组个别字）

ɤ — ou 某斗透头楼走叟勾口藕吼后欧（流开一侯韵）否昼抽绸皱愁瘦周臭手仇柔（流开三尤韵非组知系）

—u　亩（流开一侯韵明母个别字）浮（流开三尤韵奉母一个字）

—au　矛~盾贸（流开三尤韵明母个别字）

iɤ　—iou　扭流酒秀袖九丘求休忧由（流开三尤韵精组见系）谬纠幼（流开三幽韵）

ɒ　—au　保刀老早造高傲好奥（效开一）包泡卯闹罩吵稍坳（效开二）朝超赵招少绍扰（效开三知章组）矛长~（流开三尤韵明母一个字）

iɒ　—iau　刁鸟了肖浇窍尧晓么（效开四萧韵）标飘苗焦锹樵小娇乔嚣妖摇（效开三宵韵帮泥精组见系）彪（流开三幽韵帮母一个字）

o　—o　波破婆磨（果合一歌韵帮组）

—u　墓奴（遇合一模韵明泥母旧读）

—uo　多拖挪左搓（果开一歌韵端系）朵妥糯锉坐锁卧窝（果合一戈韵端见系）

—ə　歌可俄河（果开一歌韵见系）戈科禾（果合一戈韵见系部分字）遮车蛇舍社（假开三麻韵章组）

—y　女~孙（遇合三鱼韵泥母一个字）

—a　巴怕麻拿茶叉沙（假开二麻韵帮泥知庄组）

—ia　家衙霞鸦（假开二麻韵见系部分字白读）

—ua　瓦（假合二麻韵疑母一个字）

io　—ia　家衙霞鸦（假开二麻韵见系部分字文读）

uo　—ua　瓜垮花划（假合二麻韵见系）蛙挂画话（蟹合二佳夬韵个别字）

æ̃　—an　担毯淡蓝暂三（咸开一谈韵端系）站斩衫（咸开二咸衔韵知见系）泛凡（咸合三凡韵非组）丹叹但难兰餐伞（山开一寒韵端系）扮爿慢绽盏山喊（山开二山删韵帮组知见系）反饭（山合三元韵非组）

—ian　减陷监（咸开二咸衔韵见系白读）间限颜（山开二山删韵见系白读）

iæ̃ — ian 鲶念（咸开四添韵泥母个别字）

uæ̃ — uan 关顽还弯（山合二山删韵见系）

ẽ — an 贪潭南簪惨蚕感坎含暗（咸开一覃韵端见系）甘蚶（咸开一谈韵见系）沾陕蟾染（咸开三盐韵知章组）干看岸汉汗安（山开一寒韵见系）缠战扇善（山开三仙韵知章组）

— uan 篡闩（山合二删韵庄组）转椽专川船（山合三仙韵章组）

— ən 沉岑渗针深甚任（深开三侵韵知系）珍趁陈衬真神申辰忍（臻开三真韵知系）本喷盆门（臻合一魂韵帮组）分芬愤（臻合三文韵非组）

— uən 论尊村孙（臻合一魂韵泥精组）伦遵皴（臻合三谆韵来母精组个别字）

iẽ — ian 贬敛尖渐检钳险厌炎盐（咸开三盐韵帮泥精组见系）剑欠严锨腌（咸开三严韵见系）点添甜兼谦嫌（咸开四添韵端组见系）减陷监岩（咸开二见晓组文读）碾连剪迁贱仙羡遣件谚焉延（山开三仙韵帮泥精组见系）建言献堰（山开三元韵见系）边片面天田年荐千先肩砚显烟（山开四先韵帮组端见系）恋（山合三仙韵来母一个字）简限颜雁（山开二山删韵见系文读）

— yan 全宣旋（山合三仙韵精组）

uẽ — uən 昆困昏温（臻合一魂韵见系）

ø̃ — an 搬判盘满（山合一桓韵帮组）

— uan 短团暖钻算（山合一桓韵端系）

— uən 顿钝（臻合一魂韵端组）吞（臻开一痕韵透母一个字）

iø̃ — yan 卷圈拳圆缘劝元喧怨远犬玄渊（山合三四仙元先韵见系）

— yn 均匀君裙训云（臻合三谆文韵见系）

— uan 软（山合三仙韵日母一个字）

uõ — uan 官款欢换碗（山合一桓韵见系）

aŋ — əŋ 膨猛冷撑澄生更坑亨迸棚争耕（梗开二庚耕韵）

— iŋ 杏莺（梗开二庚耕韵见系文读个别字）

— aŋ 张畅长（宕开三阳韵知组）庞忙望荡肠（宕开一唐韵、宕开三阳韵章组个别字）

— uaŋ 噇（江开二江韵知组个别字）

iaŋ — iaŋ 娘两将抢匠相像姜羌强仰向央羊（宕开三阳韵泥精组见系）

— aŋ 攘让（宕开三阳韵日母个别字）

uaŋ — əŋ 横（梗合二庚韵匣母个别字）

— uaŋ 光（宕合一唐韵见系一个字）

əŋ — ən 跟垦很（臻开一痕韵见系个别字）肯（曾开一登韵见系个别字）

— əŋ 灯邓能曾层僧（曾开一登韵端见系）征澄证称剩升承仍（曾开三蒸韵知章组）生省哽亨争耕（梗开二庚耕韵知庄组见系文读）郑正圣成（梗开三清韵知章组文读）

iŋ — in 品林侵心金琴吟音淫（深开三侵韵知系）宾贫闽邻进亲信巾银因引（臻开三真韵帮泥精组见系）斤近欣隐（臻开三殷韵见系）忍（臻开三真韵日母个别字）

— iŋ 冰陵凝兴鹰蝇（曾开三蒸韵帮泥组见系）杏莺（梗开二庚耕韵晓影组文读）兵平命京庆迎英（梗开三庚韵帮组见系）饼名令井清净性轻婴盈（梗开三清韵帮泥精组见系）瓶丁听定宁青星经形（梗开四青韵）倾营萤（梗合三四清青韵见系个别字）

— ən 人忍认（臻开三真韵日母）

ɒŋ — aŋ 帮旁忙当浪仓桑岗抗杭（宕开一唐韵）章唱商上（宕开三阳韵章组）方访房（宕合三阳韵非组）邦胖棒（江开二江韵帮组）

— uaŋ 庄创床霜（宕开三阳韵庄组）桩撞窗双（江开二江韵知庄组）网忘（宕合三阳韵微母）

— iaŋ 江降项巷（江开二江韵白读）

iɒŋ — iaŋ 讲降（江开二江韵文读）

— aŋ 攘（宕开三阳韵日母一个字）

uɒŋ — uaŋ 光旷荒黄汪（宕合一唐韵见系）眶狂枉王（宕合三阳韵见系）矿（梗合二庚韵见母一个字）

oŋ — uŋ 东同笼总匆从送冬统农宗宋（通合一东冬韵端系）隆中虫崇终（通合三东韵来母精组知系）龙纵松宠重钟冲春茸（通合三锺韵泥精知章组）

— əŋ 崩朋（曾开一登韵帮组个别字）蓬蒙（通合一东韵帮组）风丰梦封蜂缝（通合三东锺韵非组）

ioŋ — iuŋ 穷雄（通合三东韵见系个别字）胸拥用（通合三锺韵晓影组）

— uŋ 戎绒（通合三东锺韵日母个别字）拱供（通合三锺韵见组个别字白读）

uoŋ — uŋ 弓恭恐拱供共（通合三东锺韵见组个别字）弘（曾合一登韵匣母一个字）轰宏（梗合二耕韵晓组个别字）

aʔ — ai 百拍白拆宅窄掰麦摘（梗开二庚耕韵帮知章组）

— ə 格客额吓隔（梗开二庚耕韵见系白读）

— uo 着酌绰（宕开三阳韵知章组）

iaʔ — ia 洽恰甲（咸开二咸衔韵见系文读）

— iau 雀嚼削脚疟约药（宕开三阳韵泥精组见系）

— ie 贴蝶协（咸开四帖韵端晓组白读）猎（咸开三叶韵来母一个字）

— ye 捏（山开四屑韵泥母一个字）

— ʅ 掷尺石（梗开三昔韵知章组白读）

— i 笠（深开三缉韵来母一个字）

uaʔ — ua 划（梗开二麦韵晓组一个字）

æʔ — a 答塔榻纳腊拉（咸开一合盍韵端泥组）獭达辣擦萨

（山开一曷韵端系）八拔札杀铡（山开二黠鎋韵帮庄组）法乏（咸合三乏韵非组）发伐（山合三月韵非组）

— ia　夹掐狭甲匣鸭（咸开二洽狎韵见系白读）轧瞎（山开二黠辖韵影晓组白读）

— ua　袜（山合三月韵微母一个字）

uæʔ — ua　滑挖刮（山合二黠辖韵见系个别字）

— uo　豁括（山合一末韵晓组个别字）

eʔ　— ə　鸽合磕（咸开一合盍韵见系）折摄（咸开三叶韵章组）哲彻浙舌设折（山开三薛韵知系）刻克（曾开一德韵溪母个别字）责革核扼（梗开二麦韵庄组见系个别字）蛰（深开三缉韵知组一个字）

— uo　拙说（山合三薛韵章组）默（曾开一德韵明母一个字）

— o　勃没（臻合一没韵帮组）佛（臻合三物韵非组一个字）

— u　入（深开三缉韵日母一个字）术出述（臻合三术韵知章组）

— ʅ　汁湿十（深开三缉韵章组）侄质实失虱（臻开三质栉韵知系）蚀识饰（曾开三职韵章组个别字）适释（梗开三昔韵章组个别字）

— ua　刷（山合二鎋韵生母一个字）

ieʔ　— ie　劫业胁（咸开三业韵见晓组）聂接妾捷页（咸合三叶韵泥精影组）别灭列泄杰拽（山开三薛韵帮组端见系）揭歇（山开三月韵见晓组）憋撇铁节切屑结噎（山开四屑韵）

— i　立集习急及吸揖（深开三缉韵帮泥精组见系）笔密栗七悉乙（臻开三质韵帮泥精组见系）乞（臻开三迄韵见组）逼力即息极抑翼（曾开三职韵帮泥精组见系）璧辟积昔夕益亦（梗开三昔韵帮精影组）碧戟屐逆壁觅的笛历绩寂析击（梗开三陌韵、开四锡韵）

—ʅ　日（臻开三质韵日母一个字）吃（梗开四锡韵见组一个字）
—ye　绝雪（山合三薛韵精组）
—y　律恤（臻合三术韵精组）剧（梗开三陌韵见组一个字）
ueʔ —uo　阔活（山合一末韵见系个别字）
—u　骨忽核（臻合一没韵见晓组）
əʔ —ə　涉（咸开三叶韵禅母一个字）德忒特勒则塞克（曾开一德韵帮见组端系）侧测色（曾开三职韵庄组）泽赫（梗开二陌韵个别字）
—ei　肋贼黑（曾开一德韵个别字）
—ʅ　室（臻合三质韵书母一个字）直职食式（曾开三职韵知章组）掷只赤石（梗开三昔韵知章组）
—a　杂（咸开一合韵从母一个字）
—ie　劣（山合三薛韵心母一个字）
øʔ —uo　掇脱夺撮（山合一末韵端系）
—u　突卒猝（臻合一没韵端系）
—uai　率蟀（臻合三术韵生母）
iøʔ —ye　悦（山合三薛韵影组个别字）厥掘月越（山合三月韵见影组）决缺血穴（山合四屑韵见晓组）
—y　橘屈（臻合三术物韵见组个别字）
—i　翼（曾开三职韵影组一个字）役疫（梗合三昔韵影组个别字）
oʔ —o　博泊薄摸（宕开一铎韵帮组）剥朴（江开二觉韵帮组）墨（曾开一德韵明母一个字）魄帛（梗开二陌韵帮组个别字）
—uo　托落作昨索（宕开一铎韵端组）绰（宕开三药韵章组个别字）桌浊捉朔（江开二觉韵知庄组）握（江开二觉韵影组个别字）缩（通合三屋韵生母一个字）
—ə　各鄂鹤恶（宕开一铎韵见系）

— ei　北（曾开一德韵帮母一个字）
— ye　觉确岳学（江开二觉韵见晓组）
— au　雹（江开二觉韵帮组个别字）
— iau　角壳（江开二觉韵见晓组个别字文读）
— u　卜仆木秃独鹿族（通合一屋韵帮组端系）福伏目陆宿竹畜逐祝叔熟（通合三屋韵非组端知系）录足促粟俗烛触束属辱（通合三锺韵泥精章组）缚（宕合三药韵非组）
— y　绿（通合三锺韵来母一个字）
— iou　六（通合三屋韵来母一个字）
ioʔ — ye　觉岳学（江开二觉韵见晓组文读）
— y　域（曾合三职韵喻母一个字）菊蓄郁育曲局玉欲（通合三屋烛韵见系）畜（通合三屋韵知组个别字）
— u　褥（通合三烛韵日母一个字）
— ou　轴肉（通合三屋韵知章组个别字）
uoʔ — uo　郭霍镬（宕合一铎韵见晓组）国或（曾合一德韵见晓组）虢获（梗合二陌麦韵见晓组个别字）沃（通合一沃韵影组一个字）
— u　谷哭屋（通合一屋韵见系）
l̩　— ɚ　儿二耳（止开三日母文读）
ŋ̍　—ø（u，y）　五鱼（遇合一三模鱼韵疑母白读个别字）
— uəŋ　滃鼆（通合一东韵影母口语个别字）
— iŋ　荫（深开三侵韵影母口语个别字）

三　声调的比较

绍兴—北京
阴平—阴平　多巴枯灾非批知敲欧三深安肩恩帮灯生京聪风（清平）

阳平—阳平　河蛇蒲孩啼池桥求含焚寻墙虫麻来梅熬牛娘名（浊平）
阴上—上声　朵把普摆改椅匪腿指保讨走敢枕伞粉隐响肯丙（清上）
阳上—上声　我马野女买礼以卯母忍引网痒猛拢（次浊上）
　　　去声　祸社杜在弟是赵受舅淡近丈蚌静动（全浊上）
阴去—去声　破过兔带肺退次笑富秀店渗汉劝粪寸葬政镜宋（清去）
阳去—去声　大步害队示号豆份定共赖卖内媚绕茂念恋嫩梦（浊去）
阴入—阴平　鸽八插杀鸭湿刮接揭说拨郭桌拆哭（清入）
　　　阳平　劫急察哲厥媳卒橘德博卓国格福足（清入）
　　　上声　塔给渴铁笔乙乞索郝北百窄尺谷嘱（清入）
　　　去声　恰摄妾泄撤设阔必瑟蟀迄却廓扩霍（清入）
阳入—阳平　铡盒狭叠协习十别舌活滑薄浊学贼（全浊入）
　　　去声　纳聂立灭烈热沫月袜日落虐药麦六（次浊入）

绍兴方言有8个声调：平上去入，各分阴阳。与中古音相比较，绍兴方言声调的平上去入按声母的清浊分化为阴阳两部分，对应整齐，比如，阴平和清平相对应，阳入和浊入相对应，等等。每个字的声调也大致对应。仅有个别字和古音对应不同，和一般方言也不相同，成为例外。如清平字“痈”为꜂ioŋ，清上字“寝”为tɕʰiŋ꜄、“喊”为hæ̃꜄，清去字“派”为꜂pʰa，浊平字“娱”为ȵy꜅，浊上字“绍”为zɒ꜅，浊去字“赚”为꜃dzæ̃，等等。

吴方言中，有的方言已经开始有调类的演变发生，这主要是指浊上调的变化。绍兴方言还没有发生浊上字的归并，阳上调还是稳定的。不过有少数浊上字在单念时或在词语中已经开始变读为阳去调（约30余例）。和其他非浊上调类字与古音表现稳定的情况相比，显见绍兴方言浊上归入阳去的变化已在酝酿之中。就变化的快慢来看，可以分为如下五种情况：

1. 单字音阳上调，词语阳去调。如“堕”꜃do～“堕贫”do꜅ ꜁biŋ。

2. 单字音和词语阳上、阳去两可。如“部”꜃bu、bu꜅～“部队”꜃bu dᴇ꜅、bu꜅ dᴇ꜅，“伴”꜃bø̃、bø̃꜅～“伴侣”꜃bø̃ ꜃li、bø̃꜅ ꜃li。

3. 单字音阳上、阳去两可，词语阳去调。如“范”꜃væ̃、væ̃꜅～“范例”væ̃꜅ li꜅。

4. 单字音阳去调，词语阳上、阳去两可。如“汇”ɦuᴇ꜅～“汇丰～银行”꜃ɦuᴇ ꜀foŋ、“汇兑”ɦuᴇ꜅ dᴇ꜅。

5. 单字音、词语均为阳去调。如“绍”zɒ꜅～“绍兴”zɒ꜅ ꜀ɕiŋ，“腐”vu꜅～“腐化”vu꜅ huo꜄。

第四章　绍兴方言同音字汇

同音字汇据东头埭口音标写字音。收入韵母的内部分歧作为又读。取城区较早的老年口音及文白异读、语流音变、内部分歧诸项，但不包括声母 h、ɦ 在合口韵前与 f、v 相混的内容。以①②③④⑤⑥⑦⑧表示调类的阴平、阳平、阴上、阳上、阴去、阳去、阴入、阳入。

读书音和口语音分别在字下加双线和单线表示，又读、新读、旧读、口语、俗读（误读和训读）分别以右下小字“又、新、旧、口、俗”来表示。字音的某些又读与组词有关，必要时加注用例，以浪线代表该字。如“怪奇~”阴上、“怪责~”阴去、“老~鹰”阳去。有的字（词）加注释，注文中以冒号分隔举例和释义。如“掼摔”“鋬~头：提梁”“暴刚刚：~时”。

酌收习用的方言字、惯用字。如“𠲎能干”（本字为“会”）、“孵”（本字为“伏”）、“㧯拌”（本字不明）、“甮”（“勿用”的合音）。方言中没有书写形式的字以方框“□”表示，如“□不结实”。少数已作考证的写出本字，如“㾓伤寒症复发”“笐籓”。

某些字在词语中会有一些音变，有的还有比较明显的语音条件。如果变化条件明显，这里就不收变音。如“鼻”收 bieʔ⑧，不收 beʔ⑧。

[ɿ]

ts　①资姿咨兹滋孳孜辎缁淄鲻𧓍脚~：鸡眼知蜘智~慧支枝肢栀胑眼~屎脂之芝猪诸褚株柴~：树根 ③紫姊秭子仔籽梓滓纸只~有旨指止趾址煮渚浬~：地名注做~意嘴 ⑤恣渍迹~制~度制~造智致兴~致~命致细~搘刺至挚贽置志~向志标~帜著拄朵~：支撑扁担用的木棍𪗋盛：~饭脂黏，又

tsʰ　①雌疵差参~，新魑鸱痴发~笞蚩嗤媸吹炊热~热络 ③此鲨鲤~次~要侈耻齿

鼠 ⑤刺莿~蓬次厕膟~门粢~米饭翅痣

dz ②茨辞词祠池驰迟持槌棒~ ④豸虫~，牛~雉痔苎 ⑥滞稚治箸~笼穗坠秤~头

s ①斯厮撕私司丝鸶思施螄米中小黑虫师狮筛纱~蛳尸诗矢史贳~衣店饲~养员疏布~ ③死豕使驶始水 ⑤赐四泗驷肆世势试弑

z ②瓷兹又糍麻~慈磁鹚辞又词又祠又匙时莳鲥锄锤槌又，棒~谁何~ ④似祀巳自~己氏是士仕柿市恃侍~女墅竖横~ ⑥自字牸寺嗣饲~饭侍~候豉誓逝示视嗜事穗又

[i]

p ①屄 ③鄙比匕 ⑤蔽闭箅臂秘泌

p^h ①批砒埤矮墙：灶~刬片，削披丕庇 ③譬 ⑤屁

b ②皮疲鲏鳑~脾婢毗琵痹币毙枪~肥薇蔷~ ④敝~人陛髀~缝被~单坒层，列 ⑥蔽又弊毙敝鐾~来火：火柴避篦被~动味入~

m ①籋~刀弭略饮微~~一些眯小睡 ②迷谜~语糜縻縻靡弥猕眉 ④米尾蚁白~ ⑥慭思考未味雅~

f ①飞非霏菲扉妃 ③匪诽绯翡 ⑤废蕟芦~席肺吠沸痱榧费□发~：轻浮

v ②肥微微维惟唯 ④尾 ⑥未味

t ①低 ③底~下底什么：~个子抵砥牴邸帝缔谛 ⑤蒂渧揥切割：~菜头

t^h ①梯 ③体 ⑤替涕剃绨线~屉嚏□细腻

d ②题堤提醍褆~缏：衣服的饰边啼蹄稊 ④弟 ⑥第递隶棣地

n ④你

l ①□拎 ②犁黎藜离~开篱漓璃罹丽高~骊梨蜊厘狸狐~蠡驴 ④礼澧醴鳢劙割破李里邻~里~外理鲤浬狸~猫吕侣稆榈旅履屡 ⑥黎~明例厉疠励砺丽~人俪戾唳离~宫荔詈□滴水利痢莉俐吏虑滤泪

tɕ ①齑咸~~鸡济~公笄稽嵇羁饥~饿饥~荒肌几茶~麂基箕筲~姬机讥矶虮叽哔~ ③挤几~个己姊 ⑤祭际穄济剂霁计继系~鞋带髻朝前~寄冀骥纪记几~乎既暨鳜~花鱼季悸

$tɕ^h$ ①妻凄萋楱溪蹊~跷欺蛆 ③启企起提~起种，类：两~生杞岂 ⑤砌契~约器弃气汽去瞭矇~眼祛~风

dʑ ②齐脐蛴崎奇骑畸歧岐蚑~蝬：蚰蜒祇神~芪黄~祁耆鳍其棋期旗萁綦极：~好麒淇琪蕲姓祈徐及来勿~ ④技妓伎 ⑥忌技又妓又伎又

ȵ ②泥倪霓尼呢腻~腥宜仪疑嶷沂蚁拟儿 ④耳毅~然饵~线：缝衣针 ⑥泥黏住腻油~艺诣谊义议毅二贰日前~

ɕ ①西粞米~，麦~饭犀徙羲牺曦嬉嘻熹熙希稀胥尿~胱臭 ③洗玺喜蟢禧死 ⑤细戏系~统，新系是，新婿絮髓

ʑ ②齐又脐又荠蒲~异口，各~ ④荠~菜鲚 ⑥自

ɦ ②移夷姨痍胰肆彝怡饴诒贻颐遗异奇~矣以奚兮携 ④已伊俗 ⑥易容~异勚磨损肄懿咦又系~统系是

ø ①伊黟医翳衣依裔倚以又宜便~ ③椅又已又 ⑤意亿忆臆薏癔咦又，又□连属：柄头~~牢

[u]

p ③补谱 ⑤布绒~布公~怖哺~食

pʰ ①铺~设潽沸溢 ③普浦埔甫皇~：姓 ⑤铺店~

b ②蒲菖~蒲根~头菩脯胸~，嘴~葡篰篓扶~梯 ④部簿 ⑥步痡伤寒症复发埠部又捕哺吐~孵俗，蹲伏：~小鸡，~太阳鲋土~鱼

m ②模~子摹膜新 ④母拇姆某又 ⑥暮慕墓募幕

f ①夫肤麸敷孚俘 ③府俯腑斧甫台~脯明~：墨鱼干辅抚~恤釜 ⑤付赋傅赴讣仆倒下富副

v ②符扶芙抚~养 ④甫神~父妇 ⑥附驸腐~化

t ①都~城 ③堵~塞赌睹肚鱼~妒~嫉 ⑤蠹妒嘟~嘴脯：接吻都国~

tʰ ③土吐 ⑤兔堍桥~头

d ②徒屠涂滩~涂~改图荼 ④杜肚~皮堵一~墙 ⑥度渡镀途

n ②奴 ④努 ⑥怒

l ①撸抚摸 ②卢炉芦鲈泸颅鸬舻庐驴扶口，~梯鬍口，~须 ④鲁橹卤 ⑥路赂潞露鹭

ts ①租 ③祖组阻

tsʰ ①粗初 ③楚础 ⑤醋措厝瘄~子：麻疹

dz ②锄雏 ⑥助

s　①苏酥稣甦须胡~梳疏蔬 ③数~一~ ⑤素嗉诉塑泥~木雕疏注~数~目

k　①姑沽蛄蛐~：蝼蛄菇鸪步~：斑鸠辜孤锅埚蜗~牛 ③古估牯股鼓臌瞽贾商~蛊故~乡固果裹馃 ⑤故固又锢痼病~毒：指久病易怒雇顾过

kʰ　①枯骷箍 ③苦箬~竹 ⑤库裤故自之~：自找的

g　④跍蹲

h　①呼蝴~蚁：蚂蚁 ③虎琥浒火伙~食伙队~ ⑤戽洗货

ɦ　②无芜妩鹉舞跳~巫侮欺~吴蜈吾梧胡~琴胡~须湖糊~涂葫蝴瑚醐猢狐弧瓠壶乎荷~包蛋和麻将用语 ④武舞侮~辱父又妇又伍队~五午忤户护~士□全部：~身 ⑥务雾婺骛诬戊腐又，豆~误悟互护糊~头糊神志不清：话~话沪和搅和贺~家池：地名

ø　①乌呜坞邬熓熄灭窝被~头 ⑤恶~数污屎俗捂陷入焐务又屋口，~里：家

[y]

l　④吕侣稆榈旅履屡缕 ⑥虑滤

tɕ　①居裾车~马炮拘驹诸猪株蛛诛朱硃茱珠铢龟归 ③举矩主注~意鬼 ⑤据锯倨踞句著注~射注~解驻蛀炷铸拄痓~夏贵

tɕʰ　①蛆趋区躯驱枢亏 ③取娶处~理鼠 ⑤趣去觑近~眼处~所蛐~~

dʑ　②渠佢瞿衢除躇厨橱殊膗钟~ ④巨拒距炬苣俱具飓聚序叙绪柱储竖署跪 ⑥惧住驻又柜

ȵ　②愚隅虞□~刊：耳环 ④女语~言蕊~头 ⑥御~用御防~驭遇寓芋娱语

ɕ　①墟虚嘘须必~须胡~需吁长~短叹梳蔬书舒抒输靴 ③许署黍数~一~ ⑤絮庶恕戍诉又，告~

ʑ　②薯殊又如茹儒孺□自得貌 ④序又叙又绪又竖又汝乳 ⑥序又树

ɦ　②鱼渔余姓余多~舁俞榆逾愉渝瑜臾萸腴与围 ④屿予雨宇禹羽觚不稳 ⑥誉预豫愈喻裕纬~绩头：纺锭御~用，新御防~，新

ø　①於淤瘀迂于 ③椅饫反胃 ⑤盂

[a]

p　①爸包又，黄~车，小~车 ③摆 ⑤拜叭喇~

pʰ　③派 ⑤破

b ②排牌簰木~徘~徊 ④罢 ⑥败

m ①妈马~虎□慢慢挪动 ②埋霾阴~ ④买 ⑥卖迈帽又，抲落~风：剧名

t ⑤戴带到又，撚~一世八界□安~

tʰ ①拖他 ③泰~悠悠 ⑤态太汰泰傣~族

d ②□顺流而下 ④箉一种扁筐道又，缝~□手垂下 ⑥大汏洗奷~~：姐姐埭~坞：地方埭行，列：一~字埭次：来一~

n ①那哪奞 ②□慢性子 ④乃奶艿傣你们 ⑤奶~~：乳房，乳汁 ⑥奈

l ①拉 ②喇~叭 ④捺劃，划 ⑥赖癞籁濑

ts ①灾栽哉斋抓遭又，~眼 ③宰者孙行~咱□斜视 ⑤载债缀灶又，~□（haᵓ）：灶后坐炊处

tsʰ ①差~别叉钗 ③差派遣扯 ⑤蔡镲咣咣~：钹

dz ⑥寨□遗下□排泄

s ①洒筛（簁）~茶衰 ③傻耍 ⑤赛塞边~晒帅

z ②豺~狗柴槽又，鸡~ ④□垂下 ⑥寨又兆又，积货~：旧指初见外孙时所赠鸡或羊等作为发家象征物

k ①阶街 ③解~决 ⑤介界戒芥疥尬尴~解~送疥~橱告又，~化子㪉又，斗~教又，劝皈~：像劝人信教似的尽力劝诱

kʰ ①揩 ③凯慨慷~楷卡 ⑤忾

g ②茄 ④懈解由稠变稀：粥~患哉

ŋ ④伲我们 ⑥砑~纸捱外

h ①哈~~笑哈~喇 ③蟹 ⑤□灶~：灶后坐炊处

ɦ ②鞋何~谁□转移，蔓延：~开 ④也□捉摸 ⑥号又，洋~头，目莲~头

ø ①埃挨 ③矮□~搭搭：傻气 ⑤叆阴~天

[ia]

t ①爹

tɕ ①家加嘉嗟阶皆 ③贾姓假~设佳解~决姐 ⑤假~日稼架价驾介界戒届解姓借左~手繗蔴丝：绩~

tɕʰ ⑤且笪斜：倒~

dʑ ②茄荞又，~麦□抱持 ④藉~口懈

ȵ　④惹~风骚惹传染

ɕ　①虾鱼~ ③写 ⑤泻卸

ʑ　②邪斜 ⑥谢榭

ɦ　②徦霞爷耶冶涯崖谐械窑又，瓦~头：地名 ④也野耶又椰倻他们 ⑥夜

ø　①鸦丫 ③雅亚

[ua]

k　①乖𤶸~迹*：痒 ③拐枴怪奇~ ⑤怪责~

k^h　⑤蒯快筷哙

g　②怀~里

h　③□敞开

ɦ　②怀槐淮徊徘~ ⑥坏外

ø　①娃歪 ⑤強能干

[E]

p　①杯碑卑悲蓖~麻背~勿着：不划算 ③彼~处：隐指某人某物 ⑤贝狈辈背~脊，~书包褙粘贴：~锡箔悲~旦

p^h　①丕胚坯邳辔 ⑤配沛霈佩~挂

b　②培陪赔裴 ④倍蓓佩又 ⑥背~书背~叛，~时焙备惫倍~数帔凤冠霞~佩珮□只，个：一~针，一~凳

m　②梅枚媒煤莓酶玫霉眉嵋楣媚谜猜~ ④每美 ⑤妹~~ ⑥袂妹昧寐魅煝暗火焖烧

f　①𫥐又，"弗会"的合音 ⑤𫥐"弗会"的合音

t　①獃歹堆 ③䀏拉扯 ⑤戴对勿~对~走~话：边走边说碓水~

t^h　①胎台天~苔舌~推搥~毛梯 ③胎贱~腿 ⑤退蜕~化

d　②台阳~苔青~抬颓 ④待怠殆 ⑥贷代袋玳岱黛逮绐松弛队兑

n　②男~人 ⑥耐内馁

l　②来莱雷 ④蕾瘤磊累积~垒儡□在 ⑥累劳~，连~擂礌滚动类泪

ts　①灾栽哉追锥椎 ③宰者嘴 ⑤再载最醉赘缀

ts^h　①猜崔催摧炊吹 ③采神~采~纳彩睬踩璀翠啐~~：压惊时说 ⑤菜脆

dz ②才材财豺犲随垂锤槌谁 ④在罪 ⑥粹悴遂隧穗坠睡芮姓锐瑞蕊

s ①腮鳃摔绥虽奢 ③水捨 ⑤碎岁髓祟作~税说游~舍

z ②裁材又财又随又谁又 ④在又罪又社惹招~是 ⑥睡又射蕊又

k ①该垓赅言简意~裾衩~：开衩儿宧拥有：~家事 ③改 ⑤溉概大~概气~盖丐锯

k^h ①开铠 ③凯慨~然 ⑤忾

g ④懈~胖𫗦打~：打饱嗝儿徛站立：单~人戤~土林 ⑥隑靠

ŋ ②呆 ⑥碍艾

h ①咍揩~兜：一种捞鱼虾的网兜，有柄 ③海□放松，休息

ɦ ②孩 ④亥 ⑥害

ø ①哀埃唉 ⑤爱瑷暧叆蔼霭

[iᴇ]

ɦ ②冶 ④也

[uᴇ]

k ①规龟归皈轨晷 ③诡癸鬼 ⑤瑰刽会~计桧侩鳜圭闺桂贵

k^h ①盔恢旧魁奎傀亏窥 ⑤块哙

g ②逵夔馗葵溃崩~桅~杆□不结实 ④跪 ⑥愧柜溃~脓篑

h ①灰诙恢麾挥辉晖徽 ③悔毁 ⑤贿晦诲毁~牙子：换牙喙讳卉烩

ɦ ②危桅帷巍韦苇违围回来~回转买，转卖回迁~茴蛔 ④伪伟纬卫~生汇~丰银行
⑥卫为位魏胃渭猬谓汇~款汇~总会~议绘彗惠蕙慧

ø ①偎煨喂威萎痿畏又 ③委诿慰蔚尉 ⑤畏秽

[ɤ]

p ①褒

p^h ③剖

m ②谋牟眸矛~盾 ④某亩牡 ⑥茂贸懋

f ③否

v ②浮 ④负□不正经 ⑥阜浮~面：表面，表层

t ①兜篼 ③斗畚~抖蚪陡 ⑤斗~争

tʰ　①偷 ③敨打开 ⑤透趤跳□幢：一~屋

d　②头投骰 ④窦又 ⑥豆逗痘荳窦酘掺和□~出：错出□~牢：缠住

l　①瞜注意看剅抠挖瞘俗 ②楼娄姓耧蝼偻趣~：蜷缩 ④篓溇河浜 ⑥漏陋镂瘘

ts　①邹周姓周~围舟州洲 ③走肘帚 ⑤奏昼皱绉咒

tsʰ　①抽𤄿滤吸水分 ③丑子~寅卯丑~陋 ⑤凑臭

dz　②绸稠紬抽拉：~渡船筹踌畴仇~人雠酬□~水：皮肤破损处渗出的黄水柔揉 ④骤 ⑥纣荮捆，束宙售

s　①搜飕馊溲艘收 ③叟手首守兽 ⑤嗽瘦兽又

z　②愁柔又揉又 ④受穋积聚 ⑥寿授纣又售又□~记：记恨

k　①勾钩沟枸购媾 ③狗苟枸 ⑤垢够

kʰ　③口 ⑤叩扣寇蔻篾织具

g　②趣收缩

ŋ　④藕偶耦

h　⑤吼鲎~鱼鲎俗，虹佝探身□大口吸饮：~水

ɦ　②侯喉猴 ④厚后~头后~妃 ⑥候等~候估量：~大小后~日

ø　①欧区姓讴呼唤鸥瓯殴 ③呕 ⑤怄伛又，人~倒讴语助：表答允

[iɤ]

m　⑥谬~误

t　①丢

l　①溜偷走遛 ②流硫琉刘浏留榴瘤骝馏柳姓 ④柳抑作圆周形搅拌：~豆腐绺 ⑥雷瓦~溜~冰

tɕ　①鸠阄纠赳鬏发髻 ③酒九久玖韭 ⑤救究疚灸赒“只有”的合音

tɕʰ　①秋鞦鳅脉脚~弯揪丘邱蚯怵差笱箍尻尾~骨抽~股结

dʑ　②囚泅求球裘逑仇姓虬 ④臼桕舅咎 ⑥就旧柩

ȵ　②牛 ③扭口 ④扭纽钮炄潮~~：半干半湿 ⑥□金龟子

ɕ　①修羞休 ⑤秀绣琇锈莠又宿星~蝮蛈~：蚰蜒嗅~觉朽

ʑ　⑥就又袖

ɦ　②尤邮疣鱿由油麻~蚰蜒~螺游犹酉 ④有友尤~其诱~惑右佑 ⑥柚釉油涂油

鼬莠诱

ø ①优忧悠幽 ⑤又幼伛头~落：低下头

[ɒ]

p ①包胞苞褒新 ③宝保堡葆褓鸨饱 ⑤报豹爆~开，眼睛~出趵蹦跳暴俗，风~

p^h ①抛泡~~：水泡跑~马脬卵~ ⑤炮枪~炮烫泡浸~匏一个~奅大：大~花生□次，称一~

b ②袍跑咆庖 ④抱鲍姓暴~露 ⑥爆~炸暴~力暴刚刚：~时曝瀑刨雹

m ①毛~~头：婴儿 ②毛牦猫锚茅矛长~ ④卯子丑寅~卯次，回铆□呕吐 ⑥冒帽眊看不清貌

t ①刀叨唠~ ③岛捣祷倒~下，~水 ⑤倒~退到捯拌匀

t^h ①叨~光滔韬绦 ③讨 ⑤套讨~饭：乞丐

d ②桃逃咷号~淘~气淘~米陶萄掏涛焘 ④道稻导悼 ⑥盗蹈淘合~

n ①挠口，抓呶语助，表给予 ②挠铙蛲 ④脑恼瑙玛~呶语助，表指示 ⑥闹□踩

l ①捞唠 ②劳痨涝牢醪 ④老姥佬痨疙~：疥疮 ⑥老~鹰

ts ①遭糟搔朝~气昭招钊沼诏又 ③早蚤枣澡藻爪找 ⑤灶罩笊照诏

ts^h ①操早~抄超 ③草炒吵钞 ⑤糙躁噪操曹~耖

dz ②曹~操嘈漕槽嘲朝~代潮晁 ④赵曹姓 ⑥兆

s ①骚臊梢捎稍潲筲~箕烧艄睄斜视 ③扫~除嫂少~数 ⑤扫~帚星燥㥮快：豪~少~年肖生~，又

z ②槽又嘈又韶䞣饥饿□不大不小：~~头人饶 ④造皂扰 ⑥搉批，打兆又肇召绍邵垗一~板壁

k ①高镐膏篙皋睾羔糕交~代胶茭酵 ③稿绞铰搅搞 ⑤告诰教校~一~窖较觉睏~珓圣~斠较~链□~浆：浪费

k^h ①敲拷~边：锁边 ③考烤薧小鱼干：淡~ ⑤靠犒铐快口：~活

g ②□完结 ④绞又，缠结搅又，~七念三搞又□~捨勿去：不舍得 ⑥交又，~形："×"或"+"峧~里：山口

ŋ ②敖熬鳌螯獒翱 ④咬 ⑥傲鳌~盘□期盼□仰头

h ①蒿嚆痚咸~病 ③好~坏好~奇心 ⑤耗孝哮~猫

ɦ ②豪毫壕嚎濠计量：~饭吃浩昊 ⑥号

ø　①嬷懊~恼凹~凸 ③拗~断袄天~寿奥又 ⑤懊~悔澳奥燠~糟头暖燠灌注：~水坳山~拗~声抭量取：~粉吃凹☐仰：头~起

[iɒ]

p　①标膘脂~镖飙彪滮细流激射 ③表~面表钟~裱婊

pʰ　①飘漂~流漂~白僄~薄 ③瞟漂~亮 ⑤票

b　②瓢薸浮~嫖鳔剽 ④瞟又☐培育

m　②苗描瞄秒渺 ④藐眇斜视 ⑥庙妙缪姓

f　⑤覅"弗要"的合音

t　①刁叼刐剜，割貂雕凋碉屌八~条枝~ ③鸟 ⑤钓吊

tʰ　①挑~担佻轻~ ③挑~选 ⑤跳~高眺粜

d　②条鲦调~和跳~人阵铫~镬迢笤 ④窕层叠 ⑥掉调~动

l　①捞又撩掀，又 ②聊燎僚嘹辽撩掀缭潦~草獠蟟蚱~：知了瞭~望寥疗搂打捞又 ④了~结了明~蓼辣~ ⑥料撩~勿着蹽走~路：抄近道廖姓鹞放~

tɕ　①焦蕉鹪礁椒骄娇浇交~通郊蛟胶缴狡茭姣皎~致晴天 ③矫绞铰校~对饺 ⑤教校~官较窖觉醮叫䬊"只要"的合音

tɕʰ　①锹缲悄稟饭瓢敲跷~脚跷踏高~橇雪~ ③巧 ⑤俏翘~尾巴窍

dʑ　②樵憔瞧乔桥荞侨挢挽住翘不平整巢剿 ④撬俗 ⑥轿

ȵ　②饶尧 ③鸟又 ④鸟嬲纠缠 ⑥绕尿泌~科

ɕ　①消宵霄硝销逍魈山~鞘鸮枵薄~~嚣萧箫潇筱姓枭撬揭酵 ③小筱竹~晓 ⑤啸笑肖不~，生~孝哮

ɦ　②肴淆摇谣窑遥瑶徭姚珧~柱 ④咬舀 ⑥鹞耀摇~皮：铰链效校学~

ø　①妖夭~折邀腰要~求幺~二三吆 ③杳闄折叠 ⑤要重~

[o]

p　①波菠玻播跛簸~一~巴~掌：脸颊笆芭疤 ③把靶 ⑤簸~箕霸坝蚆癞刺蛤~

pʰ　①坡颇偏~ ③颇剖 ⑤破怕帕罗~

b　②婆爬耙钉~杷枇~琶扒巴下~ ④罢 ⑥薄~荷缚紧束处：腰~稗~草耙~草齙~牙齿

m　①妈姆~ ②魔磨~刀摩麽幺~小丑馍蘑模~范摹旧膜麻~子麻苎~麻~木蟆虾~：

蝌蚪嬷俗，老～：妻子婆汤～子 ④马码玛～瑙蚂～蝗 ⑥磨石～，～粉暮旧慕旧墓旧募旧幕旧骂

t　①多 ③朵躲□编：～辫子□～拄：支撑扁担用的木棍 ⑤剁

t^h　①拖他 ③妥椭唾～液 ⑤唾～弃

d　②陀驼鸵驮拕拿 ④舵惰堕 ⑥大堕～贫

n　①拿 ②挪娜哪捼揉拿又奴旧 ④懦努旧女～孙：孙女 ⑥糯怒旧

l　①啰～唆 ②罗锣箩萝藤～萝～卜逻螺骡脶 ③摞口 ④摞裸卵虫～虏掳

ts　①遮渣楂抓 ③左佐 ⑤做蔗鹧蚱～蟟诈榨炸柞痄窄俗柘～林：地名。

ts^h　①搓磋车火～叉杈扠钗汊～港差参～差～勿多 ⑤锉挫错～误措旧衩岔～路

dz　②茶搽查 ⑥乍～浦：地名

s　①娑蓑梭唆赊莎奢沙砂纱痧鲨 ③锁琐唢所舍割～耍□做～姆：坐月子 ⑤赦舍啥

z　②矬蛇佘 ④坐座又社 ⑥座射麝

k　①歌哥戈柯家加嘉佳三～村：地名。 ③假～冒贾姓 ⑤个～人个的假～期家稼架价驾

k^h　①轲苛柯新，姓科窠棵颗蝌髁骻脚～头跨 ③可□估量 ⑤课骒～马扣捉骻身～：胸围腰围

g　②搁□一～：一拃宽 ⑥滒搁住，卡住

ŋ　②蛾鹅俄哦娥牙芽蚜衙 ④我瓦 ⑥饿讹卧

h　①呵诃责备虾鱼～躯弯下：～背煆略蒸 ⑤荷薄～

ɦ　②河何荷～花禾和～睦杯～头：棺材头霞凤冠～帔虾～蟆：蝌蚪 ④祸夥～～什：极多下～冷水下～等 ⑥贺和应～和拌荷～兰下～饭夏厦堰～沟

ø　①阿～胶婀窝涡莴倭～子：口齿不清的人蜗新鸦丫桠蛏～娃：婴儿 ③雅～味哑□归拢 ⑤掗硬给

[io]

tɕ　①家加嘉 ③贾姓佳 ⑤驾

dʑ　②搁□泄气

ȵ　⑥肉口，～猪

ɕ　①唆又，～使

ɦ　②衙霞遐瑕暇 ④下夥又，～～什：极多 ⑥厦

ø　①鸦丫 ③雅亚

[uo]

k　①瓜 ③寡剐 ⑤挂卦褂

k^h　①垮 ⑤誇

h　①花 ⑤化华~开：剖裂成两半

ɦ　②华中~华~山铧骅桦哗划~水：鳍 ⑥画话华裂开

ø　①娲女~洼蛙娃划~船搲扒

[æ̃]

p　①班斑颁扳般新 ③板版坂 ⑤扮绊贩~马记：剧名畈田~

p^h　①攀 ⑤盼襻纽~鋬~头：提梁瓣辫又

b　②爿蹩爬 ⑥办瓣

m　①蛮口，~好 ②蛮蔓瓜~ ④晚 ⑥曼慢漫散~幔帐~谩蔓~延万迈俗

f　①藩~王番翻幡 ③反返 ⑤泛贩畈疲心~

v　②凡帆烦繁藩~篱矾樊~哙梵饭加~：酒名 ④犯范姓樊姓晚梵~华玲：小提琴 ⑥饭万范~例

t　①躭~身耽~搁眈担~任旦元~丹单~独郸箪 ③胆疸掸 ⑤担挑~旦~角诞圣~节

t^h　①坍滩摊瘫 ③毯坦袒 ⑤炭碳叹滩沙~

d　②谭姓，新谈痰檀坛花~坛~畈弹~琴燂烧 ④淡筡~竹啖聊口~：零嘴儿诞~生 ⑥但惮怕~弹子~蛋疍~船掞涂抹

n　②难~易□如今 ⑥难逃~□用东西按住：~牢

l　①拦口 ②岚蓝篮褴兰拦栏襕裙：布~阑澜波~斓花里斑~览揽榄缆 ④懒 ⑥滥烂澜~~湿

ts　①□用刀砍 ③嬻好斩白~鸡崭盏搢簸动：~伊~匀 ⑤赞灒溅醮

ts^h　①餐篸白~掺搀 ③灿餐~饮铲产 ⑤忏

dz　②惭残馋谗镵犁~潺 ④站赚~铜钱栈□育肥，饱满 ⑥暂劖用刀切：~肉赚错：错~绽撰践俗，实~

s　①三杉衫珊删姗山舢汕讪疝 ③散松~伞馓油~子 ⑤散分~

z　②馋又，拦~袋

k　①尴~尬监牢~监太~艰间姦奸 ③橄减碱裥打~拣□擦拭：~屁股 ⑤涧□片：一~橘子

k^h　①刊铅坎~坷舰兵~□~板：肯定 ③砍刊~物 ⑤嵌舰~队槛

g　②啣~牢

ŋ　②衔~头岩癌颜 ④眼 ⑥雁

h　⑤喊苋

ɦ　②咸~阳咸~菜闲啣衔□~板：肯定，又 ④馅限 ⑥陷

ø　⑤晏晚

[iæ̃]

ȵ　②黏穰又，~糠 ④捻捞：~河泥 ⑥念廿验

[uæ̃]

k　①鳏关 ⑤惯

g　②环~绕寰鬟 ⑥环~头掼摔

h　①儇乖 ⑤甩

ɦ　②顽还环~绕幻~灯 ⑥幻~想患宦豢□掼~：扔掉

ø　①弯湾 ③挽

[ẽ]

p　①奔锛畚搬又 ③本

p^h　①喷烹又 ⑤喷~~香

b　②盆盟同~会，又 ⑥笨坌掘土

m　①闷口，~声勿响 ②门们蚊萌又盟又明又，~堂鸣又 ⑥闷焖问

f　①分吩芬纷 ③粉 ⑤粪奋

v　②坟汾焚氛文纹蚊雯闻 ④愤忿 ⑥份问紊璺裂纹吻刎

t　①蹲 ⑤扽猛拉

t^h　①贪 ⑤探湍

d　②潭谭姓 ⑥盾撢淹没

n　②南楠喃男大~大女 ③揇撮，抓 ④腩

l　②论~语仑崙轮伦惀想，考虑沦纶囵囫~ ⑥论议~

ts　①砧针斟箴鼤敲，楔珍榛臻真甄尊樽遵簪谆肫沾占~卜粘詹瞻毡专砖贞拯又 ③怎枕准~备准标~展辗转~交转~动 ⑤镇振震赈疹诊占~领战颤侦又

ts^h　①参~差郴村皴~皱春椿参~加川钏穿串~通窜撺~掇氽~筒 ③抻挠，抻蠢偆发~：撒娇惨 ⑤趁衬寸忖篡串~铃喘

dz　②岑沉浮~忱陈尘臣存攒缠纠~传~达椽丞又呈又程又 ④篆缠~牢□捡拾□半饱的：~谷 ⑥沉使沉：只老鼠~伊杀阵传称道郑又

s　①森参人~深身申伸呻绅砷娠孙狲猢~逊苫草~栓拴门 ③审婶沈损笋~鸡糁陕闪 ⑤渗逊舜瞬扇油纸~扇~风炉骟胜又圣又

z　②尘又辰宸晨神人仁唇纯莼醇鹑蚕缠盘~钿蟾禅蝉然燃船 ④鬊~花肾忍吮善蟮膳擅单姓髯染冉□脚~肚：小腿肚 ⑥甚葚慎蜃顺任~务衽饪妊纫刃韧认润盛茂~，又

k　①甘泔柑坩疳干~涉干~裂肝竿 ③感敢杆秆擀赶干~劲竿竹~ ⑤赣赣镬~

k^h　①堪戡龛 ③侃 ⑤勘磡河~头瞰看

g　②钳

ŋ　④俨 ⑥岸

h　①憨蚶 ⑤罕酣汉熯蒸鼾捍新豨~核：肿胀的淋巴结

ɦ　②痕恒又衡又涵函含邯寒韩 ④旱 ⑥恨撼憾汗捍焊悍翰瀚

ø　①恩庵鹌安鞍 ③揞~药粉 ⑤暗黯按案

[iẽ]

p　①鞭编边蝙鳊 ③贬砭扁匾煸 ⑤变遍

p^h　①篇偏翩 ③偏~口：一种海生蛤蜊 ⑤骗片

b　②便~宜缏褪~：衣服的饰边 ④辫辨辩骈褊斜编：竹~ ⑥卞汴便~利

m　②棉绵眠 ④免勉娩冕缅面~子 ⑥面~顶头面~粉

t　①掂颠巅癫 ③点玷典蜓蝘~蛇：壁虎 ⑤店踮惦

t^h　①添天 ③忝舔掭~笔桥火~：通火棍

d　②甜恬田填佃钿洋~ ④簟填~房 ⑥殿滇垫电奠甸淀靛

ʿl ②廉镰濂臁帘奁连涟鲢裢褡~联怜莲钱口，铜~ ④脸敛~起 ⑥敛殓健大~头鸡练炼楝瓞瓜瓤链恋

tɕ ①监~狱监国子~尖兼搛~下饭菅艰间姦奸煎肩坚 ③减碱检捡简柬剪翦姓茧趼毽棨一~：一小捆 ⑤鉴剑谏涧锏箭溅建荐推~荐稿~见笕筅斜撑：~牢占~地方

tɕʰ ①签~名签求~谦椠削迁千阡扦移栽牵纤~绳歼孅轻浮笺□好坏和匀 ③浅遣谴且俗 ⑤堑欠芡歉倩纤助~

dʑ ②潜钳箝黔钤钱前乾虔掮全痊泉 ④渐件俭圈猪~犟不驯服 ⑥践贱饯键健腱羡旋漩

ȵ ①黏研拈 ②年阎严言 ④碾撵捻做，弄：~勿好俨染 ⑥谚彦酽砚

ɕ ①暹纤~维锨妗轻狂：发~仙籼鲜掀先宣轩 ③险癣选筅跣冼姓挑~蛐蛐显宪宣~传 ⑤苋线腺鏾~鸡宪~兵献

ʑ ②钱又，~清：地名前又 ⑥贱又羡又旋又漩又

ɦ ②炎盐檐颜延筵蜒~蚰螺言新沿~海兖咸~阳闲贤弦舷船栏~ ④演衍限 ⑥艳滟焰盐腌沿~里雁陷馅现县又

ø ①淹阉腌焉蔫嫣烟胭咽~喉 ③掩魇着~魇痂厣甲，鳞燕又偐俗，~子：傻子匽藏匿蝘~蜓蛇：壁虎靥又 ⑤厌餍~酸：泛酸晏堰偃躽比量燕咽吞~宴嫌~憎

[uẽ]

k ①滚翻~斗 ③滚衮棍绲~边

kʰ ①昆崑坤髡 ③捆困~难 ⑤困~苦睏

g ④□化脓

h ①昏婚荤

ɦ ②魂馄浑水~ ④混浑~筒脸浑~身浑~水鲲~鱼

ø ①温瘟蕰~草 ③稳滃小涡 ⑤揾蘸

[õ]

p ①搬般一~ ⑤半

pʰ ①潘拚旧，~命 ⑤判

b　②盘磐瀊水流回旋蟠 ④伴拌叛绊羁~ ⑥伴又畔

m　②瞒鳗馒蔄~裆裤鞔蒙，盖：~鞋 ④满 ⑥漫水~金山幔布~

t　①端敦墩礅重击地：~实顿点头蹲又 ③短断拦截：~路强盗趸~注 ⑤断决~簖水中竹栅：鱼~锻煅顿停~炖吨扽猛拉，又□深潭□笨，固执：~胚

t^h　①贪又吞□~~：无馅小汤圆 ③氽 ⑤探又湍又褪~皮畚俗，面部浮肿

d　②潭又谭姓，又坛酒~团~圆团汤~抟~拢篿~箕屯囤~积饨沌鲀河~鱼豚臀 ④断~绝段~落囤~窠 ⑥段缎椴盾又钝遁澶淹没，又

n　②南又楠又喃又男又，大~大女囡女儿 ③揇又，撮，抓 ④腩又暖 ⑥嫩

l　②鸾峦孪挛娈銮栾滦论~语，又仑又崙又轮又伦又惀想，又沦又纶又囵囫~，又 ④卵~脬 ⑥乱论议~，又

ts　①钻~进专又砖又尊又樽又遵又谆又肫又沾又占~卜，又瞻又簪又 ③转~交，又转~动，又准~备，又准标~，又展又辗又 ⑤钻~头占~领，又战又颤又

ts^h　①川又钏又穿又串~通，又窜又撺~掇，又氽~筒，又参~加，又村又皴~皱，又参~差，又 ③蠢又惨又 ⑤篡又串~铃，又喘又寸又衬又忖又

dz　②攒又缠纠~，又传~达，又椽又存又 ④缠~牢，又篆又□捡拾，又□半饱的：~谷，又 ⑥传称道，又

s　①酸苫草~，又闩又栓又拴又孙又狲猢~，又森又参又，人~ ③损又糁又陕又闪又 ⑤算蒜渗又逊又舜又瞬又扇油纸~，又扇~风炉，又骟又

②蚕又蟾又禅又蝉又然又燃又船又 ④善又蟮又膳又擅又单姓，又髯又染又冉又 ⑥润又

[iõ]

tɕ　①娟捐涓鹃均钧君军 ③捲 ⑤眷卷绢

$tɕ^h$　①圈圆~菌 ③犬 ⑤劝券

dʑ　②权颧拳鬈蜷裙 ⑥倦郡群豩猪鼻拱

ȵ　②原~来原~个头：整个的源元~旦沅鼋阮又 ④软阮 ⑥愿

ɕ　①萱喧暄熏薰醺掀又 ⑤楦蚬训勋

ɦ　②员圆缘元一~袁园猿辕援垣玄悬筠匀云说云乌~芸耘 ④远允 ⑥院员~工韵运晕陨孕眩县闰

∅　①冤鸳渊苑 ③蕴酝 ⑤冤~屈怨熨~帖

[uø̃]

k ①官倌棺观~察冠衣~滚翻~斗，又 ③管馆滚又衮又棍又绲~边，又 ⑤贯灌罐鹳观寺~冠~军盥

k^h ①宽款~待昆又崑又坤又髡又 ③款~子捆又困~难，又 ⑤困~苦，又睏又

g ④□化脓，又

h ①欢昏又婚又荤又 ③焕~然 ⑤唤焕涣瘓獾~猪

ɦ ②玩完丸纨桓浣魂又馄又浑水~，又 ④皖缓援俗混又浑~筒脸，又浑~身，又浑~水，又鲩~鱼，又 ⑥换

ø ①温又瘟又蕰~草，又 ③碗豌剜蜿腕惋宛婉皖又稳又澐小涡，又 ⑤揾蘸，又

[aŋ]

p ①浜绷~紧绷~架 ⑤迸~破

p^h ①乓乒~球 ⑤碰又：~杯

b ②庞又，~公盲又，摸青~朋鹏棚彭膨澎蟚~蜞聱聋~ ④蚌 ⑥甏碰

m ②盲又，摸青~虻又，瞎~忙又，~患˙哉莽又，王~蟒又，~蛇 ④莽又，~撞猛蜢 ⑤□~~：饭，儿童语 ⑥望又，~何里去孟

t ③打

t^h ③淌又 ⑤铴又，~锣淌又，船~过去

d ⑥荡又，~秋千宕又，~户趤又，~马路

l ④冷

ts ①张樟争柠木节 ③长生~涨物价~掌障 ⑤帐账胀涨~大仗打~挣用力屏住气挣~家事□挽手

ts^h ①撑~船 ③厂敞氅 ⑤畅撑~牢，~头怅枨楔子

dz ②长肠场噇又，肚痛冷饭~撑~雨伞 ④丈杖仗依~ ⑥脏又，五~六肺盛姓锃精光~亮碜塞

s ①商生牲甥 ③省瘠瘦~

z ④上又，~夜：昨天 ⑥让又

k ①更五~头庚赓羹粳耕□钻进 ③哽鲠埂田~

kʰ　①坑

ɡ　②□用力挤 ④杠又，肿痕 ⑥吭又，~鹅□堵塞：~牢

ŋ　⑥硬

h　①夯亨 ⑤□那

ɦ　②行~事：行为桁 ④杏

ø　①莺鹦樱犆小牛奣~~：星光明亮□推挤

[iaŋ]

l　②良凉量~米粮梁粱杨口，黄~ ④两俩辆谅~解 ⑥亮谅量度~杨口，~柳树

tɕ　①将~来浆鳉白眼~疆僵殭薑缰礓姜 ③奖蒋桨 ⑤酱将~帅

tɕʰ　①枪锵羌腔镪硝~水鯧~蟹 ③抢夺抢跑抢镬~强勉~顷来得一~哉 ⑤呛咳嗽

dʑ　②墙蔷嫱樯强详祥翔 ④匠犟像象橡蟓~虫：一种蛀虫□任由：~心~意 ⑥弶设圈套捕捉动物□凑和

ȵ　②娘穰稻麦芒禳厌~法 ④仰攘又，推来~去 ⑥酿让

ɕ　①相~关箱厢湘缃襄镶骧香乡 ③想鲞享响晌蚼~丝 ⑤相~貌向饷

ʑ　④像又匠又

ɦ　②羊洋佯烊融化蛘阳杨扬疡炀 ④养痒 ⑥恙样漾烊打~杨~柳树

ø　①央秧殃泱鞅鸯洋~沟 ③映俗 ⑤怏

[uaŋ]

k　①光又，~火 ③梗澘~~清□~进~出

ɦ　②横~竖 ⑥横~~生生潢~里：小河

ø　①横~坯

[əŋ]

p　①崩 ⑤蹦

pʰ　①烹抨

b　②朋彭盟同~会，又

m　②盟萌

t　①登灯膯嗉子 ③等戥 ⑤凳瞪□掂分量膯积食澄又，沉淀：~一~

t^h ①澄倾倒碗盆中物

d ②滕藤腾誊疼澄倾倒碗盆中物，又□固执：~头 ⑥邓□挖苦盾新

n ②能 ④宁~使

l ②棱□一~纸 ④冷

ts ①增曾姓罾扳~缯徵症~结蒸争挣~扎筝睁正~月初一征拯斟新 ③黰发霉整 ⑤憎证症~候正公~政侦

ts^h ①称~分量蛏揣提拉，抓起撑~持 ③抻挠，抻，新 ⑤称相~秤撑支~瞠逞

dz ②曾~经层澄惩乘塍承丞橙呈程成城诚盛~满仍 ⑥赠郑剩嵊乘顶：一~轿盛茂~扔

s ①僧升生牲笙甥声 ③省 ⑤胜圣

z ②绳塍又盛~满，又 ⑥盛茂~，又

k ①根跟更~漏，~衣庚赓羹耕耿 ③艮~山门哽骾埂梗 ⑤亘更~加

k^h ①坑铿 ③恳垦啃肯

g ④艮倔

h ①亨哼 ③很擤~鼻头涕

ɦ ②恒衡痕新 ⑥恨新

ø ①恩新 ⑤荫口，~心头冷

[iŋ]

p ①彬斌宾滨槟傧缤殡冰兵 ③禀秉丙炳饼併 ⑤鬓柄屏~气迸~裂

p^h ①拼~命乒~乓球 ③品 ⑤聘箳晒~：晒物的竹匾姘拼~凑

b ②贫频蘋颦濒凭平坪评苹萍瓶屏~风 ④并评又 ⑥病并又

m ②民岷珉泯明鸣名铭茗□~蚣：蜈蚣 ④闽悯敏皿脗闭合：~缝冥瞑螟 ⑥命

t ①丁钉铁~叮疔盯仃 ③顶鼎 ⑤钉~牢订□投掷濎沉淀

t^h ①厅汀艇桯床~ ③挺 ⑤听~见听~从

d ②亭停廷庭霆蜓 ⑥定锭

l ①拎零口，~碎 ②林淋琳霖掭治鱼蔺姓临邻鳞磷嶙麟瞵畦轮口，~流陵凌菱绫灵令~狐铃玲伶泠苓聆零龄羚蛉瓴翎 ④檩凛廪吝领岭 ⑥令~箭令~郎另

tɕ　①津今金襟禁不~锦巾斤筋茎京荆惊精菁睛腈~猪肉晶旌经 ③禁~止锦又尽~够紧谨槿~杞柳浚景警井颈境 ⑤浸进晋缙俊骏竣峻敬镜竟泾径

$tɕ^h$　①亲青清鲭蜻卿轻倾 ③侵请顷 ⑤沁衾寝钦揿庆磬罄

dʑ　②琴禽擒噙秦勤懃芹寻旬循巡殉情晴擎鲸饧~糖仍~旧 ④噤发寒~妗~姆仅尽~量近竞静靖净 ⑥劲

ȵ　②吟银垠龈鄞壬任姓人仁杏~凝宁安~泞咛柠迎欢~仍 ④忍宁~可 ⑥佞迮沉淀物：膏药~妊病~认韧迎~饭吃：指幼儿边吃饭边玩儿

ɕ　①心鑫辛新薪欣忻身~跟头□榔~：木锤兴高~星腥猩馨蜻又 ③榫笋荀询迅又省反~醒 ⑤信衅迅讯汛兴~旺性姓

ʑ　②寻又旬又殉又赢又曾勿~型~堂：地名 ④蕈

ɦ　②淫寅盈楹赢瀛营莹荧萤行~为形刑型邢 ④引蚓瘾尹颖颍杏幸

ø　①音阴荫庇~因姻茵殷应~该鹰膺蝇莺樱鹦罂~粟英瑛婴缨 ③饮隐□绗影□硌 ⑤荫~凉窨印洇揾比量熨~斗应答~映~山红

[ɒŋ]

p　①帮邦梆 ③榜磅~秤膀肩~绑 ⑤谤泵~浦：抽水机

p^h　①胮肿搒~花絮 ③髈手~ ⑤胖

b　②旁滂螃膀~胱磅~礴傍鳑~鲏彷~徨防庞 ④棒

m　②忙芒茫虻氓盲莽又蟒 ④莽盲~目芒~果网罔 ⑥忘望妄痴心~想

f　①方坊肪枋门~：门框芳 ③仿纺彷~彿妨舫访 ⑤放

v　②房亡 ⑥忘望妄

t　①当~心 ③党挡档~案□~出：漾出 ⑤当上~裆档~次

t^h　①汤 ③倘淌躺 ⑤烫趟铴~锣铴平田的农具：秧田~汤~婆子

d　②唐糖塘搪溏未凝固的：~黄棠堂螳膛 ④荡湖~荡心里发~荡涮 ⑥荡飘~宕石~趤凼小坑：□~镗钟声

n　②囊 ③□胶凝物抖动 ④曩

l　②郎廊榔螂狼稂莨筤~慷：大而无当的 ④朗明~朗稀疏：雨~哉琅 ⑥浪趤~趤晾晾晒

ts　①臧赃脏肮~章樟漳璋獐蟑彰瘴庄装妆桩 ③掌障 ⑤葬壮

ts^h　①仓苍舱沧昌猖娼菖鲳~鳊鱼疮窗怆创~伤 ③倡又创~造闯 ⑤唱倡戗~

杆：泊船撑杆

dz ②藏收~常嫦尝何~尝~味道偿嘘 ④藏西~僮~族(壮族)撞活~活跌□叠置 ⑥藏掘~脏内~状撞幢一~房子

s ①丧桑磉嗓颡搡砸，搴商伤殇起~觞双霜孀舂俗 ③赏爽 ⑤搡塞：~食屎□讽刺

z ②裳常又尝何~，又尝~味道，又偿又床 ④上~来上~夜：昨天尚又嚷壤攘 ⑥上~将尚让

k ①冈岗刚纲钢缸肛扛杠双~江豇 ③讲港降~落 ⑤杠门~

kʰ ①康糠 ③慷 ⑤抗伉亢炕闶藏

g ④戆吭畦间小道吭~溜溜：鹅鸣声杠肿痕 ⑥吭畦：隔~□搁起，垫起康良~：大而无当的

ŋ ②昂轩~ ④昂~首，~然

ɦ ②行银~绗航杭降投~ ④项降~服 ⑥巷

ø ①肮盎軮~颡鱼泱~颡公：黄鼠狼 ③□乖戾：~三

[iɒŋ]

tɕ ③降~落

ȵ ④攘推来~去

[uɒŋ]

k ①光胱膀~ ③广

kʰ ①匡筐框眶 ⑤旷矿

g ②狂 ⑥逛

h ①荒慌肓胱俗，尿~臭黄蛋黄 ③谎恍晃幌 ⑤况

ɦ ②王黄簧磺潢蟥璜甋砖~皇蝗煌隍徨彷~惶凰 ⑥旺

ø ①汪枉冤~ ③枉~然往 ⑤窪小窝，小坑

[oŋ]

pʰ ③捧 ⑤碰麻将用语

b ②篷蓬芃 ④埲~尘

m　②蒙檬朦濛 ③懵又 ④懵蒙又 ⑤朦~~亮朦~瞭眼 ⑥梦

f　①风疯枫讽酆封丰峰蜂锋烽甮“弗用”的合音，又 ③□轿子上下颠动 ⑤俸薪~□脏甮“弗用”的合音

v　②冯缝~衣裳 ④奉 ⑥凤缝一道~逢

t　①东冬冻~瘃 ③董懂□耳语 ⑤冻栋□吃~

t^h　①通 ③捅统 ⑤痛

d　②同铜桐彤炯热~~童瞳潼彤佟姓 ④动筒侗~族桶 ⑥洞恫胴~疘：肛门

n　②农侬脓浓

l　②笼砻聋隆窿癃龙笼栊珑胧陇垅咙喉~拢阿~：杂和菜 ③拢~总 ④拢收~笼~裤弄~坏 ⑥弄~堂

ts　①宗棕鬃综踪纵~横中~心忠衷终钟~表钟~情盅 ③总种~类肿终~于 ⑤粽纵放~纵跳纵皱中~意众种~树

ts^h　①聪匆葱囱楤~杠：尖头扁担熜火~鏓打洞：~树从~容充冲~锋春 ③宠 ⑤冲突出铳𥅾瞌~蹱跌跌~~焪烘烤

dz　②从从服~虫崇重~复戎㞞精液 ④重轻~ ⑥仲诵颂讼

s　①鬆嵩淞松 ③耸悚怂㧐推 ⑤送宋□告~

z　②茸冗戎又㞞精液，又

[ioŋ]

tɕ　③炯迥拱~开 ⑤供~养拱~手

dʑ　②琼穷邛穹

ȵ　②脓浓齉~鼻头戎绒 ⑥氄~毛

ɕ　①兄凶吉~凶~恶汹胸 ⑤嗅~一~

ɦ　②庸雄熊荣融容蓉溶熔榕 ④容~纵 ⑥用佣

ø　③永咏泳邕拥雍痈臃甬勇涌蛹踊俑 ⑤壅

[uoŋ]

k　①肱公蚣工疘胴~：肛门功攻夹~弓躬宫恭 ③拱~起巩 ⑤贡攻~入供~给拱~手汞

k^h　①空~虚 ③孔恐控 ⑤空~闲

g ⑥共

h ①轰烘 ③哄~骗哄~丧子 ⑤蕻

ɦ ②弘泓宏红洪鸿虹 ⑥虹又

ø ①翁嗡~~响嗡聚拢 ⑤瓮齆鼻塞螉臭

[aʔ]

p ⑦百柏伯迫旧襞布~檗黄~

pʰ ⑦拍迫粕泊梁山~擘~开魄气~帕手~

b ⑧白

m ⑧陌捪轻打趏慢慢移动麦脉

ts ⑦摘窄着~棋镨铁~酌灼匝又咂又扎又，~钩

tsʰ ⑦绰拆坼开~皴皱~策册尺捒搀扶

dz ⑧着~力宅翟姓泽中~：地名檡~木掷□摘，扯

s ⑦栅烁~~亮□浸泡衣物𧴏家畜发情，又

z ⑧石趏突然闪出，又□突出：~出□斜视：~眼

k ⑦格骼隔膈

kʰ ⑦客搭项颈~牢

ŋ ⑧额名~齾缺口，又□摇动，不稳，又

h ⑦吓赫

[iaʔ]

tʰ ⑦帖一~药贴

d ⑧蝶

l ⑧猎笠略掠

tɕ ⑦爵~位脚甲□一~：一捆

tɕʰ ⑦皵皮~起雀鹊却怯恰洽融~皴皱~，又隙

dʑ ⑧爵新，~士乐

ȵ ⑧捏虐疟箬匿又

ɕ ⑦削辖

ʑ ⑧嚼

ɦ　⑧药钥跃协侠峡洽接~

ø　⑦约

[uaʔ]

k　⑦括又，~弧掴□开~：裂开，又

h　⑦霍~闪，又掝~开□瞥一下豁又，~绳

ɦ　⑧划计~

[æʔ]

p　⑦八

b　⑧拔跋钹

m　⑦蛮口，~~好 ⑧袜

f　⑦法发出~发头~

v　⑧乏伐阀筏垡罚泛俗，泡沫：~~

t　⑦答搭褡背~瘩嗒尝：~味道溚湿：澜~~奃皮肤松弛：宽~~耷墶处所：何里~块妲~己䰤湿附

t^h　⑦塌榻溻遢蹋踢~鳎箬~鱼搨~本搨涂抹塔□脱失：车~出黭黑：墨黑铁~獭汏又，打滑~忒

d　⑧达澾滑础石~沓一~纸踏

n　⑧捺~扣呐~喊讷木~

l　⑧拉~丁文腊~月蜡邋镴锡猎又辣瘌蝲毛虫：柏~揧研磨瞓斜视：~眼佬埒划界，拦隔垃~圾

ts　⑦匝咂扎刺~扎捆~札信~□撒开

ts^h　⑦插锸小铲子堷~头：边角地擦察镲檫揀搀扶，又

dz　⑧宅又翟姓，又

s　⑦卅靸萨杀刹煞霎睫眨栅又圾垃~槭遗穗：稻~㹶家畜发情揷塞，垫

z　⑧闸煤油~铡趏突然闪出唼鹅鸭进食声

k　⑦甲胛夹皮~夹~袄睒偷看扴刮，夹格又，~外膈又隔又，~壁堨生土层□~以：所以

k^h　⑦掐

g ⑧夹~子轧

ŋ ⑧额又，~角齾缺口□摇动，不稳

h ⑦瞎呷喝凹俗，瘪

ɦ ⑧狭硖匣

ø ⑦阿~哥鸭押压轭又，犁~

[uæʔ]

k ⑦刮括包~□开~：裂开

h ⑦豁~拳豁~裂霍~闪，又臛~头：菜肴上的浇头眓怒视

ɦ ⑧滑猾还口，~有

ø ⑦挖睕醒后睁眼

[eʔ]

p ⑦拨钵不

pʰ ⑦泼魄又，~力

b ⑧悖浡泡沫捊拨转：~糊泥勃又脖又渤又坺团，块：一~沙泥

m ⑦末口，~冢：最后 ⑧抹末沫茉没殁默

f ⑦弗拂绋彿彷~

v ⑧佛物勿（弗）

t ⑦得又

tʰ ⑦脱又

d ⑧特又夺又突~然，又

n ⑧纳衲抐用手指按呐语助

l ⑧肋勒鳓捋又

ts ⑦褶哲蜇折~子折~扣浙则侧仄责 䫏歪头汁执质窒炙职织帜俗拙~嘴：大舌头□带走：吃得还要~嘬又卒又啐尝酒，又膪黏作口，和：我~偌子口，儿~只口，~好滓口，渣~渍俗，盐腌

tsʰ ⑦辄撮又啜又猝又侧又彻撤澈赤斥出~入出（齣）

dz ⑧蛰泽择侄秩殖植

s ⑦涩瑟虱摄慑设啬穑湿失室识饰式适释刷说又蟀又率~领，又

z　⑧蛰又涉舌折~脚十什拾实蚀硕日入术述蜀~阜：地名是口，勿~介个

k　⑦鸽蛤合三~板割葛胳革虼~蜢疙吃~嘴：结巴□这

k^h　⑦磕瞌渴刻克咳

g　⑧瘩蛇又，~螂：螳螂□~细：爱挑毛病□~牢：卡住

ŋ　⑧兀杌~头凳扤动摇：~头船

h　⑦喝□吸：酒~熻略蒸

ɦ　⑧合~作盒阖核~心核~对核~桃

ø　⑦扼厄轭呃遏壒覆盖餲黦~头气：霉味

[ieʔ]

p　⑦鳖瘪憋蟞水~虫别读~：念白字别~牢笔滗毕哔~叽必逼碧璧壁臂俗不口，~过

p^h　⑦撇瞥肶女阴匹癖僻辟开~劈霹

b　⑧别~离别~针别转动蹩煏烘烤弼愎趪追赶鼻枇~杷

m　⑦搣捻转 ⑧灭篾蔑密蜜宓觅汨

t　⑦跌的滴嫡摘用手指掐

t^h　⑦贴帖铁踢剔惕忒口

d　⑧叠蝶碟牒谍堞迭笛迪敌狄荻籴涤翟墨~

l　⑧列烈裂冽立粒笠栗溧慄搮理：~胡须律捋滴去水分：~干率效~力历~史历~日呖疬砾栎

tɕ　⑦接楫划~劫孑揭羯碣节疖结洁诘桔~梗鍥急级衱束身给吉髻爱司~即鲫白~唧稷戟棘积迹脊瘠绩击擊炭~激鹭阴~只口又，~好

$tɕ^h$　⑦妾怯惬切窃緁活~头：离异再嫁的女人契~阔挈提：~桶辑~鞋底缉葺葺~草泣七漆乞讫迄戚吃~饭砌俗

dʑ　⑧捷睫桀搩搂杰竭截绝集习袭及汲~水疾蒺极屐剧籍藉狼~席夕汐寂

ȵ　⑧聂镊蹑业孽蘖啮匿逆溺热日

ɕ　⑦燮胁薛亵泄歇蝎屑楔揳塞雪吸疲差歙悉蟋膝戌恤息熄媳螅昔惜腊鱼~：小鱼干析淅晰皙蜥锡

ʑ　⑧贼又，木~草绝又藉又，狼~席又入又，娘东~杀踅转动：~转

ɦ　⑧叶页熠曳逸轶翼弋忙心动液腋掖亦弈译驿易交~

ø ⑦靥笑~谒噎咽哽~揖邑挹乙一抑益缢溢隘狭~㱞瘪，不饱满閟藏匿：~壁鬼擫轻按吸附

[ueʔ]

k ⑦骨

k^h ⑦阔扩窟

g ⑧□盘算□~牢：堵住

h ⑦忽惚㾪睡一会儿：睏一~

ɦ ⑧活核桃~囫~囵猢~狲

ø ⑦頞没入水中：~杀殟烦闷：~塞嗢慢慢地喝：老酒~~

[əʔ]

t ⑦德得㝵打呃~：呃逆，打嗝儿

d ⑧特

l ⑧劣捋新肋新勒新鳓新

ts ⑦侧又只一~鸟蜇新则新责新职新织新

ts^h ⑦饬尺辄新测侧又彻新撤新澈新饬敕新赤新斥新

dz ⑧杂涉贼直值掷蛰新泽新择新秩新植新殖新□出（齣）：一~戏文

s ⑦塞闭~色涩新瑟新虱新啬新穑新室新饰新式新适新释新

z ⑧蛰新，又什又，牢~食石杂又贼又值又涉新蚀新硕新

k ⑦胳新革新

k^h ⑦磕新刻新克新

h ⑦黑吓赫喝新

ɦ ⑧核~心，新核~对，新核~桃，新

ø ⑦扼新厄新轭新遏新

[øʔ]

t ⑦掇裰直~□文火炖煮

t^h ⑦脱秃□屉：蒸笼~突眼睛~出

d ⑧夺叠~墙凸突~然读又

n　⑧抐用手指按，又纳又衲又

l　⑧捋粒口，又肋又

ts　⑦嘬卒啐尝酒

ts^h　⑦撮啜猝

s　⑦说蟀率~领屑又些又

z　⑧□收缩

[iøʔ]

tɕ　⑦鐍又，~子刀厥蹶蕨噘獗决诀抉孓橘攫又觉又玨又菊又鞠又掬又

$tɕ^h$　⑦阙阕缺屈确又榷又壳又曲又麴又畜~生，又

dʑ　⑧掘倔崛橛一~：一截橛牛顶角轴又妯又逐又局又

ȵ　⑧月狱又浴又

ɕ　⑦血噱恤蓄又畜~牧，又旭又叔又：晚爹~□唆使，又□刺~：刺猬，又

ɦ　⑧悦阅月越钺~斧曰粤穴簍~丝，又乐音~，又学又域又役又疫又育又毓又煜又欲又浴又□摇动，又

ø　⑦哕呕吐郁忧~熨~帖抈折郁浓~，又鬻又

[uøʔ]

k　⑦骨又

k^h　⑦阔又扩又窟又

g　⑧□盘算，又□~牢：堵住，又

h　⑦忽又惚又㿻睡一会儿：睏一~，又

ɦ　⑧活又核桃~，又囫又猢~狲，又

ø　⑦頞没入水中：~杀，又殟烦闷：~塞，又嗢慢慢地喝：老酒~~，又

[oʔ]

p　⑦博搏膊剥驳北卜

p^h　⑦朴~素魄~力扑蹼醭蝮狗屎~覆合~讣俗

b　⑧勃脖渤薄礴磅~泊漂~箔缚鸡~牢雹蔔萝~帛魄落~：潦倒匐俯伏璞濮仆~人暴~露曝瀑

m ⑦摸口 ⑧摸莫膜漠寞谟模大~数墨幕旧，门~木沐目苜穆牧睦么什~

f ⑦福蝠幅辐腹覆複復蝮馥

v ⑧缚服伏袱茯復又

t ⑦掇又啄沰滴~督褶拼接：~块布笃豚~底豛点击□竖，陡

t^h ⑦脱又秃又托託柝庹两臂平伸时的间距祏~肩魄落~：邋遢拓开~箨箬~：竹壳

d ⑧铎度忖~踱~躅喥~头：呆子浊浑~~独读牍犊椟渎小渠毒

n ⑧诺喏偌你

l ⑧捋又乐快~落烙骆洛酪络睩注视禄碌盝~子：盒子鹿麓漉辘簏陆戮六绿录菉~笋赂俗箬竹担：泥~

ts ⑦作工~作和：我~偌斫捉卓桌涿啄琢瘃卒足竹筑竺烛嘱斸捡取：~狗屎祝埅堵塞：~漏粥

ts^h ⑦黢~~黑错交~戳龊龌~簇促蹙触畜~生□孽~：调皮

dz ⑧昨凿勺镯浊擢浞淋雨族逐又轴又妯又俗续蜀属

s ⑦索朔速肃啸燥~宿缩谡粟叔菽束塑~料嗍吸溹潮~说又些又
⑧昨又凿又謷骂勺又芍若箬弱戳击，蹬：~一拳，~桨船俗又续又熟孰塾淑赎蜀又属又躅踏：踱~辱

k ⑦各搁阁觉木知木~角咯的个口，一~

k^h ⑦壳确榷酷哭又皵~起燩烤

g ⑧搁又榷又，估量

ŋ ⑧鄂腭鳄萼愕鹗锷鹤岳~飞岳五~

h ⑦壑郝貉霍姓藿藿蛰榖咳吐

ɦ ⑧学

ø ⑦恶凶~龌~龊

[ioʔ]

tɕ ⑦攫觉珏菊鞠掬锔又，~子刀厥又蕨又噘又蹶又獗又决又诀又抉又孓又橘又

$tɕ^h$ ⑦确榷壳曲麴畜~生，又阙又阕又缺又屈又

dʑ ⑧局逐轴妯掘又倔又崛又橛又，一~：一截觿牛顶角，又

ȵ ⑦肉~~：小儿昵称 ⑧肉褥抐揉玉狱浴又月又

ç　⑦畜~牧蓄旭叔又，晚爹~□唆使血又嚎又恤又

ɦ　⑧籰~丝乐音~学域役疫育毓煜欲浴□摇动悦又阅又月又越又钺~斧，又曰又粤又穴又翼又

ø　⑦郁浓~鬻哕呕吐，又熨~帖，又抈折，又郁忧~，又

[uoʔ]

k　⑦郭椁石~国帼虢谷山~□眼睛~落落谷稻~骨又

kʰ　⑦廓哭阔又扩又窟又

g　⑧谷山~，又□盘算，又□~牢：堵住，又

h　⑦霍~闪攉~亲：冲喜忽又惚又寣一会儿：睏一~，又

ɦ　⑧获镬或惑斛活又核桃~，又囫又猢~狲，又

ø　⑦握幄沃肥~屋頞没入水中：~杀，又殟烦闷：~塞，又嗢慢慢地喝：老酒~~，又

[m̩]

m　②呒语助 ⑤姆口，~妈

[n̩]

n　①唔~得

[ȵ̍]

ȵ　⑤唔~有姨口，~娘

[ŋ̍]

ŋ　①唔~结煞 ②唔~神~气吴鱼恒口，~心茎口，地下茎 ④五午端~姆口，妗~，丈~ ⑤腧~~：屎，儿童语齆口，~鼻头荫口，~浸头冷，又□~~重

[l̩]

l　②儿而 ④尔迩耳饵洱 ⑥二贰

第五章　绍兴方言词汇特点

绍兴方言口语中使用的词汇和北京方言的相近，但也有不少独特的地方，现分述如下。（从本章起，声调改用数字标写，以便同时表示变调。标写时，本调调值在上，变调调值在下。如“青年”tɕ^{h}iŋ$^{52}_{33}$ȵiẽ$^{231}_{52}$。）

一　反映社会情况的词语

社会在不断向前发展，方言中也有新词语不断产生出来。绍兴方言反映社会情况的词语比较丰富，内容包括反映迷信的、旧礼教的、以及旧时半殖民地经济情况的。主要体现在以下几个方面。

第一，反映封建迷信的词语。对天象的称呼有：

太阳菩萨 t^{h}a^{33}ɦiaŋ$^{231}_{33}$bu$^{231}_{33}$sæʔ$^{45}_{5}$——太阳。

月亮婆婆 ȵiøʔ$^{23}_{1}$liaŋ$^{11}_{55}$bo$^{231}_{55}$bo$^{231}_{52}$——月亮。

大雷公公 do^{11}lᴇ$^{231}_{11}$kuoŋ$^{52}_{55}$kuoŋ^{52}——雷。

霍闪娘娘 huoʔ$^{45}_{3}$sẽ$^{335}_{55}$ȵiaŋ$^{231}_{55}$ȵiaŋ$^{231}_{52}$——闪电。

鬼魅一类的词语很多，经常用来比喻人的心情和行为：

吊杀鬼 tiɒ^{33}sæʔ$^{45}_{3}$tɕy$^{335}_{55}$——乖戾。

饿杀鬼 ŋo^{11}sæʔ$^{45}_{1}$tɕy$^{335}_{55}$——贪馋。

跌杀鬼 tieʔ$^{45}_{3}$sæʔ$^{45}_{5}$tɕy$^{335}_{52}$——走路磕绊。

狐狸精 ɦu$^{231}_{11}$li$^{231}_{55}$tɕiŋ^{52}——女性妖媚。

猢狲精 ɦueʔ$^{23}_{1}$sẽ$^{52}_{55}$tɕiŋ^{52}——小孩或青年活泼调皮。

第二，绍兴地区文化普及，加之旧礼教影响深远，孔孟之道渗透进知识分子、市民以至一般工人农民的日常生活。许多儒家经典以及相关的词语都活跃在一般人的口语之中。如：

斯文 sɿ$^{52}_{33}$vẽ$^{231}_{52}$——文雅。《论语·子罕》：“天之将丧斯文也，后死者不得与于斯文也!”

歌薤 ku$^{52}_{55}$(-o） ɦia^{11}——唱挽歌。女儿为追悼亡母，常在做七后安排佛事，以为悼念。薤：薤露。原为秦末齐田横门人为悼念田横而作的悲歌，诉说生命犹如薤叶上的露水容易在曝晒中蒸发消失。

之故 tsɿ$^{52}_{33}$kʰu$^{33}_{55}$(-k）——后置于句末，“……的缘故”的意思。《易·系辞上》：“是以明于天之道，而察于民之故。”

不亦乐乎 peʔ$^{45}_{3}$ ɦieʔ$^{23}_{5}$ loʔ$^{23}_{1}$ ɦu$^{231}_{55}$《论语·学而》：“有朋自远方来，不亦乐乎?”

老当益壮 lɒ$^{113}_{115}$tɒŋ$^{33}_{55}$ieʔ$^{45}_{5}$ tsɒŋ^{33}《后汉书·马援传》：“丈夫为志，穷当益坚，老当益壮。”

天网恢恢 tʰiẽ$^{52}_{33}$mɒŋ$^{113}_{55}$ huᴇ$^{52}_{33}$huᴇ^{52}《老子》七十三章：“天网恢恢，疏而不失。”

截长补短 dʑieʔ$^{23}_{1}$ dzaŋ$^{231}_{55}$pu$^{335}_{55}$ tø̃$^{335}_{52}$《孟子·滕文公上》：“今滕，绝长补短，将五十里也。”绝，断也，与“截”通。

杂乱无章 dzəʔ$^{23}_{1}$ lø̃$^{11}_{55}$ɦu$^{231}_{55}$ tsɒŋ^{52}唐韩愈《送孟东野序》：“其为言也，杂乱而无章。”

第三，有些词语反映了旧中国半殖民地的经济面貌。物品名词中带“洋”字的特别多，个别带“洋”字的名词还用以指人。如：“洋布”“洋纱”“洋线轴线”“洋巾（或洋绢）手帕”“洋袜机织袜”“洋车缝纫机”“洋油”“洋蜜搽用甘油”“洋肥皂”“洋米进口米”“洋铁白铁”“洋刀折叠刀”“洋纸道林纸、白报纸”“洋蜡烛”“洋枪”“洋炮”“洋操兵用枪械装备的士兵”。

二　较多的古代词语

绍兴地区的产业以往一直集中在农业和手工业方面，加以旧时封建礼教对人们思想上的统治，社会发展受到局限，与劳动、生活、思想相联系的事物变化不大，口语中古词语（特别是其中的单音词）保留下来的也较多。

下面列出的古词语多有注释。涉及的主要有韵书如宋陈彭年据《切韵》重编的《广韵》、宋丁度《集韵》、元黄公绍《古今韵会举要》(简称《韵会》)、明宋濂等《洪武正韵》(简称《正韵》)，字书如东汉许慎《说文解字》(简称《说文》)、三国张揖《埤苍》、南朝梁顾野王《玉篇》、宋司马光《类篇》、金韩道昭《五音篇海》(简称《篇海》)、明梅膺祚《字汇》、清吴任臣《字汇补》、张自烈《正字通》，训诂书如《尔雅》、三国张揖《广雅》，等等。引述以《广韵》《集韵》为主。

绍兴方言口语常用的古词语举例如下：

埲尘 boŋ$^{113}_{115}$zẽ$^{231}_{52}$——扬起的尘土。“埲”，《广韵》蒲蠓切，“塕埲，尘起”。

霉黰天 mᴇ$^{231}_{11}$tsəŋ$^{335}_{55}$t^{h}iẽ^{52}——指农历五月间衣物潮湿易长霉渍的天气。“黰”，又作“黰”，《广韵》章忍切。《正字通》：“黰亦作黰，阴湿之色。”

阴骘 iŋ$^{52}_{33}$tɕieʔ$^{45}_{5}$——旧时迷信指神鬼对人功过的记录。“骘”，《广韵》之日切，“定也”，《书·洪范》：“唯天阴骘下民。”

埭坞 da^{11}u$^{52}_{55}$，da^{11}ɦu$^{52}_{55}$——地方。“埭”，《广韵》徒耐切，“以土堨水”。

田畈 diẽ$^{231}_{11}$pæ̃$^{335}_{55}$——田野。“畈”，《广韵》方愿切，“田畈”。

田塍 diẽ$^{231}_{11}$dzəŋ$^{231}_{52}$——田埂。“塍”，又作“塍”，《广韵》食陵切，“稻田畦也，畔也”。

疄 liŋ^{231}——畦。《广韵》力珍切，“田垄”。

坼 ts^{h}æʔ^{45}——边角地。《广韵》初戢切，“坼壏，重累土也”。

塥 kæʔ^{45}——生土层。《正字通》各额切，《管子·地员》：“沙土之次曰五塥。”

石宕 zaʔ$^{23}_{1}$dɒŋ$^{11}_{55}$——采石场。“宕”，《广韵》徒浪切，“洞室”。

石础 zaʔ$^{23}_{1}$dæʔ$^{23}_{5}$——溪间供人踏脚行走的石块。“础”，《字汇补》

徒曷切，“石硖”。

霤 liɤ^{11}——檐水。《广韵》力救切，“屋水流也”。

河堪头 ɦo$^{231}_{11}$ kʰẽ$^{33}_{55}$dɤ$^{231}_{52}$——陡峭的河岸。“堪”，《集韵》苦绀切，“险岸”。

潢 ɦuaŋ^{11}——小河。《广韵》户孟切，《说文》“小津也”。现多为地名。

渎 doʔ^{23}——沟渠。《广韵》徒谷切，《说文》“沟也”。

犔 aŋ^{52}——牛犊。《集韵》乌猛切，“犊也”。

豠猪 sæʔ$^{45}_{3}$tsɿ^{52}——母猪。“豠”，《广韵》所甲切，“豕母”。

火煏鸡 hu^{335}bieʔ$^{23}_{5}$ tɕi^{52}——人工孵化的小鸡。“煏”，《集韵》弼力切，“火干也”。

大僆头鸡 do^{11}liẽ^{11}dɤ$^{231}_{11}$tɕi$^{52}_{11}$——个头将长成的鸡。“僆”，《集韵》连彦切，“鸡未成曰僆”。

蝘蜓蛇 iẽ^{33}tiẽ$^{335}_{55}$（d-）zo$^{231}_{52}$——壁虎。“蝘”，《广韵》於殄切，“蜓”，《广韵》徒殄切，“蜥蜴”。

虫豸 dzoŋ$^{231}_{11}$ dzɿ$^{113}_{55}$——虫子。“豸”，《广韵》池尔切，《尔雅·释虫》：“有足谓之虫，无足谓之豸。”

柏蝲 dʑiɤ$^{113}_{115}$læʔ$^{23}_{54}$——柏树上生长的刺蛾，绿色。“蝲”，《广韵》卢达切，“虫名”。

蟴 sɿ^{52}——米中小黑虫，有鼻似象，又名蟓虫。《广韵》式支切，《方言》郭注：“米中小黑甲虫也。”

厣 iẽ^{335}——鳞甲。《广韵》於琰切，“蟹腹下厣”。

穛谷 ieʔ$^{45}_{3}$kuoʔ$^{45}_{5}$——瘪谷。“穛”，《集韵》益涉切，“禾不实”。

稳头 uẽ^{335}dɤ$^{231}_{52}$——待筛的混有谷秆的稻穗。“稳”，《广韵》乌本切，“治谷聚也”。

稻穖 dɒ$^{113}_{115}$sæʔ$^{45}_{54}$——打过的稻穗，上面还剩有余粒。“穖”，《集韵》率掴切，“禾枝空貌”。

米粞 mi$^{113}_{115}$ɕi^{52}——碎米。“粞”，《广韵》先稽切，《类篇》“米碎曰粞”。

篸竹 dæ̃$^{113}_{115}$tsoʔ$^{45}_{54}$——一种比毛竹稍细的竹子，日常用。“篸”，《广

韵》徒敢切，“竹名”。

箬箨 $ȵiaʔ^{23}_{1}t^{h}oʔ^{45}_{5}$——竹壳。“箨”，《广韵》他各切，“竹箨”，《类篇》“竹皮也”。

薸 $biɒ^{231}$——浮萍。《广韵》符霄切，《方言》郭注：“江东谓浮萍为薸。”

蕰草 $uẽ^{52}_{33}ts^{h}ɒ^{335}_{55}$——水草。“蕰”，《广韵》乌浑切，“水草”。

梗子 $kuaŋ^{335}tsɿ^{335}_{52}$——梗儿。“梗”，《广韵》古杏切，《说文》：“山枌榆有朿荚可为芜荑者。”韵书只收开口一切（如 $kaŋ^{335}$），合口韵韵书失收，只见于方言口语。

鲞 $ɕiaŋ^{335}$——腌鱼干。《广韵》息两切，“干鱼腊也”。

鲳蟹 $tɕ^{h}iaŋ^{52}_{33}ha^{335}_{55}$——腌海螃蟹。“鲳”，《玉篇》齿良切，“卤渍也”。

淡薧 $dæ^{113}_{115}k^{h}ɒ^{335}_{52}$——小鱼干。“薧”，《集韵》苦浩切，“干鱼”。

珧柱 $ɦiɒ^{231}_{11}dʑy^{113}_{55}$——海蚌的闭壳肌。“珧”，《广韵》余昭切，“蚌属”。

臛头 $huæʔ^{45}_{3}dɤ^{231}_{52}$——搁在碗面上的好菜。“臛”，《广韵》火酷切，“羹臛”。

溏黄鸡子 $dɒŋ^{231}_{11}$ $huɒŋ^{52}_{55}tɕi^{52}_{55}tsɿ^{335}_{52}$——煮后蛋黄没有完全凝固的鸡蛋。“溏”，《广韵》徒郎切，“淈溏，淖也”。

箸扴头 $dzɿ^{11}kæʔ^{45}_{1}dɤ^{231}_{11}$——面疙瘩。“箸”，《广韵》迟倨切，“匙箸”。“扴”，《广韵》古黠切，“揩扴物也”。

煨蕃薯 $uE^{52}_{33}fæ^{52}_{55}zy^{231}_{52}$——烤白薯。“煨”，乌灰切，《玉篇》“盆中火煻也”，《六书故》“火中热物”。

黰餲头气 $tsəŋ^{335}eʔ^{45}_{5}dɤ^{231}_{55}tɕ^{h}i^{33}_{52}$——霉味。“餲”，《广韵》乌葛切，“食伤臭”，《集韵》“食败也”。

身⿰骨可 $sẽ^{52}_{33}k^{h}o^{33}_{55}$——胸围腰围。“⿰骨可”，《集韵》丘驾切，《玉篇》“腰骨也”。

衩裾 $ts^{h}o^{33}kE^{52}_{55}$——两腋下开缝处。“衩”，《广韵》楚懈切，“衣衩也”。“裾”，《广韵》九鱼切，“衣裾”。

禔缏 di^{231}_{11} $biẽ^{231}_{52}$——缝衩裾的布。“禔”，《广韵》杜奚切，《说

文》“衣厚提提也”，“緶”，《广韵》房连切，“缝也”。

萳裆裤 mø̃$^{231}_{11}$ tɒŋ$^{33}_{55}$k^{h}u$^{33}_{52}$——不开裆的裤子。“萳”，《广韵》母官切，“无穿孔状”。

抬桁 dᴇ$^{231}_{11}$ ɦaŋ$^{231}_{52}$——大厅中不需用中柱支撑的横桁。“桁”，《集韵》何庚切，《玉篇》“屋桁，屋横木也”。

砖甍 tsẽ$^{52}_{33}$ɦuɒŋ$^{231}_{52}$——瓦下承尘的薄砖。“甍”，《广韵》户盲切，“小瓦谓之甍”。

镨钩 tsaʔ$^{45}_{3}$ kɤ^{52}——钩子。“镨”，《广韵》张略切，《尔雅·释器》“斫谓之镨”。

槐杠 ts^{h}oŋ$^{52}_{33}$kɒŋ$^{33}_{55}$——两头尖的圆杠，挑稻用。“槐”，《广韵》仓红切，“尖头担也”。

火榡 hu^{335}t^{h}iẽ$^{335}_{52}$——拨火棍。“榡”，《广韵》他玷切，《说文》“炊灶木也”。

筅帚 ɕiẽ^{335}sɤ$^{335}_{52}$——炊帚。“筅”，《广韵》苏典切，“筅帚，饭具”。

镬 ɦuoʔ^{23}——铁锅。《广韵》胡郭切，“鼎锅”。

饭粟 væ̃^{11}tɕ^{h}iɒ$^{335}_{11}$——饭勺。“粟”，《集韵》七遥切，“抄饭匙也”。

斗斠 tɤ^{335}ka$^{33}_{52}$——升斗面上划平粮食的小棒。“斠”，《集韵》居效切，“平斗斛也”。

火熜 hu^{335}ts^{h}oŋ^{52}——手炉。“熜”，原作“熜”，《广韵》青公切，《玉篇》“温也”。

泥箬 ȵi$^{231}_{11}$ loʔ$^{23}_{5}$——竹担。“箬”，《广韵》卢各切，《玉篇》“笼箬也”。

钖头 t^{h}ɒŋ^{33}dɤ$^{231}_{33}$——平田器具。“钖”，《广韵》他浪切，“工人治木器”。

锲子刀 tɕiøʔ$^{45}_{3}$（-ieʔ）tsɿ$^{335}_{55}$tɒ^{52}——锯状镰刀。“锲”，《广韵》古屑切，“镰别名也”。

菜锸 ts^{h}ᴇ^{33}ts^{h}æʔ$^{45}_{5}$——栽菜用的小铲子。“锸”，《广韵》楚洽切，《集韵》“锹也”。

篰 bu^{231}——篓。《六书故》薄苦切，“篮类”。

甏 baŋ^{11}——瓮。原作“瓶”，《集韵》蒲孟切，“瓬属”。

盝子 loʔ$^{23}_{1}$ tsɿ$^{335}_{55}$——盒子。“盝”，《广韵》卢谷切，《宋史·舆服志》：“纳于小盝。”

庎橱 ka^{33}dʑy$^{231}_{33}$——碗柜。“庎”，《集韵》居拜切，“所以庋食器也”。

䇘䇘 tɕ^{h}iɤ$^{52}_{33}$ tɕ^{h}iɤ^{52}——箍儿，圈儿。《篇海》去鸠切，“竹名”。

钺斧 ɦiøʔ$^{23}_{1}$ fu$^{335}_{55}$——肉铺切肉用的大斧。“钺”，《广韵》王伐切，《说文》“大斧”。

籋刀 mi$^{52}_{33}$tɒ^{52}——刮痧用的小篾刀。“籋”，《集韵》民卑切，“竹篾也”。

绗针 ɦɒŋ$^{231}_{11}$ tsẽ^{52}——缝被用的大针。“绗”，《广韵》下更切，“刺缝”。

籆 ɦiøʔ^{23}——收丝器。《广韵》王缚切，“络丝具”。

簆 k^{h}ɤ^{33}——织布机上管束经线的机具。《广韵》苦候切，“织具”。

笶 da^{113}——笸箩。《集韵》徒骇切，徒盖切，“篮浅而长者曰笶”。

簟 diẽ^{113}——篾席。《广韵》徒玷切，《说文》“竹席也”。

扳罾 pæ̃$^{52}_{33}$tsəŋ^{52}——一种从四角提起来的大网。“罾”，《广韵》作滕切，“网也”。

鋬头 p^{h}æ̃^{33}dɤ$^{231}_{33}$——器物上的提环。“鋬”，《集韵》普患切，“器系”。

挈桶 tɕ^{h}ieʔ$^{45}_{3}$ doŋ$^{113}_{55}$——提水小桶。“挈”，《广韵》苦结切，“提挈也”。

齾 ŋæʔ^{23}——缺损。《广韵》五鎋切，“器缺也”。

脚䯊头 tɕiaʔ$^{45}_{3}$k^{h}o$^{52}_{55}$dɤ$^{231}_{52}$——膝盖。“䯊”，《广韵》苦何切，“膝骨”。

脚脙弯 tɕiaʔ$^{45}_{3}$tɕ^{h}iɤ$^{52}_{55}$uæ̃^{52}——膝后弯。“脙”，《集韵》雌由切，“股胫间”。

䶕牙齿 bo^{11}ŋo$^{231}_{11}$ ts^{h}ɿ$^{335}_{55}$——龅牙。“䶕”，《集韵》步化切，“齿出白”。

癗 lᴇ^{113}——肿粒儿。《广韵》落猥切，“痱癗，皮外小起”，《集韵》“小肿”。

睎核 hẽ^{33}ɦueʔ$^{23}_{5}$——淋巴结肿胀。“睎”，《广韵》兴肾切，“肿起”。

胴疘 doŋ^{11}kuoŋ$^{52}_{11}$——肛门。“胴”，《广韵》徒弄切，《玉篇》“大肠也”。“疘”，《广韵》古红切，“脱疘，下部病”。

肶 p^{h}ieʔ^{45}——女性生殖器。《广韵》譬吉切，“牝肶”。

咸痚病 ɦæ̃$^{231}_{11}$hɒ$^{52}_{55}$biŋ$^{11}_{52}$——哮喘。“痚”，《集韵》虚交切，“痚瘷，喉病”。

冻瘃 toŋ^{33}tsoʔ$^{45}_{5}$——冻疮。“瘃”，《广韵》陟玉切，“寒疮也”。

脚鱭 tɕiaʔ$^{45}_{3}$tsɿ^{52}——鸡眼。“鱭”，《广韵》侧持切，“手足生皮坚也”。周祖谟认为“鱭”应作“䐈”。

餍 iẽ^{335}——疮痂。《集韵》於琰切，“疡痂也”。

翳 i^{52}——膜。《广韵》乌奚切，“蔽也”，《正字通》“目障也”。

娅娃 o$^{52}_{33}$ uo^{52}——婴儿。“娅”，《集韵》於家切，“赤子也”。

妗五* dʑiŋ$^{113}_{115}$ŋ̍$^{113}_{52}$——舅母。“妗”，《集韵》巨禁切，“俗谓舅母曰妗”。“五*”，“母”的音变。

睐眼佬 læʔ$^{23}_{1}$ŋæ̃$^{113}_{55}$lɒ$^{113}_{52}$——斜眼的人。“睐”，《广韵》卢达切，“目不正”。

躯背 ho$^{52}_{33}$pᴇ$^{33}_{55}$——佝偻的人。“躯”，《集韵》虚加切，“身伛貌”。

活紨头 ɦueʔ$^{23}_{1}$tɕ^{h}ieʔ$^{45}_{5}$dɤ$^{231}_{52}$——旧指离婚再嫁、前夫尚存的妇女。“紨”，《集韵》千结切，《博雅》“索也”。

末豚 meʔ$^{45}_{3}$toʔ$^{45}_{5}$，mieʔ$^{45}_{3}$toʔ$^{45}_{5}$——最后。“豚”，《玉篇》都谷切，“尾下窍也”。引申指最后。

捉漏 tsoʔ$^{45}_{5}$lɤ^{11}——检修屋顶漏雨处。“捉”，本字为“䐁”，《广韵》侧六切，“塞也”。

匽 iẽ^{335}——隐藏。《广韵》於幰切，“隐也”。

堨 eʔ^{45}——覆盖。《广韵》乌葛切，“壅堨，以土障水也”。

躲潭 to$^{335}_{55}$dø̃^{11}——潜泳。“潭”，《广韵》徒绀切，“没也”。

搨 maʔ^{23}——轻打。《广韵》莫白切，“击也”。

搡 sɒŋ^{52}——掷，捶打。《集韵》写朗切，“搷也”。

戳 zoʔ^{23}——直击，蹬。《广韵》直角切，“筑也，舂也”。

豛 toʔ^{45}——点击。《集韵》都毒切，《说文》“椎击物也”。

搣 mieʔ^{45}——拧。《广韵》亡列切，“手拔也，又摩也，捽也”，《说文》“批也”。

扽 tẽ^{33}——猛拉。《广韵》都困切，“撼扽”，《博雅》“引也”。

殿 tsẽ^{52}——敲击。《广韵》侧邻切，“击也”。

摑 kuaʔ^{45}——打。《广韵》古获切，“打也”。

揿 tɕʰiŋ^{33}——按。一作“搇”，《集韵》丘禁切，“按也”。

拺 tsʰaʔ^{45}——扶。《广韵》楚革切，“扶拺也”。

䌷 dzɤ^{231}——抽拉。《广韵》直由切，《急救篇》：“抽引粗茧绪纺而织之曰䌷。”

浞 dzoʔ^{23}——淋雨。《广韵》士角切，“水湿”。

擂 lɛ^{11}——滚动。《集韵》卢对切，“推石自高而下也”。

𡋯 beʔ^{23}——拨转。《广韵》蒲没切，“拔也”。

掝 huaʔ^{45}——打开。《广韵》呼麦切，“裂也”。

䀰 huæʔ^{45}——怒视。《广韵》呼八切，《集韵》荒刮切，《埤苍》“怒视貌”。

睩 loʔ^{23}——注视。《广韵》卢谷切，“视貌”，《集韵》龙玉切，“谨视貌”。

睄 sɒ^{52}——斜视。《集韵》所教切，“小视”。

䀹 sæʔ^{45}——眨眼。《集韵》色洽切，“目睫动貌”。

睆 uæʔ^{45}——醒后睁目。《广韵》乌括切，“目开貌”。

㥝 mi^{11}——考虑。《集韵》弥计切，“度也”。

殟 ueʔ^{45}——烦闷。《广韵》乌没切，“一曰心闷”。

諎 zoʔ^{23}——骂。《集韵》疾各切，“詈也”。

挼 no^{231}——搓揉。《广韵》奴禾切，“两手相切摩也”。

齆 uoŋ^{33}，ŋ̍^{33}——鼻塞。《广韵》乌贡切，《字汇》：“鼻塞曰齆。”

敨 tʰɤ^{335}——展开，打开。《集韵》他口切，“展也”。

呷 hæʔ^{45}——喝。《广韵》呼甲切，《说文》“吸呷也”。

渳 mi^{52}——小口饮。《广韵》绵婢切，《说文》“饮也”。

啐 tsøʔ^{45}——尝酒。《广韵》七内切，《集韵》即聿切，《玉篇》“尝也”。

嗒 tæʔ^{45}——尝。《广韵》都合切，“舐嗒也”。

嗍 soʔ^{45}——口吸。《广韵》所角切，“吮也”。

搛 tɕiẽ^{52}——用筷子夹。《集韵》坚嫌切，“夹持”。

挸 ɕiẽ^{335}——搓捻物体。《集韵》苏典切，“手捻物也”。

抭 ɒ^{33}——量取。《集韵》乌到切，“量也”。

囥 k^{h}ɒŋ^{33}——藏。《集韵》口浪切，“藏也”。

曳 ɦieʔ^{23}——拉，拖。又作“抴”，《集韵》羊列切，“拖也”。

䵬 tæʔ^{45}——湿附。《集韵》託合切，“物湿附箸也”。

擫 ieʔ^{45}——吸附。《广韵》於叶切，“指按也”。

纵 tsoŋ^{33}——跳跃。《广韵》子用切，《论衡·道虚》：“举臂而纵身。”

趪 bieʔ^{23}——追赶。《集韵》弼力切，“走也”。

踱躅 doʔ$^{23}_{1}$ zoʔ$^{23}_{5}$——慢步走。“躅”，《广韵》直录切，《荀子·礼论》注：“踯躅，以足击地。”

嗅 ɕioŋ^{33}——闻。《广韵》许救切，“以鼻取气”，《集韵》香仲切，“鼻审气也”。

哺 pu^{33}——以嘴喂食。《广韵》薄故切，《集韵》奔谟切，《玉篇》“口中嚼食”。

嗢 ueʔ^{45}——慢慢地喝。《广韵》乌没切，《说文》“咽也”。

嗀 hoʔ^{45}——咳吐。《集韵》黑角切，“呕貌”。

贳 sɿ^{52}——租借。《广韵》舒制切，《说文》“贷也”。

踅 ʑieʔ^{23}——旋转。《集韵》似绝切，“旋倒也”。

鏓 ts^{h}oŋ^{52}——凿洞。《广韵》仓红切，《说文》“鎗鏓也”，《集韵》“大凿”。

觼 dʑiøʔ^{23}——牛顶角。《集韵》其月切，《说文》“角有所触发也”。

澄 t^{h}əŋ^{52}，dəŋ^{231}——从碗盆中泼出水。《广韵》他登切，台邓切，“小水相添益貌”。

揟 sæʔ^{45}——塞，填。《广韵》私盍切，“持也”。

揳 ɕieʔ^{45}——塞。《广韵》先结切，“塞也”。

㨃 læʔ^{23}——研摩。卢达切，《博雅》“研也”。

趇 zæʔ^{23}——突然闪出。《广韵》士洽切，“行疾也”。

归去 tɕy$^{52}_{33}$tɕʰi$^{33}_{55}$——回去。“归”，《广韵》举韦切，“还也”。

搃 soŋ^{33}——推。《集韵》损动切，“推也”。

搲 uo^{52}——扒。《类篇》乌瓦切，“吴俗谓手爬物曰搲”。

跿 tʰɤ^{33}——跳，往下跳。《广韵》他候切，“自投下”。

蹱 tsʰoŋ^{33}——跌跌撞撞。《集韵》丑用切，“行不正貌”。

趏 maʔ^{23}——慢慢走动。《广韵》莫白切，《玉篇》“走行貌”。

趜 gɤ^{231}——蜷缩。《集韵》渠尤切，“足不伸也”。

跳 diɒ^{231}——跳跃。《广韵》徒聊切，“跃也”。

牮 tɕiẽ^{33}——支撑。《字汇》作甸切，“屋斜用牮”。

匐 boʔ^{23}——俯伏。《广韵》蒲北切，《集韵》步木切，“匍匐也，伏地也”。

踫 bæ̃^{231}——爬行。《广韵》白衔切，“步渡水”。

隑 gᴇ^{11}——靠。《玉篇》巨慨切，《集韵》巨代切，《博雅》“倚也”。

绐 dᴇ^{11}——松弛。《广韵》徒亥切，“丝劳”。

勚 ɦi^{11}——磨损。《广韵》余制切，“劳也”。

氽 tʰø̃^{335}——漂动。《字汇》土恳切，“水推物也”，《字林撮要》“人在水上为氽”。

戽 hu^{33}——洗。《广韵》荒故切，“戽斗，舀水器也”。

頞煞 ueʔ$^{45}_{3}$sæʔ$^{45}_{5}$——淹死。“頞”，《广韵》乌没切，“内头水中也”。

汏 da^{11}——漂洗。《广韵》徒盖切，“涛汏”。

挒 ȵioʔ^{23}——揉。《集韵》女六切，“搐挒，不伸也”。

缀 tsa^{33}——缝，补。《广韵》陟卫切，《玉篇》“缉也”，《博雅》“连也”。

闄 iɒ^{335}——折叠。《广韵》於小切，“隔也”。

缉 tɕʰieʔ^{45}——缝合多层布。《广韵》七入切，《说文》“绩也”，《玉篇》“续也”。

搮 lieʔ^{23}——整理。《广韵》力质切，“以手理物也”。

抈 ɦiøʔ^{23}——折。《广韵》鱼厥切，“折也”。

搵 uẽ^{33}——蘸。《广韵》乌困切，“搵㧂：按物水中”，《说文》“没也”。

搮 lieʔ^{23}——滴去水分。《集韵》劣戌切，“去滓汁”。

擉亲 huoʔ$^{45}_{3}$tɕʰiŋ^{52}——因担心父母重病需守孝而提前结婚。“擉”，《广韵》虚郭切，“手反复也”。

汲水 dʑieʔ$^{23}_{5}$sɿ^{335}——从井里提水。“汲”，《集韵》极入切，“汲引也”。

刐青 tiɒ$^{52}_{33}$tɕʰiŋ^{52} ——旧时农民秋收前粮食不足时，割取未成熟的禾穗为食。“刐”，《广韵》都聊切，“断穗也”。

钃狗屎 tsoʔ$^{45}_{5}$ kɤ^{335}u$^{33}_{52}$——捡狗屎。“钃”，《广韵》陟玉切，《玉篇》“锄也”，《荀子·荣辱》：“所谓以狐父之戈钃牛屎也。”

燂 dæ̃^{231}——烧一把火。《广韵》徒含切，“火爇也”。

熯 hẽ^{33}——附带蒸一下。《广韵》呼旰切，“火干”。

煆 ho^{52}——略微蒸一下。《广韵》许加切，“火气猛也”。

煺 tʰᴇ^{52}——已宰杀的鸡、鸭等用热水浸泡后去毛。《广韵》他回切，“焊毛”。

燩 kʰoʔ^{45}——烘烤。《广韵》苦角切，《广雅》“火干物”。

烘 tsʰoŋ^{33}——烘烤。《广韵》去仲切，“火干物也”。

熻 ɕieʔ^{45}——略蒸加热。《广韵》许及切，“熻热”，《博雅》“爇也”。

炀 ɦiaŋ^{231}——融化。《广韵》与章切，“释金也”。

皵 kʰoʔ^{45}——皮肤干裂。《广韵》苦角切，“皮干也”。

剫 pʰi^{52}——横削薄片。《集韵》攀糜切，“刀析”。

劙 li^{113}——割开。《集韵》里弟切，“剌也”。

剅 lɤ^{52}——抠，刺。《广韵》洛侯切，“小穿”。

揿 tsɿ^{33}——刺，扎。《广韵》陟利切，“刺也”。

皵 tɕʰiaʔ^{45}——皮肤皴裂。《广韵》七雀切，“皮皴”。

攋 la^{113}——割破。《集韵》洛骇切，“手披也”。

劖 dzæ̃^{11}——切，剁。《广韵》锄衔切，《集韵》士减切，《说文》“断也”。

揘 həŋ^{335}——按住鼻孔使劲出气，排出鼻涕。《篇海》呼梗切，“手捻鼻脓曰揘”。

心疺 ɕiŋ$^{52}_{55}$fæ̃^{33}——恶心。“疺”，《广韵》方万切，《集韵》“心恶病”。

疰夏 tɕy$^{33}_{55}$ɦo^{11}——因夏日暑热而不适。“疰”，《广韵》之戍切，“疰病也”。

打餍酸 taŋ$^{335}_{55}$ iẽ^{33}sø̃$^{52}_{55}$ ——因过饱而吐酸水。“餍”，《广韵》於艳切，“饱也”。

打呃⿸疒寻 taŋ$^{335}_{55}$eʔ$^{45}_{3}$təʔ$^{45}_{5}$——打嗝儿。“⿸疒寻”，《集韵》的则切，“病也”。

打⿰饣亥 taŋ$^{335}_{55}$ gᴇ^{113}——打饱嗝儿。“⿰饣亥”，又作“噫”，《广韵》乌界切，“噫气”，《说文》“饱食息也”。

睏一⿱穴骨 kʰuẽ$^{33}_{55}$ieʔ$^{45}_{5}$hueʔ$^{45}_{5}$——睡一会儿。“⿱穴骨”，《广韵》呼骨切，“觉也”。

挜 o^{33}——硬给人东西。《字汇》衣驾切，“强与人物也”。

⿸疒步 bu^{11}——疾病复发。《集韵》蒲故切，“复病也”。

嬲 ȵiɒ^{113}——纠缠。《广韵》奴鸟切，“戏相扰也”。

脗缝 miŋ$^{113}_{55}$voŋ^{11}——合缝。“脗”，《韵会》武粉切，《庄子·齐物论》注：“合也。”

⿰贝匽 iẽ^{33}——比量。《广韵》於建切，“引与为价”，《集韵》於幰切，“物相当”。

⿰扌隐 iŋ^{33}——比量。《集韵》於靳切，“平量也”。

撚 ȵiẽ^{113}——做，弄，搞。《广韵》乃殄切，“以指撚物也”。

⿰禾聚 zɤ^{113}——积蓄，积累。《广韵》士九切，“聚也”。

嬉 ɕi^{52}——游玩。《广韵》许其切，“美也，游也”，《博雅》“戏也”。

趤 daŋ^{11}——散步，闲逛。《集韵》大浪切，“⿺走息趤：逸游”。

⿰目良 lɒŋ^{11}——晾晒。《集韵》郎宕切，“曝也”。

擙 ɦɒ^{231}——计量。《集韵》胡刀切，“较多少”。

⿰米刍 tsʰɤ^{52}——滤吸水分。《广韵》楚鸠切，“滤取粉也”。

⿰女赞 tsæ̃^{335}——好。《广韵》则旰切，“白好也”。

⿸疒及 ɕieʔ^{45}——差，不好。《广韵》呼合切，“病劣也”。

㼌 ɦy^{113}——不稳。《广韵》以主切，“本不胜末”。

错赚 tsʰo^{33}dzæ̃$^{113}_{33}$ ——错。“赚”，《广韵》伫陷切，《说文·新附》“错也”。

瘑迹* kua$^{52}_{33}$tɕieʔ$^{45}_{5}$——痒痒。“瘑”，《广韵》古怀切，“恶疮”，《集韵》“疥疾”。

饫 y^{335}——因为饱而反胃。《广韵》依据切，“饱也，厌也，赐也”，《说文》“燕食也”。

脂 tseʔ^{45}——黏。《集韵》质力切，“黏也”。

膔 zɒ^{231}——饥饿感。《集韵》财劳切，“一曰腹鸣”。

瘦瘤 sɤ^{33}saŋ$^{335}_{33}$——瘦。“瘤”，《广韵》所景切，“瘦瘤”。

儇 huæ̃^{52}——乖巧，听话。《广韵》许缘切，“智也，疾也，利也，慧也”。

勥 dʑiaŋ^{113}——固执，不听话。《广韵》其两切，“勉力也”，《集韵》巨两切，“迫也”。

頙 tseʔ^{45}——头歪。《广韵》侧革切，“頙颇，头不正也”。

胮 pʰɒŋ^{52}——肿胀。《广韵》匹江切，“胮胀”。

膥 uoŋ^{33}，ŋ̍^{33}——臭。《广韵》乌孔切，“臭气”。

燥bh sɒ^{33}soʔ$^{45}_{3}$——干燥。“bh”，《集韵》苏谷切，“燥也”。

夥夥什 ɦo$^{113}_{115}$ɦo$^{113}_{55}$zəʔ$^{23}_{5}$，ɦio$^{113}_{115}$ɦio$^{113}_{55}$zəʔ$^{23}_{5}$——极多。“夥”，《广韵》胡果切，“楚人云多也”。

热烔烔 ȵieʔ$^{23}_{1}$ doŋ$^{231}_{55}$ doŋ$^{231}_{52}$——温热的。“烔”，《广韵》徒红切，《玉篇》“热貌”。

潮炄炄 dzɒ$^{231}_{11}$ȵiɤ$^{113}_{55}$ȵiɤ$^{113}_{52}$——半湿不干的样子。“炄”，《集韵》女久切，“燳炄：欲干”。

湿溚溚 seʔ$^{45}_{3}$tæʔ$^{45}_{5}$tæʔ$^{45}_{54}$——有点湿。“溚”，《广韵》都合切，“湿也”。

黢黢黑 tsʰoʔ$^{45}_{3}$ tsʰoʔ$^{45}_{5}$ həʔ^{45}——很黑的样子。“黢”，《集韵》促律切，“黑也”。

宽㲮㲮 kʰuø̃$^{52}_{33}$tæʔ$^{45}_{5}$ tæʔ$^{45}_{54}$——有点宽松。“㲮”，《广韵》都合切，“皮㲮”。

坒 bi^{11}——一行，一层。《广韵》毗至切，“地相坒次也”。

橛 dʑiøʔ^{23}——一截，一段。《广韵》居月切，“杙也”，《尔雅·释宫》“樴谓之杙”，《说文》“系牛杙”。《韵会》其月切。

茧 tɕiẽ^{335}——一小束。《广韵》古典切，《说文》“小束”。

葛*埫块 keʔ$^{45}_{3}$tæʔ$^{45}_{5}$k^{h}uᴇ$^{33}_{52}$ ——这里。“埫”，《集韵》德盍切，“地之区处”。

葛*卯 keʔ$^{45}_{3}$mɒ$^{113}_{55}$——这时候。旧时一般在卯时（六点后）上班，因此上班常说成“应卯”。“卯”后来泛指时间，如“亨*卯”“下卯”“一卯”。

豪*倅 ɦɒ$^{231}_{11}$sɒ$^{33}_{55}$——赶快。“倅”，《集韵》先到切，“快也”。

滴沰 tieʔ$^{45}_{3}$toʔ$^{45}_{5}$——水滴声。“沰”，《集韵》当各切，“滴也”。

三　语素顺序相反的复音词

复合词的词素顺序与普通话大多相同，但也有一些复合词具有不同的顺序。如：

齐整 ʑi$^{231}_{11}$tsəŋ$^{335}_{55}$——整齐	闹热 nɒ^{11}ȵieʔ$^{23}_{5}$——热闹
欢喜 huõ$^{52}_{33}$ɕi$^{335}_{55}$——喜欢	和暖 ɦo$^{231}_{11}$nø̃$^{113}_{55}$——暖和
闲空 ɦæ̃$^{231}_{11}$k^{h}uoŋ$^{33}_{55}$——空闲	共总 guoŋ^{11}tsoŋ$^{335}_{11}$——总共
兄弟 ɕioŋ$^{52}_{33}$di$^{113}_{55}$——弟兄	气力 tɕ^{h}i^{33}lieʔ$^{23}_{5}$——力气
料作 liɒ^{11}tsoʔ$^{45}_{5}$——作料	怕惧 p^{h}o^{33}dʑy$^{11}_{33}$ ——惧怕
人客 ȵiŋ$^{231}_{11}$k^{h}aʔ$^{45}_{5}$——客人	火萤虫 hu^{335}ɦiŋ$^{231}_{55}$dzoŋ$^{231}_{52}$——萤火虫
历日 lieʔ$^{23}_{1}$zeʔ$^{23}_{5}$——日历	踏脚车 dæʔ$^{23}_{1}$tɕiaʔ$^{45}_{5}$ts^{h}o^{52}——脚踏车

四　特殊的标音字、方言字、训读字

绍兴方言中有一些常用的词语，因对语源缺乏了解，处理较为特殊：或按读音写成标音字，或创造新字写成方言字，或写成同义的训读字。下面分别举例叙述。

（一）标音字

鲎 hɤ^{33}——虹。宋戴侗《六书故》曾提到，“越人谓虹为鲎”，可见宋时江浙一带已有这一方言词了，绍兴方言当不例外。但“鲎”是一种海生甲壳动物，和虹并没有关系，所以虹记作“鲎”应该只是一个标音字。“鲎”本字不明。不过绍兴方言另有一个同音的动词“吼*”，解作吸饮。看来“鲎”和龙在海上吸水时由水柱构成彩虹的传说有关：“吼*”指这一动作，“鲎”则指这一动作的结果，二者关系密切。因此“鲎”应该也可以写成标音字“吼*”。

一抢* ieʔ$^{45}_{3}$ tɕ^{h}iaŋ$^{335}_{55}$——一段日子。“抢*”，本字应为“顷”。《广韵》去颍切。原指田百亩，也指较短的时间。《庄子·秋水》“夫不为顷久推移”，成玄英疏：“顷，少时也。”“顷”作为梗摄三等字，绍兴方言应音 tɕ^{h}iŋ^{335}。但“顷”在“一抢*”ieʔ$^{45}_{3}$tɕ^{h}iaŋ$^{335}_{55}$中音 tɕ^{h}iaŋ^{335}，韵母不为 iŋ 而为 iaŋ，主要元音与二等字（如“耕”kaŋ^{52}）相同，应是保留了古读。这种只有个别字保留古读的字音，不易确定原有的音韵地位，因此一般只写成同音字“抢*”。

舌胎 zeʔ$^{23}_{1}$ t^{h}E^{52}——舌头。“胎”，张仲景《伤寒论》：“舌上白胎者，可与小柴胡汤。”“舌胎”，即舌苔，但绍兴方言指舌头。看来“苔”另有土来一切。吴语区南部和闽语区就常有读这一反切的，除绍兴方言以外，还有苏州方言 ꜀t^{h}E，厦门方言 ꜀t^{h}ai 等。

借*手 tɕia^{33}sɤ$^{335}_{55}$——左手。“左”写作标音字“借*”，实际上就是“左”字古音不规则演变的结果。如《广韵》中“左”另音则个切，去声，《说文》“手相佐助也”，但有 i 介音，和“借*”字音义俱合。

腰耙* iɒ$^{52}_{33}$bo$^{11}_{55}$——腰，腰部。“耙*”，本字当为“缚”，《广韵》符卧切，“束也”。人身上可以紧束的部位称“缚”，如腰部称“腰缚”，手腕称“笎帚缚头”“脉息缚头”。“缚”也用来指称人身上的其他可以束缚的部位，如“葛*缚头”“亨*缚头”。

堕贫 do^{11}biŋ$^{231}_{11}$——这是绍兴旧时对一类“贱民”的称呼，即“堕民”（写作“堕贫”，音同“大瓶”）。也许在统治阶级看来，他们或他们的祖先是“道德堕落”的。但“堕民”中“堕”不音阳上而音阳去，“民”（明母字）的声母和“瓶”相同，都不符绍兴方言的读音。这也许是词语由其他方言借入绍兴时折合中造成的差错。比如，绍兴方言浊上仍为阳上，而“堕”音“大”，反映了借入的某方言浊上字已经归入阳去；“民”音“瓶”，则是声母 m 和 b 的混淆，和绍兴方言“摸青盲”moʔ$^{45}_{5}$tɕʰiŋ$^{52}_{33}$maŋ$^{231}_{52}$、moʔ$^{45}_{5}$tɕʰiŋ$^{52}_{33}$baŋ$^{231}_{52}$中“盲”的特殊读音相似。从语音特点判断，借入的有可能是浙南闽语一类的方言。

河沿 ɦo$^{231}_{11}$ɦiẽ$^{11}_{55}$——河边。“沿”，绍兴方言读作阳平，解作顺流而下，或读作阳去，解作边缘。《广韵》等韵书只音与专切，只有第一解，无去声一读和另一解。但许多方言中都有该读和该义（包括遥远的北京方言，如“南河沿”nan^{35}xə^{35}iɛn^{51}）。因此，有可能是字书和韵书漏收了该字的第二音和第二解。

订* tiŋ^{33}——扔，投掷。该字文献无据，但吴方言普遍使用，而且湘、赣等方言也都有这个词，如南昌方言 tiaŋ^{45}、长沙方言 tian^{45}，音韵地位均为梗摄开口四等去声，和绍兴方言相同。也可能和“沿”字的情况类似，是字书和韵书漏收了这个字。

泵浦 pɒŋ^{33}pʰu$^{335}_{33}$——水泵。这是吴方言区早期对英语词 pump 的音译，曾经通行过一段时间，后来又从普通话输入“水泵”。“泵”新读 poŋ^{33}，原来的 pɒŋ^{33}音就逐渐废弃，停止使用了。

则* tseʔ^{45}——和。这是绍兴方言中的常用词。作连词用，和“与”同义，如“我则*伊是同学”。也作介词用，和“把”同义，如“则*葛*只鸡杀伊患*”。就来源看，“则*”实际上应是由“做”tso^{33}音变来，因入声化而成的。《越谚》曾说，“做”“作‘与’字解”，“又若‘卒’音”。“卒”音 tsøʔ^{45}，也音 tseʔ^{45}和 tsoʔ^{45}。范氏对“做”的解释和“则*”的音义相合。

得 təʔ^{45}，teʔ^{45}——用在述语后面，通常引出表示结果或程度的补语，如“撚得一世八界”。但绍兴方言中也可在述语后表示动作的完成，义同“了$_1$”，如“拨伊逃得去哉”。这后一种用法是方言中特有的。

哉 tsᴇ^{52}文 tsa^{52}白——是绍兴方言常用的语助词，在句尾出现，表示动作的完成，大约与“了$_2$”相当。如“好哉”“踏脚车踏过来哉”。古词语中也有“哉”。如《论语·八佾》：“周监于二代，郁郁乎文哉！”又《为政》：“人焉廋哉？人焉廋哉？”但这两个“哉”和绍兴方言的“哉”仅只读音相同（蟹摄一等平声咍韵），意思和语法功能都不相同。古词语的“哉”或表感叹，和“啊”相当，或表反问，和“呢”或“吗”相当。绍兴方言的语助词和这两个“哉”既然语义不同，那么使用这一字形，实际上也应该只是一个标音字吧。

（二）方言字

窪 uɒŋ³³——窝儿，浅坑。本字不明。查《集韵》有“瀇”字，邬晃切，“池不流也”。但“窪”和“瀇”音（上声）和义都有差异。《越谚》因以义旁为“穴”，声旁改“王”为“汪”，另造了方言字“窪”。

傿子 iẽ³³⁵tsɿ³³⁵₅₂——因缺乏经验容易上当受骗的人。“傿”，作为标音字，本字应为“燕”。出典是春秋时燕王哙事。燕王哙受人唆使把王位禅让给了宰相子之。三年后国家大乱，太子起兵，燕王在乱中自身也被杀害。这都是因为燕王太过愚蠢，不考虑社会现实，企图效法圣贤，结果身受其害。因此以后很长一段时间里，人们一提到蠢人，就想起这个燕王来。绍兴方言中“燕人”中的“燕”字也因此逐渐有了愚蠢的意思，最后写成了方言字“傿”字，产生了“傿子”一词，解作蠢人。

抲 kʰo³³——捉。“抲”本字应为“搉”，《集韵》丘驾切，“持也”。但实际上改用了方言字“抲”。以“可”作为声旁，不用本字“搉”，应是比较合适的。

拕 do²³¹——拿。本字为“驮”，《广韵》徒河切，“驮，骑也”。但绍兴方言没有使用本字，而是借用了“拖”的异体，制造了一个方言字“拕”。“它”作为声旁，也是比较合适的。

掼 guæ̃¹¹——（1）摔。（2）跸。本字不明。这是吴方言的一个常用词。“掼”是一个既有的字，意义本为“习”或“带”，与摔或跸无关，因此方言中借用来表示摔、跸义，另外制造了新字。“掼”的这一意义也另外写作“蹟”。

㑚 ua³³——能干，健壮。本字为“会”，《广韵》黄外切，“合也”。但绍兴方言对这一音义都有变化。该字通行于吴方言各地，如苏州方言 uᴇ꜄ 、温州方言 vai꜁ 。绍兴方言不用一般意义的本字，但自造了一个会意的方言字。

(三)训读字

姐 tɕia³³⁵ tɕi³³⁵。绍兴方言中，“姐”只在“小姐”一词中音

tçia^{335}，其他都读 tçi^{335}，如“姐姐”“三姐”。不过 tçi^{335} 实际上并不是“姐”字的读音，而是“姊”的训读。绍兴方言中，“姐”“姊”二字因为同义的缘故，使用中逐渐混淆不分，合成了一个字，构成训读的关系。

伊 ɦi^{113}——他。这是绍兴方言第三人称代词的单数式，一般写作“伊”，《越谚》写作“倲”。“伊”的本字应是“渠” ꜁dʑy，读音本不相同。但因浙南地区方言中的一种音变作用，使“渠”的声母失落而成为 ɦi，又因代词“我”字声调的同化作用而变为阳上调，人们就写成了训读字“伊” ɦi^{113}。目前这一音变在绍兴城区方言中已经完成，但郊区情况不一，如柯桥一带的方言就不用“伊”，仍用“渠”。

屎 u^{33}。通常认为是“恶”的训读。“恶”，《广韵》乌各切，颜师古《汉书》注：“恶即矢也。”《越谚》起初以为本字是“污”。“污”，《广韵》乌路切，《说文》“秽也”。后来范氏据《吴越春秋》“适遇吴王之便，太宰嚭奉溲恶以出”，认为“恶”才是本字。有鉴于绍兴方言至今仍使用“恶”的另一反切（乌路切），范氏认为“此‘恶’最的”，应该看作真正的本字。

“恶”在音义两方面的确可以说是和绍兴方言的用词相合的。不过勾践是越人，越族当初使用的不是汉语，而是壮侗语。（当然，越国的统治集团可能说越语，也可能按照一般的习惯仅只上层统治集团说汉语。）而且东汉赵煜著《吴越春秋》反映的也是汉代的汉语，难以上溯到春秋时期，很难说汉语的“恶”就是语源。就绍兴方言汉语词的考证来说，恐怕目前也仅能以汉代的方言作为上限，不能追溯到春秋时期。

目前在考证中还有人认为汉语词“屎”的本字不是“恶”，而是“涴”。“涴”，《广韵》乌卧切，“泥著物也”。这符合许多吴方言的读音，如宁波方言 əu$^{\supset}$（与“恶” u$^{\supset}$ 不同音）。绍兴方言戈韵见系部分字韵母两读，或作 o（如“戈课卧禾倭”），或高化为 u（如“过火窝”）。“恶”音 u^{33} 仅只符合绍兴方言见系高化的读音，却不符合宁波方言的读音。考虑到吴方言的不同情况，绍兴方言“屎”的本字应该认为是“涴”。

孵 bu^{11}——俯伏。绍兴方言中，俯伏的动作都说 bu^{11}，如“孵小鸡”“孵太阳”，都写作“孵”。不过 bu^{11} 写作“孵”只是训读，本字应为“伏”。“伏”，《广韵》扶富切，“鸟菢子”。如果以轻唇音来源于重唇音考虑，音义实际上是符合的。

嫌憎 iẽ^{33}tsəŋ^{33}——厌恶。“嫌”，《广韵》户兼切，《说文》：“不平于心也，一曰疑也。”“嫌”在绍兴方言中意义合于古训。又如“嫌烦”iẽ^{33}væ̃$^{231}_{33}$、“嫌疑”iẽ^{33}ȵi$^{231}_{55}$，其中“嫌”也作如是解。但“嫌”的方言读音不合韵书，不音꜁ɦiẽ，而音 iẽ꜄，与“厌”相同。或以为“嫌”是“厌”的训读。但“嫌憎”“嫌烦”可写作“厌憎”“厌烦”，“嫌疑”却不可写作“厌疑”。因此，“嫌”音“厌”应该是一种不完整的训读，或一种特殊的误读。

五　残存的儿化词

(一)有少量残存的儿化词

绍兴方言中有一些词语的韵母具有特殊的鼻音韵尾或鼻化韵，不易理解。其实这些词语是儿化词的一种残余。只是目前这种儿化词数量已经很少，无法按规律认识，一般人只觉得韵母上表现特殊，却不了解它们的来历。如：

脚 tɕiaʔ^{45}——河头水脚（儿） ɦo$^{231}_{11}$dɤ$^{231}_{55}$sɿ$^{335}_{55}$tɕiaŋ$^{45}_{52}$

递 di^{11}——递（儿）杈 diŋ^{11}ts^{h}o$^{52}_{11}$

哥 ko^{52}——八官*（儿）八哥 pæʔ$^{45}_{3}$kuø̃^{52}

屎 u^{33}——鼻头屎（儿）血鼻血 beʔ$^{23}_{1}$（–ieʔ）dɤ$^{231}_{55}$u$^{33}_{55}$ɕiøʔ$^{45}_{54}$，beʔ$^{23}_{1}$（–ieʔ）dɤ$^{231}_{55}$uoŋ$^{33}_{55}$ɕiøʔ$^{45}_{54}$，beʔ$^{23}_{1}$（–ieʔ）dɤ$^{231}_{55}$ɦuoŋ$^{33}_{55}$ɕiøʔ$^{45}_{54}$

伯 paʔ^{45}——老伯（儿） lɒ$^{113}_{115}$paŋ$_{52}$，大伯（儿） do^{11}paŋ$_{55}$，偐伯（儿）傻瓜 iẽ^{335}paŋ$_{52}$

叔 soʔ^{45}——小叔（儿） ɕiɒ^{335}soŋ$_{52}$，阿叔（儿） æʔ$^{45}_{3}$soŋ$_{55}$，叔（儿）叔（儿） soŋ$_{335}$soŋ$_{52}$

弟 di^{113}——弟（儿）弟（儿） diŋ$^{113}_{115}$diŋ$^{113}_{52}$

女~孙 no^{113}——囡女儿 nø̃^{231}

雀 tɕʰiaʔ^{45}——麻将麻雀儿 mo$^{231}_{11}$tɕiaŋ$_{55}$

“儿”ŋ̩ 和 n̩ 同属一个音位，因此“脚*”tɕiaʔ ＋“儿”ŋ̩ → tɕiaŋ,“女”no＋“儿”n̩ →non→nø̃,“儿”尾和前面的韵母合音成一个音节——儿化韵，其中的阳声韵和鼻化韵都是儿化韵的不同形式。“弟”“递”“屎”“伯”“叔”“雀”等字的情况也相同。

“哥”ko 衍生介音 u 音变为“官*”kuø̃，则是因为绍兴方言咸山摄一等覃谈寒韵见系字有由 on 向 en 的演变（演变后目前音值为 ẽ），为了儿化韵中心词音值保持为 kon → kø̃ 的需要（避免发生 kon → kẽ 的音变），“哥”就由开口韵 ko 转成了合口的 kuo，再由儿化后的 kuon 变为 kuø̃。“哥”音 kuø̃ 可以避免 ø̃ 演变为 ẽ，但由开口韵转为合口韵，也有不易上溯本字的缺陷。

从以上残存的儿化词来看，绍兴方言早期可能曾经存在过大量完整的儿化词，只是随着语言的变化发展，它们已经从绍兴方言中逐渐淡出、消亡，目前仅留有少量的残余。

（二）有儿化词丢失儿尾而成的特殊变调

也有极少数儿化词，“儿”尾已经脱落，在韵母上已经无法判断是否是儿化词，但由于声调的特殊，在变调上留下了儿化词的痕迹。如：

天家 tʰiẽ$^{52}_{33}$ ko$^{52}_{55}$ ——天气

“天家”中“家”字音近“价”，声调颇为特殊，不在变调规律的绳墨之内。该词早先可能曾是儿化词“天家儿”tʰiẽ$^{52}_{33}$koŋ$^{52}_{55}$。“家”和“儿”合音成 koŋ$^{52}_{55}$，即使有变调，也还是可以理解的。但后来“儿”尾脱落，“家”不音本调 52，而音 55（音近“价”ko^{33}），却令人费解了。该词嵊县、桐庐方言作“天公”，是把儿化词的“家”和“儿”写成了合音字“公”。余姚、宁波方言作“天价”，则是在儿化词丢失“儿”尾后，按音近原则把“家”写成了“价”，和绍兴方言实际上相同。看来这类词语需要按照变调规律来反推它早先是否曾经有过一个“儿”韵尾，然后才能按变调值给以正确的理解。

六　合音字和省略字

（一）绍兴方言有五个合音字“覅”“⿰勿会”“甮”“⿱只要”“⿰只有”

合音字“覅”fiɒ^33^、“⿰勿会”fᴇ^52^ fᴇ^33^、“甮”foŋ^52^ foŋ^33^、“⿱只要”tɕiɒ^33^、“⿰只有”tɕiɤ^33^中，前三字声母均为f（“⿰勿会”“甮”平声去声两读，单用时为平声，其后有述语时为去声），后二字声母为tɕ。“只”音tseʔ^45^，声母为ts，似乎和“⿱只要”“⿰只有”不相一致。但这是因为早期合音时，“只”作为知照组三等字曾音tɕieʔ^45^（《越谚》中“只”注音“结”，而且“要”和“有”都属齐齿韵，有使声母舌面化的能力），因此“⿱只要”、“⿰只有”读音为tɕiɒ^33^、tɕiɤ^33^，不音tsɒ^33^、tsɤ^33^。

《越谚》中已有上述合音字。“⿰勿会”“甮”因声调有别而被认为是“勿为”“勿碍”和“勿庸”“勿用”的合音，“⿰只有”也写成“止有”的合音。这些合音字已经普遍用于口语。如：

会拣拣新郎，⿰勿会许许田庄。

有甮告人体泰，穷甮告人唻债。

⿱只要心宽，甮屋宽。

铁捣杵磨锈针，⿱只要功夫深。

⿰只有锦上添花，无有雪里送炭。（以上格致之谚第四）

⿰勿会摇船嫌憎港阔。（借喻之谚第五）

⿰只有得穷亲来过⿱只要，无有富亲来救难。（事类之谚第九）

“⿱只要”“⿰只有”在四、五两例中可以念成两个音节，也许是合音前的记录，在三、七两例中只能念成一个音节，则显然是合音后的写法。由此可见，这些合音字当时已经在口语中使用，至今已有百余年的历史了。

不过《越谚》所记绍兴方言的否定词有“弗”“勿”两个。“弗”，《广韵》分勿切，音feʔ^45^；“勿”，《广韵》文拂切，音veʔ^23^。二音声母清浊有异。可见“弗”“勿”不是同音字的不同写法，而是不同的否定词。《越谚》中，“弗”在使用上似乎没有限制，普遍见于全书。“勿”则只用于谚语中，不超过三十余例（其中“弗”和

“勿”并用数例），如：

求人勿如求己。（警世之谚第二）

吃饭勿可忘记种田人。（格致之谚第四）

雌马勿上战场。（借喻之谚第五）

春霜勿露白，露白要赤脚。（占验之谚第六）

头九二九，相唤勿出手。（谣诼之谚第七）

半夜回家勿点灯。（隐谜之谚第八）

日勿得安，夜弗得眠。（事类之谚第九）

勿怕侇三七廿一。（数目之谚第十）

勿借倍乃盐，勿借倍乃醋，嫑倍乃高堂大屋让我住住。（翻译禽音之谚第十五）

小人勿可皮，皮得要剥皮。（孩语孺歌之谚第十七）

有眼勿识泰山。（劝譬颂祷之谚第十八）

范氏曾提到过“‘不’越皆呼‘弗’”，却没有提到“勿”。也许《越谚》成书时绍兴城区方言“弗”仍是主要用词，“勿”则刚开始使用，且只用于书面，不见于口语，所以没有论述。但目前绍兴城区方言口语和书面语都只用“勿”，不再用“弗”（只西北远郊柯桥一带还使用“弗”）。因此，百余年来，绍兴方言中应该有过一个以“勿”替换“弗”的过程。

（二）吴方言区否定词“勿”替换“弗”的一般过程

这个“勿”替换“弗”的过程也见于吴方言区的许多方言。因为实际上可以发现某些方言中的现有记录有不一致的地方，早一些的是“弗”，晚一些的是“勿”或其他。而且就多数方言的情况来看，这一替换似乎还不很简单。下面列出一百年来各种不同时期的记录（为简便起见，否定词的声韵母凡相对应而出入不大的，韵母都归并为 əʔ，声母Φ并入f，β并入v）。

（1）摩棱多夫的《宁波方言的字音》（1901年）：

弗 fəʔ꜀ 绍兴、台州

弗 fəʔ꜀、勿 vəʔ꜁ 宁波

（2）赵元任的《现代吴语的研究》（1928年）：

弗 fəʔ꜆　宜兴、溧阳、金坛、丹阳、江阴、常州、无锡、苏州、常熟、昆山、吴江、嘉兴、诸暨、黄岩

弗 fəʔ꜆ 、□ ʋəʔ꜆　宝山

弗 fəʔ꜆ 、勿 vəʔ꜇　宁波

□ ʋəʔ꜆　上海、松江、余姚

勿 vəʔ꜇　绍兴

（3）1949年以后吴方言著作中的材料：

弗 fəʔ꜆　丹阳$_1$、溧阳、常州$_1$、江阴、无锡、常熟、苏州、吴县、吴江、海门$_1$、启东、崇明、昆山、嘉定$_1$、松江$_1$、宜兴、湖州、舟山、萧山$_1$、诸暨、东阳、金华、兰溪、龙游、衢州、开化、常山、江山、广丰、遂昌、武义、临海、黄岩

弗 fəʔ꜆ 、□ ʋəʔ꜆　丹阳$_2$、海门$_2$、宝山$_1$、萧山$_2$

弗 fəʔ꜆ 、勿 vəʔ꜇　常州$_2$、宝山$_2$、嘉善、义乌、嵊县、宁波、天台、台州

□ ʋəʔ꜆　松江$_2$、上海$_1$、南汇、嘉兴、海盐、桐庐、寿昌

□ ʋəʔ꜆ 、勿 vəʔ꜇　嘉定$_2$

勿 vəʔ꜇　上海$_2$、宝山$_3$、绍兴、余姚、鄞县

（1949年后的材料中，崇明、寿昌方言又音 uəʔ꜆，崇明方言还音 ɦuəʔ꜇，声母不同，可能是再次音变的结果）。

把各种记录归并在一起，再把相同方言中的不同记录按时间先后（箭头左侧时间较早，右侧较晚）整理如下：

弗 fəʔ꜆→弗 fəʔ꜆ 、□ ʋəʔ꜆　海门、萧山、宝山、丹阳$_2$

弗 fəʔ꜆→弗 fəʔ꜆ 、勿 vəʔ꜇　常州、嘉善、义乌、嵊县、宁波、天台、台州

弗 fəʔ꜆→□ ʋəʔ꜆　松江、嘉兴、南汇、海盐、桐庐、寿昌

弗 fəʔ꜆→□ ʋəʔ꜆ 、勿 vəʔ꜇　上海、嘉定、宝山

弗 fəʔ꜆→勿 vəʔ꜇　绍兴

□ ʋəʔ꜆→勿 vəʔ꜇　余姚

就以上各个方言否定词的情况来看，归并过程中各地的语音形式

可以按时间先后分为三种：fəʔ꜆、ʋəʔ꜆、vəʔ꜇。前一种读音是“弗”，后两种读音是“勿”。三种语音形式中，后一种是对前一种替换的结果。从替换的过程来看，方言中或是 fəʔ꜆、ʋəʔ꜆、vəʔ꜇ 几种读音单列，或是 fəʔ꜆、ʋəʔ꜆ 或 fəʔ꜆、vəʔ꜇（或 fəʔ꜆、uəʔ꜆、ɦuəʔ꜇）等几种读音并列，据此推测，三者在替换过程中的前后顺序应该是：

fəʔ꜆ →ʋəʔ꜆ →vəʔ꜇

假设这一替换过程是这样的：“勿” vəʔ꜇ 开始替换“弗” fəʔ꜆，但“勿”因为“弗”的阴入调的影响，也读为阴入调，这时声母连带就变成“勿”声母浊擦音 v 在阴调中的变音 ʋ：ʋəʔ꜆。以后“勿”再进一步变化，摆脱“弗”声调的影响而恢复为阳入调，声母也得以恢复为浊擦音 v：vəʔ꜇。这样的替换过程是分两步走的，不一步到位，明显比较复杂。

ʋ 作为“勿”声母 v 在阴调中的变体，可以用杭州方言的例子来说明。杭州方言的声调平、去、入声阴阳分调，上声只有阴上，没有阳上。次浊声母的上声字也归入阴上调，但归入阴调时，声母需要改变音值。比如其中的浊擦音 v、z 要在前面出现一个轻微的喉塞音，减少浊擦成分，变成响音的 ʋ、ɹ，等等。因此，v、z 声母只在阳调，即阳平、阳去、阳入调中出现，如“凡” ꜁vɛ̃、“万” vɛ̃꜅、“物” vəʔ꜇、“如” ꜁zɥ、“树” zɥ꜅；逢阴上调就要变为 ʋ、ɹ，如“晚” ꜂ʋɛ̃、“乳” ꜂ɹɥ。杭州方言的这种异调互补的现象，也见于吴方言区许多方言否定词“勿”替换“弗”的过程中。

绍兴方言“勿” veʔ꜇ 替换“弗” feʔ꜆ 的过程也许也有过这样复杂的情况。不过方言中至今还没有人记下 ʋeʔ꜆ 这样的语音形式（西北远郊柯桥一带还同时使用“弗” feʔ꜆ 和“勿” veʔ꜇，但也没有人发现 ʋeʔ꜆）。这可能是绍兴方言中确实没有出现过 ʋeʔ꜆，也可能是曾经有过 ʋeʔ꜆，但现在人没有机会听到了。如是前者，那么绍兴方言“勿”替换“弗”的过程很可能没有经过 ʋeʔ꜆ 这一中间阶段，没有分两步走，而是一步到位，过程相对比较简单。（像这样的方言还有一些。）根据绍兴方言的情况，恐怕就难以对吴方言区其他方言中 ʋ 的产生加以说明了。

（三）合音字反映的否定词的清和浊

上面说绍兴方言合音字“𫠅”“𫠆”“𫠇”的声母均为 f，似乎合音时“要”“会”“用”是和清声母的“弗”拼合而成，不是和浊声母的“勿”拼合的。目前吴方言区有的记载中否定词和合音字声母是相同的。比如上海方言否定词“勿”vəʔ꜇，合音字“𫠅”viɔ꜅，二者同为浊声母 v。但多数方言否定词是清声母的“弗”f，合音字偏旁反映的却是浊声母的“勿”v，不相一致。比如苏州方言否定词是“弗”fɤʔ꜆，合音字作“𫠅”fiæ꜄，合音成分是“勿”，读音则不作 v 声母，而作 f 声母。（据《海上花列传》的记载，苏州方言的“𫠅”也已经有百余年的历史了。）这和《越谚》中记录的绍兴方言情况相同，和目前绍兴方言的情况则不同。也可能使用“勿”只说明“勿”作为偏旁书写比较方便，并不意味合音字声母必须是 v。而且上面已经提到吴方言区有过一个以“勿”替换“弗”的过程，像上海方言那样出现的合音字“𫠅”viɔ꜅，可能是“勿”替换“弗”完成以后才出现的情况。

绍兴方言浊声母的“勿”和“要”目前也已经有合音“𫠅”viɒ$_{155}$（←veʔ$^{23}_{1}$ iɒ$^{33}_{55}$）了。但合音成分的声调显然只是变调值的加合，和上海方言的单字调（阳去）不同，因此还不是一个真正的合音字。

（四）“勿可”中“可”的省略

绍兴方言中“勿可”常常可以说成“可”，但义为不可以，不是可以。如：

偌可去你可以去。noʔ$^{23}_{45}$k^{h}o^{335}tɕ^{h}i$^{33}_{52}$

偌可去你不可以去。noʔ$^{23}_{45}$k^{h}o$^{335}_{55}$tɕ^{h}i$^{33}_{55}$

下行例句中表示不可的“可”看来不是“勿可”的合音。因为合音中没有使用否定词“弗”或“勿”的声母，合音字的声母没有改变成 f 或 v。所以，“勿可”veʔ$^{23}_{1}$k^{h}o$^{335}_{55}$ 表不可，单说“可”k^{h}o$^{335}_{55}$也表不可，看来只是一种省略：省略了“勿”，保留了变调。“勿可”省略“勿”以后，“可”字不读本调335，而仍读变调55，仍然表示“不可”。因此，上述第二个例句完整的标写应该是：

偌[勿]可去。noʔ$^{23}_{45}$ [veʔ$^{23}_{1}$]k^{h}o$^{335}_{55}$tɕ^{h}i$^{33}_{55}$

第六章　绍兴方言分类词汇（上）

说　明

（一）自本章起至第八章，收入绍兴方言口语中日常使用的词语。这三章将词汇分为上、中、下三个部分。

（二）词语按词类分类的顺序排列，同一词类的词语再按词义的分类排列。顺序是：

名词（1. 天体、天象　2. 地理　3. 自然物、物象、物态　4. 时间、节令　5. 动物　6. 植物　7. 庄稼、蔬菜、瓜果　8. 食品　9. 服饰　10. 房屋、建筑　11. 家具、用品　12. 工具、材料　13. 人体、生理　14. 疾病、医疗　15. 人品、职业　16. 亲属、社会关系　17. 人事、鬼神　18. 经济、商业　19. 交通、邮电　20. 文化、娱乐　21. 事理、情状）

动词（1. 自然现象　2. 五官及头部动作　3. 手部动作　4. 腿脚动作　5. 全身动作　6. 生产活动　7. 日常生活　8. 生理、病理、医疗　9. 人事、习俗　10. 社会生活、犯罪　11. 商业、交通　12. 文化、娱乐　13. 感受、思维　14. 愿望、判断、趋向　15. 常用的四字格）

形容词（1. 形状、情况　2. 性质　3. 感觉　4. 人品、形貌　5. 品行、行为　6. 思想、感情　7. 常用的四字格）

数词（1. 数目　2. 约数　3. 分数、倍数　4. 次序）

量词（1. 名量词　2. 动量词　3. 单位量词）

代词（1. 人称代词　2. 指示代词　3. 疑问代词）

副词（1. 时间、频率　2. 程度　3. 范围　4. 重复、连续　5. 强调、转折、方式　6 . 语气　7 . 肯定、否定）

介词

连词

语助词（1. 结构助词　2. 时态助词　3. 语气助词）

感叹词（1. 感叹　2. 呼唤、应答、指示　3. 怀疑、肯定、否定）

（三）词组或句子按语法功能归入相应的词类。比如“落雨下雨”条归入动词类。

（四）词语顶格排，第二行起退一字排。同义的词语排列在一起，以常用与否为先后顺序。非常用的词语也退一字排列。

（五）词语用简化字书写。没有简化字的用繁体字。不明本字的词语用同音字替代（尽量不采用有又读音或文读音的同音字），同音字右上角加星号（*）表示，如“葵*”guᴇ^{231}（不结实）。没有适当同音字的用方框（□）代替，如“□”tsæ̃^{52}（用刀砍）。写出某些已作考证的本字，如“睳”sæʔ^{45}（眨）。个别本地习用的同音字、方言字和训读字作了本字考证的，以注释说明，如“舌胎”zeʔ$^{23}_{1}$ tʰᴇ^{52}（舌头）、“抲”do^{231}（拿）、“姐”tɕi^{335}（姊）。

（六）方言的同义词语有时部分语素相同，部分语素不同。如果相同部分语素的声韵调（包括变调）也相同，两个方言同义词在意义上也没有变化，为节省空间，就将两个词语合写成一个，其中不同的语素用括号括出。如女儿的未婚夫称“毛脚女婿”或“毛脚”，这两个词语就合写成“毛脚[女婿]”mɒ$^{231}_{11}$tɕiaʔ$^{45}_{5}$[ȵy$^{113}_{55}$ɕi$^{33}_{52}$]。

（七）词语中的语素部分人发音有变化，就分别标写，常用的读音排列在前。如“摸青盲捉迷藏”moʔ$^{45}_{5}$ tɕʰiŋ$^{52}_{33}$maŋ$^{231}_{52}$，moʔ$^{45}_{5}$ tɕʰiŋ$^{52}_{33}$ baŋ$^{231}_{52}$，“盲”的读音 maŋ^{231}排列在 baŋ^{231}前。语素如果只有变音一读，则只标出变音，但注明原来读音的声母或韵母或声调，加括号附在音节后。如“当中央”tɒŋ$^{52}_{33}$tsoŋ$^{52}_{55}$ȵiaŋ^{52}（ø－）。

（八）凡有内部分歧的某些入声韵，只标主要的读音，不标又音。如“骨”标 kueʔ^{45}，不标 kuøʔ^{45}或 kuoʔ^{45}，“镢”标 tɕieʔ^{45}，不标 tɕiøʔ^{45}或 tɕioʔ^{45}，“月”标 ɦiøʔ^{23}或 ȵiøʔ^{23}，不标 ɦioʔ^{23}或 ȵioʔ^{23}。

（九）词语的变调据本书所列条例——不成词两字变调（述宾结构和主谓结构）、成词两字三字变调、数量词变调——来标写。前字去声的连调式还有再次变调的，这里除本调外，直接标写出再次变调值。如“太阳”tʰa^{33}ɦiaŋ$^{231}_{33}$ 两字的本调为33和231，双音词的变调值为33－33，但在“孵太阳”bu^{11}tʰa$^{33}_{55}$ɦiaŋ$^{231}_{55}$ 一词中再次变调为55－55，就直接标写再次变调值。另有一些词语的变调比较特殊。某些亲属称谓或表时间的词语首字按上声变调，如“哥哥”ko$^{52}_{335}$ ko^{52}中首字的“哥”不按阴平的52变调为33，“明年”miŋ$^{231}_{115}$ȵiẽ$^{231}_{52}$ 中的“明”不按阳平的231变调为11，而分别按阴上和阳上变调为335和115。又如“肚饥饥饿”du$^{113}_{11}$tɕi^{52}中的“肚”也不按阳上据成词两音节或主谓结构变调为115，而按述宾结构变调为11，“冷饭头”laŋ$^{113}_{115}$væ̃$^{11}_{55}$dɤ$^{231}_{55}$ 中的“头”也不按首字113成词三音节规律末字变调为52，而另行变为55。标写再次变调和特殊变调时都不再另作说明。

（十）词语的意义有需另加说明的，在标音后加注释。注释外有时并有例词或例句（有的是本地的惯用语）。兼有释义和例词例句时，两者之间用冒号（：）分开，例词例句中以浪纹线（～）代表所注词语。如：

一顷 ieʔ$^{45}_{3}$tɕʰiaŋ$^{335}_{55}$　较长一段时间：伊来得～哉。

（十一）词语的注释如有不同义项，用（1）（2）等分开。不同义项如在词类词义上同属一类，就在一个词条中列出。如名词（人品、职业）：

读书人 doʔ$^{23}_{1}$ɕy$^{52}_{55}$ȵiŋ$^{231}_{52}$ （1）学生。（2）知识分子。

词类词义上如有不同，就分别列出。如名词（人体、生理）中：

大肚皮 do^{11}du$^{113}_{11}$bi$^{231}_{11}$　指大腹便便者。

又在名词（人事、鬼神）中：

大肚皮 do^{11}du$^{113}_{11}$bi$^{231}_{11}$　指孕妇。

（十二）例句中有的词语需要注释。下面择要对若干词语作一说明：

偌：你。　　夹*以：所以。

侄：我们。　　怕伊：难道。

倷：你们。

伽：他们。

真*朝：今天。

门*朝：明天。

上夜：昨天。

葛*卯：（1）这会儿。（2）现在。

难*：（1）现在。（2）如今。

蚕豆：豌豆。

拕：拿。

扡：捉。

抢：跑。

搅：玩儿。

惹：传染。

俸*：脏。

靠*：那么。

赞*：这就。

奥*冒*：可能。

只管：（1）经常。（2）尽管。

才至：刚刚。

当时：马上。

咦：又。

来*带*：在（近处）。

来*亨*：在（远处）。

来*东*：在（特定处）。

捺*个：怎么。

则*：（1）和。（2）把。

患*：置动词后表完成，如“死患*”。

一埭：一次。

名　　词（上）

1. 天体、天象

太阳 tʰa^{33}ɦiaŋ$^{231}_{33}$

　日头 ȵieʔ$^{23}_{1}$dɤ$^{231}_{52}$

太阳菩萨 tʰa^{33}ɦiaŋ$^{231}_{33}$bu$^{231}_{33}$sæʔ$^{45}_{5}$　对太阳的拟人称呼。

　日头菩萨 ȵieʔ$^{23}_{1}$dɤ$^{231}_{55}$bu$^{231}_{55}$sæʔ$^{45}_{5}$

太阳光 tʰa^{33}ɦiaŋ$^{231}_{33}$kuɒŋ^{52}　日光。

　日头光 ȵieʔ$^{23}_{1}$dɤ$^{231}_{55}$kuɒŋ^{52}

猛太阳 maŋ$^{113}_{115}$tʰa$^{33}_{55}$ɦiaŋ$^{231}_{52}$　烈日。

西晒太阳 ɕi$^{52}_{33}$sa$^{33}_{55}$tʰa$^{33}_{55}$ɦiaŋ$^{231}_{52}$　指夏天下午的烈日。

白花太阳 baʔ$^{23}_{1}$huo$^{52}_{55}$tʰa$^{33}_{55}$ɦiaŋ$^{231}_{52}$　多云时不甚猛烈的太阳。

太阳地下 tʰa^{33}ɦiaŋ$^{231}_{33}$di$^{11}_{33}$ɦo$^{113}_{55}$　太阳地儿。

阴凉地下 iŋ$^{52}_{33}$liaŋ$^{231}_{55}$di$^{11}_{55}$ɦo$^{113}_{52}$　太阳晒不到的背阴的地面。

月亮 ɦiøʔ$^{23}_{1}$liaŋ$^{11}_{55}$，ȵiøʔ$^{23}_{1}$liaŋ$^{11}_{55}$

月亮婆婆 ɦiøʔ$^{23}_{1}$liaŋ$^{11}_{55}$bo$^{231}_{55}$bo$^{231}_{52}$，ȵiøʔ$^{23}_{1}$liaŋ$^{11}_{55}$bo$^{231}_{55}$bo$^{231}_{52}$ 对月亮的拟人称呼。

蛾眉月 ŋo$^{231}_{11}$mi$^{231}_{55}$ɦiøʔ$^{23}_{54}$ 新月。

　月芽 ɦiøʔ$^{23}_{1}$ŋo$^{231}_{52}$

月亮光 ɦiøʔ$^{23}_{1}$liaŋ$^{11}_{55}$kuɒŋ^{52}，ȵiøʔ$^{23}_{1}$liaŋ$^{11}_{55}$kuɒŋ^{52} 月光。

月亮地下 ɦiøʔ$^{23}_{1}$liaŋ$^{11}_{55}$di$^{11}_{55}$ɦo$^{113}_{52}$，ȵiøʔ$^{23}_{1}$liaŋ$^{11}_{55}$di$^{11}_{55}$ɦo$^{113}_{52}$ 月亮地儿。

月华 ɦiøʔ$^{23}_{1}$ɦuo$^{231}_{52}$ 月晕，月亮四周的光环。

刚*圈 kɒŋ$^{52}_{33}$tɕʰiõ^{52} 圈儿，借指月晕或日晕。

星 ɕiŋ^{52}

星宿 ɕiŋ$^{52}_{33}$ɕiɤ$^{33}_{55}$ 星座。

黄昏晓 ɦuɒŋ$^{231}_{11}$huẽ$^{52}_{55}$ɕiɒ$^{335}_{52}$ 即长庚星，黄昏时对金星的称呼。

　黄昏星 ɦuɒŋ$^{231}_{11}$huẽ$^{52}_{55}$ɕiŋ^{52}

五更晓 ŋ̍$^{113}_{115}$kaŋ$^{52}_{55}$ɕiɒ$^{335}_{52}$ 即启明星，黎明时对金星的称呼。

扁担星 piẽ^{335}tæ̃$^{52}_{55}$ɕiŋ^{52} 牛郎星。

纺纱星 fɒŋ$^{335}_{33}$so$^{52}_{55}$ɕiŋ^{52} 织女星。

七簇星 tɕʰieʔ$^{45}_{3}$tsʰoʔ$^{45}_{5}$ɕiŋ^{52} 北斗星。

扫帚星 sɒ^{33}tsɤ$^{335}_{33}$ɕiŋ$^{52}_{33}$ 彗星。

射星 zo^{11}ɕiŋ$^{52}_{11}$ 流星。

天河 tʰiẽ$^{52}_{33}$ɦo$^{231}_{52}$ 银河。

风 foŋ^{52}

大风 do^{11}foŋ$^{52}_{11}$

暴风 pɒ^{33}foŋ$^{52}_{33}$ （1）狂风。（2）台风。“暴”，或以为是“报”的训读。因为无论是因冬季冷空气南下引发的寒潮，还是夏季大洋上吹来的台风，出没都是有一定规律的。

　风暴 foŋ$^{52}_{33}$pɒ$^{33}_{55}$

台风 dᴇ$^{231}_{11}$foŋ^{52}

乌风猛暴 u$^{52}_{33}$foŋ$^{52}_{55}$maŋ$^{113}_{55}$pɒ$^{33}_{52}$ 指夏季刮台风时阴云密布、狂风拔树倒屋的景象。

龙[卷]风 loŋ$^{231}_{11}$[tɕiø̃$^{335}_{55}$]foŋ^{52}

鬼子头风 tɕy^{335}tseʔ$^{45}_{5}$dɤ$^{231}_{55}$foŋ^{52} 旋风。

顺风 zẽ^{11}foŋ$^{52}_{11}$

顶头风 tiŋ^{335}dɤ$^{231}_{55}$foŋ^{52}

　斗风 tɤ^{33}foŋ$^{52}_{33}$

　斗头风 tɤ^{33}dɤ$^{231}_{33}$foŋ^{52}

穿堂风 tsʰẽ$^{52}_{33}$dɒŋ$^{231}_{55}$foŋ^{52}

云 ɦiø̃^{231} 云彩。

云头 ɦiø̃$^{231}_{11}$dɤ$^{231}_{52}$ 云块。

乌云 u$^{52}_{33}$ɦiø̃$^{231}_{52}$

鱼厣云 ŋ̍$^{231}_{11}$iẽ$^{335}_{55}$ɦiø̃$^{231}_{52}$ 鱼鳞云。

　瓦爿云 ŋo$^{113}_{115}$bæ̃$^{231}_{55}$ɦiø̃$^{231}_{52}$

火烧云 hu^{335}sɒ$^{52}_{55}$ɦiø̃$^{231}_{52}$ 霞。

大雷 do^{11}lᴇ$^{231}_{55}$ 雷。

大雷公公 do^{11}lᴇ$^{231}_{11}$kuoŋ$^{52}_{55}$kuoŋ^{52} 对雷的拟人称呼：～响，背得老娘踏*踏*抢。

霹雳雷 pʰieʔ$^{45}_{3}$lieʔ$^{23}_{5}$lᴇ$^{231}_{52}$ 霹雳。

沉雷 dzẽ$^{231}_{11}$lᴇ$^{231}_{52}$ 闷雷。

响雷 ɕiaŋ^{335}lᴇ$^{231}_{52}$

霍闪 huoʔ$^{45}_{3}$sẽ$^{335}_{55}$，huaʔ$^{45}_{3}$sẽ$^{335}_{55}$ 闪电。

霍闪娘娘 huoʔ$^{45}_{3}$sẽ$^{335}_{55}$ȵiaŋ$^{231}_{55}$ȵiaŋ$^{231}_{52}$，huaʔ$^{45}_{3}$sẽ$^{335}_{55}$ȵiaŋ$^{231}_{55}$ȵiaŋ$^{231}_{52}$ 对闪电的拟人称呼。

鲎* hɤ^{33} 虹。

雨 ɦy^{113}

大雨 do^{11}ɦy$^{113}_{55}$

　呆大雨 ŋᴇ$^{231}_{11}$do$^{11}_{55}$ɦy$^{113}_{52}$

阵头[雨] dzẽ^{11}dɤ$^{231}_{11}$[ɦy$^{113}_{11}$] 雷阵雨。

赶狗阵 kẽ^{335}kɤ$^{335}_{55}$dzẽ$^{11}_{52}$ 持续时间短的雷阵雨。

时雨 zʅ$^{231}_{11}$ɦy$^{113}_{55}$ 连阴雨。

毛稍雨 mɒ$^{231}_{11}$sɒ$^{52}_{55}$ɦy$^{113}_{52}$ 细雨。

　磨碎雨 mo$^{231}_{11}$sᴇ$^{33}_{55}$ɦy$^{113}_{52}$

雨毛丝 ɦy$^{113}_{115}$mɒ$^{231}_{55}$sɿ^{52} 毛毛雨。

雨点 ɦy$^{113}_{115}$tiẽ$^{335}_{52}$

雨脚 ɦy$^{113}_{115}$tɕiaʔ$^{45}_{54}$ 指雨滴下垂成线状：～唔有断过，天一时还𫠥晴睐。

雾露 ɦu^{11}lu^{11} 雾。

　雾气 ɦu^{11}tɕ^{h}i$^{33}_{11}$

露水 lu^{11}sɿ$^{335}_{55}$

霜 sɒŋ^{52}

冰 piŋ^{52}

蟹壳冰 ha^{335}k^{h}oʔ$^{45}_{5}$piŋ^{52} 薄冰。

葱管糖 ts^{h}oŋ$^{52}_{33}$kuõ$^{335}_{55}$dɒŋ$^{231}_{52}$，ts^{h}əŋ$^{52}_{33}$kuõ$^{335}_{55}$dɒŋ$^{231}_{52}$ 指屋檐下的冰溜子。

雪 ɕieʔ^{45}

雪子 ɕieʔ$^{45}_{3}$tsɿ$^{335}_{55}$ 霰。

　雪石子 ɕieʔ$^{45}_{3}$zaʔ$^{23}_{5}$tsɿ$^{335}_{52}$

雹子 boʔ$^{23}_{1}$tsɿ$^{335}_{55}$

　冰雹 piŋ$^{52}_{33}$boʔ$^{23}_{5}$，piŋ$^{52}_{33}$bɒ$^{11}_{55}$

天家 t^{h}iẽ$^{52}_{33}$ko$^{52}_{55}$ 天时，天气。

晴天 dʑiŋ$^{231}_{11}$t^{h}iẽ^{52}

皎致晴天 tɕiɒ$^{52}_{33}$tsɿ$^{33}_{55}$dʑiŋ$^{231}_{55}$t^{h}iẽ^{52} 晴空万里的天气。

阴天 iŋ$^{52}_{33}$t^{h}iẽ^{52}

阴叆天 iŋ$^{52}_{33}$a$^{33}_{55}$t^{h}iẽ^{52} 晴而多云的天气。

落雨天 loʔ$^{23}_{1}$ɦy$^{113}_{55}$t^{h}iẽ^{52} 雨天。

梅雨 mᴇ$^{231}_{11}$ɦy$^{113}_{55}$ 农历五月黄梅季节的连阴雨。

养花天 ɦiaŋ$^{113}_{115}$huo$^{52}_{55}$t^{h}iẽ^{52} 指春后半晴半雨、有利于棉花生长的天气。

黄梅天 ɦuɒŋ$^{231}_{11}$mᴇ$^{231}_{55}$t^{h}iẽ^{52} 指农历五月多雨的潮湿天气。

　梅天 mᴇ$^{231}_{11}$t^{h}iẽ^{52}

雾天 ɦu^{11}t^{h}iẽ$^{52}_{11}$

黄沙天 ɦuɒŋ$^{231}_{11}$so$^{52}_{55}$tʰiẽ^{52}　扬沙天气。

霉黰天 mᴇ$^{231}_{11}$tsəŋ$^{335}_{55}$tʰiẽ^{52}　指黄梅时节衣物潮湿易长霉渍的天气。

返潮天 fæ̃^{335}dzɒ$^{231}_{55}$tʰiẽ^{52}　指黄梅时节石磡渗水、墙壁发霉的天气。

　潮煞*天 dzɒ$^{231}_{11}$sæʔ$^{45}_{5}$tʰiẽ^{52}

夏邋遢 ɦo^{11}læʔ$^{23}_{1}$tʰæʔ$^{45}_{1}$，ɦo^{11}læʔ$^{23}_{1}$tʰæʔ$^{45}_{5}$　指夏日人们多汗水、居所各处都显得不清洁的天气。

秋赖*柴* tɕʰiɤ$^{52}_{33}$la$^{11}_{55}$za$^{231}_{52}$　指初秋时晴时雨的天气。

秋老虎 tɕʰiɤ$^{52}_{33}$lɒ$^{113}_{55}$hu$^{335}_{52}$　指立秋后仍然炎热的天气。

桂花黰 kuᴇ^{33}huo$^{52}_{33}$tsəŋ^{335}　指农历八月桂花开放时虽已入秋仍然潮湿的天气。

2. 地理

地皮 di^{11}bi$^{231}_{11}$　土地。

地界 di^{11}ka$^{33}_{11}$　地区。

水川埭 sɿ^{335}tsʰẽ$^{52}_{55}$da$^{11}_{52}$　河网地带。

河头水脚 ɦo$^{231}_{11}$dɤ$^{231}_{55}$sɿ$^{335}_{55}$tɕiaŋ$_{52}$　指有河湖荡池的地方。“脚” tɕiaʔ^{45}有 -ŋ 尾，是残存的儿化韵。

平地 biŋ$^{231}_{11}$di$^{11}_{55}$

笪坡 tɕʰia^{33}pʰo$^{52}_{33}$　上下坡。

坡地 pʰo$^{52}_{33}$di$^{11}_{55}$

田地 diẽ$^{231}_{11}$di$^{11}_{55}$　水田，相对于旱地说。

　田 diẽ^{231}

大田 do^{11}diẽ$^{231}_{11}$　旧指自有的田，现指大片相连的水田。

田脚 diẽ$^{231}_{11}$tɕiaʔ$^{45}_{5}$　旧指租入耕种、需要交租的田，现指小块的水田。

田畈 diẽ$^{231}_{11}$pæ̃$^{33}_{55}$　地头成片的水田。

　田爿 diẽ$^{231}_{11}$bæ̃$^{231}_{52}$

　田埭[里] diẽ$^{231}_{11}$da$^{11}_{55}$[li$^{113}_{55}$]

田塍 diẽ$^{231}_{11}$zəŋ$^{231}_{52}$　田间较高的小道。

　田埂 diẽ$^{231}_{11}$kaŋ$^{335}_{55}$

湖墈田 ɦu$^{231}_{11}$kʰẽ$^{33}_{55}$diẽ$^{231}_{52}$　湖边较高的水田。

烂水低田 læ̃^{11}sɿ$^{335}_{11}$ti$^{52}_{33}$diẽ$^{231}_{52}$ 常年积水无法排除的低田。

⿰土夏沟 ɦo^{11}kɤ$^{52}_{11}$ 田间堆积土肥的浅坑。

地 di^{11} 旱地。

园地 ɦiø̃$^{231}_{11}$di$^{11}_{55}$ 菜地。

地条 di^{11}diɒ$^{231}_{11}$ 田边菜地。

田⿰田亢 diẽ$^{231}_{11}$gɒŋ$^{113}_{55}$ 畦间较低的小道。

熟地 zoʔ$^{23}_{1}$di$^{11}_{55}$ 经过多年耕种的土地。

荒地 huɒŋ$^{52}_{33}$di$^{11}_{55}$

　生地 saŋ$^{52}_{33}$di$^{11}_{55}$

杂地 dzaʔ$^{23}_{1}$di$^{11}_{55}$ 有石块的荒地。

沙地 so$^{52}_{33}$di$^{11}_{55}$ 海边含沙的耕地。

陷沙地 ɦæ̃^{11}so$^{52}_{11}$di^{11} 能陷入人畜的沙地。

碱子地 kæ̃^{335}tseʔ$^{45}_{5}$di$^{11}_{52}$ 盐碱地。

埇头 ts^{h}æʔ$^{45}_{3}$dɤ$^{231}_{52}$ 边角地。

疄 liŋ^{231} 畦。

槽 zɒ^{231} 地缝，地沟。

坛场 dæ̃$^{231}_{11}$dzaŋ$^{231}_{52}$ 可堆放什物的空旷地。

晒场 sa^{33}dzaŋ$^{231}_{33}$ 晾晒农作物的场地。

山 sæ̃^{52}

山头 sæ̃$^{52}_{33}$dɤ$^{231}_{52}$

　山顶 sæ̃$^{52}_{33}$tiŋ$^{335}_{55}$

山脊 sæ̃$^{52}_{33}$tɕieʔ$^{45}_{5}$ 高山顶上像脊骨的凸起处。

山岗 sæ̃$^{52}_{33}$kɒŋ^{52} 平坦的山顶。

[半]山腰 [pø̃^{33}]sæ̃$^{52}_{33}$iɒ$^{52}_{55}$

山脚 sæ̃$^{52}_{33}$tɕiaʔ$^{45}_{5}$

山岙 sæ̃$^{52}_{33}$ɒ$^{33}_{55}$ 山间平地。

　山峧 sæ̃$^{52}_{33}$gɒ$^{11}_{55}$

峧里 gɒ^{11}li$^{113}_{11}$ 高处山口。

山窠罗* sæ̃$^{52}_{33}$k^{h}o$^{52}_{55}$lo$^{231}_{52}$ 山沟。

　山窝窝 sæ̃$^{52}_{33}$o$^{52}_{55}$o^{52}

山里 sæ̃$^{52}_{55}$li$^{113}_{52}$

　山里头 sæ̃$^{52}_{55}$li$^{113}_{55}$dɤ$^{231}_{52}$

里山 li$^{113}_{115}$sæ̃^{52} 指绍兴南部的山区。

山洞 sæ̃$^{52}_{33}$doŋ$^{11}_{55}$

地洞 di^{11}doŋ^{11}

石宕 zaʔ$^{23}_{1}$dɒŋ$^{11}_{55}$ 采石场。

溪沟 tɕʰi$^{52}_{33}$kɤ^{52} 山溪。

　溪滩 tɕʰi$^{52}_{33}$tʰæ̃^{52}

　溪坑 tɕʰi$^{52}_{33}$kʰaŋ^{52}

石⿰石达 zaʔ$^{23}_{1}$dæʔ$^{23}_{5}$ 溪沟上过人时供踏脚的石块。

泉水 dʑiẽ$^{231}_{11}$sɿ$^{335}_{55}$

瀑布 boʔ$^{23}_{1}$pu$^{33}_{55}$

海 hE^{335}

海涂 hE^{335}du$^{231}_{52}$ 河流入海处的浅滩。

沙滩 so$^{52}_{33}$tʰæ̃$^{33}_{55}$

海白地 hE^{335}baʔ$^{23}_{5}$di$^{11}_{52}$ 海边的沙地退潮后呈白色，可围垦成良田。

潮水 dzɒ$^{231}_{11}$sɿ$^{335}_{55}$

浪头 lɒŋ^{11}dɤ$^{231}_{11}$ 波浪。

河港 ɦo$^{231}_{11}$kɒŋ$^{335}_{55}$ （1）河流。（2）水乡中河湖港湾的统称。

　湖港 ɦu$^{231}_{11}$kɒŋ$^{335}_{55}$

汊港 tsʰo$^{52}_{33}$kɒŋ$^{335}_{55}$ 河流斜穿入湖处。

瀵 ɦuaŋ^{11} 小河（现多用于地名）。

浦 pʰu^{335} 流入湖荡的小河。

渎 doʔ^{23} 小沟。

溇 lɤ^{113} 河浜断头不通的地方。

湖 ɦu^{231}

　湖荡 ɦu$^{231}_{11}$dɒŋ$^{113}_{55}$

荡 dɒŋ^{113} 小湖，可种菱养鱼。

锻* tø̃^{33} 深潭。

水窪凼 sɿ^{335}uɒŋ$^{33}_{55}$dɒŋ$^{11}_{52}$ 水坑。

大水 do^{11}sɿ$^{335}_{55}$ 洪水。

涂 du^{231} 河湖中的小洲。

岸顶头 ŋẽ^{11}təŋ$^{335}_{11}$（–iŋ）dɤ$^{231}_{52}$ 河岸。

河滩 ɦo$^{231}_{11}$tʰæ̃^{52}

河沿[头] ɦo$^{231}_{11}$ɦiẽ$^{11}_{55}$[dɤ$^{231}_{52}$] 河边。

河塝[头] ɦo$^{231}_{11}$kʰẽ$^{33}_{55}$[dɤ$^{231}_{52}$] 陡峻的河岸。

河埠头 ɦo$^{231}_{11}$bu$^{11}_{55}$dɤ$^{231}_{52}$ 河上可供上下船、洗衣洗菜的小码头。

　埠头 bu^{11}dɤ$^{231}_{11}$

桥 dʑiɒ^{231}

桥头 dʑiɒ$^{231}_{11}$dɤ$^{231}_{52}$ 桥边。

桥脚 dʑiɒ$^{231}_{11}$tɕiaʔ$^{45}_{5}$ 桥档和岸的结合处。

堍头 tʰu^{33}dɤ$^{11}_{33}$ 桥梁起级的地方。

城墙 dzəŋ$^{231}_{11}$dʑiaŋ$^{231}_{52}$

堤 di^{231}

箭头 tɕiẽ^{33}dɤ$^{231}_{33}$ 和海堤直交的小堤，用以防止潮水直接冲刷堤岸。

坝 po^{33} 筑石拦水，以提高水位，但船只因此需靠人力拖拉过坝。

堰 iẽ^{33} 低坝。

埂城 kaŋ^{335}dzəŋ$^{231}_{52}$ 离河远的堤。

海塘 hᴇ^{335}dɒŋ$^{231}_{52}$ 海堤。

　堤塘 di$^{231}_{11}$dɒŋ$^{231}_{52}$

闸 zæʔ^{23} 指水闸。

树林[蓬] ʑy^{11}liŋ$^{231}_{11}$[boŋ$^{231}_{11}$]

　树蓬 ʑy^{11}boŋ$^{231}_{11}$

竹林 tsoʔ$^{45}_{3}$liŋ$^{231}_{52}$

竹林蓬 tsoʔ$^{45}_{3}$liŋ$^{231}_{55}$boŋ$^{231}_{52}$

草地 ts^{h}ɒ^{335}di$^{11}_{52}$

畈里 pæ̃$^{33}_{55}$li$^{113}_{52}$　指田野之间。

野地 ɦia$^{113}_{115}$di$^{11}_{52}$　野外。

景致 tɕiŋ^{335}tsʅ$^{33}_{52}$　风景。

禹陵 ɦy$^{113}_{115}$liŋ$^{231}_{52}$　传说中上古时夏禹埋骨之处。在城外东南郊。

兰亭 læ̃$^{231}_{11}$diŋ$^{231}_{52}$　相传东晋王羲之曾在此与宾客聚会，记有《兰亭集序》。在城外西南郊。

沈园 sẽ^{335}ɦiø̃$^{231}_{52}$　相传南宋陆游曾在园中为前妻题词《钗头凤》。在城内东部。

东湖 toŋ$^{52}_{33}$ɦu$^{231}_{52}$　汉以后在当地采石，凿成深湖，以陡崖壁立、湖水澄碧驰名。在城外东郊。

鉴湖 tɕiẽ^{33}ɦu$^{231}_{33}$　自汉以来，鉴湖行舟即有“人在镜中、舟行画中”之称。在城外西郊。

3. 自然物、物象、物态

金子 tɕiŋ$^{52}_{33}$tsʅ$^{335}_{55}$

白金 baʔ$^{23}_{1}$tɕiŋ^{52}　铂。

银子 ȵiŋ$^{231}_{11}$tsʅ$^{335}_{55}$

铜 doŋ^{231}

紫铜 tsʅ^{335}doŋ$^{231}_{52}$　纯铜。

白铜 baʔ$^{23}_{1}$doŋ$^{231}_{52}$　铜镍合金。

黄铜 ɦuɒŋ$^{231}_{11}$doŋ$^{231}_{52}$　铜锌合金。

铁 t^{h}ieʔ^{45}

生铁 saŋ$^{52}_{33}$t^{h}ieʔ$^{45}_{5}$

熟铁 zoʔ$^{23}_{1}$t^{h}ieʔ$^{45}_{5}$

钢 kɒŋ^{52}

铅 k^{h}æ̃^{52}

镴 læʔ^{23}　指锡合金。

　锡 ɕieʔ^{45} 锡，一般指锡合金。

钢宗 kɒŋ$^{52}_{33}$tsoŋ^{52} 指铝合金。

玉 ȵioʔ^{23}

玉石 ȵioʔ$^{23}_{1}$zaʔ$^{23}_{5}$

水晶 sʅ^{335}tɕiŋ^{52}

翡翠 fi^{335}tsʰE$^{335}_{52}$

玛瑙 mo$^{113}_{115}$nɒ$^{113}_{52}$

珊瑚 sæ̃$^{52}_{33}$ɦu$^{231}_{52}$

珍珠 tsẽ$^{52}_{33}$tɕy^{52}

硫黄 liɤ$^{231}_{11}$ɦuɒŋ$^{231}_{52}$

矾 væ̃^{231}

　明矾 miŋ$^{231}_{11}$væ̃$^{231}_{52}$

吸铁石 ɕieʔ$^{45}_{3}$tʰieʔ$^{45}_{5}$zaʔ$^{23}_{54}$ 磁石。

气 tɕʰi^{33} 空气。

水 sʅ^{335}

石头 zaʔ$^{23}_{1}$dɤ$^{231}_{52}$

石子 zaʔ$^{23}_{1}$tsʅ$^{335}_{55}$ 小石头。

鹅卵石 ŋo$^{231}_{11}$lõ$^{113}_{55}$zaʔ$^{23}_{54}$

石块 zaʔ$^{23}_{1}$kʰuE$^{33}_{55}$

石条 zaʔ$^{23}_{1}$diɒ$^{231}_{52}$

石板 zaʔ$^{23}_{1}$pæ̃$^{335}_{55}$

呛*爿石 tɕʰiaŋ^{33}bæ̃$^{231}_{33}$zaʔ$^{23}_{3}$ 石片。

沙 so^{52} 沙子。

石沙 zaʔ$^{23}_{1}$so^{52} 沙石。

沙泥 so$^{52}_{33}$ȵi$^{231}_{52}$ 多沙石的泥土。

　泥沙 ȵi$^{231}_{11}$so^{52}

陷沙 ɦæ̃^{11}so$^{52}_{11}$ 陷人的稀泥沙。

湖泥 ɦu$^{231}_{11}$ȵi$^{231}_{52}$ 泥巴。

烂湖泥 læ̃^{11}ɦu$^{231}_{11}$ȵi$^{231}_{52}$　稀泥巴。

埲尘 boŋ$^{113}_{115}$zẽ$^{231}_{52}$　（1）灰土。（2）扬尘。

灰 huᴇ^{52}　灰烬。

锈 ɕiɤ^{33}　指铁锈。

铜绿 doŋ$^{231}_{11}$loʔ$^{23}_{5}$　指铜锈。

埃糟 ᴇ$^{52}_{33}$tsɒ^{52}

　垃圾 læʔ$^{23}_{1}$sæʔ$^{45}_{5}$

摞渣 lo$^{113}_{115}$tso^{52}　渣子。

白花 baʔ$^{23}_{1}$huo^{52}　白色的霉斑。

乌花 u$^{52}_{33}$huo^{52}　黑色的霉斑。

火 hu^{335}

烟头 iẽ$^{52}_{33}$dɤ$^{231}_{52}$　烟。

汽吼*水 tɕʰi^{33}hɤ^{33}sɿ$^{335}_{55}$　水蒸气。

水[泡]泡 sɿ^{335}[pʰɒ$^{52}_{55}$]pʰɒ^{52}

　泡泡 pʰɒ$^{52}_{33}$pʰɒ^{52}

乏*乏* væʔ$^{23}_{1}$væʔ$^{23}_{5}$　沫儿。

　浡乏* beʔ$^{23}_{1}$væʔ$^{23}_{5}$

光头 kuɒŋ$^{52}_{33}$dɤ$^{231}_{52}$　光线。

亮光 liaŋ^{11}kuɒŋ$^{52}_{11}$　指从暗处看到的光线。

影光 iŋ^{335}kuɒŋ^{52}　影子。

亮头 liaŋ^{11}dɤ$^{231}_{11}$　明亮处。

暗头 ẽ^{33}dɤ$^{231}_{33}$　暗处。

颜色 ŋæ̃$^{231}_{11}$səʔ$^{45}_{5}$

声响 səŋ$^{52}_{33}$ɕiaŋ$^{335}_{55}$

　声音 səŋ$^{52}_{33}$iŋ$^{52}_{55}$

应声 iŋ^{33}səŋ$^{52}_{33}$　回声，回响。

热度 ȵieʔ$^{23}_{1}$du$^{11}_{55}$　温度。

块头 k^{h}uE^{33}dɤ$^{231}_{33}$ 块儿。

原块头 ȵiõ$^{231}_{11}$k^{h}uE$^{33}_{55}$dɤ$^{231}_{52}$ 整块：半块头我嫑吃，要吃～咯。

半块头 pø̃^{33}k^{h}uE^{33}dɤ$^{231}_{33}$ 半块儿。

坺头 beʔ$^{23}_{1}$dɤ$^{231}_{52}$ 稍大的块儿。

颗粒 k^{h}o^{33}leʔ$^{23}_{5}$（-ieʔ） 粒儿。

末屑 meʔ$^{23}_{1}$søʔ$^{45}_{5}$ 末儿。

粉末屑 fẽ^{335}meʔ$^{23}_{5}$søʔ$^{45}_{54}$

粉末头 fẽ^{335}meʔ$^{23}_{5}$dɤ$^{231}_{52}$

粉 fẽ^{335} 面儿。

洞眼 doŋ^{11}ŋæ̃$^{113}_{55}$ 眼儿。

窞[凼] uɒŋ^{33}[dɒŋ$^{11}_{55}$] 坑儿。

缝道 voŋ^{11}da$^{113}_{55}$ 缝儿。

壳盏 k^{h}oʔ$^{45}_{3}$loʔ$^{23}_{5}$ 壳儿。盏：小盒。

迹足* tɕieʔ$^{45}_{3}$tsoʔ$^{45}_{5}$ 痕迹。

丝绺 sɿ$^{52}_{33}$liɤ$^{113}_{55}$ 纹路。

印 iŋ^{33} 印儿。

气息 tɕ^{h}i^{33}ɕieʔ$^{45}_{5}$ 气味。

味道 bi^{11}dɒ$^{113}_{55}$ 味儿。

奶花香 na$^{113}_{115}$huo$^{52}_{55}$ɕiaŋ^{52} 指乳臭。

腥气 ɕiŋ$^{52}_{33}$tɕ^{h}i$^{33}_{55}$ 指鱼腥味。

霉黰气 mE$^{231}_{11}$tsəŋ$^{335}_{55}$tɕ^{h}i$^{33}_{52}$ 霉味儿。

咸蒿*气 ɦæ̃$^{231}_{11}$hɒ$^{52}_{55}$tɕ^{h}i$^{33}_{52}$ 盐腌霉变的气味。

烟火气 iẽ$^{52}_{33}$hu$^{335}_{55}$tɕ^{h}i$^{33}_{52}$ 食物中的柴烟味儿。

油蒿*气 ɦiɤ$^{231}_{11}$hɒ$^{52}_{55}$tɕ^{h}i$^{33}_{52}$ 熬油时的味儿。

日头气 ȵieʔ$^{23}_{1}$dɤ$^{231}_{55}$tɕ^{h}i$^{33}_{55}$ 炽热的路面被阵雨淋后散发的气味：落得场阵头，街路高头一股～。

日蒲*气 ȵieʔ$^{23}_{1}$bu$^{231}_{55}$tɕ^{h}i$^{33}_{55}$

恶药头气 oʔ$^{45}_{3}$ɦiaʔ$^{23}_{5}$dɤ$^{231}_{55}$tɕ^{h}i$^{33}_{55}$ 塑料制品等燃烧时的恶臭。

黰餲头气 tsəŋ^{335}eʔ$^{45}_{5}$dɤ$^{231}_{55}$tɕ^{h}i$^{33}_{55}$　指霉味儿：干菜霉哉，一股～。

臊臭 sɒ$^{52}_{33}$ts^{h}ɤ$^{33}_{55}$　指羊臊味。

　羊臊臭 ɦiaŋ$^{231}_{11}$sɒ$^{52}_{55}$ts^{h}ɤ$^{33}_{52}$

腥臭 ɕiŋ$^{52}_{33}$ts^{h}ɤ$^{33}_{55}$　指狐臭味。

汗酸臭 ɦẽ^{11}sẽ$^{52}_{11}$(–ø̃）ts^{h}ɤ$^{33}_{11}$　汗臭味儿。

酸胮臭 sø̃$^{52}_{33}$p^{h}ɒŋ$^{52}_{55}$ts^{h}ɤ$^{33}_{52}$　酸臭变质的味儿。

水粕*臭 sɿ^{335}p^{h}aʔ$^{45}_{5}$ts^{h}ɤ$^{33}_{55}$　蔬菜浸泡变质的味儿。

石牛头臭 zaʔ$^{23}_{1}$ȵiɤ$^{231}_{55}$dɤ$^{231}_{55}$ts^{h}ɤ$^{33}_{55}$　指从事体力劳动时身上的汗臭味儿。

乌焦毛头臭 u$^{52}_{33}$tɕiɒ$^{52}_{55}$mɒ$^{52}_{55}$dɤ$^{231}_{55}$ts^{h}ɤ^{33}　指棉织品烤糊时的气味：尿布头烘得有些～带*哉。

4. 时间、节令

时光 zɿ$^{231}_{11}$kuɒŋ^{52}　时候。

　晨光 zẽ$^{231}_{11}$kuɒŋ^{52}

时世 zɿ$^{231}_{11}$sɿ$^{33}_{55}$　时代，世道：伊年纪大哉，勿满意咯事体多哉，话道～也勿对哉。

工夫 kuoŋ$^{52}_{33}$fu$^{52}_{55}$　（耗费的）时间：伊做做蛮蛮快咯，䍃一歇～好咪。

前世 ʑiẽ$^{231}_{115}$sɿ$^{33}_{52}$　旧时迷信指上一辈子。

下世 ɦo$^{113}_{115}$sɿ$^{33}_{52}$　旧时迷信指下一辈子。

开朝 k^{h}E$^{52}_{335}$tsɒ^{52}　从前。

　开台 k^{h}E$^{52}_{335}$dE$^{231}_{52}$

　落*莫* loʔ$^{23}_{1}$moʔ$^{23}_{5}$

　老式 lɒ$^{113}_{115}$səʔ$^{45}_{54}$

　老底子 lɒ$^{113}_{115}$ti$^{335}_{55}$tsɿ$^{335}_{52}$

　老辈手里 lɒ$^{113}_{115}$pE$^{33}_{55}$sɤ$^{335}_{55}$li$^{113}_{52}$

　古辈手里 ku^{335}pE$^{33}_{55}$sɤ$^{335}_{55}$li$^{113}_{52}$

难* næ̃^{231}　（1）现在。（2）如今。

　难*朝 næ̃$^{231}_{115}$tsɒ^{52}

　难*番 næ̃$^{231}_{11}$fæ̃^{52}

葛*卯 keʔ$^{45}_{3}$mɒ$^{113}_{55}$ （1）这会儿。（2）现在。

头卯 dɤ$^{231}_{115}$mɒ$^{113}_{52}$ 刚才。

下卯 ɦo$^{113}_{115}$mɒ$^{113}_{52}$ （1）下次：偌葛*卯勿成功，～来过。（2）将来：～有机会再话。

呆歇 ŋᴇ$^{231}_{115}$ɕieʔ$^{45}_{54}$，ɦᴇ$^{231}_{115}$ɕieʔ$^{45}_{54}$，ɦᴇ$^{231}_{115}$ɕi$_{52}$ 过一会儿。

之前 tsɿ$^{52}_{55}$ʑiẽ^{231} 置于有关词语之后：伊出门～交代出带*咯。

之后 tsɿ$^{52}_{55}$ɦɤ^{113} 置于有关词语之后：伊屋里搬过～还唔有来过。

初初 tsʰu$^{52}_{33}$tsʰu^{52}，tsʰu$^{52}_{33}$tsʰu$^{52}_{55}$ 最初。

最近 tsᴇ$^{33}_{55}$dʑiŋ^{113}

后首 ɦɤ$^{113}_{115}$sɤ$^{335}_{52}$ 后来。

末㞘 meʔ$^{45}_{3}$toʔ$^{45}_{5}$ 最后。

　末丫 meʔ$^{23}_{1}$o^{52}

今年 tɕiŋ$^{52}_{335}$ȵiẽ$^{231}_{52}$

　真*年 tsẽ$^{52}_{335}$ȵiẽ$^{231}_{52}$

　干*年 kẽ$^{52}_{335}$ȵiẽ$^{231}_{52}$

明年 miŋ$^{231}_{115}$ȵiẽ$^{231}_{52}$

　门*年 mẽ$^{231}_{115}$ȵiẽ$^{231}_{52}$

后年 ɦɤ$^{113}_{11}$ȵiẽ$^{231}_{55}$

大后年 do^{11}ɦɤ$^{113}_{11}$ȵiẽ$^{231}_{55}$

大大后年 do^{11}do^{11}ɦɤ$^{113}_{11}$ȵiẽ$^{231}_{55}$ 大后年之后的一年。

旧年[头] dʑiɤ^{11}ȵiẽ$^{231}_{55}$[dɤ$^{231}_{55}$] 去年。

前年头 ʑiẽ$^{231}_{115}$ȵiẽ$^{231}_{55}$dɤ$^{231}_{52}$ 前年。

大前年 do^{11}ʑiẽ$^{231}_{11}$ȵiẽ$^{231}_{55}$

大大前年 do^{11}do^{11}ʑiẽ$^{231}_{11}$ȵiẽ$^{231}_{55}$，do^{11}do^{11}ʑiẽ$^{231}_{115}$ȵiẽ$^{231}_{52}$ 大前年之前的一年。

前几年 ʑiẽ$^{231}_{115}$tɕi$^{335}_{55}$ȵiẽ$^{231}_{52}$

一年到头 ieʔ$^{45}_{3}$ȵiẽ$^{231}_{55}$tɒ$^{33}_{55}$dɤ$^{231}_{52}$ 整年。

年把 ȵiẽ$^{231}_{11}$po$^{335}_{55}$ 一年左右。

上半年 zɒŋ^{11}pø̃$^{33}_{11}$ȵiẽ$^{231}_{55}$，zɒŋ^{11}po$^{33}_{11}$ȵiẽ$^{231}_{55}$

下半年 ɦo$^{113}_{115}$pø̃$^{33}_{55}$ȵiẽ$^{231}_{52}$，ɦo$^{113}_{115}$po$^{33}_{55}$ȵiẽ$^{231}_{52}$

开年初 k^{h}ᴇ$^{52}_{33}$ȵiẽ$^{231}_{55}$ts^{h}u^{52}

年初 ȵiẽ$^{231}_{11}$ts^{h}u^{52}

年底 ȵiẽ$^{231}_{11}$ti$^{335}_{55}$

年脚 ȵiẽ$^{231}_{11}$tɕiaʔ$^{45}_{5}$

年外头 ȵiẽ$^{231}_{11}$ŋa$^{11}_{55}$dɤ$^{231}_{52}$　过年以后。

上个月 zɒŋ$^{113}_{115}$geʔ$^{45}_{5}$（koʔ）ɦiøʔ$^{23}_{54}$

前个月 ʑiẽ$^{231}_{115}$geʔ$^{45}_{5}$（koʔ）ɦiøʔ$^{23}_{54}$

下个月 ɦo$^{113}_{115}$geʔ$^{45}_{5}$（koʔ）ɦiøʔ$^{23}_{54}$

上半个月 zɒŋ$^{113}_{115}$pø̃$^{33}_{55}$geʔ$^{45}_{5}$（koʔ）ɦiøʔ$^{23}_{54}$

下半个月 ɦo$^{113}_{115}$pø̃$^{33}_{55}$geʔ$^{45}_{5}$（koʔ）ɦiøʔ$^{23}_{54}$

月初 ɦiøʔ$^{23}_{1}$ts^{h}u^{52}

月半 ɦiøʔ$^{23}_{1}$pø̃$^{33}_{55}$　农历十五日。

月底 ɦiøʔ$^{23}_{1}$ti$^{335}_{55}$

闰月 ɦiõ^{11}ɦiøʔ$^{23}_{5}$

月份 ɦiøʔ$^{23}_{1}$vẽ$^{11}_{55}$

日 ȵieʔ^{23}　天。

日子 ȵieʔ$^{23}_{1}$tsɿ$^{335}_{55}$

日脚 ȵieʔ$^{23}_{1}$tɕiaʔ$^{45}_{5}$

今朝 tɕiŋ$^{52}_{335}$tsɒ^{52}　今天。

真*朝 tsẽ$^{52}_{335}$tsɒ^{52}

干*朝 kẽ$^{52}_{335}$tsɒ^{52}

明朝 miŋ$^{231}_{115}$tsɒ^{52}　明天。

门*朝 mẽ$^{231}_{115}$tsɒ^{52}

后日 ɦɤ$^{113}_{11}$ȵieʔ$^{23}_{5}$　后天。

大后日 do^{11}ɦɤ$^{113}_{11}$ȵieʔ$^{23}_{5}$　大后天。

大大后日 do^{11}do^{11}ɦɤ$^{113}_{11}$ȵieʔ$^{23}_{5}$，do^{11}dɤ^{11}ɦɤ$^{113}_{11}$ȵieʔ$^{23}_{5}$　大后天之后的一天。

上夜 zɒŋ$^{113}_{115}$ŋa$^{11}_{52}$(ɦi-)　昨天。

上夜日子 zɒŋ$^{113}_{115}$ŋa$^{11}_{55}$（ɦi-）ȵi$^{11}_{55}$tsɿ$^{335}_{52}$

前日 ʑiẽ$^{231}_{115}$ȵi$^{11}_{52}$ 前天。

上日子 ʑiẽ$^{231}_{115}$ȵi$^{11}_{55}$tsɿ$^{335}_{52}$

大前日 do^{11}ʑiẽ$^{231}_{11}$ȵi$^{11}_{52}$ 大前天。

大大前日 do^{11}do^{11}ʑiẽ$^{231}_{115}$ȵi$^{11}_{52}$ 大前天之前的一天。

第二日 di^{11}ȵi^{11}ȵieʔ$^{23}_{5}$ 第二天。

下日 ɦo$^{113}_{115}$ȵieʔ$^{23}_{54}$

隔两日 kaʔ$^{45}_{3}$liaŋ$^{113}_{55}$ȵieʔ$^{23}_{5}$，kæʔ$^{45}_{3}$liaŋ$^{113}_{55}$ȵieʔ$^{23}_{5}$ 过两天。

歇[两]日 ɕieʔ$^{45}_{3}$[liaŋ$^{113}_{55}$]ȵieʔ$^{23}_{5}$ 过一段时间。

上两日 zɒŋ$^{113}_{115}$liaŋ$^{113}_{55}$ȵieʔ$^{23}_{5}$ 前几天。

前两日 ʑiẽ$^{231}_{115}$liaŋ$^{113}_{55}$ȵieʔ$^{23}_{54}$

成日 dzəŋ$^{231}_{115}$ȵieʔ$^{23}_{5}$ 整天。

日里 ȵieʔ$^{23}_{1}$li$^{113}_{55}$ 白天。

夜头 ɦia^{11}dɤ$^{231}_{55}$ 晚上。

天亮快 tʰiẽ$^{52}_{33}$liaŋ$^{11}_{55}$kʰua$^{33}_{52}$ 天快亮时。

天亮[头] tʰiẽ$^{52}_{33}$liaŋ$^{11}_{55}$[dɤ$^{231}_{52}$] 天刚亮时。

清早[头] tɕʰiŋ$^{52}_{33}$tsɒ$^{335}_{55}$[dɤ$^{231}_{52}$]

早起头 tsɒ^{335}tɕʰi$^{335}_{55}$dɤ$^{231}_{52}$ 早晨。

早起 tsɒ^{335}tɕʰi$^{335}_{52}$

上昼[头] zɒŋ^{11}tsɤ$^{33}_{55}$[dɤ$^{231}_{55}$] 上午。

半上昼 pø^{33}zɒŋ$^{11}_{33}$tsɤ$^{33}_{55}$ 上午过半的时候。

晏快 æ^{33}kʰua^{33} 将近中午的时候。

晏昼[头] æ^{33}tsɤ$^{33}_{55}$[dɤ$^{231}_{55}$] 中午。

晏午时 æ^{33}ɦu$^{113}_{33}$zɿ$^{231}_{33}$ 正午。

当晏昼头 tɒŋ$^{52}_{33}$æ$^{33}_{55}$tsɤ$^{33}_{55}$dɤ$^{231}_{52}$，tɒŋ$^{52}_{33}$æ$^{33}_{55}$tsɿ$^{33}_{55}$dɤ$^{231}_{52}$

晏过 æ^{33}ku^{33} 中午刚过的时候。

晏下昼 æ^{33}ɦo$^{113}_{33}$tsɤ$^{33}_{55}$ 中午和下午之间。

下昼 ɦo$^{113}_{115}$tsɤ$^{33}_{52}$ 下午。

下昼头 ɦo$^{113}_{115}$tsɤ$^{33}_{55}$dɤ$^{231}_{52}$

夜快[头] ɦia^{11}k^{h}ua$^{33}_{11}$[dɤ$^{231}_{11}$] 傍晚。

黄昏头 ɦuɒŋ$^{231}_{11}$huẽ$^{52}_{55}$dɤ$^{231}_{52}$ 天色刚黑的时候。

前半夜 ʑiẽ$^{231}_{11}$pø̃$^{33}_{55}$ɦia$^{11}_{52}$

上半夜 zɒŋ$^{113}_{115}$pø̃$^{33}_{55}$ɦia$^{11}_{52}$

后半夜 ɦɤ$^{113}_{115}$pø̃$^{33}_{55}$ɦia$^{11}_{52}$

下半夜 ɦo$^{113}_{115}$pø̃$^{33}_{55}$ɦia$^{11}_{52}$

半夜[三更] pø̃^{33}ɦia$^{11}_{33}$[sæ̃$^{52}_{33}$kaŋ^{52}] 指深夜。

成更半夜 dzəŋ$^{231}_{115}$kaŋ$^{52}_{55}$pø̃$^{33}_{55}$ɦia$^{11}_{52}$

一个钟头 ieʔ$^{45}_{3}$geʔ$^{45}_{5}$（koʔ）tsoŋ$^{52}_{33}$dɤ$^{231}_{52}$

一刻钟 ieʔ$^{45}_{3}$k^{h}eʔ$^{45}_{5}$tsoŋ^{52}

五分钟 ŋ̩$^{113}_{115}$fẽ$^{52}_{55}$tsoŋ^{52}

时辰 zɿ$^{231}_{11}$zẽ$^{231}_{52}$ 传统的计时单位，相当于两个钟头，一天一夜共有十二个时辰。

一睫时 ieʔ$^{45}_{3}$sæʔ$^{45}_{5}$zɿ$^{231}_{55}$ 一瞬间。睫，《集韵》色洽切，“目睫动貌”。

一歇[歇] ieʔ$^{45}_{3}$ɕieʔ$^{45}_{5}$[ɕieʔ$^{45}_{5}$] 一会儿。

一时三刻 ieʔ$^{45}_{3}$zɿ$^{231}_{55}$sæ̃$^{52}_{55}$k^{h}eʔ$^{45}_{54}$ 不多一会儿。

一歇瞎*辣* ieʔ$^{45}_{3}$ɕieʔ$^{45}_{5}$hæʔ$^{45}_{5}$læʔ$^{23}_{54}$ 时间看似才一会儿，实际不很短：～咯，天咦夜落哉。

一顷 ieʔ$^{45}_{3}$tɕ^{h}iaŋ$^{335}_{55}$ 不长一段时间：伊来得～哉。

一生一世 ieʔ$^{45}_{3}$saŋ$^{52}_{55}$ieʔ$^{45}_{5}$sɿ$^{33}_{52}$ 一辈子。

候来日子 ɦɤ^{11}lᴇ$^{231}_{11}$ȵieʔ$^{23}_{1}$tsɿ$^{335}_{55}$ 说不准的日子：我动身咯日子还唔有定，～末话动身就动身哉。

春头上 ts^{h}ẽ$^{52}_{33}$dɤ$^{231}_{55}$zɒŋ$^{113}_{52}$ 春天。

上春头 zɒŋ$^{113}_{115}$ts^{h}ẽ$^{52}_{55}$dɤ$^{231}_{52}$

夏场[里] ɦo^{11}dzaŋ$^{231}_{11}$[li$^{113}_{11}$] 夏天。

暖天 nø̃$^{113}_{115}$t^{h}iẽ^{52} 指盛夏时。

暖天家 nø̃$^{113}_{115}$t^{h}iẽ$^{52}_{55}$ko^{52}

热天 ȵieʔ$^{23}_{1}$t^{h}iẽ^{52}

热天家 ȵieʔ$^{23}_{1}$tʰiẽ$^{52}_{55}$ko^{52}

伏天 voʔ$^{23}_{1}$tʰiẽ^{52} 三伏季节。

秋江* tɕʰiɤ$^{52}_{33}$kɒŋ^{52} 秋天。

秋江*里 tɕʰiɤ$^{52}_{33}$kɒŋ$^{52}_{55}$li$^{113}_{52}$

冬天家 toŋ$^{52}_{33}$tʰiẽ$^{52}_{55}$ko^{52} 冬天。

冷天 laŋ$^{113}_{115}$tʰiẽ^{52} 指严冬时。

冷天家 laŋ$^{113}_{115}$tʰiẽ$^{52}_{55}$ko^{52}

春花头里 tsʰẽ$^{52}_{33}$huo$^{52}_{55}$dɤ$^{231}_{55}$li$^{113}_{52}$ 收春花作物（如小麦、蚕豆、油菜）的时候。

麦市里 maʔ$^{23}_{1}$zʅ$^{113}_{55}$li$^{113}_{52}$ 收小麦的时候。

稻市里 dɒ$^{113}_{115}$zʅ$^{113}_{55}$li$^{113}_{52}$ 收早稻的时候。

连作稻市里 liẽ$^{231}_{11}$tsoʔ$^{45}_{5}$dɒ$^{113}_{55}$zʅ$^{113}_{55}$li$^{113}_{52}$ 双抢季节。

元月 ɦiõ$^{231}_{11}$ɦiøʔ$^{23}_{5}$，ȵiõ$^{231}_{11}$ɦiøʔ$^{23}_{5}$ 公历一月。

正月 tsəŋ$^{52}_{335}$ɦiøʔ$^{45}_{54}$ 农历一月。

二月 ȵi^{11}ɦiøʔ$^{23}_{1}$

三月 sæ̃$^{52}_{335}$ɦiøʔ$^{23}_{54}$

四月 sʅ^{33}ɦiøʔ$^{23}_{3}$

五月 ŋ̍$^{113}_{115}$ɦiøʔ$^{23}_{5}$

六月 loʔ$^{23}_{1}$ɦiøʔ$^{23}_{5}$

五荒六月 ŋ̍$^{113}_{115}$huɒŋ$^{52}_{55}$loʔ$^{23}_{5}$ɦiøʔ$^{23}_{54}$ 指农历五六月间天气炎热，又加庄稼青黄不接，旧时农民生活常不顺利。

七月 tɕʰieʔ$^{45}_{3}$ɦiøʔ$^{23}_{5}$

八月 pæʔ$^{45}_{3}$ɦiøʔ$^{23}_{5}$

九月 tɕiɤ^{335}ɦiøʔ$^{23}_{5}$

十月 zeʔ$^{23}_{1}$ɦiøʔ$^{23}_{5}$

十一月 zeʔ$^{23}_{1}$ieʔ$^{45}_{5}$ɦiøʔ$^{23}_{5}$

十二月 zeʔ$^{23}_{1}$ȵi$^{11}_{55}$ɦiøʔ$^{23}_{5}$，zeʔ$^{23}_{1}$ȵi$^{11}_{55}$ɦiøʔ$^{23}_{54}$

腊月 læʔ$^{23}_{1}$ɦiøʔ$^{23}_{5}$ 农历十二月。

月头月尾 ɦiøʔ$^{23}_{1}$dɤ$^{231}_{55}$ɦiøʔ$^{23}_{5}$mi$^{113}_{52}$

礼拜一 li$^{113}_{115}$pa$^{33}_{52}$ieʔ^{45}

礼拜二 li$^{113}_{115}$pa$^{33}_{52}$ȵi^{11}

礼拜三 li$^{113}_{115}$pa$^{33}_{52}$sæ̃^{52}

礼拜四 li$^{113}_{115}$pa$^{33}_{52}$sɿ^{33}

礼拜五 li$^{113}_{115}$pa$^{33}_{52}$ŋ̍^{113}

礼拜六 li$^{113}_{115}$pa$^{33}_{52}$loʔ^{23}

礼拜天 li$^{113}_{115}$pa$^{33}_{55}$ȵieʔ$^{23}_{54}$

春节 tsʰẽ$^{52}_{33}$tɕieʔ$^{45}_{5}$

正月初一 tsəŋ$^{52}_{33}$ɦiøʔ$^{23}_{5}$tsʰu$^{52}_{55}$ieʔ$^{45}_{54}$

　[大]年初一 [da^{11}]ȵiẽ$^{231}_{11}$tsʰu$^{52}_{55}$ieʔ$^{45}_{54}$

元宵 ȵiø̃$^{231}_{11}$ɕiɒ^{52}

　正月十五 tsəŋ$^{52}_{335}$ɦiøʔ$^{23}_{54}$zeʔ$^{23}_{1}$ŋ̍$^{113}_{55}$

清明节 tɕʰiŋ$^{52}_{33}$miŋ$^{231}_{55}$tɕieʔ$^{45}_{54}$

　清明 tɕʰiŋ$^{52}_{33}$miŋ$^{231}_{52}$

端午[节] toŋ$^{52}_{33}$(-ø̃) ŋ̍$^{113}_{55}$[tɕieʔ$^{45}_{54}$]

七月七 tɕʰieʔ$^{45}_{3}$ɦiøʔ$^{23}_{5}$tɕʰieʔ$^{45}_{54}$，tɕʰieʔ$^{45}_{3}$ɦiøʔ$^{23}_{5}$tɕʰieʔ^{45}七夕。

八月半 pæʔ$^{45}_{3}$ɦiøʔ$^{23}_{5}$pø̃$^{33}_{55}$

　中秋 tsoŋ$^{52}_{33}$tɕʰiɤ^{52}

　中秋节 tsoŋ$^{52}_{33}$tɕʰiɤ$^{52}_{55}$tɕieʔ$^{45}_{54}$

重阳 dzoŋ$^{231}_{11}$ɦiaŋ$^{231}_{52}$

　重阳节 dzoŋ$^{231}_{11}$ɦiaŋ$^{231}_{55}$tɕieʔ$^{45}_{54}$

三十日夜 sæ̃$^{52}_{33}$zeʔ$^{23}_{5}$ȵi$^{11}_{55}$ɦia$^{11}_{52}$ 除夕。

　年三十夜 ȵiẽ$^{231}_{11}$sæ̃$^{52}_{55}$zeʔ$^{23}_{5}$ɦia$^{11}_{52}$

　年夜 ȵiẽ$^{231}_{11}$ɦia$^{11}_{55}$

节头节尾 tɕieʔ$^{45}_{3}$dɤ$^{231}_{55}$tɕieʔ$^{45}_{5}$mi$^{113}_{52}$

三八节 sæ̃$^{52}_{33}$pæʔ$^{45}_{5}$tɕieʔ$^{45}_{54}$

五一节 ŋ̍$^{113}_{115}$ieʔ$^{45}_{5}$tɕieʔ$^{45}_{54}$

儿童节 l̩$^{231}_{11}$doŋ$^{231}_{55}$tɕieʔ$^{45}_{54}$

国庆节 kuoʔ$^{45}_{3}$tɕʰiŋ$^{33}_{55}$tɕieʔ$^{45}_{54}$

立春 lieʔ$^{23}_{1}$tsʰẽ^{52}

雨水 ɦy$^{113}_{115}$sɿ$^{335}_{52}$

惊蛰 tɕiŋ$^{52}_{33}$dzeʔ$^{23}_{5}$

春分 tsʰẽ$^{52}_{33}$fẽ^{52}

清明 tɕʰiŋ$^{52}_{33}$miŋ$^{231}_{52}$

谷雨 kuoʔ$^{45}_{3}$ɦy$^{113}_{55}$

立夏 lieʔ$^{23}_{1}$ɦo$^{11}_{55}$

小满 ɕiɒ^{335}mø̃$^{113}_{52}$

芒种 mɒŋ$^{231}_{11}$tsoŋ$^{33}_{55}$

夏至 ɦo^{11}tsɿ$^{33}_{11}$

小暑 ɕiɒ^{335}ɕy$^{335}_{52}$

大暑 da^{11}ɕy$^{335}_{11}$

立秋 lieʔ$^{23}_{1}$tɕʰiɤ^{52}

处暑 tɕʰy^{335}ɕy$^{335}_{52}$

白露 baʔ$^{23}_{1}$lu$^{11}_{55}$

秋分 tɕʰiɤ$^{52}_{33}$fẽ^{52}

寒露 ɦẽ$^{231}_{11}$lu$^{11}_{55}$

霜降 sɒŋ$^{52}_{33}$kɒŋ$^{335}_{55}$

立冬 lieʔ$^{23}_{1}$toŋ^{52}

小雪 ɕiɒ^{335}ɕieʔ$^{45}_{54}$

大雪 da^{11}ɕieʔ$^{45}_{5}$

冬至 toŋ$^{52}_{33}$tsɿ$^{33}_{55}$

小寒 ɕiɒ^{335}ɦẽ$^{231}_{52}$

大寒 da^{11}ɦẽ$^{231}_{11}$

5. 动物

老虎 lɒ$^{113}_{115}$hu$^{335}_{52}$

狮子 sɿ$^{52}_{33}$tsɿ$^{335}_{55}$

象 dʑiaŋ^{113}

豹 pɒ^{33}

马熊 mo$^{113}_{115}$ɦioŋ$^{231}_{52}$　狼。

狗熊 kɤ^{335}ɦioŋ$^{231}_{52}$

野狗 ɦia$^{113}_{115}$kɤ$^{335}_{52}$

豺狗 za$^{231}_{11}$kɤ$^{335}_{55}$

狐狸 ɦu$^{231}_{11}$li$^{231}_{52}$

鹿 loʔ^{23}

角麂 koʔ$^{45}_{3}$tɕi^{52}　麂。

猢狲 ɦueʔ$^{23}_{1}$sẽ^{52}　猴子。

獾猪 huõ^{33}tsɿ$^{52}_{33}$　獾。

田狗 diẽ$^{231}_{11}$kɤ$^{335}_{55}$

野猪 ɦia$^{113}_{115}$tsɿ^{52}

狭颡公 ɒŋ$^{52}_{33}$sɒŋ$^{52}_{55}$kuoŋ^{52}　黄鼠狼。

白鼻冲 baʔ$^{23}_{1}$bieʔ$^{23}_{5}$tsʰoŋ^{52}　野猫。

兔 tʰu^{33}

刺血* tsʰɿ^{33}ɕiøʔ$^{45}_{5}$　刺猬。

老鼠 lɒ$^{113}_{115}$tsʰɿ$^{335}_{52}$

夜老老 ɦia^{11}lɒ$^{113}_{11}$lɒ$^{113}_{11}$

松鼠 soŋ$^{52}_{33}$tsʰɿ$^{335}_{55}$

蝙蝠 piẽ$^{52}_{33}$foʔ$^{45}_{5}$

鸟 tiɒ^{335}

老鹰 lɒ^{11}iŋ$^{52}_{11}$　（1）鹰。（2）鹞子。

猫头鸟 mɒ$^{231}_{11}$dɤ$^{231}_{55}$tiɒ$^{335}_{52}$

猫头鹰 mɒ$^{231}_{11}$dɤ$^{231}_{55}$iŋ^{52}

仙鹤 ɕiẽ$^{52}_{33}$ŋoʔ$^{23}_{5}$　鹤。

孔雀 kʰuoŋ^{335}tɕʰiaʔ$^{45}_{54}$

雉鸡 dzʅ$^{113}_{115}$tɕi^{52}

　野鸡 ɦia$^{113}_{115}$tɕi^{52}

燕子 iẽ^{33}tsʅ$^{335}_{33}$，iẽ^{335}tsʅ$^{335}_{52}$

乌老鸦 u$^{52}_{33}$lɒ$^{113}_{55}$o^{52}　乌鸦。

　老鸦 lɒ$^{113}_{115}$o^{52}

喜鹊 ɕi^{335}tɕʰiaʔ$^{45}_{54}$

麻鸟 mo$^{231}_{11}$tiɒ$^{335}_{55}$　麻雀。

柏子鸟 dʑiɤ$^{113}_{115}$tsʅ$^{335}_{55}$tiɒ$^{335}_{52}$，dʑiɤ$^{113}_{115}$tseʔ$^{45}_{5}$tiɒ$^{335}_{52}$　一种很像麻雀的小鸟，黄喙，喜食柏子。

啄木鸟 toʔ$^{45}_{3}$moʔ$^{23}_{5}$tiɒ$^{335}_{52}$

步*鸪 bu^{11}ku$^{52}_{11}$　鹁鸪。常在变天时鸣啼，久雨将晴时叫“挂挂红灯”，久晴将雨时叫“渴煞鸪”。

白鸽 baʔ$^{23}_{1}$keʔ$^{45}_{5}$

　鸽子 keʔ$^{45}_{3}$tsʅ$^{335}_{55}$

野白鸽 ɦia$^{113}_{115}$baʔ$^{23}_{5}$keʔ$^{45}_{54}$　斑鸠一类的野鸟。

鹌鹑鸟 ẽ$^{52}_{33}$zẽ$^{231}_{55}$tiɒ$^{335}_{52}$　鹌鹑。

鹦哥 aŋ$^{52}_{33}$ko^{52}　鹦鹉。

八官* paʔ$^{45}_{3}$（-æʔ）kuõ^{52}　八哥。鼻化元音 uõ 是一种残余的儿化韵。

黄莺 ɦuɒŋ$^{231}_{11}$aŋ^{52}

画眉 ɦuo^{11}mi$^{231}_{11}$

白头公 baʔ$^{23}_{1}$dɤ$^{231}_{55}$kuoŋ^{52}　白头翁，羽毛黄黑色，头部白色。

鸳鸯 iõ$^{52}_{33}$iaŋ^{52}

雁鹅 ŋæ^{11}ŋo$^{231}_{11}$　大雁。

野鸭 ɦia$^{113}_{115}$æʔ$^{45}_{54}$

鸬鹚 lu$^{231}_{11}$zʅ$^{231}_{52}$，lu$^{231}_{11}$zu$^{231}_{52}$　鱼鹰。

长脚鹭鸶 dzaŋ$^{231}_{11}$tɕiaʔ$^{45}_{5}$lu$^{11}_{55}$sʅ^{52}，dzaŋ$^{231}_{11}$tɕiaʔ$^{45}_{5}$lo$^{11}_{55}$sʅ^{52}　鹭鸶。

鲫鱼 tɕiŋ$_{335}$(-ieʔ^{45}）ŋ̍$^{231}_{52}$

白鲫 baʔ$^{23}_{1}$tɕieʔ$^{45}_{5}$　人工饲养的鲫鱼。

鱊鲐头 tɕiøʔ$^{45}_{3}$k^{h}o$^{52}_{55}$dɤ$^{231}_{52}$ 似鲫鱼，较小。

鲤鲨 li$^{113}_{115}$ts^{h}ʅ$^{335}_{52}$

鲤鱼 liŋ$^{113}_{115}$（-i）ŋ̩$^{231}_{52}$

鲢鱼 liẽ$^{231}_{11}$ŋ̩$^{231}_{52}$ 白鲢。

胮头鱼 p^{h}ɒŋ$^{52}_{33}$dɤ$^{231}_{55}$ŋ̩$^{231}_{52}$ 花鲢。

鰲鱼 ts^{h}aŋ$^{52}_{33}$（-æ̃）ŋ̩$^{231}_{52}$

白鲦 baʔ$^{23}_{1}$diɒ$^{231}_{52}$ 大的鰲鱼。

鲩鱼 ɦuẽ$^{113}_{115}$ŋ̩$^{231}_{52}$ 草鱼。

鲩子 ɦuẽ$^{113}_{115}$tsʅ$^{335}_{52}$，ɦuẽ$^{113}_{115}$tseʔ$^{45}_{54}$

螺蛳鲭 lo$^{231}_{11}$sʅ$^{52}_{55}$tɕ^{h}iŋ^{52} 鲭鱼，喜欢吃螺蛳。

鲇鱼 ȵiæ̃$^{231}_{11}$ŋ̩$^{231}_{52}$

鲈鱼 lu$^{231}_{11}$ŋ̩$^{231}_{52}$

鳊鱼 piẽ$^{52}_{33}$ŋ̩$^{231}_{52}$

[烂眼]鳑鲏 [læ̃^{11}ŋæ̃$^{113}_{11}$]bɒŋ$^{231}_{11}$bi$^{231}_{52}$ 似鳊而小，眼珠带红色。

鲥鱼 zʅ$^{231}_{11}$ŋ̩$^{231}_{52}$

鳜花[鲈]鱼 tɕi$^{33}_{55}$huo$^{52}_{55}$[lu$^{231}_{55}$]ŋ̩$^{231}_{52}$ 鳜鱼。“鳜”，也写作“鯚”。

乌鳢鱼 u$^{52}_{33}$liŋ$^{113}_{55}$（-i）ŋ̩$^{231}_{52}$ 黑鱼。

鲀鲃 ɒŋ$^{52}_{33}$sɒŋ^{52} 一种和鲇鱼相似的无鳞鱼，大口，头腹黄，背鳍似刺。

泥鳅 ȵi$^{231}_{11}$tɕ^{h}iɤ^{52}

黄鳝 ɦuɒŋ$^{231}_{11}$zẽ$^{113}_{55}$ 鳝鱼。

长鱼 dzaŋ$^{231}_{11}$ŋ̩$^{231}_{52}$

土鲋 t^{h}u^{335}bu$^{11}_{52}$ 一种很像鲈鱼的小鱼，头大尾小。

土鲋鱼 t^{h}u^{335}bu$^{11}_{55}$ŋ̩$^{231}_{52}$

黄鱼 ɦuɒŋ$^{231}_{11}$ŋ̩$^{231}_{52}$

带鱼 taŋ^{33}（-a）ŋ̩$^{231}_{33}$

鲳片鱼 ts^{h}ɒŋ$^{52}_{33}$p^{h}iẽ$^{33}_{55}$ŋ̩$^{231}_{52}$ 平鱼。

鲚鱼 ʑi$^{113}_{115}$ŋ̩$^{231}_{52}$ 凤尾鱼。

箬鳎鱼 ȵiaʔ$^{23}_{1}$t^{h}æʔ$^{45}_{5}$ŋ̩$^{231}_{52}$ 比目鱼。

鲻鱼 tsʅ$^{52}_{33}$ŋ̩$^{231}_{52}$

乌贼[鱼] u$^{52}_{33}$zəʔ$^{23}_{5}$[ŋ̍$^{231}_{52}$]

鳗 mø̃^{231}

鳗线 mø̃$^{231}_{11}$ɕiẽ$^{33}_{55}$ 鳗鱼苗。

银鱼 ȵi$^{231}_{11}$（-iŋ）ŋ̍$^{231}_{52}$ 幼鳗。

鱼秧 ŋ̍$^{231}_{11}$iaŋ^{52} 鱼苗。

鱼鳞 ŋ̍$^{231}_{11}$liŋ$^{231}_{52}$

　厣 iẽ^{335}

划水 ɦuo$^{231}_{11}$sɿ$^{335}_{55}$ 鱼鳍。

鱼泡泡 ŋ̍$^{231}_{11}$pʰɒ$^{52}_{55}$pʰɒ^{52} 鱼膘。

　泡泡 pʰɒ$^{52}_{33}$pʰɒ^{52}

鳃 sᴇ^{52}

虾 ho^{52}

老弹虾 lɒ$^{113}_{115}$dæ̃$^{231}_{55}$ho^{52} 大虾。

老虾公 lɒ$^{113}_{115}$ho$^{52}_{55}$kuoŋ^{52} 特大的虾。

饭虾 væ̃^{11}ho$^{52}_{11}$ 小虾。

　虾米 ho$^{52}_{33}$mi$^{113}_{55}$

带子虾 ta^{33}tsɿ$^{335}_{33}$ho$^{52}_{33}$ 带子的虾。

　子虾 tsɿ^{335}ho^{52}

蟹 ha^{335} 螃蟹。

　田蟹 diẽ$^{231}_{11}$ha$^{335}_{55}$

白*玉*蟹 baʔ$^{23}_{1}$ȵioʔ$^{45}_{5}$ha$^{335}_{52}$ 小螃蟹。

毛大蟹 mɒ$^{231}_{11}$do$^{11}_{55}$ha$^{335}_{52}$ 略大的小螃蟹。

横甲蟹 ɦuaŋ$^{231}_{11}$kæʔ$^{45}_{5}$ha$^{335}_{52}$，ɦuaŋ$^{231}_{11}$keʔ$^{45}_{5}$ha$^{335}_{52}$ 海螃蟹。

团脐 dø̃$^{231}_{11}$dʑi$^{231}_{52}$ 指雌蟹的圆脐。

长脐 dzaŋ$^{231}_{11}$dʑi$^{231}_{52}$ 指雄蟹的尖脐。

河蚌 ɦo$^{231}_{11}$baŋ$^{113}_{55}$

水蛤 sɿ^{335}keʔ$^{45}_{54}$ 蛤蜊。

　湖蛤 ɦu$^{231}_{11}$keʔ$^{45}_{5}$

麻蛤 mo$^{231}_{11}$keʔ$^{45}_{5}$　麻蚶。

黄蚬 ɦuɒŋ$^{231}_{11}$ɕiø̃$^{33}_{55}$

蛏子 tsʰəŋ$^{52}_{33}$tsɿ$^{335}_{55}$，tsʰəŋ$^{52}_{33}$tseʔ$^{45}_{5}$

螺蛳 lo$^{231}_{11}$sɿ^{52}

田螺 diẽ$^{231}_{11}$lo$^{231}_{52}$

土*铁* tʰu^{335}tʰieʔ$^{45}_{54}$　黄泥螺。

青蛙田鸡 tɕʰiŋ$^{52}_{33}$uo$^{52}_{55}$diẽ$^{231}_{55}$tɕi^{52}　青蛙。

　田鸡 diẽ$^{231}_{11}$tɕi^{52}

　水鸡 sɿ^{335}tɕi^{52}

癞刺蛤蚆 la^{11}tsʰɿ$^{33}_{11}$keʔ$^{45}_{1}$po^{52}，la^{11}sɿ$^{33}_{11}$keʔ$^{45}_{1}$po^{52}　癞蛤蟆。

虾蟆 ɦo$^{231}_{11}$mo$^{231}_{52}$　蝌蚪。

乌龟 u$^{52}_{33}$tɕy^{52}

甲鱼 kaŋ$_{33}$(−æʔ^{45}) ŋ̍$^{231}_{52}$

虫豸[摞渣] dzoŋ$^{231}_{11}$dzɿ$^{113}_{55}$[lo$^{113}_{55}$tso^{52}]　虫子。

蛇虫百脚 zo$^{231}_{11}$dzoŋ$^{231}_{55}$paʔ$^{45}_{5}$tɕiaʔ$^{45}_{54}$　指虫子和爬行动物。

蚕 zẽ^{231}

蚕宝宝 zẽ$^{231}_{11}$pɒ$^{335}_{55}$pɒ$^{335}_{52}$　对蚕的爱称。

茧 tɕiẽ^{335}　蚕茧。

蚕姑娘 zẽ$^{231}_{11}$ku$^{52}_{55}$ȵiaŋ$^{231}_{52}$　指蚕蛹。

蛾 ŋo^{231}　蚕蛾。

蚕子 zẽ$^{231}_{11}$tsɿ$^{335}_{55}$　蚕卵。

蜜蜂 mieʔ$^{23}_{1}$foŋ^{52}

黄蜂 ɦuɒŋ$^{231}_{11}$foŋ^{52}　马蜂。

　长脚黄蜂 dzaŋ$^{231}_{11}$tɕiaʔ$^{45}_{5}$ɦuɒŋ$^{231}_{55}$foŋ^{52}

蝴蝶 ɦu$^{231}_{11}$diaʔ$^{23}_{5}$

蜻蜓 ɕiŋ$^{52}_{33}$diŋ$^{231}_{52}$

蛐蛐 tɕʰy^{33}tɕʰy$^{33}_{55}$　蟋蟀。

灶壁鸡 tsɒ^{33}pieʔ$^{45}_{3}$tɕi^{52}　一种很像蟋蟀的昆虫，常在厨房出没。

绩繠婆婆 tɕieʔ$^{45}_{3}$tɕia$^{33}_{55}$bo$^{231}_{55}$bo$^{231}_{52}$　蝈蝈儿。

油唧蛉 ɦiɤ$^{231}_{11}$tɕieʔ$^{45}_{5}$liŋ$^{231}_{52}$ 油葫芦。

虼蜢 keʔ$^{45}_{3}$maŋ$^{113}_{55}$ （1）蚱蜢。（2）蝗虫。

春米佬 sɒŋ$^{52}_{33}$mi$^{113}_{55}$lɒ$^{113}_{52}$ 尖头蚱蜢。“春”，训读字，本字为“搡”。

惰*米 do$^{113}_{115}$mi$^{113}_{52}$

蚰蛄 ɦiɤ$^{231}_{11}$ku^{52} 蝼蛄。

曲蟮 tɕʰioʔ$^{45}_{3}$zẽ$^{113}_{55}$ 蚯蚓。

蜒蚰螺 ɦiẽ$^{231}_{11}$ɦiɤ$^{231}_{55}$lo$^{231}_{52}$ 蜒蚰。

带壳蜒蚰螺 ta^{33}kʰoʔ$^{45}_{3}$ɦiẽ$^{231}_{33}$ɦiɤ$^{231}_{55}$lo$^{231}_{52}$ 蜗牛。

蚱蟟 tso^{33}liɒ$^{231}_{33}$

知了 tsɿ$^{52}_{33}$liɒ$^{113}_{33}$

虼螂 ɡeʔ$^{23}_{1}$lɒŋ$^{231}_{52}$ 螳螂。

解树螂 ka^{335}ʑy$^{11}_{55}$lɒŋ$^{231}_{52}$ 天牛。

臭屁虫 tsʰɤ^{33}pʰi^{33}dzoŋ$^{231}_{33}$ 臭蝽。

火萤虫 hu^{335}ɦiŋ$^{231}_{55}$dzoŋ$^{231}_{52}$ 萤火虫。

金虫 tɕiŋ$^{52}_{33}$dzoŋ$^{231}_{52}$ 金龟子。

□ ȵiɤ^{11}

西瓜虫 ɕi$^{52}_{33}$kuo$^{52}_{55}$dzoŋ$^{231}_{52}$ 灰色多足小虫，拨动后缩成球状。

袋皮虫 dᴇ^{11}bi$^{231}_{11}$dzoŋ$^{231}_{52}$ 一种自织口袋在中间等待羽化的小毛虫。

毛蝴蝶 mɒ$^{231}_{11}$ɦu$^{231}_{55}$diaʔ$^{23}_{5}$ 蛾子。

杨瘌毛 ɦiaŋ$^{231}_{11}$læʔ$^{23}_{5}$mɒ$^{231}_{52}$ 刺蛾的幼虫，有花纹，身上有毒刺。

桕瘌 dʑiɤ$^{113}_{115}$læʔ$^{23}_{54}$ 桕树上生长的刺蛾，绿色。

白蚁 baʔ$^{23}_{1}$mi$^{113}_{55}$（ȵ-）

蛀虫 tɕy^{33}dzoŋ$^{231}_{33}$

蠹虫 tu^{33}dzoŋ$^{231}_{33}$ 蠹鱼。

米[蛀]虫 mi$^{113}_{115}$[tɕy$^{33}_{55}$]dzoŋ$^{231}_{52}$ 一种吃米的白色肉虫。

米瘑 mi$^{113}_{115}$kua^{52} 米中的一种螨类，沾身后奇痒难忍。

蟓[子]虫 dʑiaŋ$^{113}_{115}$[tsɿ$^{335}_{55}$]dzoŋ$^{231}_{52}$ 米中的一种黑色小虫，长有一个长鼻子，很像象鼻子。

虪蚁 hu$^{52}_{33}$ȵi$^{231}_{52}$ 蚂蚁。

结蛛 tɕieʔ$^{45}_{3}$tɕy^{52} 蜘蛛。

结蛛罗绷 tɕieʔ$^{45}_{3}$tɕy$^{52}_{55}$lo$^{231}_{55}$paŋ^{52}　蜘蛛网。

雪*子 ɕieʔ$^{45}_{3}$tsɿ$^{335}_{55}$　蟢子。

蟢子窠 ɕi^{335}tsɿ$^{335}_{55}$kʰo^{52}，ɕi^{335}tseʔ$^{45}_{5}$kʰo^{52}

壁老虎 pieʔ$^{45}_{3}$lɒ$^{113}_{55}$hu$^{335}_{52}$　蝇虎。

蝘蜓蛇 iẽ^{335}tiẽ$^{335}_{55}$（d-）zo$^{231}_{52}$　壁虎。

苍蝇 tsʰɒŋ$^{52}_{33}$iŋ^{52}

金苍蝇 tɕiŋ$^{52}_{33}$tsʰɒŋ$^{52}_{55}$iŋ^{52}　指红头金身出入粪坑的大苍蝇。

　屎苍蝇 u^{33}tsʰɒŋ$^{52}_{33}$iŋ^{52}　“屎”，训读字，本字为“涴”，《广韵》乌卧切。

麻苍蝇 mo$^{231}_{11}$tsʰɒŋ$^{52}_{55}$iŋ^{52}

蛆虫 tɕʰi$^{52}_{33}$dzoŋ$^{231}_{52}$

　蛆 tɕʰi^{52}

蚂蟥 mo$^{113}_{115}$ɦuɒŋ$^{231}_{52}$

牛豸 ȵiɤ$^{231}_{11}$dzɿ$^{113}_{55}$　一种大的蚂蟥。

牛虻 ȵiɤ$^{231}_{11}$mɒŋ$^{231}_{52}$，ȵiɤ$^{231}_{11}$maŋ$^{231}_{52}$

　瞎虻 hæʔ$^{45}_{3}$maŋ$^{231}_{52}$

蚊虫 mẽ$^{231}_{11}$dzoŋ$^{231}_{52}$

蚼丝* ɕiaŋ^{335}sɿ^{52}　蠓虫儿。

水蛆 sɿ^{335}tɕʰi^{52}　孑孓。

　倒督*蛆 tɒ^{33}toʔ$^{45}_{3}$tɕʰi$^{52}_{33}$

臭虫 tsʰɤ^{33}dzoŋ$^{231}_{33}$

虱子 seʔ$^{45}_{3}$tsɿ$^{335}_{55}$

虼蚤 keʔ$^{45}_{3}$tsɒ$^{335}_{55}$　跳蚤。

蟑螂 tsɒŋ$^{52}_{33}$lɒŋ$^{231}_{52}$

蛇 zo^{231}

火链蛇 hu^{335}liẽ$^{11}_{55}$zo$^{231}_{52}$　一种身上有红褐色斑纹的蛇，无毒。

乌梢蛇 u$^{52}_{33}$sɒ$^{52}_{55}$zo$^{231}_{52}$　一种尾部黑色的蛇，无毒。

竹叶青 tsoʔ$^{45}_{3}$ɦieʔ$^{23}_{5}$tɕʰiŋ^{52}　一种青色的小蛇，有毒。

五步蛇 ŋ̩$^{113}_{115}$bu$^{11}_{55}$zo$^{231}_{52}$　一种毒蛇，据称咬人后行数步即能致死。

狗屎蝮 kɤ^{335}u$^{33}_{55}$pʰoʔ$^{45}_{54}$　指蝮蛇盘踞时像一堆灰黑色的狗屎。“屎”，

训读字，本字为“涴”，《广韵》乌卧切。

犁镵蝮 li$^{231}_{11}$dzæ̃$^{231}_{55}$pʰoʔ$^{45}_{54}$ 指蝮蛇头部呈三角形，与犁铧相似。

蟒蛇 maŋ$^{231}_{11}$zo$^{231}_{52}$ 蟒。

大蛇 do^{11}zo$^{231}_{11}$

四脚蛇 sɿ^{33}tɕiaʔ$^{45}_{3}$zo$^{231}_{33}$ 蜥蜴。

蝎子 ɕieʔ$^{45}_{3}$tsɿ$^{335}_{55}$

明*蚣 miŋ$^{231}_{11}$kuoŋ^{52} 蜈蚣。

蚑蝬 dʑi$^{231}_{11}$ɕiɤ$^{33}_{55}$ 蚰蜒。

畜牲 tɕʰioʔ$^{45}_{3}$saŋ^{52} 家畜家禽。

牲徒 saŋ$^{52}_{33}$du$^{231}_{52}$ 家畜家禽，从年关时将被屠宰的角度指称。

牛 ȵiɤ^{231} 牛，多指水牛。

黄牛 ɦuɒŋ$^{231}_{11}$ȵiɤ$^{231}_{52}$

雄牛 ɦioŋ$^{231}_{11}$ȵiɤ$^{231}_{52}$ 公的水牛。

水牯牛 sɿ^{355}ku$^{335}_{55}$ȵiɤ$^{231}_{52}$ 已阉的公水牛。

牯牛 ku^{335}ȵiɤ$^{231}_{52}$

牸牛 zɿ^{11}ȵiɤ$^{231}_{11}$ 母的水牛。

犃牛 aŋ$^{52}_{33}$ȵiɤ$^{231}_{52}$ 小牛。

犃 aŋ^{52}

马 mo^{113}

雄马 ɦioŋ$^{231}_{11}$mo$^{113}_{55}$

雌马 tsʰɿ$^{52}_{33}$mo$^{113}_{55}$

小马 ɕiɒ^{335}mo$^{113}_{52}$

驴 li^{231}

驴狗 li$^{231}_{11}$kɤ$^{335}_{55}$

雄驴 ɦioŋ$^{231}_{11}$li$^{231}_{52}$

雌驴 tsʰɿ$^{52}_{33}$li$^{231}_{52}$

小驴 ɕiɒ^{335}li$^{231}_{52}$

肉猪 ȵio^{11}tsɿ$^{52}_{11}$ 猪。

肉肉 ȵio$^{11}_{115}$ȵio$^{11}_{52}$ 对猪的谑称。

雄肉猪 ɦioŋ$^{231}_{11}$ȵio$^{11}_{55}$tsɿ^{52}

朴猪 p^{h}oʔ$^{45}_{3}$tsɿ^{52} 公的种猪。

猪娘 tsɿ$^{52}_{33}$ȵiaŋ$^{231}_{52}$　母的种猪。

貄猪 sæʔ$^{45}_{3}$tsɿ^{52}　发情时的母猪。

羊 ɦiaŋ^{231}

山羊 sæ̃$^{52}_{33}$ɦiaŋ$^{231}_{52}$

湖羊 ɦu$^{231}_{11}$ɦiaŋ$^{231}_{52}$　绵羊。

雄咯羊 ɦioŋ$^{231}_{115}$ɡeʔ$^{45}_{5}$（koʔ）ɦiaŋ^{231}

雌咯羊 ts^{h}ɿ$^{52}_{55}$ɡeʔ$^{45}_{5}$（koʔ）ɦiaŋ^{231}

小羊 ɕiɒ^{335}ɦiaŋ$^{231}_{52}$

狗 kɤ^{335}

雄狗 ɦioŋ$^{231}_{11}$kɤ$^{335}_{55}$

雌狗 ts^{h}ɿ$^{52}_{33}$kɤ$^{335}_{55}$

小狗 ɕiɒ^{335}kɤ$^{335}_{52}$

狼狗 lɒŋ$^{231}_{11}$kɤ$^{335}_{55}$

西洋狗 ɕi$^{52}_{33}$ɦiaŋ$^{231}_{55}$kɤ$^{335}_{52}$　巴儿狗。

猫 mɒ^{231}

雄猫 ɦioŋ$^{231}_{11}$mɒ$^{231}_{52}$

雌猫 ts^{h}ɿ$^{52}_{33}$mɒ$^{231}_{52}$

小猫 ɕiɒ^{335}mɒ$^{231}_{52}$

鸡 tɕi^{52}

雄鸡 ɦioŋ$^{231}_{11}$tɕi^{52}

哥*哥*鸡 ko$^{52}_{33}$ko$^{52}_{55}$tɕi^{52}　指打鸣的公鸡。“哥*哥*”：啼声。

童子鸡 doŋ$^{231}_{11}$tsɿ$^{335}_{55}$tɕi^{52}　半大的公鸡。

　子鸡 tsɿ^{335}tɕi^{52}

起骚雄鸡 tɕ^{h}i^{335}sɒ$^{52}_{55}$ɦioŋ$^{231}_{55}$tɕi^{52}　发情时的公鸡。

线*鸡 ɕiẽ^{33}tɕi$^{52}_{33}$　阉鸡。“线*”，本字为“鐓”。《正字通》“今俗雄鸡去势谓之鐓”，“音线”。

半脚佬 pø̃^{33}tɕiaʔ$^{45}_{3}$lɒ$^{113}_{33}$　阉而未净的公鸡。

鸡婆 tɕi$^{52}_{33}$bo$^{231}_{52}$ 没有下过蛋的母鸡。

　雌鸡婆 tsʰɿ$^{52}_{33}$tɕi$^{52}_{55}$bo$^{231}_{52}$

鸡娘 tɕi$^{52}_{33}$ȵiaŋ$^{231}_{52}$ 下过蛋或正下蛋的母鸡。

哆哆鸡 to$^{52}_{33}$to$^{52}_{55}$tɕi^{52} 指叫着要下蛋的母鸡，“哆哆”：叫声。

赖孵鸡娘 la^{11}bu^{11}tɕi$^{52}_{11}$ȵiaŋ$^{231}_{52}$ 已不下蛋但仍赖在窝里的母鸡。“孵”，训读字，本字为“伏”，《广韵》扶富切，“乌菢子”。

小鸡 ɕiɒ^{335}tɕi^{52}

火煏鸡 hu^{335}bieʔ$^{23}_{5}$tɕi^{52} 用炭火孵化的鸡雏。

乌骨鸡 u$^{52}_{33}$kueʔ$^{45}_{5}$tɕi^{52} 一种骨头黑色的比较滋补的鸡。

鸭 æʔ^{45}

雄鸭 ɦioŋ$^{231}_{11}$æʔ$^{45}_{5}$

　绿头鸭 loʔ$^{23}_{1}$dɤ$^{231}_{55}$æʔ$^{45}_{54}$

雌鸭 tsʰɿ$^{52}_{33}$æʔ$^{45}_{5}$ 没有下过蛋的母鸭。

　子鸭 tsɿ^{335}æʔ$^{45}_{54}$

鸭娘 æʔ$^{45}_{3}$ȵiaŋ$^{231}_{52}$ 下过蛋或正下蛋的母鸭。

老鸭 lɒ$^{113}_{115}$æʔ$^{45}_{54}$ 下蛋多年的母鸭。

啾固头 tɕʰiɤ$^{52}_{33}$ku$^{335}_{55}$dɤ$^{231}_{52}$ 指放养的公鸭，因鸣声啾啾而得名。

□□鸭 ga^{11}ga^{11}æʔ$^{45}_{5}$ 儿童语，指鸭，“□□”：鸭叫声。

韶*鸭 zɒ$^{231}_{11}$æʔ$^{45}_{5}$ 半大不小的鸭子。

小鸭 ɕiɒ^{335}æʔ$^{45}_{54}$

鹅 ŋo^{231}

白狗 baʔ$^{23}_{1}$kɤ$^{335}_{55}$ 鹅，避讳近音词“我”时说。

雄鹅 ɦioŋ$^{231}_{11}$ŋo$^{231}_{52}$

雌鹅 tsʰɿ$^{52}_{33}$ŋo$^{231}_{52}$ 没有下过蛋的母鹅。

鹅娘 ŋo$^{231}_{11}$ȵiaŋ$^{231}_{52}$ 下过蛋或正下蛋的母鹅。

黄毛小鹅 ɦuɒŋ$^{231}_{11}$mɒ$^{231}_{55}$ɕiɒ$^{335}_{55}$ŋo$^{231}_{52}$ 刚孵出的小鹅。

子鹅 tsɿ^{335}ŋo$^{231}_{52}$ 半大的小公鹅。

鸡子 tɕi$^{52}_{33}$tsɿ$^{335}_{55}$ 鸡蛋。

鸭子 æʔ$^{45}_{3}$tsɿ$^{335}_{55}$ 鸭蛋。

鹅子 ŋo$^{231}_{11}$tsɿ$^{335}_{55}$ 鹅蛋。

鹅喜 ŋo$^{231}_{11}$ɕi$^{335}_{55}$　已孵化成胚胎的鹅蛋。

嘴 tsᴇ^{335}　（1）嘴。（2）喙。

角 koʔ^{45}

尾巴 mi$^{113}_{115}$po^{52}

翼膀 ɦieʔ$^{23}_{1}$pɒŋ$^{335}_{55}$，ɦioʔ$^{23}_{1}$pɒŋ$^{335}_{55}$

　翼梢 ɦieʔ$^{23}_{1}$sɒ^{52}

毛毛 mɒ$^{231}_{11}$mɒ$^{231}_{52}$　指鸟兽的毛或羽毛。

酕毛 ȵioŋ$^{231}_{11}$mɒ$^{231}_{52}$　细而软的羽毛。

雉鸡毛 dzɿ$^{113}_{115}$tɕi$^{52}_{55}$mɒ$^{231}_{52}$　翎毛。

蹄 di^{231}

蹄爪 di$^{231}_{11}$tsɒ$^{335}_{55}$　猪蹄子。

脚爪 tɕiaʔ$^{45}_{3}$tsɒ$^{335}_{55}$　（1）爪子。（2）猪蹄子。

冠 kuø̃^{52}　指鸡冠。

鹅胖头 ŋo$^{231}_{11}$pʰɒŋ$^{33}_{55}$dɤ$^{231}_{52}$　指鹅冠。

蛋 dæ̃^{11}　禽鸟的蛋（但鸡、鸭、鹅的蛋称为鸡子、鸭子、鹅子）。

子 tsɿ^{335}　昆虫或鱼类的卵。

6. 植物

树 ʑy^{11}

松树 soŋ$^{52}_{33}$ʑy$^{11}_{55}$

松子 soŋ$^{52}_{33}$tsɿ$^{335}_{55}$

柏树 paʔ$^{45}_{3}$ʑy$^{11}_{55}$

杉树 sæ̃$^{52}_{33}$ʑy$^{11}_{55}$

槐树 ɦua$^{231}_{11}$ʑy$^{11}_{55}$

桑树 sɒŋ$^{52}_{33}$ʑy$^{11}_{55}$

桑子 sɒŋ$^{52}_{33}$tsɿ$^{335}_{55}$　桑葚。

桑叶 sɒŋ$^{52}_{33}$ɦieʔ$^{23}_{5}$

枣树 tsɒ^{335}ʑy$^{11}_{52}$

白果树 baʔ$^{23}_{1}$ku$^{335}_{55}$ʑy$^{11}_{52}$　银杏树。

香椿树 ɕiaŋ$^{52}_{33}$tsʰẽ$^{52}_{55}$ʑy$^{11}_{52}$
杨柳树 ɦiaŋ^{11}liɤ$^{113}_{11}$ʑy^{11}，liaŋ^{11}liɤ$^{113}_{11}$ʑy^{11} 柳树。
　倒挂杨柳树 tɒ^{33}kuo^{33}ɦiaŋ$^{11}_{33}$liɤ$^{113}_{33}$ʑy$^{11}_{33}$
梧桐树 ɦu$^{231}_{11}$doŋ$^{231}_{55}$ʑy$^{11}_{52}$
榆树 ɦy$^{231}_{11}$ʑy$^{11}_{55}$
枫树 foŋ$^{52}_{33}$ʑy$^{11}_{55}$
枫叶 foŋ$^{52}_{33}$ɦieʔ$^{23}_{5}$
茶树 dzo$^{231}_{11}$ʑy$^{11}_{55}$ 嫩叶加工后成茶叶。
棕树 tsoŋ$^{52}_{33}$ʑy$^{11}_{55}$ 棕榈树。
樟树 tsɒŋ$^{52}_{33}$ʑy$^{11}_{55}$
冬青树 toŋ$^{52}_{33}$tɕʰiŋ$^{52}_{55}$ʑy$^{11}_{52}$
桐子树 doŋ$^{231}_{11}$tsɿ$^{335}_{55}$ʑy$^{11}_{52}$ 油桐树。
苦楝树 kʰu^{335}liẽ$^{11}_{55}$ʑy$^{11}_{52}$ 楝树。
柏子树 dʑiɤ$^{113}_{115}$tsɿ$^{335}_{55}$ʑy$^{11}_{52}$ 乌桕。
麻栎树 mo$^{231}_{11}$lieʔ$^{23}_{5}$ʑy$^{11}_{52}$ 栎树。

树干 ʑy^{11}kẽ$^{335}_{11}$
树梗 ʑy^{11}kuaŋ$^{335}_{11}$
　枝条 tsɿ$^{52}_{33}$tiɒ^{52}（d-）
树皮 ʑy^{11}bi$^{231}_{11}$
树叶 ʑy^{11}ɦieʔ$^{23}_{1}$
树梢头 ʑy^{11}sɒ$^{52}_{11}$dɤ$^{231}_{52}$ 树梢。
树丫杈 ʑy^{11}o$^{52}_{11}$tsʰo^{52} 树杈。
　丫杈 o$^{52}_{33}$tsʰo^{52}
树根[子] ʑy^{11}kəŋ$^{52}_{11}$[tsɿ$^{335}_{55}$]
　[树]菩*老头 [ʑy^{11}]bu$^{231}_{11}$lɒ$^{113}_{115}$dɤ$^{231}_{52}$
柴株头 za$^{231}_{11}$tsɿ$^{52}_{55}$dɤ$^{231}_{52}$ 山间灌木丛多年的老根。
　柴株婆婆 za$^{231}_{11}$tsɿ$^{52}_{55}$bo$^{231}_{55}$bo$^{231}_{52}$
树木头 ʑy^{11}moʔ$^{23}_{1}$dɤ$^{231}_{52}$ 原木。
藤 dəŋ^{231}

竹头 tsoʔ$^{45}_{3}$dɤ$^{231}_{52}$　竹子。

毛竹 mɒ$^{231}_{11}$tsoʔ$^{45}_{5}$

⿱竹淡竹 dæ̃$^{113}_{115}$tsoʔ$^{45}_{54}$　一种较毛竹略细的竹子，日常用，农家一般栽种在屋后园子里。

竹筱 tsoʔ$^{45}_{3}$ɕiɒ$^{335}_{55}$　细竹枝，多指带叶的。

火筱 hu$^{335}_{33}$ɕiɒ$^{335}_{55}$　烧去叶子的细竹枝，作扫帚等用。

竹竿 tsoʔ$^{45}_{3}$kẽ$^{335}_{55}$

篾 mieʔ^{23}　竹皮。

笋 ɕiŋ^{335}

毛笋 mɒ$^{231}_{11}$ɕiŋ$^{335}_{55}$　毛竹春天所生。

团笋 dø̃$^{231}_{11}$ɕiŋ$^{335}_{55}$　毛竹冬天所生。

⿱竹淡笋 dæ̃$^{113}_{115}$ɕiŋ$^{335}_{52}$　⿱竹淡竹春夏之间所生，上市早。

鞭笋 piẽ$^{52}_{33}$ɕiŋ$^{335}_{55}$　⿱竹淡竹入秋时所生，较细。

　马鞭笋 mo$^{113}_{115}$piẽ$^{52}_{55}$ɕiŋ$^{335}_{52}$

箬壳 ȵiaʔ$^{23}_{1}$kʰoʔ$^{45}_{5}$　笋壳。

箬箨 ȵiaʔ$^{23}_{1}$tʰoʔ$^{45}_{5}$　竹子枝节间的箬壳。

花 huo^{52}

梅花 mᴇ$^{231}_{11}$huo^{52}

腊梅花 læʔ$^{23}_{1}$mᴇ$^{231}_{55}$huo^{52}

桃花 dɒ$^{231}_{11}$huo^{52}

杏花 ɦaŋ$^{113}_{115}$huo^{52}

李花 li$^{113}_{115}$huo^{52}

梨花 li$^{231}_{11}$huo^{52}

槐花 ɦua$^{231}_{11}$huo^{52}

牡丹花 mɤ$^{113}_{115}$tæ̃$^{52}_{55}$huo^{52}

芍药花 zoʔ$^{23}_{1}$ɦiaʔ$^{23}_{5}$huo^{52}

丁香花 tiŋ$^{52}_{33}$ɕiaŋ$^{52}_{55}$huo^{52}

荷花 ɦo$^{231}_{11}$huo^{52}

莲蓬头 liẽ$^{231}_{11}$boŋ$^{231}_{55}$dɤ$^{231}_{52}$ 莲蓬。

桂花 kuᴇ^{33}huo$^{52}_{33}$

　金桂 tɕiŋ$^{52}_{33}$kuᴇ$^{33}_{55}$ 花金黄色。

　银桂 ȵiŋ$^{231}_{11}$kuᴇ$^{33}_{55}$ 花黄白色。

　火桂 hu^{335}kuᴇ$^{33}_{52}$ 花暗红色。

菊花 tɕioʔ$^{45}_{3}$huo^{52}

木莲 moʔ$^{23}_{1}$liẽ$^{231}_{52}$ 薜荔，籽实似莲房。

月月红 ɦiøʔ$^{23}_{1}$ɦiøʔ$^{23}_{5}$ɦuoŋ$^{231}_{52}$ 月季花。

玫瑰花 mᴇ$^{231}_{11}$kuᴇ$^{33}_{55}$huo^{52}

蔷薇花 dʑiaŋ$^{231}_{11}$bi$^{231}_{55}$huo^{52}，dʑiaŋ$^{231}_{115}$bi$^{231}_{55}$huo^{52}

海棠花 hᴇ^{335}dɒŋ$^{231}_{55}$huo^{52}

金银花 tɕiŋ$^{52}_{33}$ȵiŋ$^{231}_{55}$huo^{52}

凤仙花 voŋ^{11}ɕiẽ$^{52}_{11}$huo^{52}

百合花 paʔ$^{45}_{3}$ɦeʔ$^{23}_{5}$huo^{52}

　野百合 ɦia$^{113}_{115}$paʔ$^{45}_{5}$ɦeʔ$^{23}_{54}$

石榴花 zəʔ$^{23}_{1}$liɤ$^{231}_{55}$huo^{52}

玉丫花 ȵioʔ$^{23}_{1}$o$^{52}_{55}$huo^{52} 花似荷，木本。

玉兰花 ȵioʔ$^{23}_{1}$læ̃$^{231}_{55}$huo^{52}

夹竹桃 kæʔ$^{45}_{3}$tsoʔ$^{45}_{5}$dɒ$^{231}_{52}$

水芭蕉 sɿ^{335}po$^{52}_{55}$tɕiɒ^{52} 美人蕉。

鸡冠花 tɕi$^{52}_{33}$kuõ$^{52}_{55}$huo^{52}

兰花 læ̃$^{231}_{11}$huo^{52}

万年青 væ̃^{11}ȵiẽ$^{231}_{11}$tɕʰiŋ^{52}

水仙花 sɿ^{335}ɕiẽ$^{52}_{55}$huo^{52}

茉莉花 meʔ$^{23}_{1}$li$^{11}_{55}$huo^{52}

栀子花 tsɿ$^{52}_{33}$tsɿ$^{335}_{55}$huo^{52}

茶花 dzo$^{231}_{11}$huo^{52} 山茶。

映山红 iŋ^{33}sæ̃$^{52}_{33}$ɦuoŋ$^{231}_{52}$ 杜鹃花。

夜姣姣 ɦia^{11}tɕiɒ$^{52}_{11}$tɕiɒ^{52} 夜间开花的紫茉莉。

向日葵 ɕiaŋ^{33}zeʔ$^{23}_{3}$guᴇ$^{231}_{33}$

怕痒花 p^{h}o^{33}ɦiaŋ$^{113}_{33}$huo$^{52}_{33}$　含羞草。

拉拉藤 la$^{52}_{33}$la$^{52}_{55}$dəŋ$^{231}_{52}$　一种带细刺的藤类植物，可入药。

草 ts^{h}ɒ^{335}

　青草 tɕ^{h}iŋ$^{52}_{33}$ts^{h}ɒ$^{335}_{55}$

茅草 mɒ$^{231}_{11}$ts^{h}ɒ$^{335}_{55}$　多年生的野草。

艾 ŋE^{11}

木贼草 moʔ$^{23}_{1}$ʑieʔ$^{23}_{5}$ts^{h}ɒ$^{335}_{52}$

蕺草 tɕ^{h}ieʔ$^{45}_{3}$ts^{h}ɒ$^{335}_{55}$

　鱼腥草 ŋ̍$^{231}_{11}$ɕiŋ$^{52}_{55}$ts^{h}ɒ$^{335}_{52}$

薄荷 bo^{11}ho$^{33}_{11}$

酸妹妹 sø̃$^{52}_{33}$mE$^{11}_{55}$mE$^{11}_{52}$　酢酱草。

臭婆娘 ts^{h}ɤ^{33}bo$^{231}_{33}$ȵiaŋ$^{231}_{52}$　株植有臭味，籽实带细毛，容易粘人衣裤。

官司草 kuø̃$^{52}_{33}$sɿ$^{52}_{55}$ts^{h}ɒ$^{335}_{52}$　车前。

瓦雷草 ŋo$^{113}_{115}$liɤ$^{11}_{55}$ts^{h}ɒ$^{335}_{52}$　瓦松。

酸板苋 sø̃$^{52}_{33}$pæ̃$^{335}_{55}$hæ̃$^{33}_{52}$　马齿苋。

辣蓼草 læʔ$^{23}_{1}$liɒ$^{113}_{55}$ts^{h}ɒ$^{335}_{52}$

奶子草 na$^{113}_{115}$tsɿ$^{335}_{55}$ts^{h}ɒ$^{335}_{52}$　蒲公英。

槿杞柳 tɕiŋ^{335}tɕ^{h}i$^{335}_{55}$liɤ$^{113}_{52}$　木槿。

白毛夏枯草 baʔ$^{23}_{1}$mɒ$^{231}_{55}$ɦo$^{11}_{55}$k^{h}u$^{52}_{55}$ts^{h}ɒ$^{335}_{52}$　筋骨草。

黄狗尾巴 ɦuɒŋ$^{231}_{11}$kɤ$^{335}_{11}$mi$^{113}_{11}$po$^{52}_{11}$　狗尾巴草。

草子 ts^{h}ɒ^{335}tsɿ$^{335}_{52}$　紫云英。

　草头 ts^{h}ɒ^{335}dɤ$^{231}_{52}$

芦苇 lu$^{231}_{11}$ɦuE$^{231}_{52}$

荷叶 ɦo$^{231}_{11}$ɦieʔ$^{23}_{5}$

菖蒲 ts^{h}ɒŋ$^{52}_{33}$bu$^{231}_{52}$

蕰草 uẽ$^{52}_{33}$ts^{h}ɒ$^{335}_{55}$　指各种水草。

青苔 tɕ^{h}iŋ$^{52}_{33}$dE$^{231}_{52}$　湿地上的苔类。

　绿湖苔 loʔ$^{23}_{1}$ɦu$^{231}_{55}$dE$^{231}_{52}$

薸 biɒ^{231} 浮萍。

活*芦菩* ɦueʔ$^{23}_{1}$lu$^{231}_{55}$bu$^{231}_{52}$ 水浮莲。

花瓣 huo$^{52}_{33}$bæ̃$^{11}_{55}$

蕊头 ȵy$^{113}_{115}$dɤ$^{231}_{52}$ 花苞。

花心 huo$^{52}_{33}$ɕiŋ^{52} 花蕊。

根头 kəŋ$^{52}_{33}$dɤ$^{231}_{52}$ 根儿。

　根子 kəŋ$^{52}_{33}$tsɿ$^{335}_{55}$

菩*头 bu$^{231}_{11}$dɤ$^{231}_{52}$ 植物靠近根部的部分。

蒂头 ti^{33}dɤ$^{231}_{33}$ 花或瓜果和茎枝相连的部分。

芽头 ŋo$^{231}_{11}$dɤ$^{231}_{52}$ 芽儿。

脑头 nɒ$^{113}_{115}$dɤ$^{231}_{52}$ 植物枝叶的顶尖部分：香椿～。

嫩头 nø̃^{11}dɤ$^{231}_{11}$ 脑头的细嫩部分。

老头 lɒ$^{113}_{115}$dɤ$^{231}_{52}$ 植物靠近根部不够细嫩的部分：甘蔗～甜，吃得要讨添。

秧 iaŋ^{52} 苗。

梗子 kuaŋ^{335}tsɿ$^{335}_{52}$ 枝，茎。

叶瓣 ɦieʔ$^{23}_{1}$bæ̃$^{11}_{55}$，ɦieʔ$^{23}_{1}$pʰæ̃$^{33}_{55}$ 叶子。

　叶片 ɦieʔ$^{23}_{1}$pʰiẽ$^{33}_{55}$

皮 bi^{231}

子 tsɿ^{335}

核 ɦueʔ^{23}

7. 庄稼、蔬菜、瓜果

农作 noŋ$^{231}_{11}$tsoʔ$^{45}_{5}$ 庄稼。

气*化 tɕʰi^{33}huo^{33} 农事收获物。

年成 ȵiẽ$^{231}_{11}$dzəŋ$^{231}_{52}$ 当年庄稼按生长情况估算的收获。

收成 sɤ$^{52}_{33}$dzəŋ$^{231}_{52}$ 当年庄稼实际的收获。

五谷 ŋ̍$^{113}_{115}$kuoʔ$^{45}_{54}$ 粮食作物。所指不尽相同，通常包括稻、麦、黍、粟、豆等。

杂粮 dzəʔ$^{23}_{1}$liaŋ$^{231}_{52}$ 指稻、麦以外的粮食作物，如玉米、高粱、薯类、豆类等。

稻 dɒ^{113}

水稻 sɿ^{335}dɒ$^{113}_{52}$

早稻 tsɒ^{335}dɒ$^{113}_{52}$

晚稻 mæ̃$^{113}_{115}$dɒ$^{113}_{52}$

粳稻 kaŋ$^{52}_{33}$dɒ$^{113}_{55}$

糯稻 no^{11}dɒ$^{113}_{55}$

秧苗 iaŋ$^{52}_{33}$miɒ$^{231}_{52}$

稻穗头 dɒ$^{113}_{115}$dzɿ$^{11}_{55}$dɤ$^{231}_{52}$ 稻穗。

稻蓬 dɒ$^{113}_{115}$boŋ$^{231}_{52}$ 稻垛。

谷 kuoʔ^{45} 指稻谷。

䅧谷 ieʔ$^{45}_{3}$kuoʔ$^{45}_{5}$ 瘪的稻谷。

篆*谷 dzẽ$^{113}_{115}$kuoʔ$^{45}_{54}$ 半饱满的稻谷。

稗草 bo^{11}tsʰɒ$^{335}_{55}$ 稗子。

麦 maʔ^{23} 指小麦。

大麦 do^{11}maʔ$^{23}_{5}$

荞麦 dʑia$^{231}_{11}$maʔ$^{23}_{5}$

米麦 mi$^{113}_{115}$maʔ$^{23}_{54}$ 一种小麦，不能磨粉，只能碾碎后蒸煮食用。

麦穗头 maʔ$^{23}_{1}$dzɿ$^{11}_{55}$dɤ$^{231}_{52}$ 麦穗。

二粟 ȵi^{11}soʔ$^{45}_{5}$ 指玉米株植。

二粟部* ȵi^{11}soʔ$^{45}_{1}$bu$^{113}_{11}$ 玉米棒子。

六谷 loʔ$^{23}_{1}$kuoʔ$^{45}_{5}$ 玉米粒。

打粟 taŋ^{335}soʔ$^{45}_{54}$ 高粱。

芦穄 lu$^{231}_{11}$tɕi$^{33}_{55}$

黄豆 ɦuɒŋ$^{231}_{11}$dɤ$^{11}_{55}$ 大豆。

白豆 baʔ$^{23}_{1}$dɤ$^{11}_{55}$ 快成熟的黄豆，青黄色，可做豆腐或榨油。

毛豆 mɒ$^{231}_{11}$dɤ$^{11}_{55}$ 青嫩时的黄豆，豆荚上长毛，豆粒可作菜肴。

绿豆 loʔ$^{23}_{1}$dɤ$^{11}_{55}$

赤豆 tsʰeʔ$^{45}_{3}$dɤ$^{11}_{55}$ 红小豆。

红豆 ɦuoŋ$^{231}_{11}$dɤ$^{11}_{55}$

乌豇豆 u$^{52}_{33}$kɒŋ$^{52}_{55}$dɤ$^{11}_{55}$ 长豇豆成熟后的子粒，黑色，腰子形。

豇豆 kɒŋ$^{52}_{33}$dɤ$^{11}_{55}$

罗汉豆 lo$^{231}_{11}$hẽ$^{33}_{55}$dɤ$^{11}_{52}$ 蚕豆。

蚕豆 zẽ$^{231}_{11}$dɤ$^{11}_{55}$ 豌豆。

棉花 miẽ$^{231}_{11}$huo^{52}

苎麻 dzɿ$^{113}_{115}$mo$^{231}_{52}$ 一种较好的麻，可作麻线。

络麻 loʔ$^{23}_{1}$mo$^{231}_{52}$ 一种较差的麻，可作麻袋。

麻梗 mo$^{231}_{11}$kuaŋ$^{335}_{55}$ 带皮的麻秆。

麻秆 mo$^{231}_{11}$kẽ$^{335}_{55}$ 不带皮的麻秆。

蕃薯 fæ̃$^{52}_{33}$ʑy$^{231}_{52}$ 白薯。

芋艿 ȵy^{11}na$^{113}_{55}$，nu^{11}na$^{113}_{55}$ 芋头。

慈菇 zɿ$^{231}_{11}$ku^{52}

洋芋奶 ɦiaŋ$^{231}_{11}$ȵy$^{11}_{55}$na$^{113}_{55}$ 土豆。

洋蕃薯 ɦiaŋ$^{231}_{11}$fæ̃$^{52}_{55}$ʑy$^{231}_{52}$

芝麻 tsɿ$^{52}_{33}$mo$^{231}_{52}$

花生 huo$^{52}_{33}$saŋ^{52}

落花生 loʔ$^{23}_{1}$huo$^{52}_{55}$saŋ^{52}

大奅花生 do^{11}pʰɒ$^{33}_{11}$huo$^{52}_{11}$saŋ^{52} 一种花生，粒大，质差。

小阳生 ɕiɒ^{335}ɦiaŋ$^{231}_{55}$səŋ^{52} 一种花生，粒略小，质好。

烟叶 iẽ$^{52}_{33}$ɦieʔ$^{23}_{5}$

米 mi^{113} 大米。

早米 tsɒ^{335}mi$^{113}_{52}$ 籼米。

晚米 mæ̃$^{113}_{115}$mi$^{113}_{52}$

粳米 kaŋ$^{52}_{33}$mi$^{113}_{55}$

糯米 no^{11}mi$^{113}_{55}$

小米 ɕiɒ^{335}mi$^{113}_{52}$ 谷子的籽实。

高粱 kɒ$^{52}_{33}$liaŋ$^{231}_{52}$

面粉 miẽ^{11}fẽ$^{335}_{55}$

米粉 mi$^{113}_{115}$fẽ$^{335}_{52}$

六谷粉 loʔ$^{23}_{1}$kuoʔ$^{45}_{5}$fẽ$^{335}_{52}$　玉米面。

米粞 mi$^{113}_{115}$ɕi^{52}　碎米。

麦粞 maʔ$^{23}_{1}$ɕi^{52}　碎麦。

麸皮 fu$^{52}_{33}$bi$^{231}_{52}$　麦麸子。

稳头 uẽ^{335}dɤ$^{231}_{52}$　稻穗和稻草的混合物。

稻槭 dɒ$^{113}_{115}$sæʔ$^{45}_{54}$　打过的稻子，上面还有余粒。

穰糠 ȵiæ̃$^{231}_{11}$k^{h}ɒŋ^{52}　谷须和谷壳的混合物。

砻糠 loŋ$^{231}_{11}$k^{h}ɒŋ^{52}　谷糠。

闷*糠 mẽ^{11}k^{h}ɒŋ$^{52}_{11}$　米糠。

食料 zəʔ$^{23}_{1}$liɒ$^{11}_{55}$　饲料。

菜 ts^{h}ᴇ^{33}　蔬菜的总称。

　青菜 tɕ^{h}iŋ$^{52}_{33}$ts^{h}ᴇ$^{33}_{55}$

萝蔔 lo$^{231}_{11}$boʔ$^{23}_{5}$

药性萝蔔 ɦiaʔ$^{23}_{1}$ɕiŋ$^{33}_{55}$lo$^{231}_{55}$boʔ$^{23}_{5}$

　胡萝蔔 ɦu$^{231}_{11}$lo$^{231}_{55}$boʔ$^{23}_{5}$

白菜 baʔ$^{23}_{1}$ts^{h}ᴇ$^{33}_{55}$

高脚白 kɒ$^{52}_{33}$tɕiaʔ$^{45}_{5}$baʔ$^{23}_{54}$　一种梗多的白菜。

矮黄头 a^{335}ɦuɒŋ$^{231}_{55}$dɤ$^{231}_{52}$　一种叶多的白菜。

菜蕻 ts^{h}ᴇ^{33}huoŋ^{33}　菜心。

小白菜 ɕiɒ^{335}baʔ$^{23}_{5}$ts^{h}ᴇ$^{33}_{55}$

菠菜 po$^{52}_{33}$ts^{h}ᴇ$^{33}_{55}$

鸡毛菜 tɕi$^{52}_{33}$mɒ$^{231}_{55}$ts^{h}ᴇ$^{33}_{52}$

胶菜 kɒ$^{52}_{33}$ts^{h}ᴇ$^{33}_{55}$　大白菜。

　黄芽白 ɦuɒŋ$^{231}_{11}$ŋo$^{231}_{55}$baʔ$^{23}_{54}$

　卷心菜 tɕiø̃^{335}ɕiŋ$^{52}_{55}$ts^{h}ᴇ$^{33}_{52}$

包心菜 pɒ$^{52}_{33}$ɕiŋ$^{52}_{55}$ts^{h}ᴇ$^{33}_{52}$　卷心菜。

花菜 huo$^{52}_{33}$ts^{h}ᴇ$^{33}_{55}$　菜花。

油德*儿菜 ɦiɤ$^{231}_{11}$təʔ$^{45}_{5}$l̩$^{231}_{55}$ts^{h}ᴇ$^{33}_{52}$　食用的油菜。

油菜蕻 ɦiɤ$^{231}_{11}$tsʰE$^{33}_{55}$huoŋ$^{33}_{52}$　油菜心。

油菜 ɦiɤ$^{231}_{11}$tsʰE$^{33}_{55}$　榨油用的油菜。

芹菜 dʑiŋ$^{231}_{11}$tsʰE$^{33}_{55}$

　水芹菜 sɿ^{335}dʑiŋ$^{231}_{55}$tsʰE$^{33}_{52}$

药芹菜 ɦiaʔ$^{23}_{1}$dʑiŋ$^{231}_{55}$tsʰE$^{33}_{55}$　一种带药味的芹菜。

芥菜 ka^{33}tsʰE^{33}

　雪里蕻 ɕieʔ$^{45}_{3}$li$^{113}_{55}$huoŋ$^{33}_{52}$

　雪里蕻菜 ɕieʔ$^{45}_{3}$li$^{113}_{55}$huoŋ$^{33}_{55}$tsʰE$^{33}_{52}$

苋菜 hæ̃^{33}tsʰE^{33}

苋菜梗 hæ̃^{33}tsʰE^{33}kuaŋ$^{335}_{55}$

荠菜 ʑi$^{113}_{115}$tsʰE$^{33}_{52}$

马兰头 mo$^{113}_{115}$læ̃$^{231}_{55}$dɤ$^{231}_{55}$　一种野菜。

韭菜 tɕiɤ^{335}tsʰE$^{33}_{52}$

韭芽 tɕiɤ^{335}ŋo$^{231}_{52}$

　黄芽韭菜 ɦuɒŋ$^{231}_{11}$ŋo$^{231}_{55}$tɕiɤ$^{335}_{55}$tsʰE$^{33}_{52}$

葱 tsʰoŋ^{52}　小葱。

葱头 tsʰoŋ$^{52}_{33}$dɤ$^{231}_{52}$　葱白。

大葱 da^{11}tsʰoŋ$^{52}_{11}$

大蒜头 da^{11}sø̃$^{33}_{11}$dɤ$^{231}_{52}$　蒜瓣儿。

洋葱头 ɦiaŋ$^{231}_{11}$tsʰoŋ$^{52}_{55}$dɤ$^{231}_{52}$　洋葱。

生姜 saŋ$^{52}_{33}$tɕiaŋ^{52}

辣茄 læʔ$^{23}_{1}$dʑia$^{231}_{52}$　辣椒。

大头菜 da^{11}dɤ$^{231}_{11}$tsʰE$^{33}_{55}$，do^{11}dɤ$^{231}_{11}$tsʰE$^{33}_{55}$　苤蓝。

　芥拉头 ka^{33}la$^{52}_{33}$dɤ$^{231}_{33}$

地滑澾 di^{11}ɦuæʔ$^{23}_{1}$tʰæʔ$^{45}_{5}$　似木耳，生长在地面上。

香椿脑头 ɕiaŋ$^{52}_{33}$tsʰẽ$^{52}_{55}$nɒ$^{113}_{55}$dɤ$^{231}_{52}$　香椿的嫩枝叶，可油炸食用。

黄瓜 ɦuɒŋ$^{231}_{11}$kuo^{52}

南瓜 nẽ$^{231}_{11}$kuo^{52}

　饭瓜 væ̃^{11}kuo$^{52}_{11}$

冬瓜 toŋ$^{52}_{33}$kuo^{52}

丝瓜 sɿ$^{52}_{33}$kuo^{52}

蒲子 bu$^{231}_{11}$tsɿ$^{335}_{55}$，bu$^{231}_{11}$tseʔ$^{45}_{5}$　瓠子。

活*芦 ɦueʔ$^{23}_{1}$lu$^{231}_{55}$　葫芦。

长豇豆 dzaŋ$^{231}_{11}$kɒŋ$^{52}_{55}$dɤ$^{11}_{55}$　豇豆。

扁[眼]豆 piẽ^{335}[ŋæ̃$^{113}_{55}$]dɤ$^{11}_{52}$

四季豆 sɿ^{33}tɕi^{33}dɤ$^{11}_{33}$　架豆。

茄子 dʑia$^{231}_{11}$tsɿ$^{335}_{55}$，dʑia$^{231}_{11}$tseʔ$^{45}_{5}$

番茄 fæ̃$^{52}_{33}$dʑia$^{231}_{52}$，fæ̃$^{52}_{33}$ga$^{231}_{52}$　西红柿。

莴苣笋 o$^{52}_{33}$dʑy$^{113}_{55}$ɕiŋ$^{335}_{52}$　莴笋。

茭白 kɒ$^{52}_{33}$baʔ$^{23}_{5}$

蒿菜 hɒ$^{52}_{33}$tsʰᴇ$^{33}_{55}$　茼蒿。

豆芽 dɤ^{11}ŋo$^{231}_{11}$

　黄豆芽 ɦuɒŋ$^{231}_{11}$dɤ$^{11}_{55}$ŋo$^{231}_{52}$　用黄豆发的豆芽。

　绿豆芽 loʔ$^{23}_{1}$dɤ$^{11}_{55}$ŋo$^{231}_{52}$　用绿豆发的豆芽。

水果 sɿ^{335}ku$^{335}_{52}$

桃子 dɒ$^{231}_{11}$tsɿ$^{335}_{55}$

水蜜桃 sɿ^{335}mieʔ$^{23}_{5}$dɒ$^{231}_{52}$

蟠桃 bø̃$^{231}_{11}$dɒ$^{231}_{52}$　一种扁圆形的桃子。

梨头 li$^{231}_{11}$dɤ$^{231}_{52}$　梨。

杏子 ɦaŋ$^{113}_{115}$tsɿ$^{335}_{52}$

杏仁 ɦaŋ$^{113}_{115}$ȵiŋ$^{231}_{52}$

李子 li$^{113}_{115}$tsɿ$^{335}_{52}$

梅子 mᴇ$^{231}_{11}$tsɿ$^{335}_{55}$

樱桃 aŋ$^{52}_{33}$dɒ$^{231}_{52}$

柿子 zɿ$^{113}_{115}$tsɿ$^{335}_{52}$

方柿 fɒŋ$^{52}_{33}$zɿ$^{113}_{55}$　一种柿子，略呈方形。

石榴 zəʔ$^{23}_{1}$liɤ$^{231}_{52}$

苹果 biŋ$^{231}_{11}$ku$^{335}_{52}$

花红 huo$^{52}_{33}$ɦuoŋ$^{231}_{52}$　沙果。

山里果子 sæ̃$^{52}_{33}$li$^{113}_{55}$ku$^{335}_{55}$tsɿ$^{335}_{52}$ 山楂。

橘子 tɕiøʔ$^{45}_{3}$tsɿ$^{335}_{55}$，tɕiøʔ$^{45}_{3}$tseʔ$^{45}_{5}$

黄岩蜜橘 ɦuɒŋ$^{231}_{11}$ŋæ̃$^{231}_{55}$mieʔ$^{23}_{5}$tɕiøʔ$^{45}_{54}$ 一种黄岩产的橘子，味甜。

金橘 tɕiŋ$^{52}_{33}$tɕiøʔ$^{45}_{5}$

芦柑 lu$^{231}_{11}$kẽ^{52}

　广柑 kuɒŋ^{335}kẽ^{52}

香脬 ɕiaŋ$^{52}_{33}$pʰɒ$^{52}_{55}$ 一种柚子，味略酸。

文旦 vẽ$^{231}_{11}$tæ̃^{52} 一种柚子，味甜。

枣子 tsɒ^{335}tsɿ$^{335}_{52}$

白蒲枣 baʔ$^{23}_{1}$bu$^{231}_{55}$tsɒ$^{335}_{55}$ 鲜枣。

洋官枣 ɦiaŋ$^{231}_{11}$kuø̃$^{52}_{55}$tsɒ$^{335}_{55}$ 一种个儿大质地好的鲜枣。

紫葡萄 tsɿ^{335}bu$^{231}_{55}$dɒ$^{231}_{52}$ 葡萄。

杨梅 ɦiaŋ$^{231}_{11}$mᴇ$^{231}_{52}$

香蕉 ɕiaŋ$^{52}_{33}$tɕiɒ^{52}

荔枝 li^{11}tsɿ$^{52}_{11}$

鲜桂圆 ɕiẽ$^{52}_{33}$kuᴇ$^{33}_{55}$ɦiø̃$^{231}_{52}$ 龙眼。

枇杷 bieʔ$^{23}_{1}$bo$^{231}_{52}$

青果 tɕʰiŋ$^{52}_{33}$ku$^{335}_{55}$ 鲜橄榄。

蒲荠 bu$^{231}_{11}$ʑi$^{231}_{52}$ 荸荠。

大菱 do^{11}liŋ$^{231}_{11}$ 菱角。

老菱 lɒ$^{113}_{115}$liŋ$^{231}_{52}$ 老熟的菱角。

藕 ŋɤ^{113}

西瓜 ɕi$^{52}_{33}$kuo^{52}

黄金瓜 ɦuɒŋ$^{231}_{11}$tɕiŋ$^{52}_{55}$kuo^{52} 一种色黄长形的甜瓜。

冷饭头瓜 laŋ$^{113}_{115}$væ̃$^{11}_{55}$dɤ$^{231}_{55}$kuo^{52} 一种很面的甜瓜，容易让人噎住。

梢*瓜 sɒ$^{52}_{33}$kuo^{52} 蒲瓜。

青瓜 tɕʰiŋ$^{52}_{33}$kuo^{52} 菜瓜，生吃腌制两可。

甘蔗 kẽ$^{52}_{33}$tso$^{33}_{55}$

糖梗 dɒŋ$^{231}_{11}$kuaŋ$^{335}_{55}$ 玉米或高粱的梗儿，略带甜味，可以当甘蔗的替代品。

二粟梗 ȵi^{11}soʔ$^{45}_{1}$kuaŋ$^{335}_{55}$　玉米梗儿。

打粟梗 taŋ^{335}soʔ$^{45}_{5}$kuaŋ$^{335}_{52}$　高粱梗儿。

胡桃 ɦu$^{231}_{11}$dɒ$^{231}_{52}$　核桃。

沙*胡桃 so$^{52}_{33}$ɦu$^{231}_{55}$dɒ$^{231}_{52}$　山核桃。“沙*”，山核桃原产地皖南浙西一带“山”字的音译。

小胡桃 ɕiɒ^{335}ɦu$^{231}_{55}$dɒ$^{231}_{52}$

栗子 lieʔ$^{23}_{1}$tsɿ$^{335}_{55}$

魁栗 k^{h}uᴇ$^{52}_{33}$lieʔ$^{23}_{5}$　一种大的栗子。

梓栗 tsɿ^{335}lieʔ$^{23}_{54}$　榛子。

榧子 fi^{33}tsɿ$^{335}_{55}$

松子 soŋ$^{52}_{33}$tsɿ$^{335}_{55}$

白果[路*] baʔ$^{23}_{1}$ku$^{335}_{55}$[lu$^{11}_{52}$]　白果。“路*”，“儿”的音变。

花生米 huo$^{52}_{33}$saŋ$^{52}_{55}$mi$^{113}_{52}$

花生肉 huo$^{52}_{33}$saŋ$^{52}_{55}$ȵioʔ$^{23}_{54}$

大红袍 da^{11}ɦuoŋ$^{231}_{11}$bɒ$^{231}_{52}$

衣 i^{52}　花生米淡红色的皮。

西瓜子 ɕi$^{52}_{33}$kuo$^{52}_{55}$tsɿ$^{335}_{52}$

南瓜子 nẽ$^{231}_{11}$kuo$^{52}_{55}$tsɿ$^{335}_{52}$

白瓜子 baʔ$^{23}_{1}$kuo$^{52}_{55}$tsɿ$^{335}_{52}$

向日葵子 ɕiaŋ^{33}zeʔ$^{23}_{3}$kuᴇ$^{231}_{33}$（g-）tsɿ$^{335}_{33}$

向瓜子 ɕiaŋ^{33}kuo$^{52}_{33}$tsɿ$^{335}_{55}$

葵花子 guᴇ$^{231}_{11}$huo$^{52}_{55}$tsɿ$^{335}_{52}$

蹄爪疤 di$^{231}_{11}$tsɒ$^{335}_{55}$po^{52}　水果表面的瑕疵。

歪瓜烂桃子 ua$^{52}_{33}$kuo^{52}læ̃^{11}dɒ$^{231}_{11}$tsɿ$^{335}_{55}$　指挑剩的有瑕疵的或开始腐烂的水果。

8. 食品

早饭 tsɒ^{335}væ̃$^{11}_{52}$

晏饭 æ̃^{33}væ̃$^{11}_{33}$　午饭。

夜饭 ɦia^{11}væ̃^{11}　晚饭。

半夜饭 põ^{33}ɦia$^{11}_{33}$væ̃$^{11}_{33}$ 午夜时的正餐。

夜点心 ɦia^{11}tiẽ$^{335}_{11}$ɕiŋ$^{52}_{11}$，ɦia^{11}tiẽ$^{335}_{11}$ɕiŋ$^{52}_{55}$ 夜宵。

　半夜点心 põ^{33}ɦia$^{11}_{33}$tiẽ^{335}ɕiŋ^{52}

吃食 tɕʰieʔ$^{45}_{3}$zəʔ$^{23}_{5}$ 食物。

零食 liŋ$^{231}_{11}$zəʔ$^{23}_{5}$ 零嘴儿。

　耗劳头食 hɒ^{33}lɒ$^{231}_{33}$dɤ$^{231}_{33}$zəʔ$^{23}_{3}$

点心 tiẽ^{335}ɕiŋ^{52}

年货 ȵiẽ$^{231}_{11}$hu$^{33}_{55}$

饭 væ̃^{11} 指米饭。

□□ maŋ^{33}maŋ^{33} 米饭，儿童语。

冷饭头 laŋ$^{113}_{115}$væ̃$^{11}_{55}$dɤ$^{231}_{55}$ 剩余的米饭。

　冷饭 laŋ$^{113}_{115}$væ̃$^{11}_{52}$

饭娘 væ̃^{11}ȵiaŋ$^{231}_{11}$ 指用米做饭时掺入的剩饭。

纯米饭 zẽ$^{231}_{11}$mi$^{113}_{55}$væ̃$^{11}_{52}$ 单用米煮成的米饭。

涨性 tsaŋ^{33}ɕiŋ^{33} 米的出饭率。

镬焦 ɦuoʔ$^{23}_{1}$tɕiɒ^{52} 锅巴。

僵饭 tɕiaŋ$^{52}_{33}$væ̃$^{11}_{55}$ 夹生饭。

菜熬饭 tsʰᴇ^{33}ɒ$^{52}_{33}$væ̃$^{11}_{55}$ 菜饭。

蛋炒饭 dæ̃^{11}tsʰɒ$^{335}_{11}$væ̃^{11}

豆饭 dɤ^{11}væ̃^{11}

饭子 væ̃^{11}tsɿ$^{335}_{55}$ 饭粒儿。

粥 tsoʔ^{45} （1）粥。（2）稀饭。

养命汤 ɦiaŋ$^{113}_{11}$miŋ^{11}tʰɒŋ^{52} 稀粥。

泡饭 pʰɒ^{33}væ̃$^{11}_{33}$ 加入开水的或加水煮开的剩饭。

　水泡饭 sɿ^{335}pʰɒ$^{33}_{55}$væ̃$^{11}_{52}$

饮汤 iŋ^{335}tʰɒŋ^{52} 米汤。

淡[面]包 dæ̃$^{113}_{115}$[miẽ$^{11}_{55}$]pɒ^{52} 馒头。

　实心馒头 zeʔ$^{23}_{1}$ɕiŋ$^{52}_{55}$mõ$^{231}_{55}$dɤ$^{231}_{52}$

馒头 mõ$^{231}_{11}$dɤ$^{231}_{52}$ 包子。

花卷 huo$^{52}_{33}$tɕiø̃$^{335}_{55}$

面 miẽ^{11}　面条。

麦糊烧 maʔ$^{23}_{1}$ɦu$^{11}_{55}$sɒ^{52}　一种很软的烙饼。

箸夹头 dzɿ^{11}kæʔ$^{45}_{1}$dɤ$^{231}_{11}$　面疙瘩。

糊头 ɦu^{11}dɤ$^{231}_{11}$　面糊糊。

米糊 mi$^{113}_{115}$ɦu$^{11}_{52}$　米粉做的糊糊。

面片 miẽ^{11}pʰiẽ$^{33}_{11}$　片儿汤。

大饼 da^{11}piŋ$^{335}_{55}$　（1）烙饼。（2）烧饼。

馅饼 ɦiẽ^{11}piŋ$^{335}_{11}$

饺子 tɕiɒ^{335}tsɿ$^{335}_{52}$

馄饨 ɦuẽ$^{231}_{11}$dø̃$^{231}_{52}$，ɦuẽ$^{231}_{11}$dẽ$^{231}_{52}$

肉 ȵioʔ^{23}　指猪肉。

肥[猪]肉 bi$^{231}_{11}$[tsɿ$^{52}_{11}$]ȵioʔ$^{23}_{5}$

精[猪]肉 tɕiŋ$^{52}_{33}$[tsɿ$^{52}_{33}$]ȵioʔ$^{23}_{5}$　瘦[猪]肉。“精”，本字为“腈”，《集韵》咨盈切，“肉之粹者”。

牛肉 ȵiɤ$^{231}_{11}$ȵioʔ$^{23}_{5}$

羊肉 ɦiaŋ$^{231}_{11}$ȵioʔ$^{23}_{5}$

猪舌胎 tsɿ$^{52}_{33}$zeʔ$^{23}_{5}$tʰᴇ^{52}　猪舌头。“胎”，张仲景《伤寒论》：“舌上白胎者，可与小柴胡汤。”“胎”即“苔”，土来切。

猪头肉 tsɿ$^{52}_{33}$dɤ$^{231}_{55}$ȵioʔ$^{23}_{54}$

排骨 ba$^{231}_{11}$kueʔ$^{45}_{5}$

栗子肉 lieʔ$^{23}_{1}$tsɿ$^{335}_{55}$ȵioʔ$^{23}_{54}$　腱子肉。

槽头肉 zɒ$^{231}_{11}$dɤ$^{231}_{55}$ȵioʔ$^{23}_{54}$　指猪脖颈后的肥肉。

肘子 tsɤ^{335}tsɿ$^{335}_{52}$

　蹄髈 di$^{231}_{11}$pʰɒŋ$^{335}_{55}$

蹄筋 di$^{231}_{11}$tɕiŋ^{52}　多指牛蹄筋。

血 ɕiøʔ^{45}　多指猪血或鸡血。

肚里货 du$^{113}_{115}$li$^{113}_{55}$hu$^{33}_{52}$　指家畜家禽的内脏。

心 ɕiŋ^{52}

肝花 kẽ$^{52}_{33}$huo^{52} 肝儿。

肺头 fi^{33}dɤ$^{231}_{33}$ 肺。

肚肠 du$^{113}_{115}$dzaŋ$^{231}_{52}$

大肠 do^{11}dzaŋ$^{231}_{11}$

小肠 ɕiɒ^{335}dzaŋ$^{231}_{52}$

肚子 tu^{335}tsʅ$^{335}_{52}$ 多指猪肚。

腰子 iɒ$^{52}_{33}$tsʅ$^{335}_{55}$

　腰花 iɒ$^{52}_{33}$huo^{52}

五花肉 ŋ̍$^{113}_{115}$huo$^{52}_{55}$ȵioʔ$^{23}_{54}$

膯脯肉 təŋ$^{52}_{33}$bu$^{231}_{55}$ȵioʔ$^{23}_{54}$ 指鸡脯子肉。

胗 tsẽ^{52} 禽类加工后的胃。

　胗肝 tsẽ$^{52}_{33}$kẽ^{52}

香肠 ɕiaŋ$^{52}_{33}$dzaŋ$^{231}_{52}$

腊肠 læʔ$^{23}_{1}$dzaŋ$^{231}_{52}$

咸肉 ɦæ̃$^{231}_{11}$ȵioʔ$^{23}_{5}$

腊肉 læʔ$^{23}_{1}$ȵioʔ$^{23}_{5}$

腊鸭 læʔ$^{23}_{1}$æʔ$^{45}_{5}$

风鸡 foŋ$^{52}_{33}$tɕi^{52} 冬至前后，鸡宰杀后挖去内脏，抹上作料，在通风处放置月余，即可食用。

熏鹅 ɕiø̃$^{52}_{33}$ŋo$^{231}_{52}$ 用烟和香料熏制的鹅。

皮蛋 bi$^{231}_{11}$dæ̃$^{11}_{55}$ 松花蛋。

盐鸭子 ɦiẽ^{11}æʔ$^{45}_{1}$tsʅ$^{335}_{55}$ 咸鸭蛋。

膏 kɒ^{52} 蟹黄。

黑紫膏 həʔ$^{45}_{3}$tsʅ$^{335}_{55}$kɒ^{52} 蟹膏。

鱼干 ŋ̍$^{231}_{11}$kẽ^{52}

鲞 ɕiaŋ^{335} 小的鱼干，一般用盐腌制。

　咸鲞 ɦæ̃$^{231}_{11}$ɕiaŋ$^{335}_{55}$

鳓鲞 leʔ$^{23}_{1}$ɕiaŋ$^{335}_{55}$ 鳓鱼干。

鳗鲞 mø̃$^{231}_{11}$ɕiaŋ$^{335}_{55}$ 鳗鱼干。

乌贼鲞 u$^{52}_{33}$zəʔ$^{23}_{5}$ɕiaŋ$^{335}_{52}$　乌贼鱼干。

白鲞 baʔ$^{23}_{1}$ɕiaŋ$^{335}_{55}$　黄鱼干。

瓜鲞 kuo$^{52}_{33}$ɕiaŋ$^{335}_{55}$　半干的黄鱼干。

水鲞 sɿ^{335}ɕiaŋ$^{335}_{52}$　较差的瓜鲞。

明脯 miŋ$^{231}_{11}$fu$^{335}_{55}$　宁波（古称明州）地区出产的鱿鱼干。

⿰卤昌蟹 tɕʰiaŋ$^{52}_{33}$ha$^{335}_{55}$　用盐卤泡制的海螃蟹。

淡菜 dæ̃$^{113}_{115}$tsʰE$^{33}_{52}$　贻贝干。

珧柱 ɦiɒ$^{231}_{11}$dʑy$^{113}_{55}$　江珧闭壳肌的干制品。

开洋 kʰE$^{52}_{33}$ɦiaŋ$^{231}_{52}$　虾米。

淮*皮 ɦua$^{231}_{11}$bi$^{231}_{52}$　虾皮。

虾子 ho$^{52}_{33}$tsɿ$^{335}_{55}$　虾卵。

金针菜 tɕiŋ$^{52}_{33}$tsẽ$^{52}_{55}$tsʰE$^{33}_{52}$，tɕiŋ$^{52}_{33}$tɕiŋ$^{52}_{55}$tsʰE$^{33}_{52}$　黄花菜。

木耳 moʔ$^{23}_{1}$l̩$^{113}_{55}$

　黑木耳 həʔ$^{45}_{3}$moʔ$^{23}_{5}$l̩$^{113}_{52}$

蘑菇 mo$^{231}_{11}$ku^{52}

香菇 ɕiaŋ$^{52}_{33}$ku^{52}

海带 hE^{335}ta$^{33}_{52}$

紫菜 tsɿ^{335}tsʰE$^{33}_{52}$

海蜇皮 hE^{335}tseʔ$^{45}_{5}$bi$^{231}_{52}$　海蜇的伞部。

海蜇头 hE^{335}tseʔ$^{45}_{5}$dɤ$^{231}_{52}$　海蜇的口腕。

咸菜 ɦæ̃$^{231}_{11}$tsʰE$^{33}_{55}$

　咸齑菜 ɦæ̃$^{231}_{11}$tɕi$^{52}_{55}$tsʰE$^{33}_{52}$

　备瓮菜 bE^{11}uoŋ$^{33}_{11}$tsʰE$^{33}_{11}$

乌干菜 u$^{52}_{33}$kẽ$^{52}_{55}$tsʰE$^{33}_{55}$　蒸熟的干菜。

萝蔔干 lo$^{231}_{11}$boʔ$^{23}_{5}$kẽ^{52}

酱萝蔔 tɕiaŋ^{33}lo$^{231}_{33}$boʔ$^{23}_{5}$

时萝蔔 zɿ$^{231}_{11}$lo$^{231}_{55}$boʔ$^{23}_{5}$　现时腌制的萝卜干。

榨菜 tso^{33}tsʰE^{33}

酱瓜 tɕiaŋ^{33}kuo$^{52}_{33}$

双脆瓜 sɒŋ$^{52}_{33}$ts^{h}ᴇ$^{33}_{55}$kuo^{52} 一种较好的酱瓜。

笋干 ɕiŋ^{335}kẽ^{52}

豆腐 dɤ^{11}ɦu^{11}

嫩豆腐 nø̃^{11}dɤ^{11}ɦu^{11}

老豆腐 lɒ$^{113}_{115}$dɤ$^{11}_{55}$ɦu$^{11}_{52}$

豆腐渣 dɤ^{11}ɦu^{11}tso$^{52}_{11}$

豆腐干 dɤ^{11}ɦu^{11}kẽ$^{52}_{11}$

豆油皮 dɤ^{11}ɦiɤ$^{231}_{11}$bi^{231}

豆腐皮 dɤ^{11}ɦu^{11}bi^{231}

面筋 miẽ^{11}tɕiŋ$^{52}_{11}$

油面筋 ɦiɤ$^{231}_{11}$miẽ$^{11}_{55}$tɕiŋ^{52}

油豆腐 ɦiɤ$^{231}_{11}$dɤ$^{11}_{55}$ɦu$^{11}_{52}$

臭豆腐 ts^{h}ɤ^{33}dɤ$^{11}_{33}$ɦu$^{11}_{33}$ 一种用苋菜梗卤泡制的小块豆腐。

霉豆腐 mᴇ$^{231}_{11}$dɤ$^{11}_{55}$ɦu$^{11}_{52}$ 腐乳。

棋子霉豆腐 dʑi$^{231}_{11}$tsɿ$^{335}_{55}$mᴇ$^{231}_{55}$dɤ$^{11}_{55}$ɦu$^{11}_{52}$ 小块的腐乳。

青方 tɕ^{h}iŋ$^{52}_{33}$fɒŋ^{52} 臭腐乳。

素鸡 su^{33}tɕi$^{52}_{33}$ 一种豆制品，圆柱形。

千张 tɕ^{h}iẽ$^{52}_{33}$tsaŋ^{52} 薄的豆腐干片。

霉千张 mᴇ$^{231}_{11}$tɕ^{h}iẽ$^{52}_{55}$tsaŋ^{52} 经过发酵的千张。

霉苋菜梗 mᴇ$^{231}_{11}$hæ̃$^{33}_{55}$ts^{h}ᴇ$^{33}_{55}$kuaŋ$^{335}_{52}$ 发霉后再加工的苋菜梗。

豆豉 dɤ^{11}zɿ^{11}

挂面 kuo^{33}miẽ$^{11}_{33}$

线粉 ɕiẽ^{33}fẽ$^{335}_{55}$ 粉丝。

榨面 tso^{33}miẽ$^{11}_{33}$ 米粉。

下饭 ɦo^{11}væ̃^{11} 菜肴。

荤下饭 huẽ$^{52}_{33}$ɦo$^{11}_{55}$væ̃$^{11}_{52}$ 荤菜。

素下饭 su^{33}ɦo$^{11}_{33}$væ̃$^{11}_{33}$ 素菜。

膗头 huæʔ$^{45}_{3}$dɤ$^{231}_{52}$ 菜肴面上上佳的部分：葛*只下饭高头有些～，下底都是萝蔔。

过酒配 ku^{33}tɕiɤ$^{335}_{33}$p^{h}ᴇ^{33}　下酒菜。

　配头 p^{h}ᴇ^{33}dɤ$^{231}_{33}$

　过口 ku^{33}k^{h}ɤ$^{335}_{55}$

拼盘 p^{h}iŋ$^{52}_{33}$bø̃$^{231}_{52}$

藕脯 ŋɤ$^{113}_{115}$fu$^{335}_{52}$　以藕、枣、甘蔗、荸荠煮成的点心菜。

茶叶蛋 dzo$^{231}_{11}$ɦieʔ$^{23}_{5}$dæ̃$^{11}_{52}$

醉蟹 tsᴇ^{33}ha$^{335}_{55}$　用酒腌的小螃蟹。

醉虾 tsᴇ^{33}ho$^{52}_{33}$　用酒腌的虾。

豛螺蛳 toʔ$^{45}_{3}$lo$^{231}_{55}$sɿ^{52}　敲去尾部的螺蛳，便于吸食。

扣鸡 k^{h}ɤ^{33}tɕi$^{52}_{33}$　鸡肉和白鲞切块后蒸煮成的菜肴。

糟鸡 tsɒ$^{52}_{33}$tɕi^{52}　鸡肉经酒糟腌后做成的菜肴。

熏鱼 ɕiõ$^{52}_{33}$ŋ̍$^{231}_{52}$　鱼肉切片浸泡酱油后油炸成的菜肴。

鲞冻肉 ɕiaŋ^{335}toŋ$^{33}_{55}$ȵioʔ$^{23}_{54}$　烹调黄鱼鲞和猪肉，冷冻后食用。

扎肉 tsæʔ$^{45}_{3}$ȵioʔ$^{23}_{5}$　猪肉切块，以箬丝或细绳捆住后炖熟，冷冻后食用。

时件 zɿ$^{231}_{11}$dʑiẽ$^{113}_{55}$　用家禽内脏做成的菜肴。

小炒 ɕiɒ^{335}ts^{h}ɒ$^{335}_{52}$　烹炒猪肉、笋、韭黄等做成的菜肴。

中炒 tsoŋ$^{52}_{33}$ts^{h}ɒ$^{335}_{55}$　烹炒猪肉、笋、韭黄、豆腐干、芋艿等做成的菜肴。

懒惰饼子 læ̃$^{113}_{115}$do$^{113}_{55}$piŋ$^{335}_{55}$tseʔ$^{45}_{54}$　指猪肉剁成肉饼子后蒸成的菜肴。

抑豆腐 liɤ$^{113}_{115}$dɤ$^{11}_{55}$ɦu$^{11}_{52}$　加盐奶搅拌的生豆腐。

打鸭子 taŋ^{335}æʔ$^{45}_{5}$tsɿ$^{335}_{52}$　鸭蛋加盐加水打匀后蒸成的菜肴。

荷包蛋 ɦu$^{231}_{11}$pɒ$^{52}_{55}$dæ̃$^{231}_{52}$

白斩鸡 baʔ$^{23}_{1}$tsæ̃$^{335}_{55}$tɕi^{52}

炖豆腐 tõ^{33}dɤ$^{11}_{33}$ɦu$^{11}_{33}$　豆腐块和香菇、木耳、笋干等久炖做成的菜肴。

葱焖鱼 ts^{h}oŋ$^{52}_{33}$mẽ$^{11}_{55}$ŋ̍$^{231}_{52}$　鲫鱼和小葱文火久焖做成的菜肴。

霉干菜焐肉 mᴇ$^{231}_{11}$kẽ$^{52}_{55}$ts^{h}ᴇ$^{33}_{52}$u$^{33}_{55}$ȵioʔ^{23}　干菜和猪肉久蒸做成的菜肴。

火腿炖老鸭 hu^{335}t^{h}ᴇ$^{335}_{52}$tõ$^{33}_{55}$lɒ$^{113}_{115}$æʔ$^{45}_{54}$　老鸭加火腿等作料久炖做成的菜肴。

併拢熬菜 piŋ^{335}loŋ$^{113}_{55}$ɒ$^{52}_{55}$ts^{h}ᴇ$^{33}_{52}$　杂烩菜。

阿拢 æʔ$^{45}_{3}$loŋ$^{231}_{52}$

羹 kaŋ^{52} 用肉、菜等加山粉做成的稠汤。

汤 t^{h}ɒŋ^{52}

汁汤 tseʔ$^{45}_{3}$t^{h}ɒŋ^{52} 肉菜的卤儿。

卤水 lu$^{113}_{115}$sʅ$^{335}_{52}$ 菜卤儿。

便饭 biẽ^{11}væ̃^{11}

家常便饭 ko$^{52}_{33}$dzɒŋ$^{231}_{55}$biẽ$^{11}_{55}$væ̃$^{11}_{52}$

粗茶淡饭 ts^{h}u$^{52}_{33}$dzo$^{231}_{55}$dæ̃$^{113}_{55}$væ̃$^{11}_{52}$

素斋 su^{33}tsa$^{52}_{33}$ 素食。

敲饭榔心* k^{h}ɒ$^{52}_{33}$væ̃$^{11}_{55}$lɒŋ$^{231}_{55}$ɕiŋ^{52} 可用来开胃的菜肴。

碗脚 uø̃^{335}tɕiaʔ$^{45}_{54}$ 碗中的剩菜剩饭。

糠拌饭 k^{h}ɒŋ$^{52}_{33}$bø̃$^{113}_{55}$væ̃$^{11}_{52}$ 糠和泔水拌饭，用以喂鸡。

天落水 t^{h}iẽ$^{52}_{33}$loʔ$^{23}_{5}$sʅ$^{335}_{52}$ 水缸中接承的雨水。

濎过水 tiŋ^{33}ku^{33}sʅ$^{335}_{33}$ 水缸中经过沉淀的雨水。

茶 dzo^{231} （1）白开水：去冲壶～来。（2）茶水：茶叶推*为末，～也有限煞。

冷茶 laŋ$^{113}_{115}$dzo$^{231}_{52}$ （1）冷开水。（2）冷的茶水。

茶叶茶 dzo$^{231}_{11}$ɦieʔ$^{23}_{5}$dzo$^{231}_{52}$ 茶水：客人是要吃～咯。

候口茶 ɦɤ^{11}k^{h}ɤ$^{335}_{11}$dzo$^{231}_{11}$ 冷热合适的茶水。

老酒 lɒ$^{113}_{115}$tɕiɤ$^{335}_{52}$ 黄酒。

土绍 t^{h}u^{335}zɒ$^{11}_{52}$ 晚米酒。

酒合酒 tɕiɤ^{335}keʔ$^{45}_{5}$tɕiɤ$^{335}_{52}$ 以酒为原料做成的酒，极有后劲。

新酒 ɕiŋ$^{52}_{33}$tɕiɤ$^{335}_{55}$ 家酿的当年米酒。

烧酒 sɒ$^{52}_{33}$tɕiɤ$^{335}_{55}$ 白酒。

糟烧 tsɒ$^{52}_{33}$sɒ^{52}

啤酒 bi$^{231}_{11}$tɕiɤ$^{335}_{55}$

葡萄酒 bu$^{231}_{11}$dɒ$^{231}_{55}$tɕiɤ$^{335}_{52}$

汽水 tɕ^{h}i^{33}sʅ$^{335}_{55}$

酸梅汤 sø̃$^{52}_{33}$mᴇ$^{231}_{55}$t^{h}ɒŋ^{52}

冰淇淋 piŋ$^{52}_{33}$dʑi$^{231}_{55}$liŋ$^{231}_{52}$

棒冰 bɒŋ$^{113}_{115}$piŋ^{52}　冰棍儿。

木莲豆腐 moʔ$^{23}_{1}$liẽ$^{231}_{55}$dɤ$^{11}_{55}$ɦu$^{11}_{55}$　用薜荔的籽实制成的凉粉。

[香]烟 [ɕiaŋ$^{52}_{33}$]iẽ^{52}

旱烟 ɦẽ$^{113}_{115}$iẽ^{52}

潮烟 dzɒ$^{231}_{11}$iẽ^{52}　一种半湿的烟丝。

甜食 diẽ$^{231}_{11}$zəʔ$^{23}_{5}$

糖 dɒŋ^{231}　糖果。

酥糖 su$^{52}_{33}$dɒŋ$^{231}_{52}$

豆酥糖 dɤ^{11}su$^{52}_{11}$dɒŋ$^{231}_{52}$　豆末儿做的酥糖。

麻酥糖 mo$^{231}_{11}$su$^{52}_{55}$dɒŋ$^{231}_{52}$　芝麻末儿做的酥糖。

小核糖 ɕiɒ^{335}ɦeʔ$^{23}_{5}$dɒŋ$^{231}_{52}$　麦芽糖。

葱管糖 tsʰoŋ$^{52}_{33}$kuø̃$^{335}_{55}$dɒŋ$^{231}_{52}$　一种做成棒状的麦芽糖。

寸金糖 tsʰẽ^{33}tɕiŋ$^{52}_{33}$dɒŋ$^{231}_{52}$　细小的寸把长的葱管糖。

牛皮糖 ȵiɤ$^{231}_{11}$bi$^{231}_{55}$dɒŋ$^{231}_{52}$　一种有韧性的软糖。

粽子糖 tsoŋ^{33}tsɿ$^{335}_{33}$dɒŋ$^{231}_{33}$　一种粽子形的糖。

泡泡糖 pʰɒ^{33}pʰɒ^{33}dɒŋ$^{231}_{33}$

鸡胗豆 tɕi$^{52}_{33}$tsẽ$^{52}_{55}$dɤ$^{11}_{52}$　煮熟晒干的毛豆。

煨番薯 uᴇ$^{52}_{33}$fæ̃$^{52}_{55}$ʑy$^{231}_{52}$　烤白薯。

红枣 ɦuoŋ$^{231}_{11}$tsɒ$^{335}_{55}$　干熟的枣儿。

黑枣 həʔ$^{45}_{3}$tsɒ$^{335}_{55}$　加过工的红枣，色黑。

橄榄 kæ̃^{335}læ̃$^{113}_{52}$　腌制的橄榄。

敲扁橄榄 kʰɒ$^{52}_{33}$piẽ$^{335}_{55}$kæ̃$^{335}_{55}$læ̃$^{113}_{52}$

桂圆 kuᴇ^{33}ɦiø̃$^{231}_{33}$　龙眼干。

桂圆肉 kuᴇ^{33}ɦiø̃$^{231}_{33}$ȵioʔ$^{23}_{5}$　龙眼干的果肉。

　圆眼皮 ɦiø̃$^{231}_{11}$ŋæ̃$^{113}_{55}$bi$^{231}_{52}$

胡桃肉 ɦu$^{231}_{11}$dɒ$^{231}_{55}$ȵioʔ$^{23}_{54}$　核桃仁。

小胡桃肉 ɕiɒ^{335}ɦu$^{231}_{55}$dɒ$^{231}_{55}$ȵioʔ$^{23}_{54}$　山核桃仁。

柿饼 zɿ$^{113}_{115}$piŋ$^{335}_{52}$　指加过工的柿子。

柿霜 zɿ$^{113}_{115}$sɒŋ^{52} 柿饼内渗到表面的白霜状糖粉。

藕粉 ŋɤ$^{113}_{115}$fẽ$^{335}_{52}$

莲子 liẽ$^{231}_{11}$tsɿ$^{335}_{55}$

膨脯 pʰɒŋ$^{52}_{33}$bu$^{231}_{52}$ 爆米花。

六谷膨 loʔ$^{23}_{1}$kuoʔ$^{45}_{5}$pʰɒŋ^{52} 炒玉米粒儿。

糕干 kɒ$^{52}_{33}$kẽ^{52}

鸡骨头糕干 tɕi$^{52}_{33}$kueʔ$^{45}_{5}$dɤ$^{231}_{55}$kɒ$^{52}_{55}$kẽ^{52} 一种很硬的糕干。

饼干 piŋ^{335}kẽ^{52}

鸡蛋糕 tɕi$^{52}_{33}$dæ̃$^{11}_{55}$kɒ^{52}

月饼 ɦiøʔ$^{23}_{1}$piŋ$^{335}_{55}$

粽子 tsoŋ^{33}tsɿ$^{335}_{55}$

汤团 tʰɒŋ$^{52}_{33}$dõ$^{231}_{52}$ 汤圆。

礌大 lᴇ^{11}do^{11} 元宵。

吞*吞* tʰø̃$^{52}_{33}$tʰø̃^{52} 无馅小糯米丸子。

粢[米]饭 tsʰɿ^{33}[mi$^{113}_{33}$]væ̃$^{11}_{33}$ 糯米饭。

　糯米饭 no^{11}mi$^{113}_{11}$væ̃^{11}

年糕 ȵiẽ$^{231}_{11}$kɒ^{52}

糯米年糕 no^{11}mi$^{113}_{11}$ȵiẽ$^{231}_{11}$kɒ^{52}

桂花年糕 kuᴇ^{33}huo$^{52}_{33}$ȵiẽ$^{231}_{33}$kɒ^{52} 加桂花丝的糯米年糕。

猪油年糕 tsɿ$^{52}_{33}$ɦiɤ$^{231}_{55}$ȵiẽ$^{231}_{55}$kɒ^{52} 掺有猪油的糯米年糕。

油条 ɦiɤ$^{231}_{11}$diɒ$^{231}_{52}$

油馓子 ɦiɤ$^{231}_{11}$sæ̃$^{335}_{55}$tsɿ$^{335}_{52}$ 油饼。

麻花 mo$^{231}_{11}$huo^{52}

春卷 tsʰẽ$^{52}_{33}$tɕiõ$^{335}_{55}$

麻糍 mo$^{231}_{11}$zɿ$^{231}_{52}$ 外面粘有芝麻的糯米团子。

条头糕 diɒ$^{231}_{11}$dɤ$^{231}_{55}$kɒ^{52} 一种米粉做成的条状点心。

印糕 iŋ^{33}kɒ$^{52}_{33}$ 一种压模做成的点心。

梅糕 mᴇ$^{231}_{11}$kɒ^{52} 一种绿豆粉加糖煮后冻结切成块的点心。

艾饺 ŋᴇ^{11}tɕiɒ$^{335}_{11}$ 用艾汁和面做成的蒸饺。

巧果 tɕʰiɒ^{335}ku$^{335}_{52}$ 油炸的面点心。一般家庭在“七夕”当天自己

　制作。

甜酒酿 diẽ$^{231}_{11}$tɕiɤ$^{335}_{55}$ȵiaŋ$^{11}_{52}$　酒酿。

豆腐浆 dɤ^{11}ɦu^{11}tɕiaŋ$^{33}_{11}$

馅子 ɦæ̃$^{113}_{115}$tsɿ$^{335}_{52}$　馅儿。

退*沙 tʰE^{33}so$^{52}_{33}$　豆沙馅儿。

料作 liɒ^{11}tsoʔ$^{45}_{5}$　佐料。

　调料 diɒ$^{231}_{11}$liɒ$^{11}_{55}$

麻油 mo$^{231}_{11}$ɦiɤ$^{231}_{52}$　香油。

小车麻油 ɕiɒ^{335}tsʰo$^{52}_{55}$mo$^{231}_{55}$ɦiɤ$^{231}_{52}$　熟芝麻榨的香油。

麻酱 mo$^{231}_{11}$tɕiaŋ$^{33}_{55}$

生油 səŋ$^{52}_{33}$ɦiɤ$^{231}_{52}$

　花生油 huo$^{52}_{33}$saŋ$^{52}_{55}$ɦiɤ$^{231}_{52}$

豆油 dɤ^{11}ɦiɤ$^{231}_{11}$

香油 ɕiaŋ$^{52}_{33}$ɦiɤ$^{231}_{52}$　菜籽油。

　菜油 tsʰE^{33}ɦiɤ$^{231}_{33}$

茶油 dzo$^{231}_{11}$ɦiɤ$^{231}_{52}$

猪油 tsɿ$^{52}_{33}$ɦiɤ$^{231}_{52}$

盐 ɦiẽ^{231}

盐花 ɦiẽ$^{231}_{11}$huo^{52}　盐，用量少时说。

盐奶 ɦiẽ$^{231}_{11}$na$^{113}_{55}$　熬盐时盐汁溢出凝成的盐块。

豆板酱 dɤ^{11}pæ̃$^{335}_{11}$tɕiaŋ$^{33}_{11}$

甜面酱 diẽ$^{231}_{11}$miẽ$^{11}_{55}$tɕiaŋ$^{33}_{55}$

辣酱 læʔ$^{23}_{1}$tɕiaŋ$^{33}_{55}$

酱油 tɕiaŋ^{33}ɦiɤ$^{231}_{33}$

　母子油 mu$^{113}_{115}$tsɿ$^{335}_{55}$ɦiɤ$^{231}_{52}$

太油 tʰa^{33}ɦiɤ$^{231}_{33}$　一种品质较好的酱油。

醋 tsʰu^{33}

　米醋 mi$^{113}_{115}$tsʰu$^{33}_{52}$

红糖 ɦuoŋ$^{231}_{11}$dɒŋ$^{231}_{52}$

　饧糖 dʑiŋ$^{231}_{11}$dɒŋ$^{231}_{52}$

白糖 baʔ$^{23}_{1}$dɒŋ$^{231}_{52}$

白砂糖 baʔ$^{23}_{1}$so$^{52}_{55}$dɒŋ$^{231}_{52}$

赤砂糖 ts^{h}eʔ$^{45}_{3}$so$^{52}_{55}$dɒŋ$^{231}_{52}$ 红砂糖。

冰糖 piŋ$^{52}_{33}$dɒŋ$^{231}_{52}$

蜜糖 mieʔ$^{23}_{1}$dɒŋ$^{231}_{52}$ 蜂蜜。

味精 vi^{11}tɕiŋ$^{52}_{11}$

　味之素 vi^{11}tsɿ$^{52}_{11}$su$^{33}_{11}$ 旧词。

茴香 ɦuᴇ$^{231}_{11}$ɕiaŋ^{52}

桂皮 kuᴇ^{33}bi$^{231}_{33}$

花椒 huo$^{52}_{33}$tɕiɒ^{52}

胡椒 ɦu$^{231}_{11}$tɕiɒ^{52}

胡椒粉 ɦu$^{231}_{11}$tɕiɒ$^{52}_{55}$fẽ$^{335}_{52}$

辣椒粉 læʔ$^{23}_{1}$tɕiɒ$^{52}_{55}$fẽ$^{335}_{52}$

葱花 ts^{h}oŋ$^{52}_{33}$huo^{52}

生姜丁 saŋ$^{52}_{33}$tɕiaŋ$^{52}_{55}$tiŋ^{52} 姜末。

稠粉 dzɤ$^{231}_{11}$fẽ$^{335}_{55}$ 勾芡用的淀粉。

　山粉 sæ̃$^{52}_{33}$fẽ$^{335}_{55}$

泔水 kẽ$^{52}_{33}$sɿ$^{335}_{55}$

　淘米泔水 dɒ$^{231}_{11}$mi$^{113}_{55}$kẽ$^{52}_{55}$sɿ$^{335}_{52}$

泔水缸脚 kẽ$^{52}_{33}$sɿ$^{335}_{55}$kɒŋ$^{52}_{55}$tɕiaʔ$^{45}_{54}$ 泔脚。

9. 服饰

布[头] pu^{33}[dɤ$^{231}_{33}$]

杜布 du$^{113}_{115}$pu$^{33}_{52}$ 手工织的布。

棉布 miẽ$^{231}_{11}$pu$^{33}_{55}$

棉花絮 miẽ$^{231}_{11}$huo$^{52}_{55}$ɕi$^{33}_{52}$ 棉絮。

人造棉 zẽ$^{231}_{11}$zɒ$^{113}_{55}$miẽ$^{231}_{52}$

花布 huo$^{52}_{33}$pu$^{33}_{55}$

棉绸 miẽ$^{231}_{11}$dzɤ$^{231}_{52}$

斜纹 ʑia$^{231}_{11}$vẽ$^{231}_{52}$

卡其 kʰa^{335}dʑi$^{231}_{52}$

哔叽 pieʔ$^{45}_{3}$tɕi^{52}

府绸 fu^{335}dzɤ$^{231}_{52}$

的确良 tieʔ$^{45}_{3}$kʰoʔ$^{45}_{5}$liaŋ$^{231}_{52}$

纺绸 fɒŋ^{335}dzɤ$^{231}_{52}$

双绉 sɒŋ$^{52}_{33}$tsɤ$^{33}_{55}$

富春纺 fu^{33}tsʰẽ$^{52}_{33}$fɒŋ$^{335}_{33}$ 一种绸子，常用来做衣服里子。

缎子 dõ^{11}tsɿ$^{335}_{11}$

夏布 ɦo^{11}pu$^{33}_{11}$

麻纱 mo$^{231}_{11}$so^{52}

香云纱 ɕiaŋ$^{52}_{33}$ɦiõ$^{231}_{55}$so^{52}

　拷皮 kʰɒ$^{52}_{33}$bi$^{231}_{52}$

线呢 ɕiẽ^{33}ȵi$^{231}_{33}$

绒布 ȵioŋ$^{231}_{11}$pu$^{33}_{55}$

灯芯绒 təŋ$^{52}_{33}$ɕiŋ$^{52}_{55}$ȵioŋ$^{231}_{52}$

骆驼绒 loʔ$^{23}_{1}$do$^{231}_{55}$ȵioŋ$^{231}_{52}$

呢 ȵi^{231}

　毛货 mɒ$^{231}_{11}$hu$^{33}_{55}$

毛线 mɒ$^{231}_{11}$ɕiẽ$^{33}_{55}$

丝绵 sɿ$^{52}_{33}$miẽ$^{231}_{52}$

皮货 bi$^{231}_{11}$hu$^{33}_{55}$

狐皮 ɦu$^{231}_{11}$bi$^{231}_{52}$

貂皮 tiɒ$^{52}_{33}$bi$^{231}_{52}$

水獭皮 sɿ^{335}tʰæʔ$^{45}_{5}$bi$^{231}_{52}$

灰鼠 huᴇ$^{52}_{33}$tɕʰy$^{335}_{55}$ 一种东北产的松鼠皮毛，较珍贵。

黄鼠狼皮 ɦuɒŋ$^{231}_{11}$tsʰɿ$^{335}_{55}$lɒŋ$^{231}_{55}$bi$^{231}_{52}$

羊皮 ɦiaŋ$^{231}_{11}$bi$^{231}_{52}$

狗皮 kɤ^{335}bi$^{231}_{52}$

零头布 liŋ$^{231}_{11}$dɤ$^{231}_{55}$pu$^{33}_{52}$ 布头儿。

衣裳 i$^{52}_{33}$zɒŋ$^{231}_{52}$ 衣服，也只指上衣。

制服 tsɿ^{33}voʔ$^{23}_{5}$

便衣 biẽ^{11}i$^{52}_{11}$ 便服。

西装 ɕi$^{52}_{33}$tsɒŋ^{52} 西服。

单衣裳 tæ̃$^{52}_{33}$i$^{52}_{55}$zɒŋ$^{231}_{52}$ 单的上衣。

单布衫 tæ̃$^{52}_{33}$pu$^{33}_{55}$sæ̃^{52} 单的中式上衣。

　布衫 pu^{33}sæ̃$^{52}_{33}$

大衫 do^{11}sæ̃$^{52}_{11}$

　长衫 dzaŋ$^{231}_{11}$sæ̃^{52}

旗袍 dʑi$^{231}_{11}$bɒ$^{231}_{52}$

罩衫 tsɒ^{33}sæ̃$^{52}_{33}$ 罩衣。

罩裤 tsɒ^{33}k^{h}u^{33}

短打 tø̃^{335}taŋ$^{335}_{52}$

外衫 ŋa^{11}sæ̃$^{52}_{11}$ 外穿的上衣。

衬衫 ts^{h}ẽ^{33}sæ̃$^{52}_{33}$

小[布]衫 ɕiɒ^{335}[pu$^{33}_{55}$]sæ̃^{52} 中式内衣。

小布衫裤 ɕiɒ^{335}pu$^{33}_{55}$sæ̃$^{52}_{55}$k^{h}u$^{33}_{52}$ 整套的中式内衣裤。

汗衫 ɦẽ^{11}sæ̃$^{52}_{11}$

汗背心 ɦẽ^{11}pᴇ$^{33}_{11}$ɕiŋ$^{52}_{11}$

　背心 pᴇ^{33}ɕiŋ$^{52}_{33}$

夹衣裳 kæʔ$^{45}_{3}$i$^{52}_{55}$zɒŋ$^{231}_{52}$ 夹的上衣。

　夹衣 kæʔ$^{45}_{3}$i^{52}

夹袄 kæʔ$^{45}_{3}$ɒ$^{335}_{55}$

夹裤 kæʔ$^{45}_{3}$k^{h}u$^{33}_{55}$

夹袍子 kæʔ$^{45}_{3}$bɒ$^{231}_{55}$tsɿ$^{335}_{55}$

棉毛衫 miẽ$^{231}_{11}$mɒ$^{231}_{55}$sæ̃^{52}

　卫生衫 ɦuᴇ$^{113}_{115}$səŋ$^{52}_{55}$sæ̃^{52}

　球衫 dʑiɤ$^{231}_{11}$sæ̃^{52}

棉毛裤 miẽ$^{231}_{11}$mɒ$^{231}_{55}$k^{h}u$^{33}_{52}$

卫生裤 ɦuᴇ$^{113}_{115}$səŋ$^{52}_{55}$k^{h}u$^{33}_{52}$

球裤 dʑiɤ$^{231}_{11}$k^{h}u$^{33}_{55}$

毛线衫 mɒ$^{231}_{11}$ɕiẽ$^{33}_{55}$sæ̃^{52}

毛线裤 mɒ$^{231}_{11}$ɕiẽ$^{33}_{55}$k^{h}u$^{33}_{52}$

绑身 pɒŋ^{335}sẽ^{52}

背心 pᴇ^{33}ɕiŋ$^{52}_{33}$

背褡 pᴇ^{33}tæʔ$^{45}_{5}$

马甲 mo$^{113}_{115}$kæʔ$^{45}_{54}$

棉袄 miẽ$^{231}_{11}$ɒ$^{335}_{55}$

棉裤 miẽ$^{231}_{11}$k^{h}u$^{33}_{55}$

棉袍子 miẽ$^{231}_{11}$bɒ$^{231}_{55}$tsɿ$^{335}_{55}$

大衣 da^{11}i$^{52}_{11}$

裤 k^{h}u^{33}

西装裤 ɕi$^{52}_{33}$tsɒŋ$^{52}_{55}$k^{h}u$^{33}_{52}$ 西服裤。

西装短裤 ɕi$^{52}_{33}$tsɒŋ$^{52}_{55}$tø̃$^{335}_{55}$k^{h}u$^{33}_{52}$ 西服短裤。

短脚裤 tø̃^{335}tɕiaʔ$^{45}_{5}$k^{h}u$^{33}_{55}$ （1）短裤。（2）裤衩儿。

牛头水裤 ȵiɤ$^{231}_{11}$dɤ$^{231}_{55}$sɿ$^{335}_{55}$k^{h}u$^{33}_{52}$

团团裤 dø̃$^{231}_{11}$dø̃$^{231}_{55}$k^{h}u$^{33}_{52}$ 中式长裤。

拢裤 loŋ$^{113}_{115}$k^{h}u$^{33}_{52}$ 一种渔民穿的腰间多裥裤腿肥大的裤子。

开裆裤 k^{h}ᴇ$^{52}_{33}$tɒŋ$^{33}_{55}$k^{h}u$^{33}_{52}$

莔裆裤 mø̃$^{231}_{11}$tɒŋ$^{33}_{55}$k^{h}u$^{33}_{52}$ 小孩穿的不会露出屁股的裤子。

连脚裤 liẽ$^{231}_{11}$tɕiaʔ$^{45}_{5}$k^{h}u$^{33}_{52}$ 婴儿穿的连着鞋的裤子。

田鸡皮 diẽ$^{231}_{11}$tɕi$^{52}_{55}$bi$^{231}_{52}$ 婴儿穿的连衣裤。

裙 dʑiø̃^{231}

连衫裙 liẽ$^{231}_{11}$sæ̃$^{52}_{55}$dʑiø̃$^{231}_{52}$ 连衣裙。

抱裙 bɒ$^{113}_{115}$dʑiø̃$^{231}_{52}$ 婴儿用的包被。

马褂 mo$^{113}_{115}$kuo$^{33}_{52}$ 旧时男性穿在长衫外的对襟短罩衣，多为黑色。

披风 p^{h}i$^{52}_{33}$foŋ^{52}

一口钟 ieʔ$^{45}_{3}$k^{h}ɤ$^{335}_{55}$tsoŋ^{52} 小孩穿的披风。

蜡烛包 læʔ$^{23}_{1}$tsoʔ$^{45}_{5}$pɒ^{52} 把婴儿像蜡烛那样包裹起来。婴儿头部露出在外，但两手要束缚住。

领头 liŋ$^{113}_{115}$dɤ$^{231}_{52}$ 领子。

祏肩 tʰoʔ$^{45}_{3}$tɕiẽ^{52} 领和肩之间的距离。

骬肩 kʰo^{33}tɕiẽ$^{52}_{33}$ 两腋之间的距离。

身骬 sẽ$^{52}_{33}$kʰo$^{33}_{55}$ 指胸围和腰围。

袖口 ʑiɤ^{11}kʰɤ$^{335}_{55}$ （1）袖子。（2）袖口儿。

袖口头 ʑiɤ^{11}kʰɤ$^{335}_{55}$dɤ$^{231}_{55}$ 袖口儿。

大襟 do^{11}tɕiŋ$^{52}_{11}$

小襟 ɕiɒ^{335}tɕiŋ^{52}

对[面]襟 tᴇ^{33}[miẽ$^{11}_{33}$]tɕiŋ$^{52}_{33}$

领口 liŋ$^{113}_{115}$kʰɤ$^{335}_{52}$

下裾头 ɦo$^{113}_{115}$kᴇ$^{52}_{55}$dɤ$^{231}_{52}$ 下摆。

衩裾 tsʰo^{33}kᴇ$^{52}_{55}$ 开衩儿。

禔缏 di$^{231}_{11}$biẽ$^{231}_{52}$ 衩裾的边缘。

贴边 tʰieʔ$^{45}_{3}$piẽ^{52}

裤腰 kʰu^{33}iɒ$^{52}_{33}$

裤裆 kʰu^{33}tɒŋ^{33}

裤脚管 kʰu^{33}tɕiaʔ$^{45}_{3}$kuø̃$^{335}_{55}$ 裤腿。

裤脚 kʰu^{33}tɕiaʔ$^{45}_{5}$ 裤脚儿。

裤脚头 kʰu^{33}tɕiaʔ$^{45}_{3}$dɤ$^{231}_{33}$

袋袋 dᴇ^{11}dᴇ$^{11}_{55}$ 衣服兜儿。

抄袋 tsʰɒ$^{52}_{33}$dᴇ$^{11}_{55}$ 可插手的衣服兜儿。

外爿 ŋa^{11}bæ̃$^{231}_{11}$ 面儿。

里爿 li$^{113}_{115}$bæ̃$^{231}_{52}$ 里子。

衬布 tsʰẽ^{33}pu^{33}

垫肩 diẽ^{11}tɕiẽ$^{52}_{55}$

纽子 ȵiɤ$^{113}_{115}$tsɿ$^{335}_{52}$ 衣纽儿。

纽襻 ȵiɤ$^{113}_{115}$pʰæ̃$^{33}_{52}$

扣 kʰɤ^{33} 扣儿。

纽扣 ȵiɤ$^{113}_{115}$kʰɤ$^{33}_{52}$

扣眼 kʰɤ^{33}ŋæ̃$^{113}_{55}$

捺扣 næʔ$^{23}_{1}$kʰɤ$^{33}_{55}$　子母扣儿。

风纪扣 foŋ$^{52}_{33}$tɕi$^{33}_{55}$kʰɤ$^{33}_{52}$　制服或中山装的领扣儿。

帽 mɒ^{11}

[帽]鸭舌头 [mɒ^{11}]æʔ$^{45}_{3}$zeʔ$^{23}_{5}$dɤ$^{231}_{52}$　帽檐儿。

制帽 tsɿ^{33}mɒ$^{11}_{55}$

铜盆帽 doŋ$^{231}_{11}$bẽ$^{231}_{55}$mɒ$^{11}_{52}$　旧时的一种礼帽。

草帽 tsʰɒ^{335}mɒ$^{11}_{52}$

毡帽 tsẽ$^{52}_{33}$mɒ$^{11}_{55}$

油豆腐帽 ɦiɤ$^{231}_{11}$dɤ$^{11}_{55}$ɦu$^{11}_{55}$mɒ$^{11}_{52}$　一种把帽檐拉下来可以罩住整个头部的绒帽。

秋*帽 tɕʰiɤ$^{52}_{33}$mɒ$^{11}_{55}$　瓜皮帽。

箬帽 ȵiaʔ$^{23}_{1}$mɒ$^{11}_{55}$　斗笠。

头巾 dɤ$^{231}_{11}$tɕiŋ^{52}

围身 ɦy$^{231}_{11}$sẽ^{52}　围裙。

围巾 ɦy$^{231}_{11}$tɕiŋ^{52}

项围 ɦɒŋ$^{113}_{115}$ɦuᴇ$^{231}_{52}$

拦馋 læ̃$^{231}_{11}$zæ̃$^{231}_{52}$　围嘴儿。

拦馋袋 læ̃$^{231}_{11}$zæ̃$^{231}_{55}$dᴇ$^{11}_{52}$

肚兜 du$^{113}_{115}$tɤ^{52}　兜肚。

尿布头 ɕi$^{52}_{33}$pu$^{33}_{55}$dɤ$^{231}_{52}$　尿布。

衲 neʔ^{23}　垫子。

手套 sɤ^{335}tʰɒ$^{33}_{52}$

耳朵套 ȵi$^{113}_{115}$to$^{335}_{55}$tʰɒ$^{33}_{52}$

袖套 ʑiɤ^{11}tʰɒ$^{33}_{11}$

绑腿 pɒŋ^{335}tʰᴇ$^{335}_{52}$

腰带 iɒ$^{52}_{33}$ta$^{33}_{55}$

裤带 kʰu^{33}ta^{33}

背带 pᴇ^{33}ta^{33}

洋袜 ɦiaŋ$^{231}_{11}$mæʔ$^{23}_{5}$ 袜子。

　袜 mæʔ^{23}

袜套 mæʔ$^{23}_{1}$tʰɒ$^{33}_{55}$ 短袜。

宽紧带 kʰuø̃$^{52}_{33}$tɕiŋ$^{335}_{55}$ta$^{33}_{52}$ 松紧带。

吊脚襻 tiɒ^{33}tɕiaʔ$^{45}_{3}$pʰæ̃^{33} 吊袜带。

洋巾 ɦiaŋ$^{231}_{11}$tɕiŋ^{52} 手绢儿。

　绸爿 dzɤ$^{231}_{11}$bæ̃$^{231}_{52}$

　洋绢 ɦiaŋ$^{231}_{11}$tɕiø̃$^{33}_{55}$

盖头袱 kᴇ^{33}dɤ$^{231}_{33}$voʔ$^{23}_{3}$ 新娘用的盖头布。

包裹单 pɒ$^{52}_{33}$ku$^{335}_{55}$tæ̃^{52} 包袱皮儿。

鞋 ɦa^{231}

布鞋 pu^{33}ɦa$^{231}_{33}$

草鞋 tsʰɒ^{335}ɦa$^{231}_{52}$

皮鞋 bi$^{231}_{11}$ɦa$^{231}_{52}$

棉花鞋 miẽ$^{231}_{11}$huo$^{52}_{55}$ɦa$^{231}_{52}$ 棉鞋。

塑料鞋 soʔ$^{45}_{3}$liɒ$^{11}_{55}$ɦa$^{231}_{52}$

蒲鞋 bu$^{231}_{11}$ɦa$^{231}_{52}$ 旧时用蒲草编成的鞋，有帮，多为农民穿用。

雨鞋 ɦy$^{113}_{115}$ɦa$^{231}_{52}$ 下雨天穿的鞋，包括套鞋、球鞋。

套鞋 tʰɒ^{33}ɦa$^{231}_{33}$ 橡胶雨鞋。

球鞋 dʑiɤ$^{231}_{11}$ɦa$^{231}_{52}$

拖鞋 tʰo$^{52}_{33}$ɦa$^{231}_{52}$

木屐 moʔ$^{23}_{1}$dʑieʔ$^{23}_{5}$

　木拖鞋 moʔ$^{23}_{1}$tʰo$^{52}_{55}$ɦa$^{231}_{52}$

风凉鞋 foŋ$^{52}_{33}$liaŋ$^{231}_{55}$ɦa$^{231}_{52}$ 凉鞋。

长统靴 dzaŋ$^{231}_{11}$tʰoŋ$^{335}_{55}$ɕy^{52}

短统靴 tø̃^{335}tʰoŋ$^{335}_{55}$ɕy^{52}

半高统 pø̃^{33}kɒ$^{52}_{33}$tʰoŋ$^{335}_{55}$

破鞋爿 pʰa^{33}ɦa$^{231}_{33}$bæ̃$^{231}_{52}$ 破烂的鞋。

鞋底 ɦa$^{231}_{11}$ti$^{335}_{55}$
鞋带 ɦa$^{231}_{11}$ta$^{33}_{55}$
鞋面 ɦa$^{231}_{11}$miẽ$^{113}_{55}$
鞋底线 ɦa$^{231}_{11}$ti$^{335}_{55}$ɕiẽ$^{33}_{52}$ 纳鞋底用的棉线或麻线。
布襞 pu^{33}paʔ$^{45}_{5}$ 做鞋时用作鞋面衬垫的布片。
沿条 ɦiẽ$^{231}_{11}$diɒ$^{231}_{52}$ 延鞋面用的布条。
鞋楦头 ɦa$^{231}_{11}$ɕiø̃$^{33}_{55}$dɤ$^{231}_{52}$
鞋刷 ɦa$^{231}_{11}$seʔ$^{45}_{5}$

首饰 sɤ^{335}seʔ$^{45}_{54}$
愚*铅* ȵy$^{231}_{11}$kʰæ̃^{52} 耳环。
戒指 ka^{33}tsʅ$^{335}_{33}$
镯子 dzoʔ$^{23}_{1}$tsʅ$^{335}_{55}$
手镯 sɤ^{335}dzoʔ$^{23}_{54}$
脚镯 tɕiaʔ$^{45}_{3}$dzoʔ$^{23}_{5}$
项圈 ɦɒŋ$^{113}_{115}$tɕʰiø̃^{52}
项锁 ɦɒŋ$^{113}_{115}$so$^{335}_{52}$ 一般项锁其实有圈无锁，与项圈无异。
项链 ɦɒŋ$^{113}_{115}$liẽ$^{11}_{52}$
别针 bieʔ$^{23}_{1}$tsẽ^{52}
簪 tsẽ^{52}
红骨签 ɦuoŋ$^{231}_{11}$kueʔ$^{45}_{5}$tɕʰiẽ^{52} 一种红色的针状骨簪，梳理头发时用。
蝴蝶结 ɦu$^{231}_{11}$dieʔ$^{23}_{1}$tɕieʔ$^{45}_{1}$
发夹 fæʔ$^{45}_{3}$gæʔ$^{23}_{5}$
坠头 dzʅ^{11}dɤ$^{231}_{11}$ 垂挂的饰物。
须头 su$^{52}_{33}$dɤ$^{231}_{52}$ 流苏。

西装发 ɕi$^{52}_{33}$tsɒŋ$^{52}_{55}$fæʔ$^{45}_{54}$ 分头。
光[郎]头 kuɒŋ$^{52}_{33}$[lɒŋ$^{231}_{55}$]dɤ$^{231}_{52}$
平顶[头] biŋ$^{231}_{11}$tiŋ$^{335}_{55}$[dɤ$^{231}_{52}$] 平头。
辫子 biẽ$^{113}_{115}$tsʅ$^{335}_{52}$

羊角辫子 ɦiaŋ$^{231}_{11}$koʔ$^{45}_{5}$biẽ$^{113}_{55}$tsɿ$^{335}_{52}$ 小女孩头两侧的短辫子。

鬑丝 kẽ^{33}sɿ$^{52}_{55}$ 刘海儿。

　前鬑丝 ʑiẽ$^{231}_{11}$kẽ$^{33}_{55}$sɿ^{52}

牛屎头 ȵiɤ$^{231}_{11}$u$^{33}_{55}$dɤ$^{231}_{52}$ 旧时一般妇女的打扮，头发在脑后盘成髻。“屎”，训读字，本字为“涴”，《广韵》乌卧切。

朝前髻 dzɒ$^{231}_{11}$ʑiẽ$^{231}_{55}$tɕi$^{33}_{52}$ 旧时儿媳妇服丧时的装束，头发盘在前面。

虼螂头 geʔ$^{23}_{1}$lɒŋ$^{231}_{55}$dɤ$^{231}_{52}$ 旧时发髻梳在两侧的一种发型。

麻花头 mo$^{231}_{11}$huo$^{52}_{55}$dɤ$^{231}_{52}$ 旧时发辫缠绕在头顶的一种发型。

10. 房屋、建筑

埭坞 da^{11}u$^{52}_{55}$，da^{11}ɦu$^{52}_{55}$ 地方。

　坞宕 u$^{52}_{33}$dɒŋ$^{11}_{55}$

人家 ȵiŋ$^{231}_{11}$ko^{52} 住户。

　人家屋里 ȵiŋ$^{231}_{11}$ko$^{52}_{55}$u$^{33}_{55}$li$^{113}_{52}$

窠坐 kʰo$^{52}_{33}$zo$^{113}_{55}$ 住处。

住家 dʑy^{11}ko$^{52}_{11}$ （1）住处。（2）住户。

老屋 lɒ$^{113}_{113}$uoʔ$^{45}_{54}$ （1）老房子。（2）旧居。

屋里头 u$^{33}_{55}$li$^{113}_{55}$dɤ$^{231}_{52}$ 家里。

　屋里 u^{33}li$^{113}_{33}$

道地 dɒ$^{113}_{113}$di$^{11}_{52}$ 门前的院子。

明堂 miŋ$^{231}_{11}$dɒŋ$^{231}_{52}$，mẽ$^{231}_{11}$dɒŋ$^{231}_{52}$ 房屋中的院子。

天井 tʰiẽ$^{52}_{33}$tɕiŋ$^{335}_{55}$ 屋内的小院子，采光用。

踏步[档] dæʔ$^{23}_{1}$bu$^{11}_{55}$[tɒŋ$^{33}_{52}$] 台阶。

　礓蹋*步 tɕiaŋ$^{52}_{33}$tʰæʔ$^{45}_{5}$bu$^{11}_{52}$

　礓蹋*档 tɕiaŋ$^{52}_{33}$tʰæʔ$^{45}_{5}$tɒŋ$^{33}_{52}$

　踏道档 dæʔ$^{23}_{1}$dɒ$^{113}_{55}$tɒŋ$^{33}_{52}$

阶沿 ka$^{52}_{33}$ɦiẽ$^{11}_{55}$ 门前的台阶。

影壁 iŋ^{335}pieʔ$^{45}_{54}$

照墙 tsɒ^{33}dʑiaŋ$^{231}_{33}$ 大门外街对面的影壁。

台门 dᴇ$^{231}_{11}$mẽ$^{231}_{52}$　墙门，大门。

二门 ȵi^{11}mẽ$^{231}_{11}$　台门内的门。

前门 ʑiẽ$^{231}_{11}$mẽ$^{231}_{52}$

后门 ɦɤ$^{113}_{115}$mẽ$^{231}_{52}$

花园 huo$^{52}_{33}$ɦiø̃$^{231}_{52}$

枪笆 tɕ^{h}iaŋ$^{52}_{33}$po^{52}　篱笆。

　夹篱 kæʔ$^{45}_{3}$li$^{231}_{52}$

围墙 ɦuᴇ$^{231}_{11}$dʑiaŋ$^{231}_{52}$

毛墙 mɒ$^{231}_{11}$dʑiaŋ$^{231}_{52}$　用石块砌成的围墙。

石萧墙 zaʔ$^{23}_{1}$ɕiɒ$^{52}_{55}$dʑiaŋ$^{231}_{52}$　用石柱和石板构成的围墙。萧墙，原指内墙，《论语·季氏》："吾恐季氏之忧不在颛臾，而在萧墙之内也。"

巷牌 ɦɒŋ^{11}ba$^{231}_{11}$　牌坊：只要铜钱多，～抬过河。

房子 vɒŋ$^{231}_{11}$tsɿ$^{335}_{55}$

　屋 uoʔ^{45}

间架 kæ̃$^{52}_{33}$ko$^{33}_{55}$　房屋建筑的宽度或面积。

进[深] tɕiŋ^{33}[sẽ$^{52}_{55}$]　房屋建筑的深度。

房间 vɒŋ$^{231}_{11}$kæ̃^{52}

房门 vɒŋ$^{231}_{11}$mẽ$^{231}_{52}$

正房 tsəŋ^{33}vɒŋ$^{231}_{33}$

厢房 ɕiaŋ$^{52}_{33}$vɒŋ$^{231}_{52}$

客厅 k^{h}aʔ$^{45}_{3}$t^{h}iŋ^{52}

　客堂 k^{h}aʔ$^{45}_{3}$dɒŋ$^{231}_{52}$

　客堂间 k^{h}aʔ$^{45}_{3}$dɒŋ$^{231}_{55}$kæ̃^{52}

　堂前 dɒŋ$^{231}_{11}$ʑiẽ$^{231}_{52}$

　坐起 zo$^{113}_{115}$tɕ^{h}i$^{335}_{52}$

房里头 vɒŋ$^{231}_{11}$li$^{113}_{55}$dɤ$^{231}_{52}$　卧室。

里间 li$^{113}_{115}$kæ̃^{52}

外间 ŋa^{11}kæ̃$^{52}_{11}$

过楼 ku^{33}lɤ$^{231}_{33}$ 骑楼。

阁楼 koʔ$^{45}_{3}$lɤ$^{231}_{52}$

楼顶 lɤ$^{231}_{11}$təŋ$^{335}_{55}$（-iŋ） 楼上。

楼下 lɤ$^{231}_{11}$ɦo$^{113}_{55}$

灶头[间] tsɒ^{33}dɤ$^{231}_{55}$[kæ̃^{52}] 厨房。

吃饭间 tɕ^{h}ieʔ$^{45}_{3}$væ̃$^{11}_{55}$kæ̃^{52}

厕所间 ts^{h}ɿ^{33}so$^{335}_{55}$kæ̃^{52}

卫生间 ɦuᴇ$^{113}_{115}$səŋ$^{52}_{55}$kæ̃^{52} 厕所和洗澡间。

茅坑 mɒ$^{231}_{11}$k^{h}aŋ^{52} 厕所，一般在室外。

露天[地下] lu^{11}t^{h}iẽ$^{52}_{11}$[di^{11}ɦo$^{113}_{55}$] 房屋外。

屋顶 uoʔ$^{45}_{3}$tiŋ$^{335}_{55}$

屋脊 uoʔ$^{45}_{3}$tɕieʔ$^{45}_{5}$

屋檐 uoʔ$^{45}_{3}$ɦiẽ$^{231}_{52}$

廊下 lɒŋ$^{231}_{11}$ɦo$^{113}_{55}$ 客厅的外廊。

　　廊檐下 lɒŋ$^{231}_{11}$ɦiẽ$^{231}_{55}$ɦo$^{113}_{52}$

梁 liaŋ^{231}

　　屋梁 uoʔ$^{45}_{3}$liaŋ$^{231}_{52}$

廊柱 lɒŋ$^{231}_{11}$dʑy$^{113}_{55}$ 柱子。

　　柱脚 dʑy$^{113}_{115}$tɕiaʔ$^{45}_{54}$

墩磉 tø̃$^{52}_{33}$sɒŋ^{52} 柱下石。

椽子 dzẽ$^{231}_{11}$tsɿ$^{335}_{55}$

檩条 liŋ$^{113}_{115}$diɒ$^{231}_{52}$

墙头 dʑiaŋ$^{231}_{11}$dɤ$^{231}_{52}$ 房外的墙。

山墙 sæ̃$^{52}_{33}$dʑiaŋ$^{231}_{52}$ 房侧的墙，中间高两侧低，形似“山”字。

隔墙 kæʔ$^{45}_{3}$dʑiaŋ$^{231}_{52}$ 房间之间的墙。

墙脚 dʑiaŋ$^{231}_{11}$tɕiaʔ$^{45}_{5}$ 墙根儿。

砖甋 tsẽ$^{52}_{33}$ɦuɒŋ$^{231}_{52}$ 瓦下椽上的薄砖，用来承接灰土。

天花板 t^{h}iẽ$^{52}_{33}$huo$^{52}_{55}$pæ̃$^{335}_{52}$

地搁板 di^{11}koʔ$^{45}_{1}$pæ̃$^{335}_{55}$ 地板。

地搁 di^{11}koʔ$^{45}_{5}$

楼搁栅 lɤ$^{231}_{11}$koʔ$^{45}_{5}$sæʔ$^{45}_{54}$　支撑楼板的木条。

地坪 di^{11}biŋ$^{231}_{11}$　大方砖。

门 mẽ^{231}

门枋 mẽ$^{231}_{11}$fɒŋ^{52}　门框。

门槛 mẽ$^{231}_{11}$k^{h}æ$^{33}_{55}$

门栓 mẽ$^{231}_{11}$sẽ^{52}

门杠 mẽ$^{231}_{11}$kɒŋ$^{33}_{55}$

天打煞 t^{h}iẽ$^{52}_{55}$taŋ$^{335}_{55}$sæʔ$^{45}_{54}$　顶在大门横栓上的“丁”字形木柱。

门销 mẽ$^{231}_{11}$ɕiɒ^{52}　门上的插销。

排门 ba$^{231}_{11}$mẽ$^{231}_{52}$　旧时商店由多扇排板拼成的门。

窗门 ts^{h}ɒŋ$^{52}_{33}$mẽ$^{231}_{52}$　窗户。

风窗 foŋ$^{52}_{33}$ts^{h}ɒŋ^{52}　纸糊的窗户。

槽窗 zɒ$^{231}_{11}$ts^{h}ɒŋ^{52}　有槽沟的可横向移动的窗户。

老虎窗 lɒ$^{113}_{115}$hu$^{335}_{55}$ts^{h}ɒŋ^{52}　屋顶斜面上直立的窗户。

天窗 t^{h}iẽ$^{52}_{33}$ts^{h}ɒŋ^{52}

窗棂 ts^{h}ɒŋ$^{52}_{33}$liŋ$^{231}_{52}$　窗格子。

窗台 ts^{h}ɒŋ$^{52}_{33}$dE$^{231}_{52}$

阳台 ɦiaŋ$^{231}_{11}$dE$^{231}_{52}$

晒台 sa^{33}dE$^{231}_{33}$

平台 biŋ$^{231}_{11}$dE$^{231}_{52}$

扶梯 vu$^{231}_{11}$t^{h}E^{52}，bu$^{231}_{11}$t^{h}E^{52}　楼梯。

胡*梯 ɦu$^{231}_{11}$t^{h}E^{52}，lu$^{231}_{11}$t^{h}E^{52}

扶梯档 bu$^{231}_{11}$t^{h}E$^{52}_{55}$tɒŋ$^{33}_{52}$　楼梯的台阶。

扶栏 vu$^{231}_{11}$læ̃$^{231}_{52}$　扶手。

栅埒子 sæʔ$^{45}_{3}$læʔ$^{23}_{5}$tsʅ$^{335}_{52}$　栏杆。

烟囱 iẽ$^{52}_{33}$ts^{h}oŋ^{52}

井 tɕiŋ^{335}

井栏 tɕiŋ^{335}læ̃$^{231}_{52}$　井口的石栏。

井台 tɕiŋ^{335}dE$^{231}_{52}$

地窖子 di^{11}iŋ$^{33}_{11}$tsɿ$^{335}_{11}$

水雷 sɿ^{335}liɤ$^{11}_{52}$ 横在檐下接水的水漏管。

阴沟 iŋ$^{52}_{33}$kɤ^{52}，iŋ$^{52}_{33}$kɤ$^{52}_{55}$

阳沟 iaŋ$^{231}_{33}$（ɦ-）kɤ$^{52}_{55}$ 明沟。

窨缸 iŋ^{33}kɒŋ$^{52}_{33}$ 深埋在地下的大缸，用以承接下水道。

猪圈间 tsɿ$^{52}_{33}$dʑiẽ$^{113}_{55}$kæ̃^{52}

牛圈间 ȵiɤ$^{231}_{11}$dʑiẽ$^{113}_{55}$kæ̃^{52}

狗窠 kɤ^{335}k^{h}o^{52}

鸡窠 tɕi$^{52}_{33}$k^{h}o^{52}

鸡笼 tɕi$^{52}_{33}$loŋ$^{231}_{52}$

　鸡篰 tɕi$^{52}_{33}$bu$^{231}_{52}$

第七章　绍兴方言分类词汇（中）

名　　词（下）

11. 家具、用品

家生 ko$^{52}_{33}$saŋ^{52}　（1）家具。（2）生产用具。

木器 moʔ$^{23}_{1}$tɕ^{h}i$^{33}_{55}$　木制家具。

硬木家生 ŋaŋ^{11}moʔ$^{23}_{1}$ko$^{52}_{11}$saŋ^{52}　硬木家具。

　硬头家生 ŋaŋ^{11}dɤ$^{231}_{11}$ko$^{52}_{11}$saŋ^{52}

清水货 tɕ^{h}iŋ$^{52}_{33}$sɿ$^{335}_{55}$hu$^{33}_{52}$　指不上漆的木制家具。

桌子 tsoʔ$^{45}_{3}$tsɿ$^{335}_{55}$

方桌 fɒŋ$^{52}_{33}$tsoʔ$^{45}_{5}$

小方桌 ɕiɒ^{335}fɒŋ$^{52}_{55}$tsoʔ$^{45}_{54}$

　四仙桌 sɿ^{33}ɕiẽ$^{52}_{33}$tsoʔ$^{45}_{5}$

八仙桌 pæʔ$^{45}_{3}$ɕiẽ$^{52}_{55}$tsoʔ$^{45}_{54}$　大方桌。

圆桌 ɦiø̃$^{231}_{11}$tsoʔ$^{45}_{5}$

条桌 diɒ$^{231}_{11}$tsoʔ$^{45}_{5}$　条案。

　长条桌 dzaŋ$^{231}_{11}$diɒ$^{231}_{55}$tsoʔ$^{45}_{54}$

书桌 ɕy$^{52}_{33}$tsoʔ$^{45}_{5}$

写字台 ɕia^{335}zɿ$^{11}_{55}$dᴇ$^{231}_{52}$

打字台 taŋ^{335}zɿ$^{11}_{55}$dᴇ$^{231}_{52}$　三屉桌。

梳头桌 ɕy$^{52}_{33}$dɤ$^{231}_{55}$tsoʔ$^{45}_{54}$　梳妆台。

吃饭桌 tɕ^{h}ieʔ$^{45}_{3}$væ̃$^{11}_{55}$tsoʔ$^{45}_{54}$　饭桌。

圆桌面 ɦiø̃$^{231}_{11}$tsoʔ$^{45}_{5}$miẽ$^{11}_{52}$ 用来加大饭桌台面的圆形木板。

桌裙 tsoʔ$^{45}_{3}$dʑiø̃$^{231}_{52}$ 桌围。

桌布 tsoʔ$^{45}_{3}$pu$^{33}_{55}$

　桌毯 tsoʔ$^{45}_{3}$tʰæ̃$^{335}_{55}$

茶几 dzo$^{231}_{11}$tɕi^{52}

抽斗 tsʰɤ$^{52}_{33}$tɤ$^{335}_{55}$ 抽屉。

椅子 y^{335}tsɿ$^{335}_{52}$，y^{335}tseʔ$^{45}_{54}$

太师椅 tʰa^{33}sɿ$^{52}_{33}$y$^{335}_{33}$

靠背椅 kʰɒ^{33}pᴇ^{33}y$^{335}_{33}$

　隑背椅 gᴇ^{11}pᴇ$^{33}_{11}$y$^{335}_{11}$

马踏椅 mo$^{113}_{115}$dæʔ$^{23}_{5}$y$^{335}_{52}$ 躺椅。

　马踏椅子 mo$^{113}_{115}$dæʔ$^{23}_{5}$y$^{335}_{55}$tsɿ$^{335}_{52}$

藤椅 dəŋ$^{231}_{11}$y$^{335}_{55}$

竹椅子 tsoʔ$^{45}_{3}$y$^{335}_{55}$tsɿ$^{335}_{52}$，tsoʔ$^{45}_{3}$y$^{335}_{55}$tseʔ$^{45}_{54}$

凳 təŋ^{33}

春凳 tsʰẽ$^{52}_{33}$təŋ$^{33}_{55}$ 方形的凳子。

　方凳 fɒŋ$^{52}_{33}$təŋ$^{33}_{55}$

　偏凳 pʰiẽ$^{52}_{33}$təŋ$^{33}_{55}$

矮方 a^{335}fɒŋ^{52} 较矮的春凳。

兀头凳 ŋeʔ$^{23}_{1}$dɤ$^{231}_{55}$təŋ$^{33}_{55}$ 小方凳。

骨牌凳 kueʔ$^{45}_{3}$ba$^{231}_{55}$təŋ$^{33}_{55}$ 长方形的凳子。

条凳 diɒ$^{231}_{11}$təŋ$^{33}_{55}$ 板凳。

　长凳 dzaŋ$^{231}_{11}$təŋ$^{33}_{55}$

小凳 ɕiɒ^{335}təŋ$^{33}_{52}$ 小板凳。

　矮凳 a^{335}təŋ$^{33}_{52}$

方便凳 fɒŋ$^{52}_{33}$biẽ$^{11}_{55}$təŋ$^{33}_{52}$ 马扎。

沙发 so$^{52}_{33}$fæʔ$^{45}_{5}$ 英语sofa的音译。

椅垫 y^{335}diẽ$^{11}_{52}$

橱 dʑy^{231}

衣橱 i$^{52}_{33}$dʑy$^{231}_{52}$

　大橱 do^{11}dʑy$^{231}_{11}$

三门大橱 sæ̃$^{52}_{33}$mẽ$^{231}_{55}$do$^{11}_{55}$dʑy$^{231}_{52}$

五斗橱 ŋ̍$^{113}_{115}$tɤ$^{335}_{55}$dʑy$^{231}_{52}$

书橱 ɕy$^{52}_{33}$dʑy$^{231}_{52}$

书架 ɕy$^{52}_{33}$ko$^{33}_{55}$

被橱 bi$^{113}_{115}$dʑy$^{231}_{52}$　放被褥的大柜。

箱橱 ɕiaŋ$^{52}_{33}$dʑy$^{231}_{52}$　上面放箱子的矮柜。

　顶箱橱 tiŋ^{335}ɕiaŋ$^{52}_{55}$dʑy$^{231}_{52}$

床头橱 zɒŋ$^{231}_{11}$dɤ$^{231}_{55}$dʑy$^{231}_{52}$

　床头柜 zɒŋ$^{231}_{11}$dɤ$^{231}_{55}$guᴇ$^{11}_{52}$

床脚柜 zɒŋ$^{231}_{11}$tɕiaʔ$^{45}_{5}$guᴇ$^{11}_{52}$

吊柜 tiɒ^{33}guᴇ$^{11}_{33}$　顶柜。

眠床 mẽ$^{231}_{11}$（-iẽ）zɒŋ$^{231}_{52}$　床。

全踏步 dʑiẽ$^{231}_{11}$dæʔ$^{23}_{5}$bu$^{11}_{52}$　旧指把灯具、洗脸架、马桶箱、橱柜做在一起的大木床。

半踏步 pø̃^{33}dæʔ$^{23}_{3}$bu$^{11}_{33}$　旧指只把灯具、马桶箱做在一起的大木床。

床头 zɒŋ$^{231}_{11}$dɤ$^{231}_{52}$

床沿 zɒŋ$^{231}_{11}$ɦiẽ$^{11}_{55}$　床边。

踏脚[板] dæʔ$^{23}_{1}$tɕiaʔ$^{45}_{5}$[pæ̃$^{335}_{52}$]　床前踩脚的木板，高约半尺，宽约三尺，长与床齐。

铺床 p^{h}u^{33}zɒŋ$^{231}_{33}$　木板床。

　铺板 p^{h}u^{33}pæ̃$^{335}_{55}$

折床 tseʔ$^{45}_{3}$zɒŋ$^{231}_{52}$　折叠床。

钢丝床 kɒŋ$^{52}_{33}$sɿ$^{52}_{55}$zɒŋ$^{231}_{52}$

帆布床 væ̃$^{231}_{11}$pu$^{33}_{55}$zɒŋ$^{231}_{52}$　行军床。

竹踏* tsoʔ$^{45}_{3}$dæʔ$^{23}_{5}$　竹床。

竹榻 tsoʔ$^{45}_{3}$t^{h}æʔ$^{45}_{5}$　竹床面。床面和竹踏*相同，需架设在床上或长凳上使用。

床埒竹 zɒŋ$^{231}_{11}$læʔ$^{23}_{5}$tsoʔ$^{45}_{54}$　用篾丝编扎竹片成床板，可卷起放置。

棕绷 tsoŋ$^{52}_{33}$paŋ^{52}
藤绷 dəŋ$^{231}_{11}$paŋ^{52} 藤制的棕绷。
席梦思 ʑieʔ$^{23}_{1}$moŋ$^{11}_{55}$sɿ^{52} 弹簧床垫。
马桶箱 mo$^{113}_{115}$doŋ$^{113}_{55}$ɕiaŋ^{52} 放马桶的木箱。
　夜壶箱 ɦia^{11}ɦu$^{231}_{11}$ɕiaŋ^{52}

箱子 ɕiaŋ$^{52}_{33}$tsɿ$^{335}_{55}$
皮箱 bi$^{231}_{11}$ɕiaŋ^{52}
帆布箱 væ̃$^{231}_{11}$pu$^{33}_{55}$ɕiaŋ^{52}
藤箱 dəŋ$^{231}_{11}$ɕiaŋ^{52}
竹丝箱 tsoʔ$^{45}_{3}$sɿ$^{52}_{55}$ɕiaŋ^{52} 放被褥的箱子。
樟木箱 tsɒŋ$^{52}_{33}$moʔ$^{23}_{5}$ɕiaŋ^{52}
书箱 ɕy$^{52}_{33}$ɕiaŋ^{52}
手提箱 sɤ^{335}di$^{231}_{55}$ɕiaŋ^{52}
手提包 sɤ^{335}di$^{231}_{55}$pɒ^{52}
　旅行包 li$^{113}_{115}$ɦiŋ$^{231}_{55}$pɒ^{52}
　旅行袋 li$^{113}_{115}$ɦiŋ$^{231}_{55}$dᴇ$^{11}_{52}$
藤篮 dəŋ$^{231}_{11}$læ̃$^{231}_{52}$ 带藤环的竹篮。
盝子 loʔ$^{23}_{1}$tsɿ$^{335}_{55}$，loʔ$^{23}_{1}$tseʔ$^{45}_{5}$ 盒子。
　匣子 ɦæʔ$^{23}_{1}$tsɿ$^{335}_{55}$
网[线]袋 mɒŋ$^{113}_{115}$[ɕiẽ$^{33}_{55}$]dᴇ$^{231}_{52}$

铺盖 p^{h}u$^{52}_{33}$kᴇ$^{33}_{55}$
被头 bi$^{113}_{115}$dɤ$^{231}_{52}$ 被子。
花絮 huo$^{52}_{33}$ɕi$^{33}_{55}$ 被絮。
棉被 miẽ$^{231}_{11}$bi$^{113}_{55}$
夹被 kæʔ$^{45}_{3}$bi$^{113}_{55}$
被洞 bi$^{113}_{115}$doŋ$^{11}_{52}$ 被窝儿。
被嘴捂头 bi$^{113}_{115}$tsᴇ$^{335}_{55}$u$^{33}_{55}$dɤ$^{231}_{52}$ 被头。
被面 bi$^{113}_{115}$miẽ$^{11}_{52}$

　被外爿 bi$^{113}_{115}$ŋa$^{11}_{55}$bæ̃$^{231}_{52}$

被单 bi$^{113}_{115}$tæ̃^{52}　被里。

　被里爿 bi$^{113}_{115}$li$^{113}_{55}$bæ̃$^{231}_{52}$

垫被 diẽ^{11}bi$^{113}_{55}$　褥子。

床毯 zɒŋ$^{231}_{11}$t^{h}æ̃$^{335}_{55}$　床单。

　毯子 t^{h}æ̃^{335}tsɿ$^{335}_{52}$

枕头 tsẽ^{335}dɤ$^{231}_{52}$

枕头套 tsẽ^{335}dɤ$^{231}_{55}$t^{h}ɒ$^{33}_{52}$

　枕头衣 tsẽ^{335}dɤ$^{231}_{55}$i^{52}

枕头心子 tsẽ^{335}dɤ$^{231}_{55}$ɕiŋ$^{52}_{55}$tsɿ$^{335}_{52}$

枕巾 tsẽ^{335}tɕiŋ^{52}

竹席 tsoʔ$^{45}_{3}$ʑieʔ$^{23}_{5}$

草席 ts^{h}ɒ^{335}ʑieʔ$^{23}_{54}$

蒲席 bu$^{231}_{11}$ʑieʔ$^{23}_{5}$

帐子 tsaŋ^{33}tsɿ$^{335}_{55}$，tsaŋ^{33}tseʔ$^{45}_{5}$

　蚊帐 vẽ$^{231}_{11}$tsaŋ$^{33}_{55}$

帐帘 tsaŋ^{33}liẽ$^{231}_{33}$

帐顶 tsaŋ^{33}tiŋ$^{335}_{55}$

帐门 tsaŋ^{33}mẽ$^{231}_{33}$

帐钩 tsaŋ^{33}kɤ$^{52}_{33}$

帐杆棒 tsaŋ^{33}kẽ$^{335}_{33}$bɒŋ$^{113}_{55}$　细竹竿。

　撑杆棒 ts^{h}aŋ^{33}kẽ$^{335}_{33}$bɒŋ$^{113}_{55}$

窗帘 ts^{h}ɒŋ$^{52}_{33}$liẽ$^{231}_{52}$

门幕 mẽ$^{231}_{11}$moʔ$^{23}_{5}$　门帘。

竹夫人 tsoʔ$^{45}_{3}$fu$^{52}_{55}$ȵiŋ$^{231}_{52}$　竹编长柱多孔，盛夏时抱卧图凉。

草垫子 ts^{h}ɒ^{335}diẽ$^{11}_{55}$tsɿ$^{335}_{52}$

棕垫 tsoŋ$^{52}_{33}$diẽ$^{11}_{55}$

蒲墩 bu$^{231}_{11}$tø̃^{52}　蒲叶或竹叶做的小的厚垫子。

稿荐 kɒ^{335}tɕiẽ$^{33}_{52}$

生活箧 saŋ$^{52}_{33}$ɦueʔ$^{23}_{5}$da$^{113}_{52}$ 放针线用具的容器。

窝篮箧 o$^{52}_{33}$læ̃$^{231}_{55}$da$^{113}_{52}$ 竹制婴儿卧床。

烘箁罩 huoŋ$^{52}_{33}$bu$^{231}_{55}$tsɒ$^{33}_{52}$ 烘干尿布的竹罩。

囤窠 dø̃$^{113}_{115}$k^{h}o^{52} 可容婴儿冬日站立的桶形器具，下面有火盆取暖。

高凳 kɒ$^{52}_{33}$təŋ$^{33}_{55}$ 供婴儿坐的高凳子。

坐车 zo$^{113}_{115}$ts^{h}o^{52} 推着婴儿走动的小车。

大灶 do^{11}tsɒ$^{33}_{11}$ 指双眼、三眼或四眼较大的锅台。

灶眼 tsɒ^{33}ŋæ̃$^{113}_{55}$ 灶门。

灶肚 tsɒ^{33}du$^{113}_{55}$ 锅下燃烧柴草的地方。

　镬肚 ɦuoʔ$^{23}_{1}$du$^{113}_{55}$

灰仓 huᴇ$^{52}_{33}$ts^{h}ɒŋ^{52} 灶后放置草木灰的地方。

灶□ tsɒ^{33}ha^{33} 在锅台后头烧火的地方。

灶埒 tsɒ^{33}læʔ$^{23}_{5}$ 锅台上一横一竖的木板，可以拦截锅台上的溢水顺着灶沟排出屋外。

缸灶 kɒŋ$^{52}_{33}$tsɒ$^{33}_{55}$ 用小缸做的炉灶。

风炉 foŋ$^{52}_{33}$lu$^{231}_{52}$ 铁制小炉子，便于移动。

炉栅 lu$^{231}_{11}$sæʔ$^{45}_{5}$ 炉箅子。

火筒 hu^{335}doŋ$^{113}_{52}$ 吹火筒。

火掭 hu^{335}t^{h}iẽ$^{335}_{52}$ 通火棍。

火锨 hu^{335}ɕiẽ^{52} 火铲子。

火钳 hu^{335}dʑiẽ$^{231}_{52}$

拔火管 bæʔ$^{23}_{1}$hu$^{335}_{55}$kuø̃$^{335}_{52}$ 拔火筒。

　高帽子 kɒ$^{52}_{33}$mɒ$^{11}_{55}$tsʅ$^{335}_{52}$

镬 ɦuoʔ^{23}

饭镬 væ̃^{11}ɦuoʔ$^{23}_{5}$ 煮饭的铁锅。

淘镬 dɒ$^{231}_{11}$ɦuoʔ$^{23}_{5}$ 上有木筒的铁锅，用以增加容量。

铫镬 diɒ$^{231}_{11}$ɦuoʔ$^{23}_{5}$ 炒锅。

砂锅 so$^{52}_{33}$ku^{52}

钢宗锅 kɒŋ$^{52}_{33}$tsoŋ$^{52}_{55}$ku^{52}　铝锅。

暖锅 nø̃$^{113}_{115}$ku^{52}　火锅。

鏊盘 ɒ$^{52}_{33}$bø̃$^{231}_{52}$　铛。

汆筒 tsʰẽ$^{52}_{33}$doŋ$^{113}_{55}$　烫酒用的铁皮筒。

饭桶 væ̃^{11}doŋ$^{113}_{55}$　盛饭用的木桶。

饭囤[窠] væ̃^{11}dø̃$^{113}_{11}$[kʰo$^{52}_{11}$]　饭锅保温的草窝。

　饭窠 væ̃^{11}kʰo$^{52}_{11}$

蒸笼 tsəŋ$^{52}_{33}$loŋ$^{231}_{52}$

蒸笼脱* tsəŋ$^{52}_{33}$loŋ$^{231}_{55}$tʰøʔ$^{45}_{54}$　蒸屉。

饭架 væ̃^{11}ko$^{33}_{11}$　蒸箅子。

镬釃 ɦuoʔ$^{23}_{1}$kẽ$^{33}_{55}$　铁锅上的木制锅盖。

　镬盖 ɦuoʔ$^{23}_{1}$kᴇ$^{33}_{55}$

高脚镬釃 kɒ$^{52}_{33}$tɕiaʔ$^{45}_{5}$ɦuoʔ$^{23}_{5}$kẽ$^{33}_{52}$　高边的木制锅盖。

锅盖 ku$^{52}_{33}$kᴇ$^{33}_{55}$　铝锅的锅盖。

镬抢 ɦuoʔ$^{23}_{1}$tɕʰiaŋ$^{335}_{55}$　锅铲。

饭瓢 væ̃^{11}biɒ$^{231}_{11}$　盛饭的勺。

铁丝兜 tʰieʔ$^{45}_{3}$sɿ$^{52}_{55}$tɤ^{52}　笊篱。

　撩兜 liɒ$^{231}_{11}$tɤ^{52}

水勺 sɿ^{335}zoʔ$^{23}_{54}$

　瓢 biɒ^{231}　葫芦瓢。

　勺 zoʔ^{23}　铁制水勺。

　铜吊 doŋ$^{231}_{11}$tiɒ$^{33}_{55}$　铜制水勺。

淘箩 dɒ$^{231}_{11}$lo$^{231}_{52}$　淘米用的小竹箩。

　筲箕 sɒ$^{52}_{33}$tɕi^{52}

筅帚 ɕiẽ^{335}tsɤ$^{335}_{52}$　炊帚。

碗 uø̃^{335}

　碗盏 uø̃^{335}tsæ̃$^{335}_{52}$

碗扎底 uø̃^{335}tsæʔ$^{45}_{5}$ti$^{335}_{52}$　碗的底圈。

高脚碗 kɒ$^{52}_{33}$tɕiaʔ$^{45}_{5}$uø̃$^{335}_{52}$　底圈高的碗。

短底碗 tø̃^{335}ti$^{335}_{55}$uø̃$^{335}_{52}$　底圈矮的碗。

海碗 hᴇ^{335}uø̃$^{335}_{52}$ 大碗。

酒盅 tɕiɤ^{335}tsoŋ^{52} 小酒杯。

老酒壶 lɒ$^{113}_{115}$tɕiɤ$^{335}_{55}$ɦu$^{231}_{52}$

急苏壶 tɕieʔ$^{45}_{3}$su$^{52}_{55}$ɦu$^{231}_{52}$ 一种方形的酒壶。

酒呷 tɕiɤ^{335}hæʔ$^{45}_{54}$ 从酒坛里吸酒的器具。

桶盘 doŋ$^{113}_{115}$bø̃$^{231}_{52}$ 大盘。

碟 dieʔ^{23}

筷 kʰua^{33}

箸笼 dzʅ^{11}loŋ$^{231}_{11}$

　筷筒 kʰua^{33}doŋ$^{113}_{55}$

瓢羹 biɒ$^{231}_{11}$kaŋ^{52} 调羹。

莲子瓢羹 liẽ$^{231}_{11}$tsʅ$^{335}_{11}$biɒ$^{231}_{11}$kaŋ^{52} 小调羹。

碗架 uø̃^{335}ko$^{33}_{52}$

庎橱 ka^{33}dʑy$^{231}_{33}$ 放碗碟和菜肴的橱柜。

　凉橱 liaŋ$^{231}_{11}$dʑy$^{231}_{52}$

吊橱 tiɒ^{33}dʑy$^{231}_{33}$ 用铁丝或绳子吊起的放碗碟和菜肴的小橱柜。

茶壶 dzo$^{231}_{11}$ɦu$^{231}_{52}$ 烧水壶。

茶杯 dzo$^{231}_{11}$pᴇ^{52}

　杯子 pᴇ$^{52}_{33}$tsʅ$^{335}_{55}$

茶缸 dzo$^{231}_{11}$kɒŋ^{52} 较大的搪瓷杯。

茶碗 dzo$^{231}_{11}$uø̃$^{335}_{55}$

茶盅 dzo$^{231}_{11}$tsoŋ^{52}

闷盖碗 mẽ^{11}kᴇ$^{33}_{11}$uø̃$^{335}_{11}$ 盖碗。

茶盘 dzo$^{231}_{11}$bø̃$^{231}_{52}$

热水壶 ȵieʔ$^{23}_{1}$sʅ$^{335}_{55}$ɦu$^{231}_{52}$ 暖壶。

冷水壶 laŋ$^{113}_{115}$sʅ$^{335}_{55}$ɦu$^{231}_{52}$

瓶 biŋ^{231}

罐头 kuø̃^{33}dɤ$^{231}_{33}$ 铁皮做的容器。

菜瓶 tsʰᴇ^{33}biŋ$^{231}_{33}$ 圆形的大瓷罐。

镴瓶 læʔ$^{23}_{1}$biŋ$^{231}_{52}$　锡制的瓶。

钵头 peʔ$^{45}_{3}$dɤ$^{231}_{52}$

甏 baŋ^{11}　一种矮而大肚的陶器。

油墩甏 ɦiɤ$^{231}_{11}$tø̃$^{52}_{55}$baŋ$^{11}_{52}$　较矮的甏。

坛 dø̃^{231}　较高的甏。

瓶盖头 biŋ$^{231}_{11}$kᴇ$^{33}_{55}$dɤ$^{231}_{52}$

瓶塞 biŋ$^{231}_{11}$səʔ$^{45}_{5}$

漏斗 lɤ^{11}tɤ$^{335}_{11}$

狮子缸 sɿ$^{52}_{33}$tsɿ$^{335}_{55}$kɒŋ^{52}　有提环的甏。

[水]缸 [sɿ^{335}]kɒŋ^{52}

七石缸 tɕʰieʔ$^{45}_{3}$zaʔ$^{23}_{5}$kɒŋ^{52}　大水缸，容量一般在七石以上。

担桶 tæ̃$^{52}_{33}$doŋ$^{113}_{55}$　挑水用的大桶。

斗桶 tɤ^{335}doŋ$^{113}_{52}$　小水桶。

挈桶 tɕʰieʔ$^{45}_{3}$doŋ$^{113}_{55}$　手提的小水桶。

吊桶 tiɒ^{33}doŋ$^{113}_{55}$　从井里汲水的小桶。

薄刀 boʔ$^{23}_{1}$tɒ^{52}　菜刀。

砧板 tsẽ$^{52}_{33}$pæ̃$^{335}_{55}$　案板。

墩头 tø̃$^{52}_{33}$dɤ$^{231}_{52}$　菜墩子。

泔水缸 kẽ$^{52}_{33}$sɿ$^{335}_{55}$kɒŋ^{52}

　泔水钵头 kẽ$^{52}_{33}$sɿ$^{335}_{55}$peʔ$^{45}_{5}$dɤ$^{231}_{52}$

鸡槽 tɕi$^{52}_{33}$za$^{231}_{52}$　喂鸡的食槽。

狗气煞 kɤ^{335}tɕʰi$^{33}_{55}$sæʔ$^{45}_{54}$　一种喂鸡的食槽，有挡狗的器具，狗不能接近取食。

柴 za^{231}　柴火。

塘柴 dɒŋ$^{231}_{11}$za$^{231}_{52}$　木柴。

稻草 dɒ$^{113}_{115}$tsʰɒ$^{335}_{52}$　稻秆。

麦秆草 maʔ$^{23}_{1}$kẽ$^{335}_{55}$tsʰɒ$^{335}_{52}$　麦秆。

刨花柴 bɒ^{11}huo$^{52}_{11}$za$^{231}_{52}$

解屑 ka^{335}ɕieʔ$^{45}_{54}$　锯末。

发火柴 fæʔ$^{45}_{3}$hu$^{335}_{55}$za$^{231}_{52}$ 引火柴。
煤头 mᴇ$^{231}_{11}$dɤ$^{231}_{52}$ 纸媒儿。
柴堆 za$^{231}_{11}$tᴇ^{52}
　火堆头 hu^{335}tᴇ$^{52}_{55}$dɤ$^{231}_{52}$
松毛柴 soŋ$^{52}_{33}$mɒ$^{231}_{55}$za$^{231}_{52}$ 带叶的松树枝用作柴火。
柴刀 za$^{231}_{11}$tɒ^{52}
柴间 za$^{231}_{11}$kæ̃^{52}
炭 tʰæ̃^{33}
刚炭 kɒŋ$^{52}_{33}$tʰæ̃$^{33}_{55}$ 硬炭。
麸炭 fu$^{52}_{33}$tʰæ̃$^{33}_{55}$ 木柴燃烧后成的炭，经不住燃烧。
炭墼 tʰæ̃^{33}tɕieʔ$^{45}_{5}$ 炭饼：小火熜一个～过夜，还蛮蛮猛唻。
煤 mᴇ^{231}
煤油 mᴇ$^{231}_{11}$ɦiɤ$^{231}_{52}$
　洋油 ɦiaŋ$^{231}_{11}$ɦiɤ$^{231}_{52}$
　火油 hu^{335}ɦiɤ$^{231}_{52}$
汽油 tɕʰi^{33}ɦiɤ$^{231}_{33}$
　戤*士林 gᴇ$^{113}_{115}$zɿ$^{113}_{55}$liŋ$^{231}_{52}$ 旧词。
自来火 zɿ^{11}lᴇ$^{231}_{11}$hu$^{335}_{55}$
　鐾来火 bi^{11}lᴇ$^{231}_{11}$hu$^{335}_{55}$
　火柴 hu^{335}za$^{231}_{52}$
自来火梗 zɿ^{11}lᴇ$^{231}_{11}$hu$^{335}_{55}$kuaŋ$^{335}_{52}$
火石 hu^{335}zaʔ$^{23}_{54}$
松明 soŋ$^{52}_{33}$miŋ$^{231}_{52}$ 松木中含油脂较多的部分，可用来引火或照明。
亮篾 liaŋ^{11}mieʔ$^{23}_{5}$ 竹篾编的火把：撚支～，好点得去走夜路。
镬灰 ɦuoʔ$^{23}_{1}$huᴇ^{52} 锅底的黑煤。
　镬煤 ɦuoʔ$^{23}_{1}$mᴇ$^{231}_{52}$

亮 liaŋ^{11} 旧指油灯。
灯盏[头] təŋ$^{52}_{33}$tsæ̃$^{335}_{55}$[dɤ$^{231}_{52}$] 油灯。
　油灯盏 ɦiɤ$^{231}_{11}$təŋ$^{52}_{55}$tsæ̃$^{335}_{52}$

灯心 təŋ$^{52}_{33}$ɕiŋ^{52}　灯草。

灯台 təŋ$^{52}_{33}$dᴇ$^{231}_{52}$

灯笼 təŋ$^{52}_{33}$loŋ$^{231}_{52}$

洋油灯 ɦiaŋ$^{231}_{11}$ɦiɤ$^{231}_{55}$təŋ^{52}

　美孚灯 mᴇ$^{113}_{115}$fu$^{52}_{55}$təŋ^{52}

马灯 mo$^{113}_{115}$təŋ^{52}

电灯 diẽ^{11}təŋ$^{52}_{11}$

电灯泡 diẽ^{11}təŋ$^{52}_{11}$pʰɒ$^{33}_{55}$

　灯泡 təŋ$^{52}_{33}$pʰɒ$^{33}_{55}$

台灯 dᴇ$^{231}_{11}$təŋ^{52}

壁灯 pieʔ$^{45}_{3}$təŋ^{52}

吊灯 tiɒ^{33}təŋ$^{52}_{33}$

日光灯 zeʔ$^{23}_{1}$kuɒŋ$^{52}_{55}$təŋ^{52}

灯管 təŋ$^{52}_{33}$kuø̃$^{335}_{55}$

灯罩 təŋ$^{52}_{33}$tsɒ$^{33}_{55}$

火表 hu^{335}piɒ$^{335}_{52}$　电表。

电筒 diẽ^{11}doŋ$^{113}_{55}$

　手电 sɤ^{335}diẽ$^{11}_{52}$

电池 diẽ^{11}dzɿ$^{231}_{11}$

　电油 diẽ^{11}ɦiɤ$^{231}_{11}$

蜡烛 læʔ$^{23}_{1}$tsoʔ$^{45}_{5}$　土制的红色或白色的蜡烛。

洋蜡烛 ɦiaŋ$^{231}_{11}$læʔ$^{45}_{5}$tsoʔ$^{45}_{54}$

火炉 hu^{335}lu$^{231}_{52}$

　暖炉 nø̃$^{113}_{115}$lu$^{231}_{52}$

火熜 hu^{335}tsʰoŋ^{52}　手炉，脚炉。

火盆 hu^{335}bẽ$^{231}_{52}$

汤婆子 tʰɒŋ^{33}mo$^{231}_{33}$tsɿ$^{335}_{33}$

热水瓶 ȵieʔ$^{23}_{1}$sɿ$^{335}_{55}$biŋ$^{231}_{52}$　睡觉时取暖用的水瓶。

热水袋 ȵieʔ$^{23}_{1}$sɿ$^{335}_{55}$dᴇ$^{11}_{52}$

脸盆 liẽ$^{113}_{115}$bẽ$^{231}_{52}$

脸盆架 liẽ$^{113}_{115}$bẽ$^{231}_{55}$ko$^{33}_{52}$

脚桶 tɕiaʔ$^{45}_{3}$doŋ$^{113}_{55}$ 洗澡或洗脚用的木盆。

毛巾 mɒ$^{231}_{11}$tɕiŋ^{52}

　手巾 sɤ^{335}tɕiŋ^{52}

揩脚布 kʰa$^{52}_{33}$tɕiaʔ$^{45}_{5}$pu$^{33}_{55}$ 擦脚布。

肥皂 bi$^{231}_{11}$zɒ$^{113}_{55}$

　洋肥皂 ɦiaŋ$^{231}_{11}$bi$^{231}_{55}$zɒ$^{113}_{55}$

香肥皂 ɕiaŋ$^{52}_{33}$bi$^{231}_{55}$zɒ$^{113}_{55}$ 香皂。

药水肥皂 ɦiaʔ$^{23}_{1}$sɿ$^{335}_{55}$bi$^{231}_{55}$zɒ$^{113}_{52}$ 药皂。

香水 ɕiaŋ$^{52}_{33}$sɿ$^{335}_{55}$

花露水 huo$^{52}_{33}$lu$^{11}_{55}$sɿ$^{335}_{52}$

生发油 səŋ$^{52}_{33}$fæʔ$^{45}_{5}$ɦiɤ$^{231}_{52}$

碱子 kæ̃^{335}tseʔ$^{45}_{54}$ 碱。

　老碱 lɒ$^{113}_{115}$kæ̃$^{335}_{52}$

洗衣粉 ɕi^{335}i$^{52}_{55}$fẽ$^{335}_{52}$

　肥皂粉 bi$^{231}_{11}$zɒ$^{113}_{55}$fẽ$^{335}_{55}$

浇水壶 tɕiɒ$^{52}_{33}$sɿ$^{335}_{55}$ɦu$^{231}_{52}$ 喷壶。

　洒水壶 sa$^{52}_{33}$sɿ$^{335}_{55}$ɦu$^{231}_{52}$

牙刷 ŋo$^{231}_{11}$seʔ$^{45}_{5}$

　牙擦 ŋo$^{231}_{11}$tsʰæʔ$^{45}_{5}$

牙膏 ŋo$^{231}_{11}$kɒ^{52}

牙粉 ŋo$^{231}_{11}$fẽ$^{335}_{55}$

荡口杯 dɒŋ$^{113}_{115}$kʰɤ$^{335}_{55}$pᴇ^{52} 漱口用的杯子。

梳头家生 ɕy$^{52}_{33}$dɤ$^{231}_{55}$ko$^{52}_{55}$saŋ^{52} 梳头用具。

镜 tɕiŋ^{33}

掠子 liaʔ$^{23}_{1}$tsɿ$^{335}_{55}$ 梳子。

篦箕 bi^{11}tɕi$^{52}_{11}$ 篦子。

剹耳朵 lɤ$^{52}_{33}$ȵi$^{113}_{55}$to$^{335}_{52}$ 耳挖子。

剔牙仗 tʰieʔ$^{45}_{3}$ŋo$^{231}_{55}$dzaŋ$^{113}_{52}$ 牙签。

刷子 seʔ$^{45}_{3}$tsɿ$^{335}_{55}$　短毛的刷子。

刷帚 seʔ$^{45}_{3}$tsɤ$^{335}_{55}$　长毛的刷子。

樟脑[丸] tsɒŋ$^{52}_{33}$nɒ$^{113}_{55}$[ɦuø̃$^{231}_{55}$]

擦板 tsʰæʔ$^{45}_{3}$pæ̃$^{335}_{55}$　搓板。

棒槌 bɒŋ$^{113}_{115}$zɿ$^{231}_{52}$

眼杆 lɒŋ^{11}kẽ$^{335}_{11}$　晾晒衣物的竹杆。

眼杈 lɒŋ^{11}tsʰo$^{52}_{11}$　叉眼杆用的竹杈子。

　递杈 diŋ^{11}(-i) tsʰo$^{52}_{11}$　"递"有韵尾 -ŋ，是儿化韵的残余形式。

三脚[架] sæ̃$^{52}_{33}$tɕiaʔ$^{45}_{5}$[ko$^{33}_{52}$]　三根竹杆捆在一起分开站立，可以在上面放置眼杆。

熨斗 iŋ^{33}tɤ$^{335}_{55}$　电熨斗。

烫斗 tʰɒŋ^{33}tɤ$^{335}_{33}$　火熨斗。

扫帚 sɒ^{33}tsɤ$^{335}_{55}$　（1）竹扫帚。（2）笤帚。

笤帚 diɒ$^{231}_{11}$tsɤ$^{335}_{55}$

掸帚 tæ̃^{335}tsɤ$^{335}_{52}$　掸子。

鸡毛掸帚 tɕi$^{52}_{33}$mɒ$^{231}_{55}$tæ̃$^{335}_{55}$tsɤ$^{335}_{52}$　鸡毛掸子。

被豁 bi$^{113}_{115}$huæʔ$^{45}_{54}$　被褥晾晒后拍打灰尘的工具。

畚斗 pẽ$^{52}_{33}$tɤ$^{335}_{55}$　簸箕。

　筲箕畚斗 sɒ$^{52}_{33}$tɕi$^{52}_{55}$pẽ$^{52}_{55}$tɤ$^{335}_{52}$

香 ɕiaŋ^{52}　线香。

盘香 bø̃$^{231}_{11}$ɕiaŋ^{52}

蚊虫香 mẽ$^{231}_{11}$dzoŋ$^{231}_{55}$ɕiaŋ^{52}

苍蝇拍 tsʰɒŋ$^{52}_{33}$iŋ$^{52}_{55}$pʰaʔ$^{45}_{54}$

揩桌布 kʰa$^{52}_{33}$tsoʔ$^{45}_{5}$pu$^{33}_{55}$　抹布。

拖帚 tʰo$^{52}_{33}$tsɤ$^{335}_{55}$　拖把。

草纸 tsʰɒ^{335}tsɿ$^{335}_{52}$　手纸。

　毛纸 mɒ$^{231}_{11}$tsɿ$^{335}_{55}$

夜壶 ɦia^{11}ɦu$^{231}_{11}$

　尿瓶 ɕi$^{52}_{33}$biŋ$^{231}_{52}$

　搭地蝮 tæʔ$^{45}_{3}$di$^{11}_{55}$p^{h}oʔ$^{45}_{54}$ 夜壶很像地上盘着的一堆蝮蛇，故名。
马桶 mo$^{113}_{115}$doŋ$^{113}_{52}$ 便桶。
把桶 po^{335}doŋ$^{113}_{52}$ 有提梁的马桶。
痰盂[罐] dæ̃$^{231}_{11}$y$^{33}_{55}$[kuø̃$^{33}_{52}$]
　痰罐 dæ̃$^{231}_{11}$kuø̃$^{33}_{55}$

洋车 ɦiaŋ$^{231}_{11}$ts^{h}o^{52} 缝纫机。
饵线 ȵi$^{113}_{115}$ɕiẽ$^{33}_{52}$ 缝衣针。
别针 bieʔ$^{23}_{1}$tsẽ^{52}
顶针 tiŋ^{335}tsẽ^{52}
线板 ɕiẽ^{33}pæ̃$^{335}_{55}$
　饵线板 ȵi$^{113}_{115}$ɕiẽ$^{33}_{55}$pæ̃$^{335}_{52}$
线 ɕiẽ^{33}
绳 zəŋ^{231}
头绳 dɤ$^{231}_{11}$zəŋ$^{231}_{52}$
纱 so^{52}
花车 huo$^{52}_{33}$ts^{h}o^{52} 纺车。
纬绩头 ɦy^{11}tɕieʔ$^{45}_{1}$dɤ$^{231}_{11}$ 裹有箬壳的纺锭。
结头 tɕieʔ$^{45}_{3}$dɤ$^{231}_{52}$ 线上打的结子。
　结 tɕieʔ^{45}
抽股结 tɕ^{h}iɤ$^{52}_{33}$ku$^{335}_{55}$tɕieʔ$^{45}_{54}$ 活结。
线脚 ɕiẽ^{33}tɕiaʔ$^{45}_{5}$ 针脚。
补丁 pu^{335}tiŋ^{52}
托袜板 t^{h}oʔ$^{45}_{3}$mæʔ$^{23}_{5}$pæ̃$^{335}_{52}$ 衬托在袜子里以便修补的木板。
　袜托 mæʔ$^{23}_{1}$t^{h}oʔ$^{45}_{5}$
日历 zeʔ$^{23}_{1}$lieʔ$^{45}_{5}$
　历日[本] lieʔ$^{23}_{1}$zeʔ$^{45}_{5}$[pẽ$^{335}_{52}$]
钟 tsoŋ^{52}
自鸣钟 zɿ^{11}mẽ$^{231}_{11}$（-iŋ）tsoŋ^{52}
闹钟 nɒ^{11}tsoŋ$^{52}_{11}$

台钟 dᴇ$^{231}_{11}$tsoŋ^{52}

挂钟 kuo^{33}tsoŋ$^{52}_{33}$

表 piɒ^{335}

手表 sɤ^{335}piɒ$^{335}_{52}$

挂表 kuo^{33}piɒ$^{335}_{55}$

近视眼镜 dʑiŋ$^{113}_{115}$zɿ$^{11}_{55}$ŋæ̃$^{113}_{55}$tɕiŋ$^{33}_{52}$

老花[眼]镜 lɒ$^{113}_{115}$huo$^{52}_{55}$[ŋæ̃$^{113}_{55}$]tɕiŋ$^{33}_{52}$

太阳眼镜 tʰa^{33}ɦiaŋ$^{231}_{33}$ŋæ̃$^{113}_{55}$tɕiŋ$^{33}_{52}$

　太阳镜 tʰa^{33}ɦiaŋ$^{231}_{33}$tɕiŋ^{33}

　茶视眼镜 dzo$^{231}_{11}$zɿ$^{11}_{55}$ŋæ̃$^{113}_{55}$tɕiŋ$^{33}_{52}$

风镜 foŋ$^{52}_{33}$tɕiŋ$^{33}_{55}$

望远镜 mɒŋ^{11}ɦiø̃$^{113}_{11}$tɕiŋ$^{33}_{11}$

穿衣镜 tsʰẽ$^{52}_{33}$i$^{52}_{55}$tɕiŋ$^{33}_{52}$

拐杖 kua^{335}dzaŋ$^{113}_{52}$

阳伞 ɦiaŋ$^{231}_{11}$sæ̃$^{335}_{52}$　（1）遮阳用。（2）遮雨用，布制。

雨伞 ɦy$^{113}_{115}$sæ̃$^{335}_{52}$

　油布伞 ɦiɤ$^{231}_{11}$pu$^{33}_{55}$sæ̃$^{335}_{52}$

雨伞骨子 ɦy$^{113}_{115}$sæ̃$^{335}_{55}$kueʔ$^{45}_{5}$tsɿ$^{335}_{52}$　伞骨。

扇 sẽ^{33}

蒲扇 bu$^{231}_{11}$sẽ$^{33}_{55}$

芭蕉扇 po$^{52}_{33}$tɕiɒ$^{52}_{55}$sẽ$^{33}_{52}$

油纸扇 ɦiɤ$^{231}_{11}$tsɿ$^{335}_{55}$sẽ$^{33}_{52}$　折扇。

锁 so^{335}

锁老嬷 so^{335}lɒ$^{113}_{55}$mo$^{231}_{52}$　门锁的谑称。

插销 tsʰæʔ$^{45}_{3}$ɕiɒ^{52}

钥匙 ɦiaʔ$^{23}_{1}$zɿ$^{231}_{52}$

皮夹 bi$^{231}_{11}$kæʔ$^{45}_{5}$

　钱包 dʑiẽ$^{231}_{11}$pɒ^{52}

书包 ɕy$^{52}_{33}$pɒ^{52}

无线电 ɦu$^{231}_{11}$ɕiẽ$^{33}_{55}$diẽ$^{11}_{52}$　电子管收音机。

半导体 pø̃^{33}dɒ$^{113}_{33}$tʰi$^{335}_{33}$，pø̃^{33}dɒ$^{113}_{33}$tʰi$^{335}_{55}$ 晶体管收音机。

电视机 diẽ^{11}zɿ^{11}tɕi$^{52}_{11}$

电线 diẽ^{11}ɕiẽ$^{33}_{11}$

花线 huo$^{52}_{33}$ɕiẽ$^{33}_{55}$ 以彩色棉线包裹的电线。

开关 kʰᴇ$^{52}_{33}$kuæ̃^{52}

插头 tsʰæʔ$^{45}_{3}$dɤ$^{231}_{52}$

插座 tsʰæʔ$^{45}_{3}$zo$^{113}_{55}$

　插扑 tsʰæʔ$^{45}_{3}$pʰoʔ$^{45}_{5}$

　扑落 pʰoʔ$^{45}_{3}$loʔ$^{23}_{5}$ 旧词，英语词plug的音译。

铰链 kɒ^{335}liẽ$^{11}_{52}$

摇皮 ɦiɒ^{11}bi$^{231}_{11}$ 指门上用的铰链。

卢*钮 lu$^{231}_{11}$ȵiɤ$^{113}_{55}$ 搭鋬。

　搭扣 tæʔ$^{45}_{3}$kʰɤ$^{33}_{55}$

定风钩 diŋ^{11}foŋ$^{52}_{11}$kɤ^{52}

12. 工具、材料

斫刀 tsoʔ$^{45}_{3}$tɒ^{52} 砍柴劈篾用的刀。

篾刀 mieʔ$^{23}_{1}$tɒ^{52} 劈篾用刀，略小。

⿱⺮彌刀 mi$^{52}_{33}$tɒ^{52} 刮痧用的小竹刀。

剪刀 tɕiẽ^{335}tɒ^{52}

斧头 fu^{335}dɤ$^{231}_{52}$

钺斧 ɦiøʔ$^{23}_{1}$fu$^{335}_{55}$ 肉铺子斩肉用的大斧。

豛锤 toʔ$^{45}_{3}$dzɿ$^{231}_{52}$ 锤子。

　榔头 lɒŋ$^{231}_{11}$dɤ$^{231}_{52}$

榔心* lɒŋ$^{231}_{11}$ɕiŋ^{52} 大木锤。

老虎钳 lɒ$^{113}_{11}$hu$^{335}_{55}$dʑiẽ$^{231}_{52}$ 克丝钳。

台钳 dᴇ$^{231}_{11}$dʑiẽ$^{231}_{52}$ 安装在桌上的大型夹钳。

眉毛钳 mi$^{231}_{11}$mɒ$^{231}_{55}$dʑiẽ$^{231}_{52}$ 镊子。

轧剪 gæʔ$^{23}_{1}$tɕiẽ$^{335}_{55}$ 理发推子。

刨 bɒ^{11} 刨子。

凿 dzoʔ^{23}

斜凿 ʑia$^{231}_{11}$dzoʔ$^{23}_{5}$ 刀口斜的凿。

锯 kᴇ^{33}

钻子 tsø̃^{33}tsɿ$^{335}_{33}$，tsø̃^{33}tseʔ$^{45}_{3}$ 钻。

钻子头 tsø̃^{33}tsɿ$^{335}_{33}$dɤ$^{231}_{33}$，tsø̃^{33}tseʔ$^{45}_{3}$dɤ$^{231}_{33}$ 锥子。

锉刀 tsʰo^{33}tɒ$^{52}_{33}$

镨钩 tsaʔ$^{45}_{3}$kɤ^{52} 钩子。

扳头 pæ̃$^{52}_{33}$dɤ$^{231}_{52}$ 扳子。

启钻 tɕʰi^{335}tsø̃$^{33}_{52}$ 改锥。

十字启钻 zeʔ$^{23}_{1}$zɿ$^{11}_{55}$tɕʰi$^{335}_{55}$tsø̃$^{33}_{52}$ 十字改锥。

钉头 tiŋ$^{52}_{33}$dɤ$^{231}_{52}$ 钉子。

螺丝 lo$^{231}_{11}$sɿ^{52}

　螺丝钉 lo$^{231}_{11}$sɿ$^{52}_{55}$tiŋ^{52}

螺帽 lo$^{231}_{11}$mɒ$^{11}_{55}$

销钉 ɕiɒ$^{52}_{33}$tiŋ^{52} 连接木板用的竹木钉。

铁丝 tʰieʔ$^{45}_{3}$sɿ^{52}

梯子 tʰᴇ$^{52}_{33}$tsɿ$^{335}_{55}$，tʰᴇ$^{52}_{33}$tseʔ$^{45}_{5}$

棚梯 baŋ$^{231}_{11}$tʰᴇ^{52} 双梯。

柄头 piŋ^{33}dɤ$^{231}_{33}$ 把儿。

殿 tsẽ^{52} 楔子。

井轴头 tɕiŋ^{335}dzoʔ$^{23}_{5}$dɤ$^{231}_{52}$ 辘轳。

礌盘[盘] lᴇ^{11}bø̃$^{231}_{11}$[bø̃$^{231}_{11}$] 转盘。

　轮盘 lẽ$^{231}_{11}$bø̃$^{231}_{52}$

水葫芦 sɿ^{335}ɦu$^{231}_{55}$lu$^{231}_{52}$ 指滑轮。

杠 kɒŋ^{33} 杠棒。

扁担 piẽ^{335}tæ̃^{52}

楤杠 tsʰoŋ$^{52}_{33}$kɒŋ$^{33}_{55}$ 两头尖的扁担，可以扎进稻束中。

朵*拄 to^{335}tsɿ$^{33}_{52}$ 休息时用来支住扁担的棍子。

篓 lɤ^{113} 竹编的容器，小而深。

竹篓 tsoʔ$^{45}_{3}$lɤ$^{113}_{55}$

克*篓 kʰeʔ$^{45}_{3}$lɤ$^{113}_{55}$ 竹丝编，盛鱼虾用。

箩 lo^{231} 箩筐，较篓大。

竹箩 tsoʔ$^{45}_{3}$lo$^{231}_{52}$ 竹丝编的箩筐。

簟篓 diẽ$^{113}_{115}$lɤ$^{113}_{52}$ 竹篾编的箩筐。

泥箬 n̥i$^{231}_{11}$loʔ$^{23}_{5}$ 簟篓上的绳子。

篰 bu^{231} 孔眼较大的箩筐。

斗篮 tɤ^{335}læ̃$^{231}_{52}$ 有提环的竹篮。

蒲荠斗篮 bu$^{231}_{11}$ʑi$^{231}_{55}$tɤ$^{335}_{55}$ læ̃$^{231}_{52}$ 一种较小较浅的斗篮。

杭州斗篮 ɦɒŋ$^{231}_{11}$tsɤ$^{52}_{55}$tɤ$^{335}_{55}$læ̃$^{231}_{52}$ 一种较深的斗篮。

苗篮 miɒ$^{231}_{11}$læ̃$^{231}_{52}$ 篾白编的斗篮，小而浅。

坺篮 beʔ$^{23}_{1}$læ̃$^{231}_{52}$ 盛米用的斗篮，较大。

升箩 səŋ$^{52}_{33}$lo$^{231}_{52}$ 升。

斗 tɤ^{335}

斗斛 tɤ^{335}ka$^{33}_{52}$ 用升斗量米后用以划去米多余部分的短木棍。

车箩 tsʰo$^{52}_{33}$lo$^{231}_{52}$ 粮食囤。

麻袋 mo$^{231}_{11}$dᴇ$^{11}_{55}$

袋皮 dᴇ^{11}bi$^{231}_{11}$

叉袋 tsʰo$^{52}_{33}$dᴇ$^{11}_{55}$

犁 li^{231}

犁鑱 li$^{231}_{11}$dzæ̃$^{231}_{52}$ 铧。

犁轭 li$^{231}_{11}$æʔ$^{45}_{5}$

耙 bo^{231}

耖 tsʰɒ^{33}

镰刀 liẽ$^{231}_{11}$tɒ^{52}

茅刀 mɒ$^{231}_{11}$tɒ^{52} 砍草用的小弯刀。

鐅子刀 tɕieʔ$^{45}_{3}$tsɿ$^{335}_{55}$tɒ^{52}，tɕieʔ$^{45}_{3}$tseʔ$^{45}_{5}$tɒ^{52} 割稻用带锯齿的小镰刀。

锄头 zɿ$^{231}_{11}$dɤ$^{231}_{52}$

半山 pø̃^{33}sæ̃$^{52}_{33}$ 大镐。

山株 sæ̃$^{52}_{33}$tsɿ^{52}

洋镐 ɦiaŋ$^{231}_{11}$kɒ$^{335}_{55}$

洋三角 ɦiaŋ$^{231}_{11}$sæ̃$^{52}_{55}$koʔ$^{45}_{54}$

铁铲 tʰieʔ$^{45}_{3}$tsʰæ̃$^{335}_{55}$

铁锨 tʰieʔ$^{45}_{3}$ɕiẽ^{52}

畈锨 gɒŋ$^{113}_{115}$ɕiẽ^{52}　铲田畈的铁锨，平头。

菜锸 tsʰᴇ^{33}tsʰæʔ$^{45}_{5}$　短柄小锹，种菜用。

双齿 sɒŋ$^{52}_{33}$tsʰɿ$^{335}_{55}$　双齿钉耙。

铁锸 tʰieʔ$^{45}_{3}$tsaʔ$^{45}_{5}$　四齿钉耙。

钉耙 tiŋ$^{52}_{33}$bo$^{231}_{52}$　多齿钉耙。

稻叉 dɒ$^{113}_{115}$tsʰo^{52}　带双齿，搬运稻束用。

铡刀 zæʔ$^{23}_{1}$tɒ^{52}

磨 mo^{11}

筛 sɿ^{52}

砻筛 loŋ$^{231}_{11}$sɿ^{52}　筛眼较大，筛谷出米用。

米筛 mi$^{113}_{115}$sɿ^{52}

格*筛 kaʔ$^{45}_{3}$sɿ^{52}　筛眼略小，筛米出糠用。

纱筛 so$^{52}_{33}$sɿ^{52}　用罗或纱制，筛眼小，筛细粉用。

筛穰筴 sɿ$^{52}_{33}$ȵiaŋ$^{231}_{55}$da$^{113}_{52}$　打稻后留谷出穰的筛子，眼较大。

簸箕 po^{33}tɕi$^{52}_{33}$　装粮食用。

土箕 tʰu^{335}tɕi^{52}　装泥土或垃圾用。

粪箕 fẽ^{33}tɕi$^{52}_{33}$

筴 da^{113}　篾编成的匾，晒物用。

晒箳 sa^{33}pʰiŋ^{33}

篿箕 dø̃$^{231}_{11}$tɕi^{52}　较小的晒箳。

簟 diẽ^{113}　篾席。

草苫 tsʰɒ^{335}sẽ^{52}　草帘子。

灰桶 huᴇ$^{52}_{33}$doŋ$^{113}_{55}$　盛泥灰的桶。

泥锹 ȵi$^{231}_{11}$tɕʰiɒ^{52}　盛泥灰的小木板。

泥锨 ȵi$^{231}_{11}$ɕiẽ^{52}

泥扴 ȵi$^{231}_{11}$kæʔ$^{45}_{5}$ 瓦刀。

风箱 foŋ$^{52}_{33}$ɕiaŋ$^{52}_{55}$ 风车。

前口 ʑiẽ$^{231}_{11}$kʰɤ$^{335}_{55}$ 风车出好谷的口。

后口 ɦɤ$^{113}_{115}$kʰɤ$^{335}_{52}$ 风车出次谷糠皮的口。

捣臼 tɒ^{335}dʑiɤ$^{113}_{52}$ 舂米的石臼。

捣槌 tɒ^{335}dzʅ$^{231}_{52}$ 石臼中捣物用的直槌。

水碓 sʅ^{335}tᴇ^{52}

脚碓 tɕiaʔ$^{45}_{3}$tᴇ^{52} 以脚的踩踏为动力的石碓。

　踏碓 dæʔ$^{23}_{1}$tᴇ^{52}

电动机 diẽ^{11}doŋ$^{113}_{11}$tɕi$^{52}_{11}$

　马达 mo$^{113}_{115}$dæʔ$^{23}_{54}$ 英语motor的音译。

抽水机 tsʰɤ$^{52}_{33}$sʅ$^{335}_{55}$tɕi^{52}

　水泵 sᴇ^{335}poŋ$^{33}_{52}$

　泵浦 pɒŋ^{33}pʰu$^{335}_{33}$ 旧词。

料 liɒ^{11} 人粪尿。

料缸 liɒ^{11}kɒŋ$^{52}_{11}$

肥料 vi$^{231}_{11}$liɒ$^{11}_{55}$ 灰、鸡粪等。

肥田粉 vi$^{231}_{11}$diẽ$^{231}_{55}$fẽ$^{335}_{52}$ 化肥。

鱼网 ŋ̍$^{231}_{11}$mɒŋ$^{113}_{55}$ 渔网。

罾 tsəŋ^{52} 可从四角提起的渔网。

扳罾 pæ̃$^{52}_{33}$tsəŋ^{52} 捕鱼的大罾。

虾罾 ho$^{52}_{33}$tsəŋ^{52} 捕虾的小罾。

㨟兜 hᴇ$^{52}_{33}$tɤ^{52} 一种带把儿的捉鱼虾用的网兜。

虾篱 ho$^{52}_{33}$li$^{231}_{52}$ 捉虾用的篾具。

弶 dʑiaŋ^{11} 用来捕捉鸟兽鱼虾的机具。各种弶以捕捉方法或所捕捉的动物命名，如压煞弶、铁丝弶、狭颡公弶等。

油漆 ɦiɤ$^{231}_{11}$tɕʰieʔ$^{45}_{5}$

木头 moʔ$^{23}_{1}$dɤ$^{231}_{52}$

玻璃 po$^{52}_{33}$li$^{231}_{52}$
搪瓷 dɒŋ$^{231}_{11}$zɿ$^{231}_{52}$
黄泥 ɦuɒŋ$^{231}_{11}$ȵi$^{231}_{52}$ 作为建筑材料的黄土。
黄沙 ɦuɒŋ$^{231}_{11}$so^{52} 作为建筑材料的沙子。
石灰 zəʔ$^{23}_{1}$huᴇ^{52}
砖头 tsẽ$^{52}_{33}$dɤ$^{231}_{52}$ （1）整块的砖。（2）碎的砖。
瓦片 ŋo$^{113}_{115}$pʰiẽ$^{33}_{52}$ （1）整块的瓦。（2）碎的瓦。
　瓦爿 ŋo$^{113}_{115}$bæ̃$^{231}_{52}$
明瓦 miŋ$^{231}_{11}$ŋo$^{113}_{55}$
水泥 sɿ^{335}ȵi$^{231}_{52}$
水门汀 sɿ^{335}mẽ$^{231}_{55}$tʰiŋ^{52} 指水泥制作的建筑物构件。
橡胶 dʑiaŋ$^{113}_{115}$kɒ^{52}
　橡皮 dʑiaŋ$^{113}_{115}$bi$^{231}_{52}$
塑料 soʔ$^{45}_{3}$liɒ$^{11}_{55}$
磨石子 mo$^{231}_{11}$zaʔ$^{23}_{5}$tsɿ$^{335}_{52}$ 水磨石。
鹰架 iŋ$^{52}_{33}$ko$^{33}_{55}$ 脚手架。

底 ti^{335} 底儿。
盖头 kᴇ^{33}dɤ$^{231}_{33}$ 盖子。
圈圈 tɕʰiø̃$^{52}_{33}$tɕʰiø̃^{52} 圈儿。
[笱]笱 [tɕʰiɤ$^{52}_{33}$]tɕʰiɤ^{52} 箍儿。
环头 guæ̃^{11}dɤ$^{231}_{11}$ 提环。
鋬头 pʰæ̃^{33}dɤ$^{231}_{33}$ 提梁。
滴子[头] tieʔ$^{45}_{3}$tsɿ$^{335}_{55}$[dɤ$^{231}_{52}$] 器具上可以用来把握的圆形小把儿。
　多*罗*子头 to$^{52}_{33}$lo$^{231}_{55}$tsɿ$^{335}_{55}$dɤ$^{231}_{52}$

13. 人体、生理

身体 sẽ$^{52}_{33}$tʰi$^{335}_{55}$
　身子 sẽ$^{52}_{33}$tsɿ$^{335}_{55}$
身胚 sẽ$^{52}_{33}$pʰᴇ^{52} 指人形体上的高矮肥瘦。

条杆 diɒ$^{231}_{11}$kẽ$^{335}_{55}$

上身 zɒŋ^{11}sẽ$^{52}_{11}$

下身 ɦo$^{113}_{115}$sẽ^{52}

腰身 iɒ$^{52}_{33}$sẽ^{52}

肤色 fu$^{52}_{33}$səʔ$^{45}_{5}$

后影 ɦɤ$^{113}_{115}$iŋ$^{335}_{52}$ 背影。

长子 dzaŋ$^{231}_{11}$tsɿ$^{335}_{55}$ 高个儿。

吊长丝瓜 tiɒ^{33}dzaŋ$^{231}_{33}$sɿ$^{52}_{33}$kuo^{52} 谑指瘦高个儿。

长脚鹭鸶 dzaŋ$^{231}_{11}$tɕiaʔ$^{45}_{5}$lo$^{11}_{55}$（-u）sɿ^{52}

矮子 a^{335}tsɿ$^{335}_{52}$ 矮个儿。

大块头 do^{11}k^{h}uᴇ$^{33}_{11}$dɤ$^{231}_{11}$ 指人高大壮实。

大胖子 do^{11}p^{h}ɒŋ$^{33}_{11}$tsɿ$^{335}_{11}$

后海死尸 ɦɤ$^{113}_{115}$hᴇ$^{335}_{55}$ɕi$^{335}_{55}$sɿ^{52} 抗战期间常有从后海漂过来的死尸，谑指胖子。

大肚皮 do^{11}du$^{113}_{11}$bi$^{231}_{11}$ 指大腹便便者。

墩磉 tø̃$^{52}_{33}$sɒŋ^{52} 比喻矮胖结实的人。

油墩甏 ɦiɤ$^{231}_{11}$tø̃$^{52}_{55}$baŋ$^{11}_{52}$ 比喻矮小结实的人。

瘦子 sɤ^{33}tsɿ$^{335}_{55}$

鸡骨头人 tɕi$^{52}_{33}$kueʔ$^{45}_{5}$dɤ$^{231}_{55}$ȵiŋ$^{231}_{52}$ 比喻瘦小而精干的人。

漏什子 lɤ^{11}zeʔ$^{23}_{1}$tsɿ$^{335}_{11}$ 指人身材短小。

趟头镴瓶 gɤ$^{231}_{11}$dɤ$^{231}_{55}$læʔ$^{23}_{5}$biŋ$^{231}_{52}$ 比喻人脖子粗短。

瓜子脸 kuo$^{52}_{33}$tsɿ$^{335}_{33}$liẽ$^{113}_{33}$ 指女性姣好的尖下巴的脸形。

鹅蛋脸 ŋo$^{231}_{11}$dæ̃$^{11}_{55}$liẽ$^{113}_{52}$ 比喻女性像鹅蛋一样的脸形。

浑筒脸 ɦuẽ$^{113}_{115}$doŋ$^{113}_{55}$liẽ$^{113}_{52}$ 比喻人丰盈的枣型的脸。

牛踏扁 ȵiɤ$^{231}_{11}$dæʔ$^{23}_{5}$piẽ$^{335}_{52}$ 比喻人脸盘扁而大。

凹脸塌鼻头 ɒ^{33}liẽ$^{113}_{55}$t^{h}æʔ$^{45}_{3}$beʔ$^{23}_{5}$（-ieʔ）dɤ$^{231}_{52}$ 比喻脸面丑陋。

十勿全 zeʔ$^{23}_{1}$veʔ$^{23}_{5}$dʑiẽ$^{231}_{52}$ 指四肢畸形、丧失部分功能的残疾人。

三角眼 sæ̃$^{52}_{33}$koʔ$^{45}_{5}$ŋæ̃$^{113}_{52}$ 眼眶呈三角形的眼睛：葛人～，一脸凶相。

肉里眼 ȵioʔ$^{23}_{1}$li$^{113}_{55}$ŋæ̃$^{113}_{52}$ 眼珠深陷在眼眶里的眼睛：个人浓眉毛，～，凶拜*拜*咯。

龅牙齿 bo^{11}ŋo$^{231}_{11}$tsʰɿ$^{335}_{55}$　指人门牙向前突出。

瘪嘴 pieʔ$^{45}_{3}$tsᴇ$^{335}_{55}$　指人牙齿脱落后唇颊内吸不丰满。

招风耳朵 tsɒ$^{52}_{33}$foŋ$^{52}_{55}$ȵi$^{113}_{55}$to$^{335}_{52}$　指人耳廓前倾。

美女肩 mᴇ$^{113}_{115}$ȵy$^{113}_{55}$tɕiẽ^{52}　溜肩膀。

黑里俏 həʔ$^{45}_{3}$li$^{113}_{55}$tɕʰiɒ$^{33}_{52}$　肤色不白但漂亮的人。

头 dɤ^{231}

骷颅头 kʰu$^{52}_{33}$lu$^{231}_{55}$dɤ$^{231}_{52}$　头骨。

头底心 dɤ$^{231}_{11}$ti$^{335}_{55}$ɕiŋ^{52}　头顶。

头皮 dɤ$^{231}_{11}$bi$^{231}_{52}$　头发下面的皮肤。

𦞦门 tsʰɿ^{33}mẽ$^{231}_{33}$　囟脑门。

脑壳 nɒ$^{113}_{115}$kʰoʔ$^{45}_{54}$　头盖骨。

前脑壳 ʑiẽ$^{231}_{11}$nɒ$^{113}_{55}$kʰoʔ$^{45}_{54}$　前额。

奔奔头 pẽ$^{52}_{33}$pẽ$^{52}_{55}$dɤ$^{231}_{52}$　冲脑门儿。

后脑壳 ɦɤ$^{113}_{115}$nɒ$^{113}_{55}$kʰoʔ$^{45}_{54}$　后脑勺。

后脑枕 ɦɤ$^{113}_{115}$nɒ$^{113}_{55}$tsẽ$^{335}_{52}$　指枕骨部位。

　后势沿 ɦɤ$^{113}_{115}$sɿ$^{33}_{55}$ɦiẽ$^{11}_{52}$

头发 dɤ$^{231}_{11}$fæʔ$^{45}_{5}$

胎毛 tʰᴇ$^{52}_{33}$mɒ$^{231}_{52}$

　胎发 tʰᴇ$^{52}_{33}$fæʔ$^{45}_{5}$

蒜发 sø̃^{33}fæʔ$^{45}_{3}$　指年轻人黑发中夹杂的白发。

旋[窝] ʑiẽ^{11}[o$^{52}_{11}$]　指头发旋儿。

单旋窝 tæ̃$^{52}_{33}$ʑiẽ$^{11}_{55}$o^{52}

双旋窝 sɒŋ$^{52}_{33}$ʑiẽ$^{11}_{55}$o^{52}

脸盘 liẽ$^{113}_{115}$bø̃$^{231}_{52}$　指脸的轮廓。

脸孔 liẽ$^{113}_{115}$kʰuoŋ$^{335}_{52}$　脸。

巴掌[肉] po$^{52}_{33}$tsɒŋ$^{335}_{55}$[ȵioʔ$^{23}_{5}$]　脸蛋儿。

颧骨 dʑiø̃$^{231}_{11}$kueʔ$^{45}_{5}$

太阳[穴] tʰa^{33}ɦiaŋ$^{231}_{33}$[ɦiøʔ$^{23}_{3}$]，tʰa^{33}ɦiaŋ$^{231}_{33}$ɦiøʔ$^{23}_{5}$

　太阳疤 tʰa^{33}ɦiaŋ$^{231}_{33}$po^{52}

酒窪 tɕiɤ^{335}uɒŋ$^{33}_{52}$ 酒窝儿。

腮 sᴇ^{52}

人中 zẽ$^{231}_{11}$tsoŋ^{52}

下巴 ɦo$^{113}_{115}$bo$^{231}_{52}$

胡须 ɦu$^{231}_{11}$ɕy^{52}，lu$^{231}_{11}$ɕy^{52} 胡子。

喇*带*胡子 la$^{231}_{11}$ta$^{33}_{55}$ɦu$^{231}_{55}$tsɿ$^{335}_{52}$ 连腮胡。

倒叉胡子 tɒ^{33}tsʰo$^{52}_{33}$ɦu$^{231}_{33}$tsɿ$^{335}_{52}$

眼睛 ŋæ̃$^{113}_{115}$tɕiŋ^{52}

眼圈 ŋæ̃$^{113}_{115}$tɕʰiø̃^{52}

眼眶 ŋæ̃$^{113}_{115}$kʰuɒŋ^{52}

眼角 ŋæ̃$^{113}_{115}$koʔ$^{45}_{54}$

眼睛乌珠 ŋæ̃$^{113}_{115}$tɕiŋ$^{52}_{55}$u$^{52}_{55}$tɕy^{52} 眼珠。

乌珠 u$^{52}_{33}$tɕy^{52} （1）眼珠。（2）黑眼珠。

眼白 ŋæ̃$^{113}_{115}$baʔ$^{23}_{54}$ 白眼珠。

仙人 ɕiẽ$^{52}_{33}$ȵiŋ$^{231}_{52}$ 指瞳人。

眼泡皮 ŋæ̃$^{113}_{115}$pʰɒ$^{52}_{55}$bi$^{231}_{52}$ 眼皮。

眼泡 ŋæ̃$^{113}_{115}$pʰɒ^{52}

上眼泡 zɒŋ^{11}ŋæ̃$^{113}_{11}$pʰɒ$^{52}_{11}$ 上眼皮。

下眼泡 ɦo$^{113}_{115}$ŋæ̃$^{113}_{55}$pʰɒ^{52} 下眼皮。

肿眼泡 tsoŋ^{335}ŋæ̃$^{113}_{55}$pʰɒ^{52} 肉眼皮。

单眼皮 tæ̃$^{52}_{33}$ŋæ̃$^{113}_{55}$bi$^{231}_{52}$

双眼皮 sɒŋ$^{52}_{33}$ŋæ̃$^{113}_{55}$bi$^{231}_{52}$

眼䀰毛 ŋæ̃$^{113}_{115}$sæʔ$^{45}_{5}$mɒ$^{231}_{52}$ 睫毛。“䀰”，《集韵》色洽切，“目睫动貌”。

眉毛 mi$^{231}_{11}$mɒ$^{231}_{52}$

眉心 mi$^{231}_{11}$ɕiŋ^{52}

耳朵 ȵi$^{113}_{115}$to$^{335}_{52}$

耳朵洞 ȵi$^{113}_{115}$to$^{335}_{55}$doŋ$^{11}_{52}$ 耳朵眼儿。

耳朵孔 ȵi$^{113}_{115}$to$^{335}_{55}$kʰuoŋ$^{335}_{52}$

耳朵皮 ȵi$^{113}_{115}$to$^{335}_{55}$bi$^{231}_{52}$ 耳垂。

耳朵壳 ȵi$^{113}_{115}$to$^{335}_{55}$k^{h}oʔ$^{45}_{54}$ 耳轮。

鼻头 beʔ$^{23}_{1}$（-ieʔ）dɤ$^{231}_{52}$ 鼻子。

鼻头孔 beʔ$^{23}_{1}$（-ieʔ）dɤ$^{231}_{55}$k^{h}uoŋ$^{335}_{52}$ 鼻孔。

喉咙 ɦɤ$^{231}_{11}$loŋ$^{231}_{52}$，ɦo$^{231}_{11}$loŋ$^{231}_{52}$ （1）喉部。（2）嗓子。

喉 ɦɤ^{231} 嗓子：一口～。

喉气 ɦɤ$^{231}_{11}$tɕ^{h}i$^{33}_{55}$ 嗓音：个人～好。

喉结 ɦɤ$^{231}_{11}$tɕieʔ$^{45}_{5}$

嘴脯 tsɿ^{335}bu$^{231}_{52}$，tsᴇ^{335}bu$^{231}_{52}$ 嘴巴。

砌*爿 tɕ^{h}i^{33}bæ̃$^{231}_{55}$ 嘴巴的贬称。

嘴唇皮 tsɿ^{335}zẽ$^{231}_{55}$bi$^{231}_{52}$，tsᴇ^{335}zẽ$^{231}_{55}$bi$^{231}_{52}$ 嘴唇。

嘴角 tsɿ^{335}koʔ$^{45}_{54}$，tsᴇ^{335}koʔ$^{45}_{54}$

舌胎 zeʔ$^{23}_{1}$t^{h}ᴇ^{52} 舌头。“胎”，张仲景《伤寒论》：“舌上白胎者，可与小柴胡汤。”“胎”即“苔”，《广韵》土来切。

舌尖 zeʔ$^{23}_{1}$tɕiẽ^{52}

小舌胎 ɕiɒ^{335}zeʔ$^{23}_{5}$t^{h}ᴇ^{52} 小舌。“胎”，本字为“苔”，《广韵》土来切。

小舌头 ɕiɒ^{335}zeʔ$^{23}_{5}$dɤ$^{231}_{52}$

肌*中 tɕi$^{52}_{33}$tsoŋ^{52}

里舌胎 li$^{113}_{115}$zeʔ$^{23}_{5}$t^{h}ᴇ^{52} 舌根。“胎”，本字为“苔”，《广韵》土来切。

舌苔 zeʔ$^{23}_{1}$dᴇ$^{231}_{52}$ 舌面上一层滑腻的脏东西。

牙齿 ŋo$^{231}_{11}$ts^{h}ɿ$^{335}_{55}$

牙子 ŋo$^{231}_{11}$tsɿ$^{335}_{55}$

当门牙 tɒŋ$^{52}_{33}$mẽ$^{231}_{55}$ŋo$^{231}_{52}$ 门牙。

虎牙 hu^{335}ŋo$^{231}_{52}$

大牙 do^{11}ŋo$^{231}_{11}$ 臼齿。

净根牙 dʑiŋ$^{113}_{115}$kəŋ$^{52}_{55}$ŋo$^{231}_{52}$ 智齿。

奶牙 na$^{113}_{115}$ŋo$^{231}_{52}$ 乳齿。

牙缝 ŋo$^{231}_{11}$voŋ$^{11}_{55}$

牙床 ŋo$^{231}_{11}$zɒŋ$^{231}_{52}$ 牙龈。

牙床肉 ŋo$^{231}_{11}$zɒŋ$^{231}_{55}$ȵioʔ$^{23}_{54}$

项颈 ɦɒŋ$^{113}_{115}$tɕiŋ$^{335}_{52}$ 脖子。

后势梗 ɦɤ$^{113}_{115}$sɿ$^{33}_{55}$kəŋ$^{335}_{52}$ 脖梗子。

肩胛 tɕiẽ$^{52}_{33}$kæʔ$^{45}_{5}$ 肩膀。

肩胛窝 tɕiẽ$^{52}_{33}$kæʔ$^{45}_{5}$o^{52} 肩窝。

锁骨 so^{335}kueʔ$^{45}_{54}$

琵琶骨 bi$^{231}_{11}$bo$^{231}_{55}$kueʔ$^{45}_{54}$

拳心 dʑiø̃$^{231}_{11}$ɕiŋ^{52} 前胸。

胸口头 ɕioŋ$^{52}_{33}$kʰɤ$^{335}_{55}$dɤ$^{231}_{52}$ 胸脯略高处。

胸孔*头 ɕioŋ$^{52}_{33}$kʰuoŋ$^{335}_{55}$dɤ$^{231}_{52}$ （1）心口。（2）胸脯。

肋棚骨 leʔ$^{23}_{1}$baŋ$^{231}_{55}$kueʔ$^{45}_{54}$ 肋骨。

奶奶 na^{33}na^{33} （1）乳房。（2）乳汁。

奶奶头 na$^{33}_{55}$na$^{33}_{55}$dɤ$^{231}_{52}$ 乳头。

奶珠头 na$^{113}_{115}$tɕy$^{52}_{55}$dɤ$^{231}_{52}$

背脊 pᴇ^{33}tɕieʔ$^{45}_{5}$ 脊背。

背脊骨 pᴇ^{33}tɕieʔ$^{45}_{5}$kueʔ$^{45}_{5}$ 脊梁骨。

腰 iɒ^{52}

腰耙* iɒ$^{52}_{33}$bo$^{11}_{55}$ “耙”，本字为“缚”，《广韵》符卧切，“束也”。

腰骨 iɒ$^{52}_{33}$kueʔ$^{45}_{5}$ （1）腰。（2）腰眼。

肚皮 du$^{113}_{115}$bi$^{231}_{52}$ 肚子。

肚皮眼 du$^{113}_{115}$bi$^{231}_{55}$ŋæ̃$^{113}_{52}$ 肚脐。

肚脐眼 du$^{113}_{115}$dʑi$^{231}_{55}$ŋæ̃$^{113}_{52}$

小肚皮 ɕiɒ^{335}du$^{113}_{55}$bi$^{231}_{52}$ 小腹。

卵子 lø̃$^{113}_{115}$tsɿ$^{335}_{52}$ （1）睾丸。（2）指男阴。

卵核 lø̃$^{113}_{115}$ɦueʔ$^{23}_{54}$

卵脬 lø̃$^{113}_{115}$pʰɒ^{52} 阴囊。

卵脙 lø̃$^{113}_{115}$tɕʰiɤ^{52} 阴茎。

阿八 æʔ$^{45}_{3}$pæʔ$^{45}_{5}$ 指男少年的生殖器。“八”，指“八哥”。

八屌 pæʔ$^{45}_{3}$tiɒ^{52}

麻鸟 mo$^{231}_{11}$tiɒ$^{335}_{55}$ 指小男孩的生殖器。

麻油壶 mo$^{231}_{11}$ɦiɤ$^{231}_{55}$ɦu$^{231}_{52}$ 谑指小男孩的生殖器。

丫屄 o$^{52}_{33}$pi^{52}　女性的生殖器。

　肶 p^{h}ieʔ^{45}

屁股 p^{h}i^{33}ku$^{335}_{55}$

屁[股]眼 p^{h}i^{33}[ku$^{335}_{55}$]ŋæ̃$^{113}_{55}$　肛门。

胴疘[头] doŋ^{11}kuoŋ$^{52}_{11}$[dɤ$^{231}_{11}$]　直肠。

　胴头 doŋ^{11}dɤ$^{231}_{11}$

屁股肉 p^{h}i^{33}ku$^{335}_{55}$ȵioʔ$^{45}_{5}$　屁股蛋儿。

尾尻骨 mi$^{113}_{115}$tɕ^{h}iɤ$^{52}_{55}$kueʔ$^{45}_{54}$　尾骨。

手 sɤ^{335}　（1）手。（2）兼指手和胳膊。

手髈 sɤ^{335}p^{h}ɒŋ$^{335}_{52}$　胳膊。

上手髈 zɒŋ^{11}sɤ$^{335}_{11}$p^{h}ɒŋ$^{335}_{11}$　上胳膊。

　大手髈 do^{11}sɤ$^{335}_{11}$p^{h}ɒŋ$^{335}_{11}$

下手髈 ɦo$^{113}_{115}$sɤ$^{335}_{55}$p^{h}ɒŋ$^{335}_{52}$　小胳膊。

　小手髈 ɕiɒ^{335}sɤ$^{335}_{55}$p^{h}ɒŋ$^{335}_{52}$

肋胳肢下 leʔ$^{23}_{1}$keʔ$^{45}_{5}$tsɿ$^{52}_{55}$ɦo$^{113}_{52}$，leʔ$^{23}_{1}$geʔ$^{45}_{5}$dzɿ$^{52}_{55}$ɦo$^{113}_{52}$　腋下。

手拄撑头 sɤ^{335}tɕy$^{33}_{55}$ts^{h}aŋ$^{33}_{55}$dɤ$^{231}_{52}$，sɤ^{335}tsɿ$^{33}_{55}$ts^{h}aŋ$^{33}_{55}$dɤ$^{231}_{52}$　胳膊肘儿。

手弯头 sɤ^{335}uæ̃$^{52}_{55}$dɤ$^{231}_{52}$　胳膊肘儿的后部。

筅帚耙*头 ɕiẽ^{335}tsɤ$^{335}_{55}$bo$^{11}_{55}$dɤ$^{231}_{52}$　手腕。“耙*”，本字为“缚”，《广韵》符卧切，“束也”。

　脉息耙*头 maʔ$^{23}_{1}$ɕieʔ$^{45}_{5}$bo$^{11}_{55}$dɤ$^{231}_{52}$　“耙*”，本字为“缚”，《广韵》符卧切，“束也”。

借*手 tɕia^{33}sɤ$^{335}_{55}$　左手。“借*”，本字为“左”，《广韵》则个切，《说文》：“手相佐助也。”

顺手 zẽ^{11}sɤ$^{335}_{55}$　右手。

拳头 dʑiõ$^{231}_{11}$dɤ$^{231}_{52}$

手底板 sɤ^{335}ti$^{335}_{55}$pæ̃$^{335}_{52}$　手掌。

手[底]心 sɤ^{335}[ti$^{335}_{55}$]ɕiŋ^{52} 掌心。

手背 sɤ^{335}pE$^{33}_{52}$

虎口 hu^{335}k^{h}ɤ$^{335}_{52}$

手指头 sɤ^{335}tsɿ$^{335}_{55}$dɤ$^{231}_{52}$

大手指头 do^{11}sɤ$^{335}_{11}$tsɿ$^{335}_{55}$dɤ$^{231}_{52}$ 大拇指。

中手指头 tsoŋ$^{52}_{33}$sɤ$^{335}_{55}$tsɿ$^{335}_{55}$dɤ$^{231}_{52}$ 中指。

小手指头 ɕiɒ^{335}sɤ$^{335}_{55}$tsɿ$^{335}_{55}$dɤ$^{231}_{52}$ 小指。

食指 zəʔ$^{23}_{1}$tsɿ$^{335}_{55}$

野猫手指头 ɦia$^{113}_{115}$mɒ$^{231}_{55}$sɤ$^{335}_{55}$tsɿ$^{335}_{55}$dɤ$^{231}_{52}$ 无名指。

手指缝道 sɤ^{335}tsɿ$^{335}_{55}$voŋ$^{11}_{55}$da$^{113}_{52}$ 指缝。

手指掐* sɤ^{335}tsɿ$^{335}_{55}$kʰæʔ$^{45}_{54}$ 指甲。

脶 lo^{231} 圆形的指纹。

箕 tɕi^{52} 不圆的指纹。

手印 sɤ^{335}iŋ$^{33}_{52}$ 指纹。

手纹 sɤ^{335}vẽ$^{231}_{52}$ 掌纹。

脚 tɕiaʔ^{45} （1）脚。（2）兼指脚和腿。

脚髈 tɕiaʔ$^{45}_{3}$pʰɒŋ$^{335}_{55}$ 腿。

大脚髈 do^{11}tɕiaʔ$^{45}_{1}$pʰɒŋ$^{335}_{55}$ 大腿。

小脚髈 ɕiɒ^{335}tɕiaʔ$^{45}_{5}$pʰɒŋ$^{335}_{52}$ 小腿。

髀缝 bi$^{113}_{115}$voŋ$^{11}_{52}$ 大腿根儿。

　卵丫头 lõ$^{113}_{115}$o$^{52}_{55}$dɤ$^{231}_{52}$

　夹卵丫 kæʔ$^{45}_{3}$lõ$^{113}_{55}$o^{52}

脚[骨可]头 tɕiaʔ$^{45}_{3}$kʰo$^{52}_{55}$dɤ$^{231}_{52}$ 膝盖。

脚弯头 tɕiaʔ$^{45}_{3}$uæ̃$^{52}_{55}$dɤ$^{231}_{52}$ 膝盖的后部。

　脚[月秋]弯 tɕiaʔ$^{45}_{3}$tɕʰiɤ$^{52}_{55}$uæ̃^{52}

讨饭骨 tʰɒ^{335}væ̃$^{11}_{55}$kueʔ$^{45}_{54}$ 胫骨。

　小脚骨 ɕiɒ^{335}tɕiaʔ$^{45}_{5}$kueʔ$^{45}_{54}$

脚善*肚 tɕiaʔ$^{45}_{3}$zẽ$^{113}_{55}$du$^{113}_{52}$ 腿肚子。

　脚娘肚 tɕiaʔ$^{45}_{3}$ȵiaŋ$^{231}_{55}$du$^{113}_{52}$

脚腕 tɕiaʔ$^{45}_{3}$uõ$^{335}_{55}$

脚底板 tɕiaʔ$^{45}_{3}$ti$^{335}_{55}$pæ̃$^{335}_{52}$ 脚掌。

脚底心 tɕiaʔ$^{45}_{3}$ti$^{335}_{55}$ɕiŋ^{52} 脚心。

脚后跟 tɕiaʔ$^{45}_{3}$ɦɤ$^{113}_{55}$kəŋ^{52}　脚跟。
脚背 tɕiaʔ$^{45}_{3}$pᴇ$^{33}_{55}$
平脚底 biŋ$^{231}_{11}$tɕiaʔ$^{45}_{5}$ti$^{335}_{52}$　平底脚。
　菩萨脚 bu$^{231}_{11}$sæʔ$^{45}_{5}$tɕiaʔ$^{45}_{54}$
脚趾头 tɕiaʔ$^{45}_{3}$tsɿ$^{335}_{55}$dɤ$^{231}_{52}$　脚趾。
大脚趾头 do^{11}tɕiaʔ$^{45}_{1}$tsɿ$^{335}_{55}$dɤ$^{231}_{52}$　大脚趾。
小脚趾头 ɕiɒ^{335}tɕiaʔ$^{45}_{5}$tsɿ$^{335}_{55}$dɤ$^{231}_{52}$　小脚趾。
脚趾丫缝 tɕiaʔ$^{45}_{3}$tsɿ$^{335}_{55}$o$^{52}_{55}$voŋ$^{11}_{52}$　脚趾缝。
脚趾掐* tɕiaʔ$^{45}_{3}$tsɿ$^{335}_{55}$kʰæʔ$^{45}_{54}$　脚指甲。
脚印 tɕiaʔ$^{45}_{3}$iŋ$^{33}_{55}$　整个脚的印痕。

肉 ȵioʔ^{23}
皮 bi^{231}
骨头 kueʔ$^{45}_{3}$dɤ$^{231}_{52}$
骨髓 kueʔ$^{45}_{3}$ɕi$^{33}_{55}$
筋 tɕiŋ^{52}
脉 maʔ^{23}
　筋脉 tɕiŋ$^{52}_{33}$maʔ$^{23}_{5}$
寒毛 ɦẽ$^{231}_{11}$mɒ$^{231}_{52}$
　寒毛管 ɦẽ$^{231}_{11}$mɒ$^{231}_{55}$kuø̃$^{335}_{52}$
寒毛孔 ɦẽ$^{231}_{11}$mɒ$^{231}_{55}$kʰuoŋ$^{335}_{52}$
脑髓 nɒ$^{113}_{115}$ɕi$^{33}_{52}$
　脑子 nɒ$^{113}_{115}$tsɿ$^{335}_{52}$
心 ɕiŋ^{52}
肝 kẽ^{52}
肺[头] fi^{33}[dɤ$^{231}_{33}$]
苦胆 kʰu^{335}tæ̃$^{335}_{52}$
　胆 tæ̃^{335}
脾 bi^{231}
胃 ɦuᴇ^{11}

　肚子 tu^{335}tsɿ$^{335}_{52}$

腰子 iɒ$^{52}_{33}$tsɿ$^{335}_{55}$　肾脏。

肚肠 du$^{113}_{115}$dzaŋ$^{231}_{52}$

大肠 do^{11}dzaŋ$^{231}_{11}$

小肠 ɕiɒ^{335}dzaŋ$^{231}_{52}$

盲肠 mɒŋ$^{113}_{115}$dzaŋ$^{231}_{52}$

尿[卵]脬 ɕi$^{52}_{33}$[lø̃$^{113}_{55}$]p^{h}ɒ^{52}

儿袋 ȵi$^{231}_{11}$dᴇ$^{11}_{55}$　子宫。

　子袋 tsɿ^{335}dᴇ$^{11}_{52}$

五脏六肺 ŋ̍$^{113}_{115}$dzaŋ$^{231}_{55}$loʔ$^{23}_{5}$fi$^{33}_{52}$　内脏。

脉息 maʔ$^{23}_{1}$ɕieʔ$^{45}_{5}$　脉搏。

血 ɕiøʔ^{45}

绸*水 dzɤ$^{231}_{11}$sɿ$^{335}_{55}$　创口渗出的液体，无色或黄色。

汗 ɦẽ^{11}

眼泪水 ŋæ̃$^{113}_{115}$li$^{113}_{55}$sɿ$^{335}_{52}$　眼泪。

馋吐水 dzæ̃$^{231}_{11}$t^{h}u$^{335}_{55}$sɿ$^{335}_{52}$，dæ̃$^{231}_{11}$t^{h}u$^{335}_{55}$sɿ$^{335}_{52}$　吐沫。

　馋吐 dzæ̃$^{231}_{11}$t^{h}u$^{335}_{55}$

口里水 k^{h}ɤ^{335}li$^{113}_{55}$sɿ$^{335}_{52}$　口水。

屣 dzoŋ^{231}　精液。

月经 ɦiøʔ$^{23}_{1}$tɕiŋ^{52}

　邋遢 læʔ$^{23}_{1}$t^{h}æʔ$^{45}_{5}$

　身上 sẽ$^{52}_{33}$zɒŋ$^{11}_{55}$

老彼三 lɒ$^{113}_{115}$pᴇ$^{335}_{55}$sæ̃^{52}　月经的避讳语。

　老朋友 lɒ$^{113}_{115}$baŋ$^{231}_{55}$ɦiɤ$^{113}_{52}$

　例假 li^{11}ko$^{33}_{11}$

痰 dæ̃^{231}

鼻[头]涕 beʔ$^{23}_{1}$（-ieʔ）[dɤ$^{231}_{55}$]t^{h}i$^{52}_{55}$

清水鼻头涕 tɕ^{h}iŋ$^{52}_{33}$sɿ$^{335}_{55}$beʔ$^{23}_{5}$（-ieʔ）dɤ$^{231}_{55}$t^{h}i^{52}　稀鼻涕。

鼻头屎 beʔ$^{23}_{1}$（-ieʔ）dɤ$^{231}_{55}$u$^{33}_{55}$ 鼻屎。“屎”，训读字，本字为“涴”，《广韵》乌卧切。

鼻头屎血 beʔ$^{23}_{1}$（-ieʔ）dɤ$^{231}_{55}$u$^{33}_{55}$ɕiøʔ$^{45}_{54}$，beʔ$^{23}_{1}$(-ieʔ) dɤ$^{231}_{55}$uoŋ$^{33}_{55}$ɕiøʔ$^{45}_{54}$，beʔ$^{23}_{1}$(-ieʔ) dɤ$^{231}_{55}$ ɦuoŋ$^{33}_{55}$ɕiøʔ$^{45}_{54}$ 鼻血。“屎”，训读字，本字为“涴”，《广韵》乌卧切。后两种读音中，“屎”有-ŋ 尾，是儿化韵的残迹。

眼眵屎 ŋæ̃$^{113}_{115}$tsɿ$^{52}_{55}$u$^{33}_{52}$ 眼屎。“屎”，训读字，本字为“涴”，《广韵》乌卧切。

耳朵屎 ȵi$^{113}_{115}$to$^{335}_{55}$u$^{33}_{52}$ 耳屎。“屎”，训读字，本字为“涴”，《广韵》乌卧切。

牙齿屎 ŋo$^{231}_{11}$tsʰɿ$^{335}_{55}$u$^{33}_{52}$ 牙垢。“屎”，训读字，本字为“涴”，《广韵》乌卧切。

屎 u^{33} 训读字，本字为“涴”，《广韵》乌卧切。

膴膴 ŋ̩^{33}ŋ̩$^{33}_{55}$ 屎，儿童语。

尿 ɕi^{52}

哆哆尿 to$^{52}_{33}$to$^{52}_{55}$ɕi^{52} 尿，儿童语。

屁 pʰi^{33}

锈泥 ɕiɤ^{33}ȵi$^{231}_{33}$ 泥垢。

　老泥 lɒ$^{113}_{115}$ȵi$^{231}_{52}$

14. 疾病、医疗

毛病 mɒ$^{231}_{11}$biŋ$^{11}_{55}$

胎里疾 tʰᴇ$^{52}_{33}$li$^{113}_{55}$dʑieʔ$^{23}_{54}$ 先天的疾病。

暗病 ẽ^{33}biŋ$^{11}_{33}$ 生殖系统或其他不便明说的疾病。

瘟病 uẽ$^{52}_{33}$biŋ$^{11}_{55}$ 流行病。

　瘟大头 uẽ$^{52}_{33}$da$^{11}_{55}$dɤ$^{231}_{52}$

　时疫[病] zɿ$^{231}_{11}$ɦioʔ$^{23}_{5}$[biŋ$^{11}_{52}$]

传染病 dzẽ$^{231}_{11}$zẽ$^{113}_{55}$biŋ$^{11}_{52}$

伤风 sɒŋ$^{52}_{33}$foŋ^{52} 感冒。

痧气 so$^{52}_{33}$tɕʰi$^{33}_{55}$ 中暑。

绞肠痧 kɒ^{335}dzaŋ$^{231}_{55}$so^{52} 一种腹部剧痛的肠道疾病。

霍乱 hoʔ$^{45}_{3}$lõ$^{11}_{55}$

伤寒症 sɒŋ$^{52}_{33}$ɦẽ$^{231}_{55}$tsəŋ$^{33}_{52}$

鼠疫 tɕʰy^{335}ɦioʔ$^{23}_{54}$

痨病 lɒ$^{231}_{11}$biŋ$^{11}_{55}$ 结核病。

损病 sẽ^{335}biŋ$^{11}_{52}$

黰骨痨 tsəŋ^{335}kueʔ$^{45}_{5}$lɒ$^{231}_{52}$

腰子病 iɒ$^{52}_{33}$tsɿ$^{335}_{55}$biŋ$^{11}_{52}$ 肾炎。

寒热病 ɦẽ$^{231}_{11}$ȵieʔ$^{23}_{5}$biŋ$^{11}_{52}$ 疟疾。

抖抖病 tɤ^{335}tɤ$^{335}_{55}$biŋ$^{11}_{52}$

瘄子 tsʰu^{33}tsɿ$^{335}_{55}$ 麻疹。

小肠气 ɕiɒ^{335}dzaŋ$^{231}_{55}$tɕʰi$^{33}_{52}$ 疝气。

大卵脬 do^{11}lõ$^{113}_{11}$pʰɒ$^{52}_{11}$

大项颈 do^{11}ɦɒŋ$^{113}_{11}$tɕiŋ$^{335}_{11}$ 颈部因甲状腺肿胀而粗大。

痰核 dæ̃$^{231}_{11}$ɦueʔ$^{23}_{5}$ 瘰疬。

脪核 hẽ^{33}ɦueʔ$^{23}_{5}$ 下颌部位淋巴结肿胀。

揲鸭子 dʑieʔ$^{23}_{1}$æʔ$^{45}_{5}$tsɿ$^{335}_{52}$ 腋下淋巴结肿胀。

脑膜炎 nɒ$^{113}_{115}$mo$^{231}_{55}$ɦiẽ$^{231}_{52}$，nɒ$^{113}_{115}$moʔ$^{23}_{5}$ɦiẽ$^{231}_{52}$

盲肠炎 mɒŋ$^{113}_{115}$dzaŋ$^{231}_{55}$ɦiẽ$^{231}_{52}$

肝炎 kẽ$^{52}_{33}$ɦiẽ$^{231}_{52}$

三消病 sæ̃$^{52}_{33}$ɕiɒ$^{52}_{55}$biŋ$^{11}_{52}$

糖尿病 dɒŋ$^{231}_{11}$ȵiɒ$^{11}_{55}$biŋ$^{11}_{52}$

黄胖[病] ɦuɒŋ$^{231}_{11}$pʰɒŋ$^{33}_{55}$[biŋ$^{11}_{52}$] 血吸虫病。

乏力黄 væʔ$^{23}_{1}$lieʔ$^{23}_{5}$ɦuɒŋ$^{231}_{52}$

臌胀病 ku^{335}tsaŋ$^{33}_{55}$biŋ$^{11}_{52}$ 指病情较重、有大量腹水时的血吸虫病。

癌 ŋæ̃^{231}

羊癫病 ɦiaŋ$^{231}_{11}$tiẽ$^{52}_{55}$biŋ$^{11}_{52}$ 癫痫。

羊癫疯 ɦiaŋ$^{231}_{11}$tiẽ$^{52}_{55}$foŋ^{52}

气厥病 tɕʰi^{33}tɕiøʔ$^{45}_{3}$biŋ$^{11}_{33}$ 晕厥。

神经病 zẽ$^{231}_{11}$tɕiŋ$^{52}_{55}$biŋ$^{11}_{52}$ 精神病。

发花呆 fæʔ$^{45}_{3}$huo$^{52}_{55}$ŋE$^{231}_{52}$ 因思慕异性而精神失常：男朋友回头之后，伊就生得～哉。

花呆 huo$^{52}_{33}$ŋE$^{231}_{52}$

花痴 huo$^{52}_{33}$tsʰʅ^{52}

疯瘫 foŋ$^{52}_{11}$tʰæ̃^{52} 瘫痪。

半边疯 pø̃^{33}piẽ$^{52}_{33}$foŋ$^{52}_{33}$ 半身不遂。

心脏病 ɕiŋ$^{52}_{33}$dzɒŋ$^{11}_{55}$biŋ$^{11}_{52}$

唏响病 ɕi$^{52}_{33}$hɤ$^{52}_{55}$biŋ$^{11}_{52}$ 哮喘，无痰。

咸痨病 ɦæ̃$^{231}_{11}$hɒ$^{52}_{55}$biŋ$^{11}_{52}$ 哮喘，有痰。

痰呼病 dæ̃$^{231}_{11}$hu$^{52}_{55}$biŋ$^{11}_{52}$ 支气管炎，有痰。

头痛 dɤ$^{231}_{115}$tʰoŋ$^{33}_{52}$ 头疼。

肚皮痛 du$^{113}_{115}$bi$^{231}_{55}$tʰoŋ$^{33}_{52}$ 肚子疼。

头晕 dɤ$^{231}_{11}$ɦiõ$^{11}_{55}$

痄腮 to^{33}（ts-）sE$^{52}_{33}$ 腮腺炎。

大脚疯 do^{11}tɕiaʔ$^{45}_{1}$foŋ$^{52}_{11}$ 丝虫病，小腿红肿粗大。

鹤膝疯 ŋoʔ$^{23}_{1}$ɕieʔ$^{45}_{5}$foŋ^{52} 类风湿性关节炎，膝关节粗大。

鸡爪疯 tɕi$^{52}_{33}$tsɒ$^{335}_{55}$foŋ^{52} 中医指一种手指脚趾痉挛不能伸展的疾病。

嘴角疮 tsʅ^{335}koʔ$^{45}_{5}$tsʰɒŋ^{52}，tsE^{335}koʔ$^{45}_{5}$tsʰɒŋ^{52} 因上火而口角溃疡。

坐板疮 zo$^{113}_{115}$pæ̃$^{335}_{55}$tsʰɒŋ^{52} 褥疮。

瘌头疮 la^{11}dɤ$^{231}_{11}$tsʰɒŋ^{52} 秃疮。

热疖头 ȵieʔ$^{23}_{1}$tɕieʔ$^{45}_{5}$dɤ$^{231}_{52}$ 疖子。

疙痨[疮] keʔ$^{45}_{3}$lɒ$^{231}_{55}$[tsʰɒŋ^{52}] 疥疮。

[疒乖]癞 kua$^{52}_{33}$la$^{11}_{55}$ 一种发痒的皮肤病，由食物过敏引起。

痔疮 dzʅ$^{113}_{115}$tsʰɒŋ^{52}

疔疮 tiŋ$^{52}_{33}$tsʰɒŋ^{52}

发背 fæʔ$^{45}_{3}$pE$^{33}_{55}$ 疔疮的一种，长在背部中心。

杨梅疮 ɦiaŋ$^{231}_{11}$mE$^{231}_{55}$tsʰɒŋ^{52} 梅毒。

癣 ɕiẽ^{335}

蛇皮癣 zo$^{231}_{11}$bi$^{231}_{55}$ɕiẽ$^{335}_{52}$ 一种不断蜕皮的癣。

湿气 seʔ$^{45}_{3}$tɕʰi$^{33}_{55}$ 中医指湿疹脚癣之类的皮肤病。

灰指掐* huᴇ$^{52}_{33}$tsɿ$^{335}_{55}$k^{h}æʔ$^{45}_{54}$ 灰指甲。

痱子 fi^{33}tsɿ$^{335}_{55}$

大头痱子 do^{11}dɤ$^{231}_{11}$fi$^{33}_{11}$tsɿ$^{335}_{55}$ 长脓头的痱子。

风饼 foŋ$^{52}_{33}$piŋ$^{335}_{55}$ 风疹块。

　冷饭疙瘩 laŋ$^{113}_{115}$væ̃$^{11}_{55}$keʔ$^{45}_{5}$tæʔ$^{45}_{54}$

鸡皮 tɕi$^{52}_{33}$bi$^{231}_{52}$ 鸡皮疙瘩。

乌青 u$^{52}_{33}$tɕ^{h}iŋ^{52} 皮下出血。

紫血泡 tsɿ^{335}ɕiøʔ$^{45}_{5}$p^{h}ɒ$^{33}_{52}$ 因挤压而皮下出血。

冻瘃 toŋ^{33}tsoʔ$^{45}_{5}$ 冻疮。

呃瘏 eʔ$^{45}_{3}$təʔ$^{45}_{5}$ （打）嗝儿。

红眼睛 ɦuoŋ$^{231}_{11}$ŋæ̃$^{113}_{55}$tɕiŋ^{52} 急性结膜炎。

沙眼 so$^{52}_{33}$ŋæ̃$^{113}_{55}$

偷针 t^{h}ɤ$^{52}_{33}$tsẽ^{52} 针眼。

近瞭眼 dʑiŋ$^{113}_{115}$tɕ^{h}i$^{33}_{55}$ŋæ̃$^{113}_{52}$ 近视眼。

矇瞭眼 moŋ^{33}tɕ^{h}i^{33}ŋæ̃$^{113}_{55}$ 较深的近视眼，看不清东西。

老花眼 lɒ$^{113}_{115}$huo$^{52}_{55}$ŋæ̃$^{113}_{52}$

　花眼 huo$^{52}_{33}$ŋæ̃$^{113}_{55}$

色盲 səʔ$^{45}_{3}$mɒŋ$^{113}_{55}$

鸡盲眼 tɕi$^{52}_{33}$mɒŋ$^{113}_{55}$ŋæ̃$^{113}_{52}$ 夜盲症。

羊白眼 ɦiaŋ$^{231}_{11}$baʔ$^{23}_{5}$ŋæ̃$^{113}_{52}$ 外视斜眼。

　白果眼 baʔ$^{23}_{1}$ku$^{335}_{55}$ŋæ̃$^{113}_{52}$

斗鸡眼 tɤ^{33}tɕi$^{52}_{33}$ŋæ̃$^{113}_{55}$ 内视斜眼。

鬼睸眼 tɕy^{335}sæʔ$^{45}_{5}$ŋæ̃$^{113}_{52}$ 干眼病。“睸”，《集韵》色洽切，“目睫动貌”。

　多睸眼 to$^{52}_{33}$sæʔ$^{45}_{5}$ŋæ̃$^{113}_{52}$

吊眼疤 tiɒ^{33}ŋæ̃$^{113}_{33}$po$^{52}_{33}$ 一种上眼皮外翻的眼病。

坍眼 t^{h}æ̃$^{52}_{33}$ŋæ̃$^{113}_{55}$ 一种下眼皮外翻的眼病。

借*团*牙 tɕia^{33}dø̃$^{231}_{33}$ŋo$^{231}_{33}$ 咬合时下齿在上齿外侧。“借*”，本字为“左”，《广韵》则个切。

双坒牙 sɒŋ$^{52}_{33}$bi$^{113}_{55}$ŋo$^{231}_{52}$　两颗牙重叠长在一起。

蛀牙 tɕy^{33}ŋo$^{231}_{33}$

牙疳 ŋo$^{231}_{11}$kẽ^{52}　牙周炎。

红鼻头 ɦuoŋ$^{231}_{11}$beʔ$^{23}_{5}$(-ieʔ) dɤ$^{231}_{52}$　一种鼻尖红肿的皮肤病。

　酒渣鼻 tɕiɤ^{335}tso$^{52}_{55}$bieʔ$^{23}_{54}$

齆鼻头 ŋ̩^{33}beʔ$^{23}_{3}$(-ieʔ) dɤ$^{231}_{33}$　重度鼻炎,不辨香臭：伊嗅勿出气息，是个～。

鸟子斑 piɒ^{335}(t-) tsɿ$^{335}_{55}$pæ̃^{52}　雀斑。

　黑子斑 həʔ$^{45}_{3}$tsɿ$^{335}_{55}$pæ̃^{52}

　雀子斑 tɕʰiaʔ$^{45}_{3}$tsɿ$^{335}_{55}$pæ̃^{52}

寿斑 zɤ^{11}pæ̃$^{52}_{11}$　老人斑。

痣 tsʰɿ^{33}

老鼠奶 lɒ$^{113}_{115}$tsʰɿ$^{335}_{55}$na$^{113}_{52}$　疣。

滞气 dzɿ^{11}tɕʰi$^{33}_{11}$　粉刺。

瘤 lᴇ^{113}　肿粒儿。

块 kʰuᴇ^{33}　肿块。

杠 gɒŋ^{113}　肿条。

厣 iẽ^{335}　痂。

疤 po^{52}

　疤迹* po$^{52}_{33}$tɕieʔ$^{45}_{5}$

趼 tɕiẽ^{335}

　老趼 lɒ$^{113}_{115}$tɕiẽ$^{335}_{52}$

影*障 iŋ^{335}tsɒŋ$^{335}_{52}$　脚上的鸡眼。

　脚艢 tɕiaʔ$^{45}_{3}$tsɿ^{52}

瞖 i^{52}

　膜 mo^{231}

毒 doʔ^{23}　脓。

新肉 ɕiŋ$^{52}_{33}$ȵioʔ$^{23}_{5}$　疮愈后新长出的肌肤。

中医 tsoŋ$^{52}_{33}$i^{52}

西医 ɕi$^{52}_{33}$i^{52}

药 ɦiaʔ^{23}

补药 pu^{335}ɦiaʔ$^{23}_{54}$

发食 fæʔ$^{45}_{3}$zəʔ$^{23}_{5}$ 会引发过敏或上火的食物。

中药 tsoŋ$^{52}_{33}$ɦiaʔ$^{23}_{5}$

草药 tsʰɒ^{335}ɦiaʔ$^{45}_{54}$

西药 ɕi$^{52}_{33}$ɦiaʔ$^{23}_{5}$

丸药 ɦuø̃$^{231}_{11}$ɦiaʔ$^{23}_{5}$ 药丸。

药片 ɦiaʔ$^{23}_{1}$pʰiẽ$^{33}_{55}$

药水 ɦiaʔ$^{23}_{1}$sɿ$^{335}_{55}$

药粉 ɦiaʔ$^{23}_{1}$fẽ$^{335}_{55}$

药膏 ɦiaʔ$^{23}_{1}$kɒ^{52}

膏药 kɒ$^{52}_{33}$ɦiaʔ$^{23}_{5}$

膏药黏 kɒ$^{52}_{33}$ɦiaʔ$^{23}_{5}$ȵiẽ^{52} 膏药中的膏。

药方 ɦiaʔ$^{23}_{1}$fɒŋ^{52}

单方 tæ̃$^{52}_{33}$fɒŋ^{52} 民间偏方。

药店 ɦiaʔ$^{23}_{1}$tiẽ$^{33}_{55}$ 药店，旧指中药店。

药房 ɦiaʔ$^{23}_{1}$vɒŋ$^{231}_{52}$ 药店，旧指西药店。

医院 i$^{52}_{33}$ɦiø̃$^{11}_{55}$

防疫站 bɒŋ$^{231}_{11}$ɦioʔ$^{23}_{5}$dzæ̃$^{113}_{52}$

卫生院 ɦuᴇ$^{113}_{115}$səŋ$^{52}_{55}$ɦiø̃$^{11}_{52}$

病房 biŋ^{11}vɒŋ$^{231}_{11}$

药砂罐 ɦiaʔ$^{23}_{1}$so$^{52}_{55}$kuø̃$^{33}_{52}$

　药罐 ɦiaʔ$^{23}_{1}$kuø̃$^{33}_{55}$

头煎 dɤ$^{231}_{11}$tɕiẽ^{52}

二煎 ȵi^{11}tɕiẽ$^{52}_{11}$

药渣 ɦiaʔ$^{23}_{1}$tso^{52}

15. 人品、职业

男人 nᴇ$^{231}_{11}$ȵiŋ$^{231}_{52}$，nẽ$^{231}_{11}$ȵiŋ$^{231}_{52}$

男人家 nᴇ$^{231}_{11}$ȵiŋ$^{231}_{55}$ko^{52}

女人 ȵy$^{113}_{115}$ȵiŋ$^{231}_{52}$

女人家 ȵy$^{113}_{115}$ȵiŋ$^{231}_{55}$ko^{52}

太太们 tʰa^{33}tʰa^{33}mẽ$^{231}_{33}$ 指已结婚的女人，不限单复数。

老[年]人 lɒ$^{113}_{115}$[ȵiẽ$^{231}_{55}$]ȵiŋ$^{231}_{52}$

老人家 lɒ$^{113}_{115}$ȵiŋ$^{231}_{55}$ko^{52}

老太公 lɒ$^{113}_{115}$tʰa$^{33}_{55}$kuoŋ^{52} 对男性老人的尊称。

老公公 lɒ$^{113}_{115}$kuoŋ$^{52}_{55}$kuoŋ^{52}

老头子 lɒ$^{113}_{115}$dɤ$^{231}_{55}$tsɿ$^{335}_{52}$ 对男性老人的贬称。

老婆婆 lɒ$^{113}_{115}$bo$^{231}_{55}$bo$^{231}_{52}$ 对女性老人的尊称。

老太太 lɒ$^{113}_{115}$tʰa$^{33}_{55}$tʰa$^{33}_{52}$

老太婆 lɒ$^{113}_{115}$tʰa$^{33}_{55}$bo$^{231}_{52}$

后生家 ɦɤ$^{113}_{115}$saŋ$^{52}_{55}$ko^{52} 青年。

小后生 ɕiɒ^{335}ɦɤ$^{113}_{55}$saŋ^{52} 男青年。

小伙子 ɕiɒ^{335}hu$^{335}_{55}$tsɿ$^{335}_{52}$

大姑娘 do^{11}ku$^{52}_{11}$ȵiaŋ$^{231}_{52}$ 女青年。

小人 ɕiɒ^{335}ȵiŋ$^{231}_{52}$ 小孩子。

小佬 ɕiɒ^{335}lɒ$^{113}_{52}$

小官人 ɕiɒ^{335}kuø̃$^{52}_{55}$ȵiŋ$^{231}_{55}$ 小男孩。

阿官 æʔ$^{45}_{3}$kuø̃^{52}

老小官人 lɒ$^{113}_{115}$ɕiɒ$^{335}_{55}$kuø̃$^{52}_{55}$ȵiŋ$^{231}_{52}$

小[大]姑娘 ɕiɒ^{335}[do$^{11}_{55}$]ku$^{52}_{55}$ȵiaŋ$^{231}_{52}$ 小女孩。

小毛头 ɕiɒ^{335}mɒ$^{52}_{55}$dɤ$^{231}_{55}$ 婴儿。

孲娃 o$^{52}_{33}$uo^{52}

肉肉 ȵioʔ$^{23}_{1}$ȵioʔ$^{23}_{5}$，ȵioʔ$^{45}_{3}$ȵioʔ$^{45}_{5}$ 对小孩的昵称或小孩自称。

小鬼头 ɕiɒ^{335}tɕy$^{335}_{55}$dɤ$^{231}_{52}$ 对小孩的责骂或爱称。

陌生人 maʔ$^{23}_{1}$saŋ$^{52}_{55}$ȵiŋ$^{231}_{52}$

熟[视]人 zoʔ$^{23}_{1}$[zɿ$^{11}_{55}$]ȵiŋ$^{231}_{52}$

外人 ŋa^{11}ȵiŋ$^{231}_{11}$

自咯人 ʑi^{11}geʔ$^{45}_{1}$（koʔ）ȵiŋ$^{231}_{11}$ 自己人。

一家屋里 ieʔ$^{45}_{3}$ko$^{52}_{55}$u$^{33}_{55}$li$^{113}_{52}$ 全家人。

本地人 pẽ^{335}di$^{11}_{55}$ȵiŋ$^{231}_{52}$

　当地人 tɒŋ$^{52}_{33}$di$^{11}_{55}$ȵiŋ$^{231}_{52}$

外路人 ŋa^{11}lu^{11}ȵiŋ$^{231}_{11}$ 外地人。

城里人 dzəŋ$^{231}_{11}$li$^{113}_{55}$ȵiŋ$^{231}_{52}$

乡下人 ɕiaŋ$^{52}_{33}$ɦo$^{113}_{55}$ȵiŋ$^{231}_{52}$

大头寸 do^{11}dɤ$^{231}_{11}$tsʰẽ^{52} 指官高有权势的人。

有铜钱人 ɦiɤ$^{113}_{115}$doŋ$^{231}_{55}$liẽ$^{231}_{55}$ȵiŋ$^{231}_{52}$

　有钿人 ɦiɤ$^{113}_{115}$diẽ$^{231}_{55}$ȵiŋ$^{231}_{52}$

穷[苦]人 dʑioŋ$^{231}_{11}$[kʰu$^{335}_{55}$]ȵiŋ$^{231}_{52}$

独个头人 doʔ$^{23}_{1}$gəʔ$^{45}_{5}$（koʔ）dɤ$^{231}_{55}$ȵiŋ$^{231}_{52}$ 单身。

光棍 kuɒŋ$^{52}_{33}$kuẽ$^{335}_{55}$ 单身汉，贬称。

老大姑娘 lɒ$^{113}_{115}$do$^{11}_{55}$ku$^{52}_{55}$ȵiaŋ$^{231}_{52}$ 老姑娘。

孤老 ku$^{52}_{33}$lɒ$^{113}_{55}$ 老年单身的人。

孤老头 ku$^{52}_{33}$lɒ$^{113}_{55}$dɤ$^{231}_{52}$ 老年的鳏夫或单身汉。

孤老太婆 ku$^{52}_{33}$lɒ$^{113}_{55}$tʰa$^{33}_{55}$bo$^{231}_{52}$ 老年的寡妇或无子女者。

孤孀 ku$^{52}_{33}$sɒŋ^{52} 寡妇，一般指中青年的。

填房 diẽ$^{113}_{115}$vɒŋ$^{231}_{52}$ 继室。

二婚头 ȵi^{11}huẽ$^{52}_{11}$dɤ$^{231}_{52}$ 旧指丈夫死后改嫁的妇女。

　回头人 ɦuᴇ$^{231}_{11}$dɤ$^{231}_{55}$ȵiŋ$^{231}_{52}$

活絜头 ɦueʔ$^{23}_{1}$tɕʰieʔ$^{45}_{5}$dɤ$^{231}_{52}$ 旧指和丈夫离婚后改嫁的妇女。

孵床佬 bu^{11}zɒŋ$^{231}_{11}$lɒ$^{113}_{55}$ 旧指寡妇招赘的男人。“孵”，训读字，本字为“伏”，《广韵》扶富切。

孤儿 ku$^{52}_{33}$l̩$^{231}_{52}$

遗腹子 ɦi$^{231}_{11}$foʔ$^{45}_{5}$tsɿ$^{335}_{52}$

拖油瓶 tʰo$^{52}_{33}$ɦiɤ$^{231}_{55}$biŋ$^{231}_{52}$ 旧时贬称前夫的儿女随母改嫁的，或专指儿子。

　阿领 æʔ$^{45}_{3}$liŋ$^{113}_{55}$

油揭 ɦiɤ$^{231}_{11}$tʰæʔ$^{45}_{5}$ 旧时贬称前夫的女儿随母改嫁的。

逃生 dɒ$^{231}_{11}$saŋ^{52}　私生子女。

新郎官 ɕiŋ$^{52}_{33}$lɒŋ$^{231}_{55}$kuø̃^{52}　新郎。

新人 ɕiŋ$^{52}_{33}$ȵiŋ$^{231}_{52}$

　新娘子 ɕiŋ$^{52}_{33}$ȵiaŋ$^{231}_{55}$tsɿ$^{335}_{55}$

伴郎 bø̃$^{113}_{115}$lɒŋ$^{231}_{52}$

伴[姑]娘 bø̃$^{113}_{115}$[ku$^{52}_{55}$]ȵiaŋ$^{231}_{52}$

瞎子 hæʔ$^{45}_{3}$tsɿ$^{335}_{55}$

瞎眼佬 hæʔ$^{45}_{3}$ŋæ̃$^{113}_{55}$lɒ$^{113}_{52}$　瞎子的贬称。

瞎婆 hæʔ$^{45}_{3}$bo$^{231}_{52}$　女性的瞎子。

独眼龙 doʔ$^{23}_{1}$ŋæ̃$^{113}_{55}$loŋ$^{231}_{52}$　瞎了一只眼的人。

睐眼佬 læʔ$^{23}_{1}$ŋæ̃$^{113}_{55}$lɒ$^{113}_{52}$　斜视的人。

聋髼 loŋ$^{231}_{11}$baŋ$^{231}_{52}$

　聋子 loŋ$^{231}_{11}$tsɿ$^{335}_{55}$

葛*嘴[佬] keʔ$^{45}_{3}$tsɿ$^{335}_{55}$[lɒ$^{113}_{52}$]，keʔ$^{45}_{3}$tsE$^{335}_{55}$[lɒ$^{113}_{52}$]　口吃的人：伊阿侄是个～，一句说话有半日好话唻。“葛*”，本字为“吃”。

　葛*嘴脯 keʔ$^{45}_{3}$tsɿ$^{335}_{55}$bu$^{231}_{52}$

执*嘴 tseʔ$^{45}_{3}$tsɿ$^{335}_{55}$，tseʔ$^{45}_{3}$tsE$^{335}_{55}$　咬字不准的人，比如把“资次思”读成“鸡启西”之类。

　大舌头 do^{11}zeʔ$^{23}_{1}$dɤ$^{231}_{11}$

倭子 o$^{52}_{33}$tsɿ$^{335}_{55}$　口齿不清的人。“倭”，原指宋时倭寇入侵后与国人言语不能相通。

哑子 o^{335}tsɿ$^{335}_{52}$，o^{335}tseʔ$^{45}_{54}$　哑巴。

哑婆 o^{335}bo$^{231}_{52}$　女性的哑巴。

缺嘴龙 tɕʰiøʔ$^{45}_{3}$tsɿ$^{335}_{55}$loŋ$^{231}_{52}$　豁唇的人。

　缺嘴脯 tɕʰiøʔ$^{45}_{3}$tsɿ$^{335}_{55}$bu$^{231}_{52}$

麻子 mo$^{231}_{11}$tsɿ$^{335}_{55}$，mo$^{231}_{11}$tseʔ$^{45}_{5}$

麻婆 mo$^{231}_{11}$bo$^{231}_{52}$　女性的麻子。

秃头 tʰøʔ$^{45}_{3}$dɤ$^{231}_{52}$　谢顶的人。

瘌痢头 læʔ$^{23}_{1}$li$^{11}_{55}$dɤ$^{231}_{52}$　长秃疮的人。

癞头 la^{11}dɤ$^{231}_{11}$

癞子 la^{11}tsɿ$^{335}_{55}$

癞头婆 la^{11}dɤ$^{231}_{11}$bo$^{231}_{52}$ 长秃疮的女性。

驼背佬 do$^{231}_{11}$pᴇ$^{33}_{55}$lɒ$^{113}_{52}$ 驼子。

⿰身叚背 ho$^{52}_{33}$pᴇ$^{33}_{55}$ 伛偻的人。

翘脚 tɕʰiɒ$^{52}_{33}$tɕiaʔ$^{45}_{5}$ 拐子。

折脚佬 zeʔ$^{23}_{1}$tɕiaʔ$^{45}_{5}$lɒ$^{113}_{52}$

趜脚佬 ɡɤ$^{231}_{11}$tɕiaʔ$^{45}_{5}$lɒ$^{113}_{52}$ 罗圈腿。

疯子 foŋ$^{52}_{33}$tsɿ$^{335}_{55}$ 瘫痪的人。

疯瘫佬 foŋ$^{52}_{33}$tʰæ̃$^{52}_{55}$lɒ$^{113}_{52}$

六个手指头 loʔ$^{23}_{1}$ɡəʔ$^{45}_{5}$（koʔ）sɤ$^{335}_{55}$tsɿ$^{335}_{55}$dɤ$^{231}_{52}$ 有枝指的人。

借*手佬 tɕia^{33}sɤ$^{335}_{33}$lɒ$^{113}_{33}$ 用左手的人。"借*"，本字为"左"，《广韵》则个切。

借*手师父 tɕia^{33}sɤ$^{335}_{33}$sɿ$^{52}_{33}$ɦu$^{113}_{52}$

借*脚佬 tɕia^{33}tɕiaʔ$^{45}_{3}$lɒ$^{113}_{33}$ 用左手的人，贬称。"借*"，本字为"左"，《广韵》则个切。

[大]呆子 [do^{11}]ŋᴇ$^{231}_{11}$tsɿ$^{335}_{55}$，[do^{11}]ŋᴇ$^{231}_{11}$tseʔ$^{45}_{5}$ （1）傻子。（2）行为木讷的疯子。

呆婆 ŋᴇ$^{231}_{11}$bo$^{231}_{52}$ （1）女性的傻子。（2）行为木讷的女性疯子。

癫子 tiẽ$^{52}_{33}$tsɿ$^{335}_{55}$ 指行为癫狂的疯子。

疯婆 foŋ$^{52}_{33}$bo$^{231}_{52}$ 指行为癫狂的女性疯子。

喥头 doʔ$^{23}_{1}$dɤ$^{231}_{52}$ 傻子。

书喥头 ɕy$^{52}_{33}$doʔ$^{23}_{5}$dɤ$^{231}_{52}$

直头老虎 dzəʔ$^{23}_{1}$dɤ$^{231}_{55}$lɒ$^{113}_{55}$hu$^{335}_{52}$ 指心直口快、不知转圜的人。

直头牛 dzəʔ$^{23}_{1}$dɤ$^{231}_{55}$ȵiɤ$^{231}_{52}$

懈胖 ɡᴇ$^{113}_{115}$pʰɒŋ$^{33}_{52}$ 指心宽发福的人。

老实头人 lɒ$^{113}_{115}$zəʔ$^{23}_{5}$dɤ$^{231}_{55}$ȵiŋ$^{231}_{52}$ 老实人。

经济头人 tɕiŋ$^{52}_{33}$tɕi$^{33}_{55}$dɤ$^{231}_{55}$ȵiŋ$^{231}_{52}$ 指善于精打细算的人。

老古板 lɒ$^{113}_{115}$ku$^{335}_{55}$pæ̃$^{335}_{52}$ 指食古不化的人。

呆大舅 ŋE$^{231}_{11}$do$^{11}_{55}$tɕiɤ$^{113}_{52}$（dʑ-） 指傻瓜。

偐子 iẽ^{335}tsɿ$^{335}_{52}$ 指缺乏经验容易上当的人。“偐”，“燕”的转写，原指春秋时燕王哙被唆使让位于宰相子之，结果国乱被杀，成为人所共知的蠢人。

寿头 zɤ^{11}dɤ$^{231}_{11}$ 指背时的人。

　陈年历日本 dzẽ$^{231}_{11}$ȵiẽ$^{231}_{55}$lieʔ$^{23}_{5}$zeʔ$^{23}_{5}$pẽ$^{335}_{52}$

滥好人 læ̃^{11}hɒ$^{335}_{11}$ȵiŋ$^{231}_{11}$ 指过分示人以好的人。

哭作猫 kʰoʔ$^{45}_{3}$tsoʔ$^{45}_{5}$mɒ$^{231}_{52}$ 指容易受气哭泣的人。

偎灶猫 uE$^{52}_{33}$tsɒ$^{33}_{55}$mɒ$^{231}_{52}$ 指精神萎靡不振的人。

夜新鲜 ɦia^{11}ɕiŋ$^{52}_{11}$ɕiẽ^{52} 指越晚越有精神、不爱睡觉的人。

摸夜游 moʔ$^{23}_{1}$ɦia$^{11}_{55}$ɦiɤ$^{231}_{52}$ （1）指梦游人。（2）指晚间和白天一样工作或闲逛的人。

惹风骚 ȵia$^{113}_{115}$foŋ$^{52}_{55}$sɒ^{52} 指经不起旁人的言行冲撞，经常反应过度的人。

轻骨头 tɕʰiŋ$^{52}_{33}$kueʔ$^{45}_{5}$dɤ$^{231}_{52}$ 指言行轻浮的人。

下作胚 ɦo$^{113}_{115}$tsoʔ$^{45}_{5}$pʰE^{52} 指言行下流的人。

坏胚子 ɦua^{11}pʰE$^{52}_{11}$tsɿ$^{335}_{55}$ 指天性不佳的人。

闒壁鬼 ieʔ$^{45}_{3}$pieʔ$^{45}_{5}$tɕy$^{335}_{52}$ 指偷听偷看的人。

阴司鬼 iŋ$^{52}_{33}$sɿ$^{52}_{55}$tɕy$^{335}_{52}$ 指内心阴暗、爱算计别人的人。

极*煞鬼 dʑieʔ$^{23}_{1}$sæʔ$^{45}_{5}$tɕy$^{335}_{52}$ 指缺乏善意的人。

　力*极*鬼 lieʔ$^{23}_{1}$dʑieʔ$^{23}_{5}$tɕy$^{335}_{52}$

性急鬼 ɕiŋ^{33}tɕieʔ$^{45}_{3}$tɕy$^{335}_{33}$ 指性情急躁的人。

倒醉鬼 tɒ^{33}tsE^{33}tɕy$^{335}_{33}$ 指醉酒后丑态百出的人。

呆虫 ŋE$^{231}_{11}$dzoŋ$^{231}_{52}$ 责骂人愚蠢。

瘟虫 uẽ$^{52}_{33}$dzoŋ$^{231}_{52}$ 责骂人熊样。

贱胎 ʑiẽ^{11}tʰE$^{335}_{55}$ 对人的蔑视和辱骂。

赤佬[头] tsʰeʔ$^{45}_{3}$lɒ$^{113}_{55}$[dɤ$^{231}_{52}$]，tsʰoʔ$^{45}_{3}$lɒ$^{113}_{55}$[dɤ$^{231}_{52}$] 对人的蔑视和辱骂。

贼胚 zəʔ$^{23}_{1}$pʰE^{52} 责骂男性品行不端。

　强盗胚 dʑiaŋ$^{231}_{11}$dɒ^{11}pʰE$^{52}_{11}$

落魄阿四 loʔ$^{23}_{1}$tʰoʔ$^{45}_{5}$æʔ$^{45}_{5}$sɿ$^{33}_{52}$ 指衣冠不整的人。

　烂地桩 lǣ^{11}di^{11}tsɒŋ$^{52}_{11}$

空心大佬 k^{h}uoŋ$^{52}_{33}$ɕiŋ$^{52}_{55}$do$^{11}_{55}$lɒ$^{113}_{52}$　旧指破落户。

　空壳大少爷 k^{h}uoŋ$^{52}_{33}$k^{h}oʔ$^{45}_{5}$do$^{11}_{55}$sɒ$^{33}_{55}$ɦia$^{231}_{52}$

烂料 lǣ^{11}liɒ^{11}　责骂败家子。

搭色佬 tæʔ$^{45}_{3}$səʔ$^{45}_{5}$lɒ$^{113}_{52}$　指已婚男性有外遇的。

姘头 p^{h}iŋ^{33}dɤ$^{231}_{33}$　姘居的男人或女人。

　搭头 tæʔ$^{45}_{3}$dɤ$^{231}_{52}$

花客 huo$^{52}_{33}$k^{h}aʔ$^{45}_{5}$　旧指吃喝嫖赌的人。

烂货 lǣ^{11}hu$^{33}_{11}$　责骂女性作风不正。

氽客 t^{h}ø̃^{335}k^{h}aʔ$^{45}_{54}$　旧指无业游民。

堕贫 do$^{113}_{11}$biŋ$^{231}_{11}$　旧时贬指贱民。原为“堕民”。

老嫚 lɒ$^{113}_{11}$mø̃$^{231}_{52}$　旧时贬指堕贫的妻子。“嫚”即“鳗”。

嫚线 mø̃$^{231}_{11}$ɕiẽ$^{33}_{55}$　旧时贬指堕贫的女儿。“嫚线”即“鳗线”，原指鳗鱼苗。

告化子 kɒ^{33}huo^{33}tsʅ$^{335}_{55}$，ka^{33}huo^{33}tsʅ$^{335}_{55}$　乞丐。

　讨饭 t^{h}ɒ$^{335}_{33}$vǣ$^{11}_{33}$

　讨饭佬 t^{h}ɒ^{335}vǣ$^{11}_{55}$lɒ$^{113}_{52}$

大班讨饭 do^{11}pǣ$^{52}_{11}$t^{h}ɒ$^{335}_{55}$vǣ$^{11}_{55}$　指成群结帮的乞丐。

婊子 piɒ^{335}tsʅ$^{335}_{52}$

　天亮嫂 t^{h}iẽ$^{52}_{33}$liaŋ$^{11}_{55}$sɒ$^{335}_{52}$

沿凡*咯 ɦiẽ$^{231}_{11}$vǣ$^{231}_{55}$goʔ$^{45}_{5}$（k-）　旧指在路上拉客的妓女。

贼骨头 zəʔ$^{23}_{1}$kueʔ$^{45}_{5}$dɤ$^{231}_{52}$　小偷。

　暗贼 ẽ^{33}zəʔ$^{23}_{5}$

匽背贼 iẽ^{335}pᴇ$^{33}_{55}$zəʔ$^{23}_{54}$　白天隐藏在人家中、晚上出来偷盗的小偷。

撮鸟儿 ts^{h}øʔ$^{45}_{3}$tiɒ$^{335}_{55}$l̩$^{231}_{52}$　扒手。

　三只手 sǣ$^{52}_{33}$tsəʔ$^{45}_{5}$sɤ$^{335}_{52}$

骗贼 p^{h}iẽ^{33}zəʔ$^{23}_{5}$

　骗子 p^{h}iẽ^{33}tsʅ$^{335}_{55}$

篾骗 mieʔ$^{23}_{1}$p^{h}iẽ$^{33}_{55}$　谐音“篾片”，对骗子的谑称。

强盗 dʑiaŋ$^{231}_{11}$dɒ$^{11}_{55}$

破脚骨 p^{h}a^{33}tɕiaʔ$^{45}_{3}$kueʔ$^{45}_{5}$　地痞流氓。

　地头蛇 di^{11}dɤ$^{231}_{11}$zo$^{231}_{52}$

瘪三 pieʔ$^{45}_{3}$sæ̃^{52}　不务正业的游民。

工人 kuoŋ$^{52}_{33}$ȵiŋ$^{231}_{52}$

　做工咯 tso^{33}kuoŋ$^{52}_{55}$goʔ$^{45}_{54}$（k-）

农民 noŋ$^{231}_{11}$miŋ$^{231}_{52}$

　种田咯 tsoŋ$^{33}_{55}$diẽ$^{231}_{115}$goʔ$^{45}_{54}$（k-）

　务农咯 u$^{33}_{55}$noŋ$^{231}_{115}$goʔ$^{45}_{54}$（k-）

田墩头 diẽ$^{231}_{11}$tø̃$^{52}_{55}$dɤ$^{231}_{52}$　旧时指富裕的农民。

地主 di^{11}tɕy$^{335}_{55}$

　老相公 lɒ$^{113}_{115}$ɕiaŋ$^{33}_{55}$kuoŋ^{52}　旧词。

佃户 diẽ$^{231}_{11}$ɦu$^{113}_{55}$　旧时指向地主租田缴租的农民。

收租老相公 sɤ$^{52}_{33}$tsu$^{52}_{55}$lɒ$^{113}_{55}$ɕiaŋ$^{33}_{55}$kuoŋ^{52}　旧时指替地主向佃户收租的人。

会计 kuᴇ^{33}tɕi^{33}

　账房先生 tsaŋ^{33}vɒŋ$^{231}_{33}$ɕiẽ$^{52}_{33}$saŋ^{52}　旧词。

长年 dzaŋ$^{231}_{11}$ȵiẽ$^{231}_{52}$　长工。

短工 tø̃^{335}kuoŋ^{52}

临时工 liŋ$^{231}_{11}$zɿ$^{231}_{55}$kuoŋ^{52}

手脚 sɤ^{335}tiaʔ$^{45}_{54}$　干活时的进度：伊～快，别人种一埭，伊种两埭。

头脑 dɤ$^{231}_{11}$nɒ$^{113}_{55}$　领班。

做手艺咯 tso$^{33}_{55}$sɤ^{335}ȵi$^{11}_{55}$goʔ$^{45}_{54}$（k-）　手艺人。

生活 saŋ$^{52}_{33}$ɦueʔ$^{23}_{5}$　活儿。

百作 paʔ$^{45}_{3}$tsoʔ$^{45}_{5}$　各行各业。

田作 diẽ$^{231}_{11}$tsoʔ$^{45}_{5}$　农事。

木作师父 moʔ$^{23}_{1}$tsoʔ$^{45}_{5}$sɿ$^{52}_{55}$ɦu$^{113}_{52}$

　木匠[师父] moʔ$^{23}_{1}$ʑiaŋ$^{113}_{55}$[sɿ$^{52}_{55}$ɦu$^{113}_{52}$]

　作头师父 tsoʔ$^{45}_{3}$dɤ$^{231}_{55}$sɿ$^{52}_{55}$ɦu$^{113}_{52}$

竹作师父 tsoʔ$^{45}_{3}$tsoʔ$^{45}_{5}$sɿ$^{52}_{55}$ɦu$^{113}_{52}$　（1）竹匠。（2）篾匠。

竹匠 tsoʔ$^{45}_{3}$ʑiaŋ$^{113}_{55}$

簟匠 diẽ$^{113}_{115}$ʑiaŋ$^{113}_{52}$ 篾匠。

泥水作师父 ȵi$^{231}_{11}$sɿ$^{335}_{55}$tsoʔ$^{45}_{5}$sɿ$^{52}_{55}$ɦu$^{113}_{52}$

泥水匠 ȵi$^{231}_{11}$sɿ$^{335}_{55}$ʑiaŋ$^{113}_{52}$

做泥子咯 tso$^{33}_{55}$ȵi$^{231}_{11}$tsɿ$^{335}_{55}$goʔ$^{45}_{5}$（k-）

石匠 zaʔ$^{23}_{1}$ʑiaŋ$^{113}_{55}$

石作师父 zaʔ$^{23}_{1}$tsoʔ$^{45}_{5}$sɿ$^{52}_{55}$ɦu$^{113}_{52}$

织布匠 tseʔ$^{45}_{3}$pu$^{33}_{55}$ʑiaŋ$^{113}_{52}$

腰机师父 iɒ$^{52}_{33}$tɕi$^{52}_{55}$sɿ$^{52}_{55}$ɦu$^{113}_{52}$

搒花师父 pʰɒŋ$^{52}_{33}$huo$^{52}_{55}$sɿ$^{52}_{55}$ɦu$^{113}_{52}$ 弹棉花的工匠。

篷作师父 boŋ$^{231}_{11}$tsoʔ$^{45}_{5}$sɿ$^{52}_{55}$ɦu$^{113}_{52}$ 制作船篷篰篓的工匠。

染坊师父 zẽ$^{113}_{115}$fɒŋ$^{52}_{55}$sɿ$^{52}_{55}$ɦu$^{113}_{52}$ 印染工。

漆匠[师父] tɕʰieʔ$^{45}_{3}$ʑiaŋ$^{113}_{55}$[sɿ$^{52}_{55}$ɦu$^{113}_{52}$]

铁匠[师父] tʰieʔ$^{45}_{3}$ʑiaŋ$^{113}_{55}$[sɿ$^{52}_{55}$ɦu$^{113}_{52}$]

打铁佬 taŋ^{335}tʰieʔ$^{45}_{5}$lɒ$^{113}_{52}$ 对铁匠的贬称。

白铁师父 baʔ$^{23}_{1}$tʰieʔ$^{45}_{5}$sɿ$^{52}_{55}$ɦu$^{113}_{52}$ 用白铁皮制作器具的工匠。

铜匠[师父] doŋ$^{231}_{11}$ʑiaŋ$^{113}_{55}$[sɿ$^{52}_{55}$ɦu$^{113}_{52}$]

箍桶师父 kʰu$^{52}_{33}$doŋ$^{113}_{55}$sɿ$^{52}_{55}$ɦu$^{113}_{52}$ 修制圆形木器的工匠。

裁缝师父 zᴇ$^{231}_{11}$voŋ$^{231}_{55}$sɿ$^{52}_{55}$ɦu$^{113}_{52}$

裁缝 zᴇ$^{231}_{11}$voŋ$^{231}_{52}$

皮匠[师父] bi$^{231}_{11}$ʑiaŋ$^{113}_{55}$[sɿ$^{52}_{55}$ɦu$^{113}_{52}$]

理发匠 li$^{113}_{115}$fæʔ$^{45}_{5}$ʑiaŋ$^{113}_{52}$

剃头师父 tʰi^{33}dɤ$^{231}_{33}$sɿ$^{52}_{33}$ɦu$^{113}_{55}$

剃头佬 tʰi^{33}dɤ$^{231}_{33}$lɒ$^{113}_{33}$ 对理发匠的贬称。

烧饭师父 sɒ$^{52}_{33}$væ̃$^{11}_{55}$sɿ$^{52}_{55}$ɦu$^{113}_{52}$ 厨子。

饭头 væ̃^{11}dɤ$^{231}_{11}$

船老板 zẽ$^{231}_{11}$lɒ$^{113}_{55}$pæ̃$^{335}_{52}$

船头脑 zẽ$^{231}_{11}$dɤ$^{231}_{55}$nɒ$^{113}_{52}$

老板 lɒ$^{113}_{115}$pæ̃$^{335}_{52}$

店王 tiẽ$^{33}_{335}$ɦuɒŋ$^{231}_{52}$ 旧指老板。读为“点王”。“王”字上加一“点”，

　　即指“店主”的“主”字。

老板娘 lɒ$^{113}_{115}$pæ̃$^{335}_{55}$ȵiaŋ$^{231}_{52}$

售货员 zɤ^{11}hu$^{33}_{11}$ɦiø̃$^{231}_{11}$

　店倌 tiẽ^{33}kuø̃$^{52}_{33}$

服务员 voʔ$^{23}_{1}$ɦu$^{11}_{55}$ɦiø̃$^{231}_{52}$

　堂倌 dɒŋ$^{231}_{11}$kuø̃^{52}

朝奉 dzɒ$^{231}_{11}$voŋ$^{113}_{55}$　旧时指当铺的伙计。

老伯 lɒ$^{113}_{115}$paŋ$_{52}$　老工人，多指门房。“伯”paʔ^{45}有 -ŋ 尾，是儿化韵的残余。

投递员 dɤ$^{231}_{11}$di$^{11}_{55}$ɦiø̃$^{231}_{52}$

　邮差 ɦiɤ$^{231}_{11}$tsʰa$^{335}_{55}$

佣人 ɦioŋ^{11}ȵiŋ$^{231}_{11}$　做家务的雇工。旧词。

嬷嬷 mo$^{113}_{115}$mo$^{113}_{52}$　保姆。

阿姑 æʔ$^{45}_{3}$ku^{52}　未婚的保姆。

丫头使女 o$^{52}_{33}$dɤ$^{231}_{55}$sɿ$^{335}_{55}$ȵy$^{113}_{52}$　旧时指卖身为奴的年轻女佣。

　丫头 o$^{52}_{33}$dɤ$^{231}_{52}$

奶娘 na$^{113}_{115}$ȵiaŋ$^{231}_{52}$　奶妈。

　奶嬷 na$^{113}_{115}$mo$^{113}_{52}$

老娘婆 lɒ$^{113}_{115}$ȵiaŋ$^{231}_{55}$bo$^{231}_{52}$　接生婆。

生意人 saŋ$^{52}_{33}$i$^{33}_{55}$ȵiŋ$^{231}_{52}$　商人。

做小生意咯 tso$^{33}_{55}$ɕiɒ^{335}saŋ$^{52}_{55}$i$^{33}_{55}$ɡoʔ$^{45}_{54}$（k-）　小商人。

行贩 ɦɒŋ$^{231}_{11}$fæ̃$^{33}_{55}$　小贩。

担货郎担咯 tæ̃$^{52}_{55}$hu^{33}lɒŋ$^{231}_{33}$tæ̃^{33}ɡoʔ$^{45}_{3}$（k-）　货郎。

掮客 dʑiẽ$^{231}_{11}$kʰaʔ$^{45}_{5}$　经纪人。

中[央]人 tsoŋ$^{52}_{33}$[iaŋ$^{52}_{55}$]ȵiŋ$^{231}_{52}$　中间人。

荐头 tɕiẽ^{33}dɤ$^{231}_{33}$　介绍人。

同行[门]宗 doŋ$^{231}_{11}$ɦɒŋ$^{231}_{55}$[mẽ$^{231}_{55}$]tsoŋ^{52}　同行。

内行人 nᴇ^{11}ɦɒŋ$^{231}_{11}$ȵiŋ$^{231}_{11}$

　在行人 zᴇ$^{113}_{115}$ɦɒŋ$^{231}_{55}$ȵiŋ$^{231}_{52}$

外行 ŋa^{11}ɦɒŋ$^{231}_{11}$ 外行人。

师爷 sɿ$^{52}_{33}$ɦia$^{231}_{52}$ 旧时称衙门中的幕僚。

教书先生 kɒ^{33}ɕy$^{52}_{33}$ɕiẽ$^{52}_{33}$saŋ^{52} 教师。

　教书咯 kɒ^{33}ɕy$^{52}_{55}$goʔ$^{45}_{54}$（k-）

白木先生 baʔ$^{23}_{1}$moʔ$^{23}_{5}$ɕiẽ$^{52}_{55}$saŋ^{52} 背后对教师的贬称。

学生[子] ɦoʔ$^{23}_{1}$saŋ$^{52}_{55}$[tsɿ$^{335}_{55}$] （1）学生。（2）徒弟，学徒。

读书人 doʔ$^{23}_{1}$ɕy$^{52}_{55}$ȵiŋ$^{231}_{52}$ （1）学生。（2）知识分子。

文盲 vẽ$^{231}_{11}$mɒŋ$^{231}_{52}$

　亮眼瞎 liaŋ^{11}ŋæ̃$^{113}_{11}$hæʔ$^{45}_{5}$

兵 piŋ^{52}

警察 tɕiŋ^{335}tsʰæʔ$^{45}_{54}$

医生 i$^{52}_{33}$saŋ^{52}

郎中 lɒŋ$^{231}_{11}$tsoŋ^{52} 指中医。

走方郎中 tsɤ^{335}fɒŋ$^{52}_{55}$lɒŋ$^{231}_{55}$tsoŋ^{52} 江湖医生。

护士 ɦu$^{113}_{115}$zɿ$^{113}_{52}$

　看护 kʰẽ^{33}ɦu$^{11}_{33}$

吃食户 tɕʰieʔ$^{45}_{3}$zəʔ$^{23}_{5}$ɦu$^{113}_{52}$ 美食家。

演员 ɦiẽ$^{113}_{115}$ɦiø̃$^{231}_{52}$

　戏子 ɕi^{33}tsɿ$^{335}_{55}$ 旧称。

和尚 ɦo$^{231}_{11}$zɒŋ$^{11}_{55}$

道士 dɒ$^{113}_{115}$zɿ$^{113}_{52}$

尼姑 ȵi$^{231}_{11}$ku^{52}

　尼姑婆 ȵi$^{231}_{11}$ku$^{52}_{55}$bo$^{231}_{52}$

　师姑 sɿ$^{52}_{33}$ku^{52}

师太 sɿ$^{52}_{33}$tʰa$^{33}_{55}$ 对尼姑的尊称。

巫婆 ɦu$^{231}_{11}$bo$^{231}_{52}$

斗篮嬷嬷 tɤ^{335}læ̃$^{231}_{55}$mo$^{113}_{55}$mo$^{113}_{52}$ “斗篮”，借指“兜揽”，指好事的上年纪的妇女。

破话作头 pʰa^{33}ɦuo$^{11}_{33}$tsoʔ$^{45}_{3}$dɤ$^{231}_{52}$ 老在背后说人坏话的人。

乌青档头 u$^{52}_{33}$tɕʰiŋ$^{52}_{55}$tɒŋ$^{33}_{55}$dɤ$^{231}_{52}$ 指整日闲逛无所事事的人，主要指青

年人。

戳落丫头 zoʔ$^{23}_{1}$loʔ$^{23}_{5}$o$^{52}_{55}$dɤ$^{231}_{52}$　比喻饱受欺压、动辄得咎的人。

出头椽子 tsʰeʔ$^{45}_{3}$dɤ$^{231}_{55}$dzẽ$^{231}_{55}$tsɿ$^{335}_{52}$　比喻带头处事承受灾祸的人。

阿兴阿旺 æʔ$^{45}_{3}$ɕiŋ$^{52}_{55}$æʔ$^{45}_{5}$ɦuɒŋ$^{11}_{52}$　比喻两个行为、遭遇都相似的人。

双肌*中 sɒŋ$^{52}_{33}$tɕi$^{52}_{55}$tsoŋ^{52}　比喻嗓门大的人。

百搭 paʔ$^{45}_{3}$tæʔ$^{45}_{5}$　指什么人都要搭理、什么事都想参与的人。

善女人 zẽ$^{113}_{115}$ȵy$^{113}_{55}$ȵiŋ$^{231}_{52}$　信女。

花脸 huo$^{52}_{33}$liẽ$^{113}_{55}$　原指戏剧中的丑角，比喻言行举止使人发笑的人。

队伙 dᴇ^{11}hu$^{335}_{55}$　伴儿。

　淘伴 dɒ$^{231}_{11}$bø̃$^{113}_{55}$

替身 tʰi^{33}sẽ$^{52}_{33}$

文场 vẽ$^{231}_{11}$dzaŋ$^{231}_{52}$　指需用文化技术的工作场合。

武场 ɦu$^{113}_{115}$dzaŋ$^{231}_{52}$　指需用力气的工作场合。

16. 亲属、社会关系

爹爹 tia$^{52}_{335}$tia^{52}　父亲。

　阿伯 æʔ$^{45}_{3}$paʔ$^{45}_{5}$　面称。

　爹 tia^{52}　背称。

姆妈 m̩^{33}mo$^{52}_{33}$　母亲。

　娘 ȵiaŋ^{231}

晚爹 mæ̃$^{113}_{115}$tia^{52}　背称，当面按父亲条称呼。

　晚爹叔 mæ̃$^{113}_{115}$tia$^{52}_{55}$ɕioʔ$^{45}_{54}$　背称，贬称。

晚娘 mæ̃$^{113}_{115}$ȵiaŋ$^{231}_{52}$　后妈，背称。

　姨娘 ȵ̩^{33}ȵiaŋ$^{231}_{33}$　面称。

爷爷 ɦia$^{231}_{115}$ɦia$^{231}_{52}$　祖父。

娘娘 ȵiaŋ$^{231}_{115}$ȵiaŋ$^{231}_{52}$　祖母。

姑婆 ku$^{52}_{33}$bo$^{231}_{52}$　祖父的姊妹。

姑丈 ku$^{52}_{33}$dzaŋ$^{113}_{55}$　祖父的姊妹夫。

　姑爷爷 ku$^{52}_{33}$ɦia$^{231}_{55}$ɦia$^{231}_{52}$

姨婆 ɦi$^{231}_{11}$bo$^{231}_{52}$　祖母的姊妹。

姨公 ɦi$^{231}_{11}$kuoŋ^{52} 祖母的姊妹夫。

舅公 dʑiɤ$^{113}_{115}$kuoŋ^{52} 祖母的兄弟。

舅婆 dʑiɤ$^{113}_{115}$bo$^{231}_{52}$ 祖母的嫂子或弟妹。

太爷爷 tʰa^{33}ɦia$^{231}_{33}$ɦia$^{231}_{52}$ 曾祖父。

太娘娘 tʰa^{33}ȵiaŋ$^{231}_{33}$ȵiaŋ$^{231}_{52}$ 曾祖母。

太公 tʰa^{33}kuoŋ$^{52}_{33}$ 曾叔伯祖父。

太婆 tʰa^{33}bo$^{231}_{33}$ 曾叔伯祖母。

阿哥 æʔ$^{45}_{3}$ko^{52}

哥哥 ko$^{52}_{335}$ko^{52} 面称，或按排行在“哥”前加“大、二……小”等称呼。

阿嫂 æʔ$^{45}_{5}$sɒ^{335} 背称。

嫂嫂 sɒ^{335}sɒ$^{335}_{52}$ 面称，或按排行在“嫂”前加“大、二……小”等称呼。

阿弟 æʔ$^{45}_{5}$di^{113} 背称。

弟弟 di$^{113}_{115}$di$^{113}_{52}$，diŋ$^{113}_{115}$diŋ$^{113}_{52}$ 面称，或叫名字。第二读音为昵称，“弟”有-ŋ 尾，是儿化韵的残余。

弟新妇 di$^{113}_{115}$ɕiŋ$^{52}_{55}$ɦu$^{113}_{52}$ 弟弟的妻。背称，当面按“妹妹”条称呼。

阿姐 æʔ$^{45}_{5}$tɕi^{335} 背称。“姐”，训读字，本字为“姊”，《广韵》将几切。

姐姐 tɕi^{335}tɕi$^{335}_{52}$ 面称，或按排行在“姐”前加“大、二……小”等称呼。“姐”，训读字，本字为“姊”，《广韵》将几切。

妖妖 da^{11}da$^{11}_{55}$ 幼年弟妹所用的面称。

阿妹 æʔ$^{45}_{5}$mᴇ^{11} 背称。

妹妹 mᴇ$^{11}_{115}$mᴇ$^{11}_{52}$，mᴇ^{33}mᴇ^{33} 面称，或叫名字。

儿子 ȵi$^{231}_{11}$tsɿ$^{335}_{55}$，ȵi$^{231}_{11}$tseʔ$^{45}_{5}$ 背称。当面叫名字。

老头儿子 lɒ$^{113}_{115}$dɤ$^{231}_{55}$ȵi$^{231}_{55}$tsɿ$^{335}_{52}$，lɒ$^{113}_{115}$dɤ$^{231}_{55}$ȵi$^{231}_{55}$tseʔ$^{45}_{54}$ 老年时所生的儿子。

囡 nø̃^{231} 女儿，背称。鼻化成分是儿化韵的残余。

阿囡 æʔ$^{45}_{5}$nø̃^{231} 面称，或叫名字。“囡”的鼻化成分是儿化韵的残余。

孙子 sẽ$^{52}_{33}$tsɿ$^{335}_{55}$

孙新妇 sẽ$^{52}_{33}$ɕiŋ$^{52}_{55}$ɦu$^{113}_{55}$　孙媳妇。

女孙 no$^{113}_{115}$sẽ^{52}　孙女儿。

　孙囡 sẽ$^{52}_{33}$nø̃$^{231}_{52}$　“囡”的鼻化成分是儿化韵的残余。

孙女婿 sẽ$^{52}_{33}$ȵy$^{113}_{55}$ɕi$^{33}_{52}$

重孙子 dzoŋ$^{231}_{11}$sẽ$^{52}_{55}$tsɿ$^{335}_{55}$

重孙囡 dzoŋ$^{231}_{11}$sẽ$^{52}_{55}$nø̃$^{231}_{52}$　重孙女儿。“囡”的鼻化成分是儿化韵的残余。

爱人 ᴇ^{33}ȵiŋ$^{231}_{33}$　丈夫或妻子，背称。

老公 lɒ$^{113}_{115}$kuoŋ^{52}　丈夫，背称，当面叫“某某赖*爹”mɤ$^{113}_{115}$mɤ$^{113}_{55}$ la$_{55}$tia^{52}，或叫名字。

　当家人 tɒŋ$^{52}_{33}$ko$^{52}_{55}$ȵiŋ$^{231}_{52}$　背称。

老嬷 lɒ$^{113}_{115}$mo$^{231}_{52}$　妻子，背称，当面叫“某某赖*娘”mɤ$^{113}_{115}$mɤ$^{113}_{55}$ la$_{55}$ ȵiaŋ^{231}，或叫名字。

　屋里头 u$^{33}_{55}$li$^{113}_{55}$dɤ$^{231}_{52}$　背称。

老太公 lɒ$^{113}_{115}$tʰa$^{33}_{55}$kuoŋ^{52}　指老年的丈夫，背称。

老太婆 lɒ$^{113}_{115}$tʰa$^{33}_{55}$bo$^{231}_{52}$　指老年的妻子，背称。

小老嬷 ɕiɒ^{335}lɒ$^{113}_{55}$mo$^{231}_{52}$　妾，背称。

阿公 æʔ$^{45}_{3}$ kuoŋ^{52}　公公，背称，当面按“爹爹”条或“爷爷”条称呼。

阿婆 æʔ$^{45}_{5}$bo^{231}　婆婆，背称，当面按“姆妈”条或“娘娘”条称呼。

新妇 ɕiŋ$^{52}_{33}$ɦu$^{113}_{55}$ 儿媳妇，背称。

　某某赖*娘 mɤ$^{113}_{115}$mɤ$^{113}_{55}$la$_{55}$ȵiaŋ^{231}　面称，或叫名字。

新妇大娘 ɕiŋ$^{52}_{33}$ɦu$^{113}_{55}$do$^{11}_{55}$ȵiaŋ$^{231}_{52}$　对儿媳妇的爱称，当面也叫名字。

　大娘 do^{11} ȵiaŋ$^{231}_{11}$

养新妇 ɦiaŋ$^{113}_{11}$ɕiŋ$^{52}_{55}$ɦu$^{113}_{55}$　童养媳，背称，当面叫名字。

养新妇头 ɦiaŋ$^{113}_{11}$ɕiŋ$^{52}_{55}$ɦu$^{113}_{55}$dɤ$^{231}_{52}$　对童养媳的贬称。

　养亲爿 ɦiaŋ$^{113}_{115}$tɕʰiŋ$^{52}_{55}$bæ̃$^{231}_{52}$

伯伯 paʔ$^{45}_{3}$paʔ$^{45}_{5}$ 伯父，背称。当面按排行在“爹”前加“大、二……小”等称呼。

伯嬷 paʔ$^{45}_{3}$mo$^{113}_{55}$ 伯母，当面按排行在“嬷”前加“大、二……小”等称呼。也称呼外人。

叔叔 soʔ$^{45}_{3}$soʔ$^{45}_{5}$ 背称，当面按“伯伯”条称呼。也称呼外人。

　阿叔 æʔ$^{45}_{5}$soʔ^{45} 背称。

婶婶 sẽ^{335}sẽ$^{335}_{52}$ 背称，当面按“伯嬷”条称呼。

　婶娘 sẽ^{335}ȵiaŋ$^{231}_{52}$

姑夫 ku$^{52}_{33}$fu^{52}

　姑爹 ku$^{52}_{33}$tia^{52}

姑娘 ku$^{52}_{33}$ȵiaŋ$^{231}_{52}$ 姑妈。

　姑嬷 ku$^{52}_{33}$mo$^{113}_{55}$

堂阿哥 dɒŋ$^{231}_{11}$æʔ$^{45}_{5}$ko^{52} 背称，当面按“哥哥”条称呼。

堂阿嫂 dɒŋ$^{231}_{11}$æʔ$^{45}_{5}$sɒ$^{335}_{52}$ 背称，当面按“嫂嫂”条称呼。

堂阿弟 dɒŋ$^{231}_{11}$æʔ$^{45}_{5}$di$^{113}_{52}$ 背称，当面按“弟弟”条称呼。

堂阿姐 dɒŋ$^{231}_{11}$æʔ$^{45}_{5}$tɕi$^{335}_{52}$ 背称，当面按“姐姐”条称呼。“姐”，训读字，本字为“姊”，《广韵》将几切。

堂阿妹 dɒŋ$^{231}_{11}$æʔ$^{45}_{5}$mᴇ$^{113}_{52}$ 背称，当面按“妹妹”条称呼。

阿侄 æʔ$^{45}_{5}$dzeʔ^{23} 侄子，背称，当面叫名字。

侄囡 dzeʔ$^{23}_{1}$nø̃$^{231}_{52}$ 侄女儿，背称，当面叫名字。“囡”的鼻化成分是儿化韵的残余。

丈人 dzaŋ$^{113}_{115}$ȵiŋ$^{231}_{52}$ 背称，当面按“爹爹”条称呼。

撩勿着 liɒ^{11}veʔ$^{23}_{1}$dzaʔ$^{23}_{5}$ 对丈人的谑称，背称。

站*五*娘 dzæ̃$^{113}_{115}$ŋ̩$^{113}_{55}$ ȵiaŋ$^{231}_{52}$ 丈母娘，背称，当面按“姆妈”条称呼。“站*五*”，“丈母”的音变。

　站*姆娘 dzæ̃$^{113}_{115}$m̩$^{33}_{55}$ȵiaŋ$^{231}_{52}$ “站*姆”，“丈母”的音变。

姑爷 ku$^{52}_{33}$ɦia$^{231}_{52}$ 女婿，背称，当面叫名字。

毛脚[女婿] mɒ$^{231}_{11}$tɕiaʔ$^{45}_{5}$ [ȵy$^{113}_{55}$ɕi$^{33}_{52}$] 女儿的未婚夫，背称，当面叫

名字。

垫脚女婿 diẽ^{11}tɕiaʔ$^{45}_{1}$ȵy$^{113}_{55}$ɕi$^{33}_{52}$ 女儿再嫁的丈夫，背称，当面叫名字。

进舍女婿 tɕiŋ^{33}so^{33}ȵy$^{113}_{55}$ɕi$^{33}_{52}$ 赘婿，背称，当面叫名字。

入赘女婿 zeʔ$^{23}_{1}$tsᴇ$^{33}_{55}$ȵy$^{113}_{55}$ɕi$^{33}_{52}$

姐夫 tɕi^{335}fu^{52} 背称，当面叫名字。“姐”，训读字，本字为“姊”，《广韵》将几切。

姐丈 tɕi^{335}dzaŋ$^{113}_{52}$ “姐”，训读字，本字为“姊”，《广韵》将几切。

妹夫 mᴇ^{11}fu$^{52}_{11}$ 背称，当面叫名字。

妹丈 mᴇ^{11}dzaŋ$^{113}_{11}$

大伯 do^{11}paʔ$^{45}_{5}$，do^{11}paŋ$_{55}$ 大伯子，面称，也按“哥哥”条称呼。第二读音中“伯”有 -ŋ 尾，是儿化韵的残余。

阿叔 æʔ$^{45}_{5}$soʔ^{45} 小叔子，背称。

小叔 ɕiɒ^{335}soʔ$^{45}_{54}$，ɕiɒ^{335}soŋ$_{52}$ 第二读音中“叔”有 -ŋ 尾，是儿化韵的残余。

阿叔 æʔ$^{45}_{3}$soŋ$_{52}$ 小叔子，面称，也按“弟弟”条称呼。“叔”有 -ŋ 尾，是儿化韵的残余。

叔叔 soŋ$_{335}$soŋ$_{52}$ “叔”有 -ŋ 尾，是儿化韵的残余。

姑娘 ku$^{52}_{33}$ȵiaŋ$^{231}_{52}$ 大姑子或小姑子，背称，当面按“姐姐”“妹妹”条称呼。

姑姑 ku$^{52}_{33}$ku^{52}

舅佬 dʑiɤ$^{113}_{115}$lɒ$^{113}_{52}$ 大舅子，背称，当面按“哥哥”条称呼。

老婆舅 lɒ$^{113}_{115}$bo$^{231}_{55}$dʑiɤ$^{113}_{52}$

郎舅 lɒŋ$^{231}_{11}$dʑiɤ$^{113}_{55}$

小舅佬 ɕiɒ^{335}dʑiɤ$^{113}_{55}$lɒ$^{113}_{52}$ 小舅子，背称，当面按“弟弟”条称呼。

小郎舅 ɕiɒ^{335}lɒŋ$^{231}_{55}$dʑiɤ$^{113}_{52}$

姨嬷 ɦi$^{231}_{11}$mo$^{113}_{55}$ 大姨子或小姨子，背称，当面按“姐姐”“妹妹”条称呼。

外公 ŋa^{11}kuoŋ$^{52}_{11}$

外婆 ŋa^{11}bo$^{231}_{11}$

舅舅 dʑiɤ$^{113}_{115}$dʑiɤ$^{113}_{52}$

　娘舅 ȵiaŋ$^{231}_{11}$dʑiɤ$^{113}_{55}$　背称。

妗五* dʑiŋ$^{113}_{115}$ŋ̩$^{113}_{52}$　舅母。“五*”，“母”的音变。

姨娘 ŋ̩^{33}ȵiaŋ$^{231}_{33}$　母亲的姐妹。

姨夫 ɦi$^{231}_{11}$fu^{52}　母亲的姐妹夫。

表阿哥 piɒ^{335}æʔ$^{45}_{5}$ko^{52}　背称，当面按“哥哥”条称呼。

表阿嫂 piɒ^{335}æʔ$^{45}_{5}$sɒ$^{335}_{52}$　背称，当面按“姐姐”条称呼。

表阿弟 piɒ^{335}æʔ$^{45}_{5}$di$^{113}_{52}$　背称，当面按“弟弟”条称呼。

表阿姐 piɒ^{335}æʔ$^{45}_{5}$tɕi$^{335}_{52}$　背称，当面按“姐姐”条称呼。“姐”，训读字，本字为“姊”，《广韵》将几切。

表阿妹 piɒ^{335}æʔ$^{45}_{5}$mᴇ$^{113}_{52}$　背称，当面按“妹妹”条称呼。

外甥 ŋa^{11}saŋ$^{52}_{11}$　（1）外甥。（2）外孙，背称，当面叫名字。

外甥新妇 ŋa^{11}saŋ$^{52}_{11}$ɕiŋ$^{52}_{11}$ɦu$^{113}_{55}$　（1）外甥媳妇。（2）外孙媳妇，背称，当面叫名字。

外甥囡 ŋa^{11}saŋ$^{52}_{11}$nø̃$^{231}_{52}$　（1）外甥女。（2）外孙女，背称，当面叫名字。“囡”的鼻化成分是儿化韵的残余。

外甥女婿 ŋa^{11}saŋ$^{52}_{11}$ȵy$^{113}_{115}$ɕi$^{33}_{52}$　（1）外甥女婿。（2）外孙女婿，背称，当面叫名字。

重外甥 dzoŋ$^{231}_{11}$ŋa$^{11}_{55}$saŋ^{52}　（1）重外甥。（2）重外孙，背称。

重外甥囡 dzoŋ$^{231}_{11}$ŋa$^{11}_{55}$saŋ$^{52}_{55}$nø̃$^{231}_{52}$　（1）重外甥女。（2）重外孙女，背称。“囡”的鼻化成分是儿化韵的残余。

爹娘 tia$^{52}_{33}$ȵiaŋ$^{231}_{52}$　父母。

　爹娘大人 tia$^{52}_{33}$ȵiaŋ$^{231}_{55}$do$^{11}_{55}$ȵiŋ$^{231}_{52}$

爹和儿子 tia$^{52}_{33}$ɦu$^{231}_{55}$ȵi$^{231}_{55}$tsɿ$^{335}_{52}$　指亲密的父子俩。

母子 mu$^{113}_{115}$tsɿ$^{335}_{52}$

娘囡 ȵiaŋ$^{231}_{11}$nø̃$^{231}_{52}$　母女。“囡”的鼻化成分是儿化韵的残余。

兄弟[家] ɕioŋ$^{52}_{33}$di$^{113}_{55}$[ko^{52}]　弟兄。

姐妹家 tɕi^{335}mᴇ$^{11}_{55}$ko^{52}　“姐”，训读字，本字为“姊”，《广韵》将几

切。

姐妹 tɕi^{335}mᴇ$^{11}_{52}$ “姐”，训读字，本字为“姊”，《广韵》将几切。

堂兄弟[家] dɒŋ$^{231}_{11}$ɕioŋ$^{52}_{55}$di$^{113}_{55}$[ko^{52}]

老唐 lɒ$^{113}_{11}$dɒŋ^{231}

堂姐妹 dɒŋ$^{231}_{11}$tɕi$^{335}_{55}$mᴇ$^{11}_{52}$ “姐”，训读字，本字为“姊”，《广韵》将几切。

表兄弟 piɒ^{335}ɕioŋ$^{52}_{55}$di$^{113}_{52}$

老表 lɒ$^{113}_{55}$piɒ^{335}

表姐妹 piɒ^{335}tɕi$^{335}_{55}$mᴇ$^{11}_{52}$ “姐”，训读字，本字为“姊”，《广韵》将几切。

儿子男女 ȵi$^{231}_{11}$tsɿ$^{335}_{55}$nẽ$^{231}_{55}$ȵy$^{113}_{52}$ 儿女。

两老嬷 liaŋ$^{113}_{115}$lɒ$^{113}_{55}$mo$^{231}_{52}$ 夫妻俩。

两婆老 liaŋ$^{113}_{115}$bo$^{231}_{55}$lɒ$^{113}_{52}$

两老太婆 liaŋ$^{113}_{115}$lɒ$^{113}_{55}$tʰa$^{33}_{55}$bo$^{231}_{52}$ 指老年夫妻。

叔太爷 ɕioʔ$^{45}_{3}$tʰa$^{33}_{55}$ɦia$^{231}_{52}$ 指叔辈。

连襟 liẽ$^{231}_{11}$tɕiŋ^{52}

叔班*五* soʔ$^{45}_{3}$pæ̃$^{52}_{55}$ŋ̍$^{113}_{52}$ 妯娌。“班*五*”是“伯母”的音变。

姑娘阿嫂 ku$^{52}_{33}$ȵiaŋ$^{231}_{55}$æʔ$^{45}_{5}$sɒ$^{335}_{52}$ 姑嫂。

亲家 tɕʰiŋ$^{52}_{33}$ko^{52}

亲家公 tɕʰiŋ$^{52}_{33}$ko$^{52}_{55}$kuoŋ^{52}

亲家母 tɕʰiŋ$^{52}_{33}$ko$^{52}_{55}$mu$^{113}_{52}$

亲嬷 tɕʰiŋ$^{52}_{33}$mo$^{113}_{55}$

亲眷[家] tɕʰiŋ$^{52}_{33}$tɕiõ$^{33}_{55}$[ko^{52}]

亲戚 tɕʰiŋ$^{52}_{33}$tɕʰieʔ$^{45}_{5}$

娘家 ȵiaŋ$^{231}_{11}$ko^{52}

女家 ȵy$^{113}_{115}$ko^{52} 刚结婚时的称呼。

婆家 bo$^{231}_{115}$ko^{52}

夫家 fu$^{52}_{55}$ko^{52}

男家 nẽ$^{231}_{11}$ko^{52} 刚结婚时的称呼。

干爹 kẽ$^{52}_{33}$tia^{52}

　　继拜爹 tɕi^{33}pa^{33}tia^{52}

干娘 kẽ$^{52}_{33}$ȵiaŋ$^{231}_{52}$

　　继拜娘 tɕi^{33}pa^{33}ȵiaŋ$^{231}_{52}$

　　继娘 tɕi^{33}ȵiaŋ$^{231}_{33}$

干儿子 kẽ$^{52}_{33}$ȵi$^{231}_{55}$tsɿ$^{335}_{52}$

干囡 kẽ$^{52}_{33}$nø̃$^{231}_{52}$ 干女儿。“囡”的鼻化成分是儿化韵的残余。

辈分 pᴇ^{33}vẽ$^{11}_{33}$

长辈 tsaŋ^{335}pᴇ$^{33}_{52}$

　　大辈 do^{11}pᴇ$^{33}_{55}$

　　大人 do^{11}ȵiŋ$^{231}_{11}$

平辈 biŋ$^{231}_{115}$pᴇ$^{33}_{52}$

后辈 ɦɤ$^{113}_{115}$pᴇ$^{33}_{52}$

　　晚辈 væ̃$^{113}_{115}$pᴇ$^{33}_{52}$

　　小辈 ɕiɒ^{335}pᴇ$^{33}_{52}$

排行 ba$^{231}_{11}$ɦɒŋ$^{231}_{52}$

同胞 doŋ$^{231}_{11}$pɒ^{52}

堂宗 dɒŋ$^{231}_{11}$tsoŋ^{52} 旧指家族。

朋友[家] baŋ$^{231}_{11}$ɦiɤ$^{113}_{55}$[ko^{52}]

同乡 doŋ$^{231}_{11}$ɕiaŋ^{52}

　　同乡人 doŋ$^{231}_{11}$ɕiaŋ$^{52}_{55}$ȵiŋ$^{231}_{52}$

师父 sɿ$^{52}_{33}$ɦu$^{113}_{52}$

徒弟 du$^{231}_{11}$di$^{113}_{52}$

老师 lɒ$^{113}_{115}$sɿ^{52}

　　先生 ɕiẽ$^{52}_{33}$saŋ^{52}

学生 ɦoʔ$^{23}_{1}$saŋ$^{52}_{55}$

同学 doŋ$^{231}_{11}$ɦoʔ$^{23}_{5}$

　　同窗 doŋ$^{231}_{11}$tsʰɒŋ^{52}

同事 doŋ$^{231}_{11}$zɿ$^{11}_{55}$

结拜兄弟 tɕieʔ$^{45}_{3}$pa$^{33}_{55}$ɕioŋ$^{52}_{55}$di$^{113}_{52}$

上级 zɒŋ$^{113}_{115}$tɕieʔ$^{45}_{54}$

　上头 zɒŋ$^{113}_{115}$dɤ$^{231}_{52}$

下级 ɦo$^{113}_{115}$tɕieʔ$^{45}_{54}$

　下头 ɦo$^{113}_{115}$dɤ$^{231}_{52}$

邻舍[家] liŋ$^{231}_{11}$so$^{33}_{55}$[ko^{52}]

　邻舍隔壁 liŋ$^{231}_{11}$so$^{33}_{55}$kæʔ$^{45}_{5}$pieʔ$^{45}_{54}$

　隔壁邻舍 kæʔ$^{45}_{3}$pieʔ$^{45}_{5}$liŋ$^{231}_{55}$so$^{33}_{52}$

人客 ȵiŋ$^{231}_{11}$kʰaʔ$^{45}_{5}$

　客人 kʰaʔ$^{45}_{3}$ȵiŋ$^{231}_{52}$

彼处 pᴇ^{335}tɕʰy$^{335}_{52}$ 隐指所避讳者。

　彼老三 pᴇ^{335}lɒ$^{113}_{55}$sæ̃^{52}

　前路 ʑiẽ$^{231}_{11}$lu$^{11}_{55}$

　前老路 ʑiẽ$^{231}_{11}$lɒ$^{113}_{55}$lu$^{11}_{52}$

17. 人事、鬼神

亲事 tɕʰiŋ$^{52}_{33}$zɿ$^{11}_{55}$

　婚事 huẽ$^{52}_{33}$zɿ$^{11}_{55}$

媒人 mᴇ$^{231}_{11}$ȵiŋ$^{231}_{52}$

好日 hɒ^{335}ȵieʔ$^{23}_{54}$ 指结婚日。

喜酒 ɕi^{335}tɕiɤ$^{335}_{52}$ 指婚庆酒席。

喜糖 ɕi^{335}dɒŋ$^{231}_{52}$

嫁资 ko^{33}tsɿ$^{52}_{33}$ 嫁妆。

聘礼 pʰiŋ^{33}li$^{113}_{33}$ 定亲后男方给女方的财礼。

红绿帖 ɦuoŋ$^{231}_{11}$loʔ$^{23}_{5}$tʰieʔ$^{45}_{54}$ 旧时男女双方定亲时交换的喜帖。

凤冠霞帔 voŋ^{11}kuø̃$^{52}_{11}$ɦo$^{231}_{11}$bᴇ$^{11}_{55}$，voŋ^{11}kuø̃$^{52}_{11}$o$^{52}_{33}$bᴇ$^{11}_{55}$ 旧时新娘结婚时的装束。

花轿 huo$^{52}_{33}$dʑiɒ$^{11}_{55}$

新房 ɕiŋ$^{52}_{33}$vɒŋ$^{231}_{52}$

丧事 sɒŋ$^{52}_{33}$zɿ$^{11}_{55}$

棺材 kuø̃$^{52}_{33}$zᴇ$^{231}_{52}$

寿材 zɤ^{11}zᴇ$^{231}_{11}$

板头 pæ̃^{335}dɤ$^{231}_{52}$　灵床。

灵堂 liŋ$^{231}_{11}$dɒŋ$^{231}_{52}$

　孝堂 hɒ^{33}dɒŋ$^{231}_{33}$

坟 vẽ^{231}

　坟墓 vẽ$^{231}_{11}$mu$^{11}_{55}$，vẽ$^{231}_{11}$mo$^{11}_{55}$

寿坟 zɤ^{11}vẽ$^{231}_{11}$

碑 pᴇ^{52}

　墓碑 mu^{11}pᴇ$^{52}_{11}$，mo^{11}pᴇ$^{52}_{11}$

骨灰 kueʔ$^{45}_{3}$huᴇ^{52}

大肚婆 do^{11}du$^{113}_{11}$bo$^{231}_{11}$　指孕妇。

　大肚皮 do^{11}du$^{113}_{11}$bi$^{231}_{11}$

捨*五*娘 so^{335}ŋ̍$^{113}_{55}$ȵiaŋ$^{231}_{52}$　产妇。“捨*五*”，“产母”的音变。

　产妇娘 tsʰæ̃^{335}ɦu$^{113}_{55}$ȵiaŋ$^{231}_{52}$

暗房 ẽ^{33}vɒŋ$^{231}_{33}$　产房。

头生 dɤ$^{231}_{11}$saŋ^{52}

双生 sɒŋ$^{52}_{33}$saŋ^{52}

　双胞胎 sɒŋ$^{52}_{33}$pɒ$^{52}_{55}$tʰᴇ^{52}

独子 doʔ$^{23}_{1}$tsɿ$^{335}_{55}$　独生子。

风俗 foŋ$^{52}_{33}$zoʔ$^{23}_{5}$

　乡风 ɕiaŋ$^{52}_{33}$foŋ^{52}

风水 foŋ$^{52}_{33}$sɿ$^{335}_{55}$

福礼 foʔ$^{45}_{3}$li$^{113}_{55}$　敬神祈福的供品。

压岁钿 æʔ$^{45}_{3}$sᴇ$^{33}_{55}$diẽ$^{231}_{52}$　长辈除夕夜给晚辈的新年零花钱。

前世 ʑiẽ$^{231}_{115}$sɿ$^{33}_{52}$　佛教指轮回的上一辈子。

生日 saŋ$^{52}_{33}$ȵieʔ$^{23}_{5}$

阴寿 iŋ$^{52}_{33}$zɤ$^{11}_{55}$ 逝者的生日。

忌日 dʑi^{11}ȵieʔ$^{23}_{5}$ 人死后周年的日子。

羹饭 kaŋ$^{52}_{33}$væ̃$^{11}_{55}$ 给逝者上供的饭菜。

上坟船 zɒŋ$^{113}_{115}$vẽ$^{231}_{55}$zẽ$^{231}_{52}$ 一家人清明上坟时坐的船。

三官素 sæ̃$^{52}_{33}$kuø̃$^{52}_{55}$su$^{33}_{52}$ 农历每月各旬逢一、七、十和月半共十天吃的素。

观音素 kuø̃$^{52}_{33}$iŋ$^{52}_{55}$su$^{33}_{52}$ 农历每二、六、九月初一至十九日吃的素。

焦头信 tɕiɒ$^{52}_{33}$dɤ$^{231}_{55}$ɕiŋ$^{33}_{52}$ 旧时寄信时烧焦信封一角表示信的内容为凶讯。

五服 ŋ̍$^{113}_{115}$voʔ$^{23}_{54}$ 旧时人死后按亲戚的亲疏关系在服丧种类和时间上区分为五种差别，即五服。五服之外则关系已经疏远，并不要求服丧。

五事 ɦu$^{113}_{115}$zɿ$^{11}_{52}$ 旧时指五件祭祀用具，计香炉一、烛台二、贡花瓶二。

镴箔 læʔ$^{23}_{1}$boʔ$^{23}_{5}$ 锡箔。

庙 miɒ^{11} 指菩萨庙。

寺 zɿ^{11} 指住有和尚的寺庙。

庵 ẽ^{52} 指住有尼姑的寺庙。

庵堂 ẽ$^{52}_{33}$dɒŋ$^{231}_{52}$

宝卷 pɒ^{335}tɕiø̃$^{33}_{52}$ 一种佛教的说唱文学，有佛事时宣唱。

南无阿弥陀 na^{11}mo$^{231}_{11}$o$^{52}_{33}$mi$^{231}_{55}$do$^{231}_{52}$ 佛教用语。“南无阿弥陀佛”中常常省略一“佛”（veʔ^{23}或vᴇ^{231}）字，意指罪过。“南无”读音同“奈摩”。

天菩萨 tʰiẽ$^{52}_{33}$bu$^{231}_{55}$sæʔ$^{45}_{5}$ 上天。

老天菩萨 lɒ$^{113}_{115}$tʰiẽ$^{52}_{55}$bu$^{231}_{55}$sæʔ$^{45}_{54}$

天老爷 tʰiẽ$^{52}_{33}$lɒ$^{113}_{55}$ɦia$^{231}_{52}$

神仙 sẽ$^{231}_{11}$ɕiẽ^{52}

菩萨 bu$^{231}_{11}$sæʔ$^{45}_{5}$

灶司菩萨 tsɒ^{33}sɿ$^{52}_{33}$bu$^{231}_{33}$sæʔ$^{45}_{5}$ 指灶王爷。

　　灶司爷 tsɒ^{33}sɿ$^{52}_{33}$ɦia$^{231}_{52}$

土地菩萨 tʰu^{335}di$^{11}_{55}$bu$^{231}_{55}$sæʔ$^{45}_{54}$　指土地爷。

　　土地公公 tʰu^{335}di$^{11}_{55}$kuoŋ$^{52}_{55}$kuoŋ^{52}

大佛菩萨 do^{11}veʔ$^{23}_{1}$bu$^{231}_{11}$sæʔ$^{45}_{5}$　指如来佛。

观世音菩萨 kuø̃$^{52}_{33}$sɿ$^{52}_{55}$iŋ$^{52}_{55}$bu$^{231}_{55}$sæʔ$^{45}_{54}$　指观音。

哈喇菩萨 ha$^{52}_{33}$la$^{231}_{55}$bu$^{231}_{55}$sæʔ$^{45}_{54}$　指笑口常开的弥勒佛。

财神菩萨 zᴇ$^{231}_{11}$zẽ$^{231}_{55}$bu$^{231}_{55}$sæʔ$^{45}_{54}$　指财神爷。

　　发财菩萨 fæʔ$^{45}_{3}$zᴇ$^{231}_{55}$bu$^{231}_{55}$sæʔ$^{45}_{54}$

包爷爷菩萨 pɒ$^{52}_{33}$ɦia$^{231}_{55}$ɦia$^{231}_{55}$bu$^{231}_{55}$sæʔ$^{45}_{54}$　指包公。

关帝菩萨 kuæ̃$^{52}_{33}$ti$^{335}_{55}$bu$^{231}_{55}$sæʔ$^{45}_{54}$　指关公。

地藏王菩萨 di^{11}dzɒŋ^{11}ɦuɒŋ$^{231}_{55}$bu$^{231}_{55}$sæʔ$^{45}_{54}$

五圣菩萨 ŋ̩$^{113}_{115}$səŋ$^{33}_{55}$bu$^{231}_{55}$sæʔ$^{45}_{54}$　指五通神。

青龙菩萨 tɕʰiŋ$^{52}_{33}$loŋ$^{231}_{55}$bu$^{231}_{55}$sæʔ$^{45}_{54}$　指蛇神。

阎罗[大]王 ȵiẽ$^{231}_{11}$lo$^{231}_{55}$[da$^{11}_{55}$]ɦuɒŋ$^{231}_{52}$

龙王菩萨 loŋ$^{231}_{11}$ɦuɒŋ$^{231}_{55}$bu$^{231}_{55}$sæʔ$^{45}_{54}$

　　海龙王 hᴇ^{335}loŋ$^{231}_{55}$ɦuɒŋ$^{231}_{52}$

黄老相公 ɦuɒŋ$^{231}_{11}$lɒ$^{113}_{55}$ɕiaŋ$^{33}_{55}$kuoŋ^{52}　指瘟神。

活无常 ɦueʔ$^{23}_{1}$ɦu$^{231}_{55}$dzɒŋ$^{231}_{55}$　旧时迷信指一种能拘禁亡灵进入阴间的人。

　　白无常 baʔ$^{23}_{1}$ɦu$^{231}_{55}$dzɒŋ$^{231}_{55}$

五毒 ŋ̩$^{113}_{115}$doʔ$^{23}_{54}$　旧指蛇、壁虎、蜈蚣、蝎子、癞蛤蟆等五种有毒的动物。

活*灵 ɦueʔ$^{23}_{1}$liŋ$^{231}_{52}$　灵魂。

　　活*灵水 ɦueʔ$^{23}_{1}$liŋ$^{231}_{55}$sɿ$^{335}_{52}$

鬼 tɕy^{335}

五殇[恶]鬼 ŋ̩$^{113}_{115}$sɒŋ$^{52}_{55}$[oʔ$^{45}_{5}$]tɕy$^{335}_{52}$　旧时迷信指五种恶鬼。至今仍然普遍使用下列种种鬼魅的名称来责骂人，或是指责他人有鬼魅的某种特点，或是希望他人有同样的遭遇。

　　吊煞鬼 tiɒ^{33}sæʔ$^{45}_{3}$tɕy$^{335}_{55}$

　　潭煞鬼 dø̃^{11}sæʔ$^{45}_{1}$tɕy$^{335}_{55}$　淹死的。

　　火烧鬼 hu^{335}sɒ$^{52}_{55}$tɕy$^{335}_{52}$

　　跌煞鬼 tieʔ$^{45}_{3}$sæʔ$^{45}_{5}$tɕy$^{335}_{52}$

　　捨*五*鬼 so^{335}ŋ̍$^{113}_{55}$tɕy$^{335}_{52}$　生育时死亡的。“捨*五*”，“产母”的音变。

杀头鬼 sæʔ$^{45}_{3}$dɤ$^{231}_{55}$tɕy$^{335}_{55}$

枪毙鬼 tɕʰiaŋ$^{52}_{33}$bi$^{11}_{55}$tɕy$^{335}_{52}$

饿煞鬼 ŋo^{11}sæʔ$^{45}_{1}$tɕy$^{335}_{11}$

哭煞鬼 kʰuoʔ$^{45}_{3}$sæʔ$^{45}_{5}$tɕy$^{335}_{52}$，kʰoʔ$^{45}_{3}$sæʔ$^{45}_{5}$tɕy$^{335}_{52}$

短命鬼 tø̃^{335}miŋ$^{11}_{55}$tɕy$^{335}_{52}$

化坛[鬼] huo^{33}dæ̃$^{231}_{33}$[tɕy$^{335}_{33}$]　对顽皮小孩的责骂。（“化坛”是清时焚烧儿童尸体的场所。）

夜搛鬼 ɦia^{11}dʑieʔ$^{23}_{1}$tɕy$^{335}_{11}$　指旧时贫家儿童死后由家人包裹后晚间携出送化坛上焚化。

浮尸鬼 vɤ$^{231}_{11}$sʅ$^{52}_{55}$tɕy$^{335}_{52}$　责骂行为轻浮的人。

　　浮尸 vɤ$^{231}_{11}$sʅ^{52}

横丧鬼 uaŋ$^{52}_{33}$sɒŋ$^{52}_{55}$tɕy$^{335}_{52}$　多用于责骂子女桀敖不驯，似是前世横死的。

　　横丧 uaŋ$^{52}_{33}$sɒŋ^{52}

祸祟 ɦo$^{113}_{115}$sᴇ$^{335}_{52}$　指鬼神带来的灾祸。

妖怪 iɒ$^{52}_{33}$kua$^{335}_{55}$

狐狸精 ɦu$^{231}_{11}$li$^{231}_{55}$tɕiŋ^{52}

独脚魈 doʔ$^{23}_{1}$tɕiaʔ$^{45}_{5}$ɕiɒ^{52}　山魈，常用以责骂人独来独往。

18. 经济、商业

钞票 tsʰɒ^{335}pʰiɒ$^{33}_{52}$　钱。

　　铜钱 doŋ$^{231}_{11}$liẽ$^{231}_{52}$

　　铜板 doŋ$^{231}_{11}$pæ̃$^{335}_{55}$

　　洋钿 ɦiaŋ$^{231}_{11}$diẽ$^{231}_{52}$　（1）钱。（2）银元。

　　铜钿银子 doŋ$^{231}_{11}$diẽ$^{231}_{55}$ȵiŋ$^{231}_{55}$tsʅ$^{335}_{52}$

银洋钿 ȵiŋ$^{231}_{11}$ɦiaŋ$^{231}_{55}$diẽ$^{231}_{52}$　银元。

大头 do^{11}dɤ$^{231}_{11}$ 民国间银元，正面图案有袁世凯头像，头型肥大。

小头 ɕiɒ^{335}dɤ$^{231}_{52}$ 民国间银元，正面图案有孙中山头像，头型较小。

鹰洋 iŋ$^{52}_{33}$ɦiaŋ$^{231}_{52}$ 墨西哥银元，正面图案有一只鹰。

龙洋 loŋ$^{231}_{11}$ɦiaŋ$^{231}_{52}$ 清时银元，正面图案有一条龙。

角票 koʔ$^{45}_{3}$pʰiɒ$^{33}_{55}$ 毛票。

分币 fẽ$^{52}_{33}$bi$^{231}_{52}$

角子 koʔ$^{45}_{3}$tsɿ$^{335}_{55}$ 镚子。

零碎铜钱 liŋ$^{52}_{33}$sE$^{33}_{55}$doŋ$^{231}_{55}$liẽ$^{231}_{52}$ 零钱。

零碎钞票 liŋ$^{52}_{33}$sE$^{33}_{55}$tsʰɒ$^{335}_{55}$pʰiɒ$^{33}_{52}$

找头 tsɒ^{335}dɤ$^{231}_{52}$

零用钿 liŋ$^{231}_{11}$ɦioŋ$^{11}_{55}$diẽ$^{231}_{52}$ 零花钱。

小伙铜钿 ɕiɒ^{335}hu$^{335}_{55}$doŋ$^{231}_{55}$diẽ$^{231}_{52}$ 体己。

小伙铜钱 ɕiɒ^{335}hu$^{335}_{55}$doŋ$^{231}_{55}$liẽ$^{231}_{52}$

家事 ko$^{52}_{33}$zɿ$^{11}_{55}$ 家产。

工钿 kuoŋ$^{52}_{33}$diẽ$^{231}_{52}$ 工资。

薪水 ɕiŋ$^{52}_{33}$sE$^{335}_{55}$ 旧词。

收入 sɤ$^{52}_{33}$zeʔ$^{23}_{5}$

进账 tɕiŋ^{33}tsaŋ^{33}

巧宗 tɕʰiɒ^{335}tsoŋ^{52} 意外的收入。

外快 ŋa^{11}kʰua$^{33}_{11}$ 额外的收入。

淘窑 dɒ$^{231}_{11}$ɦiɒ$^{231}_{52}$ 开支。

开销 kʰE$^{52}_{33}$ɕiɒ$^{52}_{55}$

本钿 pẽ^{335}diẽ$^{231}_{52}$ （1）本金。（2）本钱。

利钿 li^{11}diẽ$^{231}_{11}$ 利息。

赚头 dzæ̃$^{113}_{115}$dɤ$^{231}_{52}$ 做生意赚得的利润。

押头 æʔ$^{45}_{3}$dɤ$^{231}_{52}$ 抵押品。

当头 tɒŋ^{33}dɤ$^{231}_{33}$ 质当的物品。

日子 ȵieʔ$^{23}_{1}$tsɿ$^{335}_{55}$ 指生活。

日脚 ȵieʔ$^{23}_{1}$tɕiaʔ$^{45}_{5}$

丰年 foŋ$^{52}_{33}$ȵiẽ$^{231}_{52}$

灾年 tsa$^{52}_{33}$ȵiẽ$^{231}_{52}$

　灾荒 tsᴇ$^{52}_{33}$huɒŋ^{52}

算盘 sø̃^{33}bø̃$^{231}_{33}$

秤 tsʰəŋ^{33}

秤花 tsʰəŋ^{33}huo$^{52}_{33}$　秤星。

秤棒 tsʰəŋ^{33}bɒŋ$^{113}_{55}$

秤纽 tsʰəŋ^{33}ȵiɤ$^{113}_{55}$

秤钩 tsʰəŋ^{33}kɤ$^{52}_{33}$

秤盘 tsʰəŋ^{33}bø̃$^{231}_{33}$

秤坠头 tsʰəŋ^{33}dzʅ$^{11}_{33}$dɤ$^{231}_{33}$

抬秤 dᴇ$^{231}_{11}$tsʰəŋ$^{33}_{55}$　两人对面对抬着的大秤。

磅 pɒŋ^{335}

　磅秤 pɒŋ^{335}tsʰəŋ$^{33}_{52}$

戥子 təŋ^{335}tsʅ$^{335}_{52}$

尺 tsʰaʔ^{45}

店[家] tiẽ^{33}[ko$^{52}_{33}$]　商店。

店堂 tiẽ^{33}dɒŋ$^{231}_{33}$　商店的营业间。

店面 tiẽ^{33}miẽ$^{113}_{33}$　铺面。

柜台 guᴇ^{11}dᴇ$^{52}_{11}$

柜身[头] guᴇ^{11}sẽ$^{52}_{11}$[dɤ$^{231}_{52}$]，dʑy^{11}sẽ$^{52}_{11}$[dɤ$^{231}_{52}$]　指旧式的柜台，曲尺形。

摊头 tʰæ̃$^{52}_{33}$dɤ$^{231}_{52}$

招牌 tsɒ$^{52}_{33}$ba$^{231}_{52}$

广告 kuɒŋ^{335}kɒ$^{33}_{52}$

卖相 ma^{11}ɕiaŋ$^{33}_{11}$　货物表面的样子。

货色 hu^{33}səʔ$^{45}_{5}$　就品种质量评论货物。

本作货 pẽ^{335}tsoʔ$^{45}_{5}$hu$^{33}_{52}$　指本地生产的货物。

来路货 lᴇ$^{231}_{11}$lu$^{11}_{55}$hu$^{33}_{52}$　指外地或外国生产的货物。

起码货 tɕʰi^{335}mo$^{113}_{55}$hu$^{33}_{52}$　质次价低的货物。

搁货 goʔ$^{23}_{1}$hu$^{33}_{55}$ 卖不出去的货物。

牌子 ba$^{231}_{11}$tsɿ$^{335}_{55}$

市 zɿ^{113} 集市。

米店 mi$^{113}_{115}$tiẽ$^{33}_{52}$

　粮店 liaŋ$^{231}_{11}$tiẽ$^{33}_{55}$

副食店 fu^{33}zəʔ$^{23}_{3}$tiẽ^{33}

南货店 nẽ$^{231}_{11}$hu$^{33}_{55}$tiẽ$^{33}_{52}$ 出售南北果品和海味的商店。

小菜场 ɕiɒ^{335}tsʰᴇ$^{33}_{55}$dzaŋ$^{231}_{52}$

　菜场 tsʰᴇ^{33}dzaŋ$^{231}_{33}$

肉店 ȵioʔ$^{23}_{1}$tiẽ$^{33}_{55}$

百货[商]店 paʔ$^{45}_{3}$hu$^{33}_{55}$[sɒŋ$^{52}_{55}$]tiẽ$^{33}_{52}$

推衣店 tʰᴇ$^{52}_{33}$i$^{52}_{55}$tiẽ$^{33}_{52}$ 旧时指出售旧衣服的商店。

饭店 væ̃^{11}tiẽ$^{33}_{11}$

馆子 kuø̃^{335}tsɿ$^{335}_{52}$，kuø̃^{335}tseʔ$^{45}_{54}$ 小饭店。

　馆子店 kuø̃^{335}tseʔ$^{45}_{5}$tiẽ$^{33}_{52}$

茶馆[店] dzo$^{231}_{11}$kuø̃$^{335}_{55}$[tiẽ$^{33}_{52}$]

旅馆 li$^{113}_{115}$kuø̃$^{335}_{52}$

客栈 kʰaʔ$^{45}_{3}$dzæ̃$^{113}_{55}$ 较简陋的旅社。

宿夜店 soʔ$^{45}_{3}$ɦia$^{11}_{55}$tiẽ$^{33}_{52}$ 小旅社。

浴室 ɦioʔ$^{23}_{1}$səʔ$^{45}_{5}$

　混堂 ɦuẽ$^{113}_{115}$dɒŋ$^{231}_{52}$ 旧词。

理发店 li$^{113}_{115}$fæʔ$^{45}_{5}$tiẽ$^{33}_{52}$

　剃头店 tʰi^{33}dɤ$^{231}_{33}$tiẽ^{33}

剃头担 tʰi^{33}dɤ$^{231}_{33}$tæ̃^{33}

书店 ɕy$^{52}_{33}$tiẽ$^{33}_{55}$

照相馆 tsɒ^{33}ɕiaŋ^{33}kuø̃$^{335}_{33}$

　照相店 tsɒ^{33}ɕiaŋ^{33}tiẽ^{33}

戏院 ɕi^{33}ɦiø̃$^{11}_{33}$

　剧院 dʑieʔ$^{23}_{1}$ɦiø̃$^{11}_{52}$

　戏馆 ɕi^{33}kuø̃$^{335}_{55}$

电影院 diẽ^{11}iŋ$^{335}_{11}$ɦiø̃^{11}

堂子 dɒŋ$^{231}_{11}$tsɿ$^{335}_{55}$ 旧时指妓院。

当店 tɒŋ^{33}tiẽ^{33} 当铺。

买主 ma$^{113}_{115}$tɕy$^{335}_{52}$ 顾客。

　客户 kʰaʔ$^{45}_{3}$ɦu$^{113}_{55}$

观众 kuø̃$^{52}_{33}$tsoŋ$^{33}_{55}$

听众 tʰiŋ^{33}tsoŋ$^{33}_{55}$

19. 交通、邮电

国家 kuoʔ$^{45}_{3}$tɕio^{52}

　国度 kuoʔ$^{45}_{3}$du$^{11}_{55}$

本国 pẽ^{335}kuoʔ$^{45}_{54}$

外国 ŋa^{11}kuoʔ$^{45}_{5}$

首都 sɤ^{335}tu^{52}

省城 saŋ^{335}dzəŋ$^{231}_{52}$

　省会 saŋ^{335}ɦuᴇ$^{11}_{52}$

城市 dzəŋ$^{231}_{11}$zɿ$^{113}_{55}$

县城 ɦiẽ^{11}dzəŋ$^{231}_{11}$

故乡 ku^{335}ɕiaŋ^{52}

　家乡 tɕio$^{52}_{33}$ɕiaŋ^{52}，ko$^{52}_{33}$ɕiaŋ^{52}

本埠 pẽ^{335}bu$^{11}_{52}$

外地 ŋa^{11}di^{11}

门牌 mẽ$^{231}_{11}$ba$^{231}_{52}$

地脚[落宕] di^{11}tɕiaʔ$^{45}_{5}$[loʔ$^{23}_{5}$dɒŋ$^{11}_{52}$] 地址。

城里[头] dzəŋ$^{231}_{11}$li$^{113}_{55}$[dɤ$^{231}_{52}$]

乡下[头] ɕiaŋ$^{52}_{33}$ɦo$^{113}_{55}$[dɤ$^{231}_{52}$]

村宕 tsʰẽ$^{52}_{33}$dɒŋ$^{11}_{55}$ 村子。

　村坊 tsʰẽ$^{52}_{33}$fɒŋ^{52}

路 lu^{11}

街路 ka$^{52}_{33}$lu$^{11}_{55}$ 街道。

上坡路 zɒŋ^{11}p^{h}o$^{52}_{11}$lu^{11}

下坡路 ɦo$^{113}_{115}$p^{h}o$^{52}_{55}$lu$^{11}_{52}$

大街 do^{11}ka$^{52}_{11}$

小路 ɕiɒ^{335}lu$^{11}_{52}$

弄[堂] loŋ^{11}[dɒŋ$^{231}_{11}$] 胡同。

　巷 ɦɒŋ^{11}

十字路口 zeʔ$^{23}_{1}$zʅ$^{11}_{55}$lu$^{11}_{55}$k^{h}ɤ$^{335}_{52}$

丁字路口 tiŋ$^{52}_{33}$zʅ$^{11}_{55}$lu$^{11}_{55}$k^{h}ɤ$^{335}_{52}$

三岔路口 sæ̃$^{52}_{33}$ts^{h}o$^{33}_{55}$lu$^{11}_{55}$k^{h}ɤ$^{335}_{52}$

四岔路口 sʅ^{33}ts^{h}o^{33}lu$^{11}_{33}$k^{h}ɤ$^{335}_{33}$

城墙 dzəŋ$^{231}_{11}$dʑiaŋ$^{231}_{52}$

城门 dzəŋ$^{231}_{11}$mẽ$^{231}_{52}$

[护]城河 [ɦu^{11}]dzəŋ$^{231}_{11}$ɦo$^{231}_{52}$

水城门 sʅ^{335}dzəŋ$^{231}_{55}$mẽ$^{231}_{52}$ 河道上的城门。

行人道 ɦiŋ$^{231}_{11}$zẽ$^{231}_{55}$dɒ$^{113}_{52}$ 人行道。

走路 tsɤ^{335}lu$^{11}_{52}$ 通道。

　走路口 tsɤ^{335}lu$^{11}_{55}$k^{h}ɤ$^{335}_{52}$

火车路 hu^{335}ts^{h}o$^{52}_{55}$lu$^{11}_{52}$

　铁路 t^{h}ieʔ$^{45}_{3}$lu$^{11}_{52}$

汽车路 tɕ^{h}i^{33}ts^{h}o$^{52}_{33}$lu$^{11}_{55}$

　公路 kuoŋ$^{52}_{33}$lu$^{11}_{55}$

马路 mo$^{113}_{115}$lu$^{11}_{52}$

纤路 tɕ^{h}iẽ$^{52}_{33}$lu$^{11}_{55}$ 拉纤的路。

塘路 dɒŋ$^{231}_{11}$lu$^{11}_{55}$ 堤塘边供行走或拉纤的路。

避塘 bi^{11}dɒŋ$^{231}_{11}$ 在湖中堆土石用作纤路，也供船只躲避风浪。

凉亭 liaŋ$^{231}_{11}$diŋ$^{231}_{52}$ 大路边供路人休息纳凉的亭子。

桥 dʑiɒ^{231}

车站 ts^{h}o$^{52}_{33}$dzæ̃$^{113}_{55}$

　站头 dzæ̃$^{113}_{115}$dɤ$^{231}_{52}$

火车站 hu^{335}tsʰo$^{52}_{55}$dzæ̃$^{113}_{52}$
汽车站 tɕʰi^{33}tsʰo$^{52}_{33}$dzæ̃$^{113}_{55}$
码头 mo$^{113}_{115}$dɤ$^{231}_{52}$
渡船头 du^{11}zẽ$^{231}_{11}$dɤ$^{231}_{11}$　渡口。
飞机场 fi$^{52}_{33}$tɕi$^{52}_{55}$dzaŋ$^{231}_{52}$

火车 hu^{335}tsʰo^{52}
火车[龙]头 hu^{335}tsʰo$^{52}_{55}$[loŋ$^{231}_{55}$]dɤ$^{231}_{52}$
客车 kʰaʔ$^{45}_{3}$tsʰo^{52}　载客的火车或汽车。
货色车 hu^{33}səʔ$^{45}_{3}$tsʰo$^{52}_{33}$　装货物的火车或汽车。
汽车 tɕʰi^{33}tsʰo$^{52}_{33}$
轿车 dʑiɒ^{11}tsʰo$^{52}_{11}$
　小包车 ɕiɒ^{335}pɒ$^{52}_{55}$tsʰo^{52}，ɕiɒ^{335}pa$^{52}_{55}$tsʰo^{52}
救火车 tɕiɤ^{33}hu$^{335}_{33}$tsʰo$^{52}_{33}$
救护车 tɕiɤ^{33}ɦu$^{11}_{33}$tsʰo$^{52}_{33}$
卡车 kʰa^{335}tsʰo^{52}
三卡 sæ̃$^{52}_{33}$kʰa$^{335}_{55}$　三轮卡车。
马托车 mo$^{113}_{115}$tʰoʔ$^{45}_{5}$tsʰo^{52}　摩托车。
　马达*掐* mo$^{113}_{115}$dæʔ$^{23}_{5}$kʰæʔ$^{45}_{54}$　旧词。英语motor car的音译。
电车 diẽ^{11}tsʰo$^{52}_{11}$
有轨电车 ɦiɤ$^{113}_{115}$kuᴇ$^{52}_{55}$diẽ$^{11}_{55}$tsʰo^{52}
无轨电车 ɦu$^{231}_{11}$kuᴇ$^{52}_{55}$diẽ$^{11}_{55}$tsʰo^{52}
塌车 tʰæʔ$^{45}_{3}$tsʰo^{52}　板车。
三轮车 sæ̃$^{52}_{33}$lẽ$^{231}_{55}$tsʰo^{52}
黄包车 ɦuɒŋ$^{231}_{11}$pɒ$^{52}_{55}$tsʰo^{52}　人力车。
脚踏车 tɕiaʔ$^{45}_{3}$dæʔ$^{23}_{5}$tsʰo^{52}　自行车。
　踏脚车 dæʔ$^{23}_{1}$tɕiaʔ$^{45}_{5}$tsʰo^{52}
马车 mo$^{113}_{115}$tsʰo^{52}
轿 dʑiɒ^{11}

船 zẽ^{231}

轮船 lẽ$^{231}_{11}$zẽ$^{231}_{52}$

小火轮 ɕiɒ^{335}hu$^{335}_{55}$lẽ$^{231}_{52}$ 小轮船。

帆船 væ̃$^{231}_{11}$zẽ$^{231}_{52}$

划船 uo$^{52}_{33}$zẽ$^{231}_{52}$ 用桨划的船。

小划船 ɕiɒ^{335}uo$^{52}_{55}$zẽ$^{231}_{52}$

戳桨船 zoʔ$^{23}_{1}$tɕiaŋ$^{335}_{55}$zẽ$^{231}_{52}$ 用脚蹬桨划动的船。

乌篷船 u$^{52}_{33}$boŋ$^{231}_{55}$zẽ$^{231}_{52}$ 有黑色船篷的船。

赤膊船 tsʰeʔ$^{45}_{3}$poʔ$^{45}_{5}$zẽ$^{231}_{52}$ 没有船篷的小船。

坦船 tʰæ̃^{335}zẽ$^{231}_{52}$ 没有船篷的大船。

摇船 ɦiɒ$^{231}_{11}$zẽ$^{231}_{52}$ 摇橹的船。

快船 kʰua^{33}zẽ$^{231}_{33}$ 摇四橹的船。

[夜]航船 [ɦia^{11}]ɦɒŋ$^{231}_{11}$zẽ$^{231}_{52}$ 兼载客货的长途班船，一般傍晚启航。

渡船 du^{11}zẽ$^{231}_{11}$

紬渡船 dzɤ$^{231}_{11}$du$^{11}_{55}$zẽ$^{231}_{52}$ 拉动两岸间所系绳索往返的小渡船。

舵 do^{113}

船帮 zẽ$^{231}_{11}$pɒŋ^{52}

船沿 zẽ$^{231}_{11}$ɦiẽ$^{11}_{55}$ 船舷。

船埒 zẽ$^{231}_{11}$læʔ$^{45}_{5}$

船舱 zẽ$^{231}_{11}$tsʰɒŋ^{52}

船篷 zẽ$^{231}_{11}$boŋ$^{231}_{52}$ 舱盖。

篷 boŋ^{231}

前梢 ʑiẽ$^{231}_{11}$sɒ^{52} 船头。

前梢头 ʑiẽ$^{231}_{11}$sɒ$^{52}_{55}$dɤ$^{231}_{52}$

后梢 ɦɤ$^{113}_{115}$sɒ^{52} 船尾。

后梢头 ɦɤ$^{113}_{115}$sɒ$^{52}_{55}$dɤ$^{231}_{52}$

船梢 zẽ$^{231}_{11}$sɒ^{52}

风篷 foŋ$^{52}_{33}$boŋ$^{231}_{52}$ 帆。

桅杆 guᴇ$^{231}_{11}$kẽ$^{335}_{55}$

　　桅 guᴇ^{231}

橹 lu^{113}

大橹 do^{11}lu$^{113}_{11}$

小橹 ɕiɒ^{335}lu$^{113}_{52}$

桨 tɕiaŋ^{335}

扳桨 pæ̃$^{52}_{33}$tɕiaŋ$^{335}_{55}$　用手扳动的桨。

戳桨 zoʔ$^{23}_{1}$tɕiaŋ$^{335}_{55}$　用脚蹬的桨。

桨桩 tɕiaŋ^{335}tsɒŋ^{52}　固定桨的小木桩。

撑杆 tsʰaŋ$^{52}_{33}$kẽ$^{335}_{55}$　篙。

戧杆 tsʰɒŋ^{33}kẽ$^{335}_{33}$　固定船的竹杆，直插在船头。

纤绳 tɕʰiẽ$^{52}_{33}$zəŋ$^{231}_{52}$

跳板 tʰiɒ^{33}pæ̃$^{335}_{55}$

锚 mɒ^{231}

飞机 fi$^{52}_{33}$tɕi^{52}

双翼飞机 sɒŋ$^{52}_{33}$ɦieʔ$^{23}_{5}$fi$^{52}_{55}$tɕi^{52}

单翼飞机 tæ̃$^{52}_{33}$ɦieʔ$^{23}_{5}$fi$^{52}_{55}$tɕi^{52}

喷气式飞机 pʰẽ$^{52}_{33}$tɕʰi$^{33}_{55}$səʔ$^{45}_{5}$fi$^{52}_{55}$tɕi^{52}

推进器 tʰᴇ$^{52}_{33}$tɕiŋ$^{33}_{55}$tɕʰi$^{33}_{52}$　发动机。

盘缠钿 bõ$^{231}_{11}$zẽ$^{231}_{55}$diẽ$^{231}_{52}$

　　盘川 bõ$^{231}_{11}$tsʰẽ$^{52}_{55}$

行李 ɦaŋ$^{231}_{11}$li$^{113}_{55}$

邮政局 ɦiɤ$^{231}_{11}$tsəŋ$^{33}_{55}$dʑioʔ$^{23}_{54}$

电信局 diẽ^{11}ɕiŋ$^{33}_{11}$dʑioʔ$^{23}_{1}$

　　电报局 diẽ^{11}pɒ$^{33}_{11}$dʑioʔ$^{23}_{1}$

邮票 ɦiɤ$^{231}_{11}$pʰiɒ$^{33}_{55}$

　　龙头 loŋ$^{231}_{11}$dɤ$^{231}_{52}$　旧词。

信 ɕiŋ^{33}

信壳 ɕiŋ^{33}kʰoʔ$^{45}_{5}$

　信封 ɕiŋ^{33}foŋ$^{52}_{33}$

信纸 ɕiŋ^{33}tsɿ$^{335}_{55}$

平信 biŋ$^{231}_{11}$ɕiŋ$^{33}_{55}$

快信 kʰua^{33}ɕiŋ^{33} 比平信略快，现已废止。

挂号信 kuo^{33}ɦɒ$^{11}_{33}$ɕiŋ^{33}

明信片 miŋ$^{231}_{11}$ɕiŋ$^{33}_{55}$pʰiẽ$^{33}_{52}$

包裹 pɒ$^{52}_{33}$ku$^{335}_{55}$

信筒 ɕiŋ^{33}doŋ$^{113}_{55}$

　邮筒 ɦiɤ$^{231}_{11}$doŋ$^{113}_{55}$

电话 diẽ^{11}ɦuo^{11}

电报 diẽ^{11}pɒ$^{33}_{11}$

20. 文化、娱乐

学堂 ɦoʔ$^{23}_{1}$dɒŋ$^{231}_{52}$ 学校。

大学 da^{11}ɦoʔ$^{23}_{5}$

中学 tsoŋ$^{52}_{33}$ɦoʔ$^{23}_{5}$

小学 ɕiɒ^{335}ɦoʔ$^{45}_{54}$

幼稚园 iɤ^{33}dzɿ$^{11}_{33}$ɦiø̃$^{231}_{52}$

　幼儿园 iɤ^{33}l̩$^{231}_{33}$ɦiø̃$^{231}_{52}$

年级 ȵiẽ$^{231}_{11}$tɕieʔ$^{45}_{5}$

班级 pæ̃$^{52}_{33}$tɕieʔ$^{45}_{5}$

学期 ɦoʔ$^{23}_{1}$dʑi$^{231}_{52}$

学费 ɦoʔ$^{23}_{1}$fi$^{33}_{52}$

　书钿 ɕy$^{52}_{33}$diẽ$^{231}_{52}$

暑假 ɕy^{335}ko$^{33}_{52}$

寒假 ɦẽ$^{231}_{11}$ko$^{33}_{55}$

农忙假 noŋ$^{231}_{11}$mɒŋ$^{231}_{55}$ko$^{33}_{52}$ 农事忙碌时，学校放假数日，以便农村学生回家帮工。

春假 tsʰẽ$^{52}_{33}$ko$^{33}_{55}$ 旧时春天时放假，以便学生外出远足。

远足 ɦiø̃$^{113}_{115}$tsoʔ$^{45}_{54}$ 旧时学校放春假时，班上学生集体外出游玩。

课堂 k^{h}o^{33}dɒŋ$^{231}_{33}$

讲台 kɒŋ^{335}dᴇ$^{231}_{52}$

　讲桌 kɒŋ^{335}tsoʔ$^{45}_{54}$

黑板 həʔ$^{45}_{3}$pæ̃$^{335}_{55}$

粉笔 fẽ^{335}pieʔ$^{45}_{54}$

粉笔字 fẽ^{335}pieʔ$^{45}_{5}$zɿ$^{11}_{52}$

粉揩 fẽ^{335}k^{h}a^{52}　板擦。

石板 zaʔ$^{23}_{1}$pæ̃$^{335}_{55}$

石笔 zaʔ$^{23}_{1}$pieʔ$^{45}_{5}$

讲义 kɒŋ^{335}ȵi$^{11}_{52}$

书 ɕy^{52}　（1）书。（2）课本。

笔记簿 pieʔ$^{45}_{3}$tɕi$^{33}_{55}$bu$^{113}_{52}$

　笔记本 pieʔ$^{45}_{3}$tɕi$^{33}_{55}$pẽ$^{335}_{52}$

纸头 tsɿ^{335}dɤ$^{231}_{52}$　纸。

护书 ɦu^{11}ɕy$^{52}_{11}$　文件夹。

报纸 pɒ^{33}tsɿ$^{335}_{55}$

申报纸 sẽ$^{52}_{33}$pɒ^{33}tsɿ$^{335}_{55}$　（1）报纸。（2）废旧的报纸。

功课 kuoŋ$^{52}_{33}$k^{h}o$^{33}_{55}$

钢笔 kɒŋ$^{52}_{33}$pieʔ$^{45}_{5}$

　自来水笔 zɿ^{11}lᴇ$^{231}_{11}$sɿ$^{335}_{55}$pieʔ$^{45}_{54}$

蘸水钢笔 tsæ̃^{33}sɿ$^{335}_{33}$kɒŋ$^{52}_{33}$pieʔ$^{45}_{5}$

铅笔 k^{h}æ̃$^{52}_{33}$pieʔ$^{45}_{5}$

圆珠笔 ɦiõ$^{231}_{11}$tɕy$^{52}_{55}$pieʔ$^{45}_{54}$

　原子笔 ȵiõ$^{231}_{11}$tsɿ$^{335}_{55}$pieʔ$^{45}_{54}$

蜡笔 læʔ$^{23}_{1}$pieʔ$^{45}_{5}$

墨笔 moʔ$^{23}_{1}$pieʔ$^{45}_{5}$

笔头 pieʔ$^{45}_{3}$dɤ$^{231}_{52}$

笔管 pieʔ$^{45}_{3}$kuõ$^{335}_{55}$

笔帽 pieʔ$^{45}_{3}$mɒ$^{11}_{55}$

笔套管 pieʔ$^{45}_{3}$tʰɒ$^{33}_{55}$kuõ$^{335}_{52}$ 指毛笔的笔帽。

笔筒 pieʔ$^{45}_{3}$doŋ$^{113}_{55}$

笔架 pieʔ$^{45}_{3}$ko$^{33}_{55}$

橡皮 dʑiaŋ$^{113}_{115}$bi$^{231}_{52}$

卷笔套 tɕiõ^{335}pieʔ$^{45}_{5}$tʰɒ$^{33}_{52}$

　铅笔刀 kʰæ̃$^{52}_{33}$pieʔ$^{45}_{5}$tɒ^{52}

铅笔蠡子 kʰæ̃$^{52}_{33}$pieʔ$^{45}_{5}$loʔ$^{23}_{5}$tsɿ$^{335}_{52}$

　铅笔盒 kʰæ̃$^{52}_{33}$pieʔ$^{45}_{5}$ɦeʔ$^{23}_{54}$

砚瓦 ȵiẽ^{11}ŋoʔ$_{5}$（-o^{113}）

　砚台 ȵiẽ^{11}dᴇ$^{231}_{55}$

墨 moʔ^{23}

墨盒 moʔ$^{23}_{1}$ɦeʔ$^{23}_{5}$

墨汁 moʔ$^{23}_{1}$tseʔ$^{45}_{5}$ 毛笔用。

墨水 moʔ$^{23}_{1}$sɿ$^{335}_{55}$ 钢笔用。

蓝墨水 læ̃$^{231}_{11}$moʔ$^{23}_{5}$sɿ$^{335}_{52}$

红墨水 ɦuoŋ$^{231}_{11}$moʔ$^{23}_{5}$sɿ$^{335}_{52}$

字帖 zɿ^{11}tʰieʔ$^{45}_{5}$

影格纸 iŋ^{335}kaʔ$^{45}_{5}$tsɿ$^{335}_{52}$ 练习影写毛笔字的纸。

徽章 huᴇ$^{52}_{33}$tsɒŋ$^{52}_{55}$

印子 iŋ^{33}tsɿ$^{335}_{33}$，iŋ^{33}tseʔ$^{45}_{3}$

　图章 du$^{231}_{11}$tsɒŋ$^{52}_{55}$

印泥 iŋ^{33}ȵi$^{231}_{33}$

橡皮筋 dʑiaŋ$^{113}_{115}$bi$^{231}_{55}$tɕiŋ^{52}

　牛皮筋 ȵiɤ$^{231}_{11}$bi$^{231}_{55}$tɕiŋ^{52}

图画钉 du$^{231}_{11}$ɦuo$^{11}_{55}$tiŋ^{52}

　揿钉 tɕʰiŋ^{33}tiŋ$^{52}_{33}$

大头[别]针 do^{11}dɤ$^{231}_{11}$[bieʔ$^{23}_{1}$]tsẽ^{52}

回形针 ɦuᴇ$^{231}_{11}$ɦiŋ$^{231}_{55}$tsẽ^{52}

钉书机 tiŋ^{33}ɕy$^{52}_{33}$tɕi$^{52}_{33}$

钉书钉 tiŋ^{33}ɕy$^{52}_{33}$tiŋ$^{52}_{33}$
浆糊 tɕiaŋ$^{52}_{33}$ɦu$^{231}_{52}$
　糊头 ɦu^{11}dɤ$^{231}_{11}$
胶水 kɒ$^{52}_{33}$sɿ$^{335}_{55}$
封皮 foŋ$^{52}_{33}$bi$^{231}_{52}$　封条。
书包 ɕy$^{52}_{33}$pɒ^{52}
书签 ɕy$^{52}_{33}$tɕʰiẽ^{52}

考试卷 kʰɒ^{335}sɿ$^{33}_{55}$tɕiø̃$^{33}_{52}$
测验卷 tsʰeʔ$^{45}_{3}$ȵiæ̃$^{11}_{55}$tɕiø̃$^{33}_{52}$
一百分 ieʔ$^{45}_{3}$paʔ$^{45}_{5}$fẽ^{52}　指满分。
头一名 dɤ$^{231}_{11}$ieʔ$^{45}_{5}$miŋ$^{231}_{52}$　第一名。
零蛋 liŋ$^{231}_{11}$dæ̃$^{11}_{55}$　指零分。
　大鸭蛋 do^{11}æʔ$^{45}_{1}$dæ̃$^{11}_{55}$
文凭 vẽ$^{231}_{11}$biŋ$^{231}_{52}$　毕业证书。
白字 baʔ$^{23}_{1}$zɿ$^{11}_{55}$　别字。
错字 tsʰo^{33}zɿ$^{11}_{33}$

土话 tʰu^{335}ɦuo$^{11}_{52}$
　方言 fɒŋ$^{52}_{33}$ɦiẽ$^{231}_{52}$，fɒŋ$^{52}_{33}$ȵiẽ$^{231}_{52}$
说话 seʔ$^{45}_{3}$ɦuo$^{11}_{55}$　话。
故事 ku^{33}zɿ$^{11}_{33}$
大头天话 do^{11}dɤ$^{231}_{11}$tʰiẽ$^{52}_{55}$ɦuo$^{11}_{52}$，do^{11}dɤ$^{231}_{11}$tʰiŋ$^{52}_{55}$ɦuo$^{11}_{52}$　多指神奇荒诞的故事传说。
笑话 ɕiɒ^{33}ɦuo$^{11}_{33}$
对联 tᴇ^{33}liẽ$^{231}_{33}$
　对子 tᴇ^{33}tsɿ$^{335}_{33}$
谜语 mi$^{231}_{11}$ɦy$^{113}_{55}$，mi$^{231}_{11}$ȵy$^{113}_{55}$
　谜 mᴇ^{231}
小说书 ɕiɒ^{335}seʔ$^{45}_{5}$ɕy^{52}　小说。

小说 ɕiɒ^{335}seʔ$^{45}_{54}$

戏文 ɕi^{33}vẽ$^{231}_{33}$ 戏剧。

话剧 ɦuo^{11}dʑieʔ$^{23}_{5}$

电影 diẽ^{11}iŋ$^{335}_{11}$

影戏 iŋ^{335}ɕi$^{33}_{52}$

音乐会 iŋ$^{52}_{33}$ɦioʔ$^{23}_{5}$ɦuᴇ$^{11}_{52}$

舞 ɦu^{231}

莲花落 liẽ$^{231}_{11}$huo$^{52}_{55}$loʔ$^{23}_{54}$ 绍兴地区的一种地方曲艺。

越剧 ɦiøʔ$^{23}_{1}$dʑieʔ$^{23}_{5}$ 绍兴地区的一种地方戏。

绍兴[文]戏 zɒ^{11}ɕiŋ$^{52}_{11}$[vẽ$^{231}_{11}$]ɕi$^{33}_{55}$

鹦哥班 aŋ$^{52}_{33}$ko$^{52}_{55}$pæ̃^{52}

小哥班 ɕiɒ^{335}ko$^{52}_{55}$pæ̃^{52}

的笃班 tieʔ$^{45}_{3}$toʔ$^{45}_{5}$pæ̃^{52} “的笃”，清脆的鼓声，指剧中常轻击毂鼓。

绍剧 zɒ^{11}dʑieʔ$^{23}_{1}$

绍兴大班 zɒ^{11}ɕiŋ$^{52}_{11}$do^{11}pæ̃$^{52}_{11}$

大戏 do^{11}ɕi$^{33}_{11}$ 指绍剧中全本的连台戏。

目连戏 moʔ$^{23}_{1}$liẽ$^{231}_{55}$ɕi$^{33}_{55}$ 绍剧的一种，内容为目连救母，多有鬼魅出现。

鬼戏 tɕy^{335}ɕi$^{33}_{52}$

舞台 ɦu$^{231}_{11}$dᴇ$^{231}_{52}$

戏台 ɕi^{33}dᴇ$^{231}_{33}$

照片 tsɒ^{33}pʰiẽ^{33}

照相 tsɒ^{33}ɕiaŋ^{33}

图画 du$^{231}_{11}$ɦuo$^{11}_{55}$ 指画片。

鹞 ɦiɒ^{11} 指风筝。

炮仗 pʰɒ^{33}dzaŋ$^{113}_{33}$

百子炮仗 paʔ$^{45}_{3}$tsɿ$^{335}_{55}$pʰɒ$^{33}_{55}$dzaŋ$^{113}_{52}$ 鞭炮。

烟火 iẽ$^{52}_{33}$hu$^{335}_{55}$ 焰火。

叫子 tɕiɒ^{33}tsɿ$^{335}_{33}$ 哨子。

　叫比比 tɕiɒ^{33}pi$^{335}_{33}$pi$^{335}_{33}$

箫 ɕiɒ^{52} （1）直箫。（2）曲笛。

笛 dieʔ^{23} 梆笛。

二胡 ȵi^{11}ɦu$^{231}_{11}$

琵琶 bi$^{231}_{11}$bo$^{231}_{52}$

鼓 ku^{335}

斗鼓 tɤ^{335}ku$^{335}_{52}$ 一种两面蒙皮的大鼓。

豰鼓 toʔ$^{45}_{3}$ku$^{335}_{55}$ 一种扁形小鼓，鼓皮下四周有硬木衬垫。鼓声清脆，用作节奏控制。

镲板 tsaʔ$^{45}_{3}$pæ̃$^{335}_{55}$ 呱嗒板。

梅花 mᴇ$^{231}_{11}$huo^{52} 指唢呐。

目连号头 moʔ$^{23}_{1}$liẽ$^{231}_{55}$ɦa$^{11}_{55}$dɤ$^{231}_{52}$ 一种长管的铜喇叭，常在鬼戏中鬼魅出场时吹奏。

　号头 ɦa^{11}dɤ$^{231}_{11}$

喇叭 la$^{231}_{11}$pa$^{33}_{55}$

口琴 kʰɤ^{335}dʑiŋ$^{231}_{52}$

　洋箫 ɦiaŋ$^{231}_{11}$ɕiɒ^{52} 旧词。

小提琴 ɕiɒ^{335}di$^{231}_{55}$dʑiŋ$^{231}_{52}$

　梵*华*玲* væ̃$^{113}_{115}$ɦuo$^{231}_{55}$liŋ$^{231}_{52}$ 旧词。英语violin的音译。

象棋 dʑiaŋ$^{113}_{115}$dʑi$^{231}_{52}$

围棋 ɦuᴇ$^{231}_{11}$dʑi$^{231}_{52}$

麻将* mo$^{231}_{11}$tɕiaŋ$_{55}$ “将*”为“雀”旧音 tɕiaʔ^{45} 的音变，“雀”有 -ŋ 尾，是儿化韵的残存形式。

牌九 ba$^{231}_{11}$tɕiɤ$^{335}_{55}$

骰子 dɤ$^{231}_{11}$tsɿ$^{335}_{55}$ 色子。

扑克牌 pʰoʔ$^{45}_{3}$kʰeʔ$^{45}_{5}$ba$^{231}_{52}$

糊脸子 ɦu^{11}liẽ$^{113}_{11}$tsɿ$^{335}_{11}$，ɦu^{11}liẽ$^{113}_{11}$tseʔ$^{45}_{1}$ 假面具。

嬉家生 ɕi$^{52}_{33}$ko$^{52}_{55}$saŋ^{52} 玩具。
摇骨*东* ɦiɒ$^{231}_{11}$kueʔ$^{45}_{5}$toŋ$^{52}_{55}$ 拨浪鼓。
贱骆驼 ʑiẽ^{11}loʔ$^{23}_{1}$do$^{231}_{11}$ 陀螺。

球 dʑiɤ^{231}
皮球 bi$^{231}_{11}$dʑiɤ$^{231}_{52}$
乒乓球 pʰiŋ$^{52}_{33}$pʰaŋ$^{52}_{55}$dʑiɤ$^{231}_{52}$
篮球 læ̃$^{231}_{11}$dʑiɤ$^{231}_{52}$
排球 ba$^{231}_{11}$dʑiɤ$^{231}_{52}$
足球 tsoʔ$^{45}_{3}$dʑiɤ$^{231}_{52}$
网球 mɒŋ$^{113}_{115}$dʑiɤ$^{231}_{52}$
秋千 tɕʰiɤ$^{52}_{33}$tɕʰiẽ^{52}
体操 tʰi^{335}tsʰɒ^{52}
体育场 tʰi^{335}ɦioʔ$^{23}_{5}$dzaŋ$^{231}_{52}$
　运动场 ɦiø̃^{11}doŋ$^{113}_{11}$dzaŋ$^{231}_{11}$

21. 事理、情状

东西 toŋ$^{52}_{33}$ɕi^{52}
　劳什 lɒ$^{231}_{11}$zəʔ$^{23}_{5}$
事体 zɿ^{11}tʰi$^{335}_{55}$ 事情。
名字 miŋ$^{231}_{11}$zɿ$^{11}_{55}$
题目 di$^{231}_{11}$moʔ$^{23}_{5}$
用场 ɦioŋ^{11}dzaŋ$^{231}_{11}$
　用处 ɦioŋ^{11}tɕʰy$^{33}_{11}$
性命 ɕiŋ^{33}miŋ$^{11}_{33}$
命 miŋ^{11} （1）性命。（2）命运。
运气 ɦiø̃^{11}tɕʰi$^{33}_{11}$
　运道 ɦiø̃^{11}dɒ$^{113}_{55}$
手气 sɤ^{335}tɕʰi$^{33}_{52}$ 赌博时的运气。
气数 tɕʰi^{33}su^{33} 命运。

福气 foʔ$^{45}_{3}$tɕʰi$^{33}_{55}$

怕惧 pʰo^{33}dʑy$^{11}_{33}$　可忌讳的人或事：个小人无法无天，一些唔有～。

认号 ȵiŋ^{11}ɦɒ^{11}

记号 tɕi^{33}ɦɒ$^{11}_{33}$

记认 tɕi^{33}ȵiŋ$^{11}_{33}$

种草 tsoŋ^{335}tsʰɒ$^{335}_{52}$　指物种。

样子 ɦiaŋ^{11}tsɿ$^{335}_{55}$　指人、事、物的模样。

人相 ȵiŋ$^{231}_{11}$ɕiaŋ$^{33}_{55}$　指人的模样。

样式 ɦiaŋ^{11}səʔ$^{45}_{5}$　指物的模样。

相道 ɕiaŋ^{33}dɒ$^{113}_{55}$　指人的行为举止。

吃相 tɕʰieʔ$^{45}_{3}$ɕiaŋ$^{33}_{55}$

年纪 ȵiẽ$^{231}_{11}$tɕi$^{33}_{55}$

相貌 ɕiaŋ^{33}mɒ$^{11}_{33}$

精神 tɕiŋ$^{52}_{33}$zẽ$^{231}_{52}$

神气 zẽ$^{231}_{11}$tɕʰi$^{33}_{55}$

心相 ɕiŋ$^{52}_{33}$ɕiaŋ$^{33}_{55}$　心思。

行事 ɦaŋ$^{231}_{11}$zɿ$^{11}_{55}$　行为。

脾气 bi$^{231}_{11}$tɕʰi$^{33}_{55}$

性子 ɕiŋ^{33}tsɿ$^{335}_{33}$

记性 tɕi^{33}ɕiŋ^{33}　记忆力：好～勿如烂笔头。

瘾头 ɦiŋ$^{113}_{115}$dɤ$^{231}_{52}$

瘾 ɦiŋ^{113}

希望 ɕi$^{52}_{33}$ɦuɒŋ$^{11}_{33}$

望头 mɒŋ^{11}dɤ$^{231}_{11}$

想头 ɕiaŋ^{335}dɤ$^{231}_{52}$

花头 huo$^{52}_{33}$dɤ$^{231}_{52}$　花招。

头埭 dɤ$^{231}_{11}$da$^{11}_{55}$　头绪：事体还早咪，～也唔有咪。

法道 fæʔ$^{45}_{3}$dɒ$^{113}_{55}$　办法。

脚路 tɕiaʔ$^{45}_{3}$lu$^{11}_{55}$　门路。

眼夫 ŋæ̃$^{113}_{115}$fu^{52} 眼力。
眼格 ŋæ̃$^{113}_{115}$kaʔ$^{45}_{54}$ 眼界。
力气 lieʔ$^{23}_{1}$tɕ^{h}i$^{33}_{55}$
　气力 tɕ^{h}i^{33}lieʔ$^{23}_{5}$
　力道 lieʔ$^{23}_{1}$dɒ$^{113}_{55}$

学问 ɦoʔ$^{23}_{1}$vẽ$^{11}_{55}$
品行 p^{h}iŋ^{335}ɦiŋ$^{231}_{52}$
道理 dɒ$^{113}_{115}$li$^{113}_{52}$
　由头 ɦiɤ$^{231}_{11}$dɤ$^{231}_{52}$
原因 ȵiø̃$^{231}_{11}$iŋ^{52}
做品 tso^{33}p^{h}iŋ$^{335}_{33}$ 做法，风格。
局气 dʑioʔ$^{23}_{1}$tɕ^{h}i$^{33}_{55}$ 派头。
气度 tɕ^{h}i^{33}du$^{113}_{55}$
肚量 du$^{113}_{115}$liaŋ$^{11}_{52}$
靠傍 k^{h}ɒ^{33}bɒŋ$^{231}_{33}$ 依靠。

造话 zɒ$^{113}_{115}$ɦuo$^{11}_{52}$ 假话，谎话。
炼话 liẽ^{11}ɦuo^{11} 简练、诙谐、精采的话。
横话 uaŋ$^{52}_{33}$ɦuo$^{11}_{55}$ 蛮横无礼的话。
坏话 ɦua^{11}ɦuo^{11} 指下流话。
浮话 vɤ$^{231}_{11}$ɦuo$^{11}_{55}$ 调侃俏皮的话，多指对女性的轻薄言辞。
破话 p^{h}a^{33}ɦuo$^{11}_{33}$ 毁谤性的话。
胀话 tsaŋ^{33}ɦuo$^{11}_{33}$ 发牢骚而又使人无可奈何的话。
气话 tɕ^{h}i^{33}ɦuo$^{11}_{33}$ 生气时说的过头话。
搡*话 sɒŋ^{33}ɦuo$^{11}_{33}$ 讽刺挖苦人的话。
刁话 tiɒ$^{52}_{33}$ɦuo$^{11}_{55}$ 吃亏后挖苦对方的话。
邓*话 dəŋ^{11}ɦuo^{11} 以反话讽刺挖苦的话。
宕话 daŋ^{11}ɦuo^{11} 有所指而没有挑明的话。
冷话 laŋ$^{113}_{115}$ɦuo$^{11}_{52}$ 风凉话。

亮话 liaŋ^{11}ɦuo^{11}　不能直说但要人明白的话。

凡话 væ$^{231}_{11}$ɦuo$^{11}_{55}$　用自己的经验来说明事理。

杜话 du$^{113}_{115}$ɦuo$^{11}_{52}$　故意表现得反应迟钝而实际上内心很明白。

懈话 ga$^{113}_{115}$ɦuo$^{11}_{52}$　事涉紧急而故作漫不经心的话。

呆话 ŋᴇ$^{231}_{11}$ɦuo$^{11}_{55}$　不现实的傻话。

绝话 dʑieʔ$^{23}_{1}$ɦuo$^{11}_{55}$　夸大对方的意思从中表现出对方的谬误。

海话 hᴇ^{335}ɦuo$^{11}_{52}$　吹牛的话。

满话 mø$^{113}_{115}$ɦuo$^{11}_{52}$　过头话。

话把 ɦuo^{11}po$^{33}_{11}$　给人的口实。

22. 方向、位置

东 toŋ^{52}

南 nẽ^{231}

西 ɕi^{52}

北 poʔ^{45}

东南 toŋ$^{52}_{33}$nẽ$^{231}_{52}$

东北 toŋ$^{52}_{33}$poʔ$^{45}_{5}$

西南 ɕi$^{52}_{33}$nẽ$^{231}_{52}$

西北 ɕi$^{52}_{33}$poʔ$^{45}_{5}$

东首 toŋ$^{52}_{33}$sɤ$^{335}_{55}$

　东边 toŋ$^{52}_{33}$piẽ^{52}

　东面 toŋ$^{52}_{33}$miẽ$^{11}_{55}$

南首 nẽ$^{231}_{11}$sɤ$^{335}_{55}$

　南边 nẽ$^{231}_{11}$piẽ^{52}

　南面 nẽ$^{231}_{11}$miẽ$^{11}_{55}$

西首 ɕi$^{52}_{33}$sɤ$^{335}_{55}$

　西边 ɕi$^{52}_{33}$piẽ^{52}

　西面 ɕi$^{52}_{33}$miẽ$^{11}_{55}$

北首 poʔ$^{45}_{3}$sɤ$^{335}_{55}$

　北边 poʔ$^{45}_{3}$piẽ^{52}

北面 poʔ$^{45}_{3}$miẽ$^{11}_{55}$

高头 kɒ$^{52}_{33}$dɤ$^{231}_{52}$ 上面。

上头 zɒŋ$^{113}_{115}$dɤ$^{231}_{52}$

顶上头 tiŋ^{335}zɒŋ$^{11}_{55}$dɤ$^{231}_{52}$ 最上面。

顶高头 tiŋ^{335}kɒ$^{52}_{55}$dɤ$^{231}_{52}$

面顶头 miẽ^{11}təŋ$^{335}_{11}$（-iŋ）dɤ$^{231}_{52}$ 面上。

下底 ɦo$^{113}_{115}$ti$^{335}_{52}$ 下面。

地下 di^{11}ɦo$^{113}_{55}$ 地上。

前头 ʑiẽ$^{231}_{11}$dɤ$^{231}_{52}$

前边 ʑiẽ$^{231}_{11}$piẽ^{52}

前面 ʑiẽ$^{231}_{11}$miẽ$^{11}_{55}$

面前 miẽ^{11}ʑiẽ$^{231}_{11}$ 跟前。

后头 ɦɤ$^{113}_{115}$dɤ$^{231}_{52}$

后边 ɦɤ$^{113}_{115}$piẽ^{52}

后面 ɦɤ$^{113}_{115}$miẽ$^{11}_{52}$

左边 tso^{335}piẽ^{52}

左面 tso^{335}miẽ$^{11}_{52}$

借*首面 tɕia^{33}sɤ$^{335}_{33}$miẽ$^{11}_{33}$ “借*”，本字为“左”，《广韵》则个切。

右边 ɦiɤ$^{113}_{115}$piẽ^{52}

右面 ɦiɤ$^{113}_{115}$miẽ$^{11}_{52}$

顺首面 zẽ^{11}sɤ$^{335}_{11}$miẽ^{11}

外[沿]头 ŋa^{11}[ɦiẽ^{11}]dɤ$^{231}_{55}$

里[沿]头 li$^{113}_{115}$[ɦiẽ$^{11}_{55}$]dɤ$^{231}_{52}$

肚里 du$^{113}_{11}$li$^{113}_{55}$ 内部：山～，镬～。

当中央 tɒŋ$^{52}_{33}$tsoŋ$^{52}_{55}$ȵiaŋ^{52}（ø-） 中间。

当中 tɒŋ$^{52}_{33}$tsoŋ^{52}

中央 tsoŋ$^{52}_{33}$iaŋ^{52}

旁边 bɒŋ$^{231}_{11}$piẽ^{52}

边[沿]头 piẽ$^{52}_{33}$[ɦiẽ$^{11}_{55}$]dɤ$^{231}_{52}$

边沿 piẽ$^{52}_{33}$ɦiẽ$^{11}_{55}$

对照 tᴇ^{33}tsɒ^{33}

对过 tᴇ^{33}ku^{33}

对面 tᴇ^{33}miẽ$^{11}_{33}$

身跟头 ɕiŋ$^{52}_{33}$kəŋ$^{52}_{55}$dɤ$^{231}_{52}$　身边。

背后 pᴇ^{33}ɦɤ$^{113}_{55}$

隔壁[头] kæʔ$^{45}_{3}$pieʔ$^{45}_{5}$[dɤ$^{231}_{52}$]

贴隔壁 tʰieʔ$^{45}_{3}$kæʔ$^{45}_{5}$pieʔ$^{45}_{54}$　紧邻。

四沿 sɿ^{33}ɦiẽ$^{11}_{33}$　四周。

四边 sɿ^{33}piẽ$^{52}_{33}$

四角 sɿ^{33}koʔ$^{45}_{3}$

两旁边 liaŋ$^{113}_{115}$bɒŋ$^{231}_{55}$piẽ^{52}　两边。

两头 liaŋ$^{113}_{115}$dɤ$^{231}_{52}$

上横头 zɒŋ^{11}ɦuaŋ$^{231}_{11}$dɤ$^{231}_{52}$　饭桌靠里的上座位置。

下横头 ɦo$^{113}_{115}$ɦuaŋ$^{231}_{55}$dɤ$^{231}_{52}$　饭桌靠外的下座位置。

近埭坞 dʑiŋ$^{113}_{115}$da$^{11}_{55}$ɦu^{52}（ø-）　附近。

近头 dʑiŋ$^{113}_{115}$dɤ$^{231}_{52}$

四近三坊 sɿ^{33}dʑiŋ$^{113}_{33}$sæ̃$^{52}_{33}$fɒŋ^{52}

远埭八向 ɦiõ$^{113}_{115}$da$^{11}_{55}$pæʔ$^{45}_{5}$ɕiaŋ$^{33}_{52}$　远处。

各到各处 koʔ$^{45}_{3}$tɒ$^{33}_{55}$koʔ$^{45}_{5}$tɕʰy$^{33}_{52}$　到处。

角落头 koʔ$^{45}_{3}$loʔ$^{23}_{5}$dɤ$^{231}_{52}$　墙角。

壁角落 pieʔ$^{45}_{3}$koʔ$^{45}_{5}$loʔ$^{23}_{54}$

打角落头 taŋ^{335}koʔ$^{45}_{5}$loʔ$^{23}_{5}$dɤ$^{231}_{52}$　偏远处。

冷角落头 laŋ$^{113}_{115}$koʔ$^{45}_{5}$loʔ$^{23}_{5}$dɤ$^{231}_{52}$　冷僻处。

摆角汇头 pa^{335}koʔ$^{45}_{5}$ɦuᴇ$^{11}_{55}$dɤ$^{231}_{52}$　拐角处。

汇头 ɦuᴇ^{11}dɤ$^{231}_{11}$

第八章　绍兴方言分类词汇（下）

动　　词

1. 自然现象

天亮 t^{h}iẽ$^{52}_{55}$liaŋ^{11}

天朦朦亮 t^{h}iẽ$^{52}_{55}$moŋ^{33}moŋ$^{33}_{55}$liaŋ^{11}

天夜 t^{h}iẽ$^{52}_{55}$ɦia^{11}　天黑。

天晴 t^{h}iẽ$^{52}_{55}$dʑiŋ^{231}

天阴 t^{h}iẽ$^{52}_{55}$iŋ^{52}

天变哉 t^{h}iẽ$^{52}_{55}$piẽ^{33}tsᴇ$^{52}_{55}$　变天。

天开眼 t^{h}iẽ$^{52}_{55}$k^{h}ᴇ$^{52}_{55}$ŋæ̃^{113}　旧时迷信指当时天上有声，云层开裂处有彩色跃动，此时有求必应。现指不可能实现的好事。

起风 tɕ^{h}i$^{335}_{33}$foŋ^{52}　开始刮风。

发风 fæʔ$^{45}_{3}$foŋ^{52}　刮风。

龙吼*水 loŋ$^{231}_{115}$hɤ$^{33}_{55}$sɿ^{335}　刮龙卷风。

落雨 loʔ$^{23}_{5}$ɦy^{113}　下雨。

　毅雨点 toʔ$^{45}_{5}$ɦy$^{113}_{115}$tiẽ$^{335}_{52}$

　放雨点 fɒŋ$^{33}_{55}$ɦy$^{113}_{115}$tiẽ$^{335}_{52}$

打雨毛丝 taŋ$^{335}_{55}$ɦy$^{113}_{115}$mɒ$^{231}_{55}$sɿ^{52}　下毛毛雨。

打阵头 taŋ$^{335}_{55}$dzẽ^{11}dɤ$^{231}_{11}$　下雷阵雨。

雨朗起来哉 ɦy$^{113}_{115}$lɒŋ$^{113}_{115}$tɕ^{h}i$^{335}_{55}$lᴇ$^{231}_{55}$tsᴇ^{52}　雨点稀疏，雨快停了。

雨停哉 ɦy$^{113}_{115}$diŋ$^{231}_{11}$tsᴇ^{52}

落雪 loʔ$^{23}_{5}$ɕieʔ^{45}　下雪。

雨夹雪 ɦy$^{113}_{115}$kæʔ$^{45}_{5}$ɕieʔ$^{45}_{54}$

雪顶雪 ɕieʔ$^{45}_{3}$təŋ$^{335}_{55}$（-iŋ）ɕieʔ$^{45}_{54}$ 上一场雪还没有化尽又下上雪。

开雪眼 kʰE$^{52}_{55}$ɕieʔ$^{45}_{3}$ŋæ̃$^{113}_{55}$ 指日光穿破雪云，天即将放晴。

落冰雹 loʔ$^{23}_{5}$piŋ$^{52}_{33}$boʔ$^{23}_{5}$ 下雹子。

起霜 tɕʰi$^{335}_{33}$sɒŋ^{52} 下霜。

落露水 loʔ$^{23}_{5}$lu^{11}sɿ$^{335}_{55}$ 下露水。

发雾露 fæʔ$^{45}_{5}$ɦu^{11}lu^{11} 下雾。

落黄沙 loʔ$^{23}_{5}$ɦuɒŋ$^{231}_{11}$so^{52} 扬沙天气。

打霍闪 taŋ$^{335}_{55}$huoʔ$^{45}_{3}$sẽ$^{335}_{55}$，taŋ$^{335}_{55}$huaʔ$^{45}_{3}$sẽ$^{335}_{55}$ 打闪。

打大雷 taŋ$^{335}_{55}$do^{11}lE$^{231}_{55}$ 打雷。

起鲎* tɕʰi$^{335}_{33}$hɤ$^{33}_{55}$ 出虹。

涨大水 tsaŋ$^{33}_{55}$do^{11}sɿ$^{335}_{55}$

　发大水 fæʔ$^{45}_{5}$do^{11}sɿ$^{335}_{55}$

　出蛟 tsʰeʔ$^{45}_{3}$tɕiɒ^{52}

地动 di$^{11}_{55}$doŋ^{113} 地震。

太阳拨天狗吃得去哉 tʰa$^{33}_{55}$ɦiaŋ$^{231}_{55}$peʔ$^{45}_{5}$tʰiẽ$^{52}_{33}$kɤ$^{335}_{55}$tɕʰieʔ$^{45}_{3}$teʔ$^{45}_{5}$tɕʰi$^{33}_{55}$tsE^{52} 日食。

月亮拨天狗吃得去哉 ɦiøʔ$^{23}_{1}$liaŋ$^{11}_{55}$peʔ$^{45}_{5}$tʰiẽ$^{52}_{33}$kɤ$^{335}_{55}$tɕʰieʔ$^{45}_{3}$teʔ$^{45}_{5}$tɕʰi$^{33}_{55}$tsE^{52}，ȵiøʔ$^{23}_{1}$liaŋ$^{11}_{55}$peʔ$^{45}_{5}$tʰiẽ$^{52}_{33}$kɤ$^{335}_{55}$tɕʰieʔ$^{45}_{3}$teʔ$^{45}_{5}$tɕʰi$^{33}_{55}$tsE^{52} 月食。

星移座 ɕiŋ$^{52}_{55}$ɦi$^{231}_{55}$zo^{113} 流星飞渡。

暗拢来 ẽ^{33}loŋ$^{113}_{33}$lE$^{231}_{52}$ 天色渐暗。

结冰 tɕieʔ$^{45}_{3}$piŋ^{52}

连底冻 liẽ$^{231}_{11}$ti$^{335}_{55}$toŋ$^{33}_{52}$

做寒头 tso$^{33}_{55}$ɦẽ$^{231}_{11}$dɤ$^{231}_{52}$ 指入冬时刮西北风使天气变冷。

夜寒雾冷 ɦia^{11}ɦẽ$^{231}_{11}$ɦu^{11}laŋ$^{113}_{11}$ 指室外入夜后天气变凉：九十点钟哉，~咯覅走出去。

烊雪 ɦiaŋ$^{231}_{55}$ɕieʔ^{45}，ɦiaŋ$^{231}_{11}$ɕieʔ$^{45}_{5}$ 化雪。

浞雨 dzoʔ$^{23}_{5}$ɦy^{113} 淋雨。

潲 sɒ^{52}

孵太阳 bu^{11}tʰa$^{33}_{55}$ɦiaŋ$^{231}_{55}$ “孵”，训读字，本字为“伏”，《广韵》扶

　富切，“鸟萢子”。

　晒太阳 sa^{33}t^{h}a$^{33}_{55}$ɦiaŋ$^{231}_{55}$

朝南 dzɒ$^{231}_{55}$nẽ^{231}

落北 loʔ$^{23}_{5}$poʔ^{45}　朝北。

背阴 pᴇ^{33}iŋ^{52}

顺风 zẽ^{11}foŋ$^{52}_{11}$

顶风 tiŋ$^{335}_{33}$foŋ^{52}　逆向风口。

　斗风 tɤ^{33}foŋ^{52}

兜风 tɤ$^{52}_{33}$foŋ^{52}　坐车或行船以便吹风纳凉。

涨潮 tsaŋ$^{335}_{55}$dzɒ^{231}

落潮 loʔ$^{23}_{5}$dzɒ^{231}

　退潮 t^{h}ᴇ$^{33}_{55}$dzɒ^{231}

涨水 tsaŋ$^{335}_{55}$sɿ^{335}　水淹了。

退水 t^{h}ᴇ$^{33}_{55}$sɿ^{335}　水退了。

退颜色 t^{h}ᴇ$^{33}_{55}$ŋæ̃$^{231}_{11}$səʔ$^{45}_{5}$　掉色。

火着 hu^{335}dzaʔ$^{23}_{5}$　着火。

　起火 tɕ^{h}i$^{335}_{55}$hu^{335}

熓 u^{52}　火或灯熄灭。

还潮 væ̃$^{231}_{55}$dzɒ^{231}　返潮。

黰 tsəŋ^{335} 发霉。

飘 p^{h}iɒ^{52}　随风吹动。

漂 p^{h}iɒ^{52}　漂着顺水浮动。

　篑* da^{113}

氽 t^{h}ø̃^{335}　在水面上漂浮。

沉 dzẽ^{231}　沉没。

沉 dzẽ^{11}　使某物沉到水下去：铁丝笼里咯老鼠～伊煞。

飞 fi^{52}

滮 piɒ^{52}　细流激射：个喷水壶嫑～东*眼睛里。

礌 lᴇ^{11} 滚动。

旋 ʑiẽ^{11} 转动。

断 dø̃^{113}

坍 tʰæ̃^{52} 坍塌。

跌 tieʔ^{45} 掉下。

趵 pɒ^{33} 弹跳起来：镬里咯六谷～得一世八界。

散 sæ̃^{335} 分散。

落齾 loʔ$^{23}_{5}$ŋæʔ^{23} 刀锋出现缺口。

括裂 kuæʔ$^{45}_{5}$lieʔ^{23} 出现裂纹。

　豁裂 huæʔ$^{45}_{5}$lieʔ^{23}

烊 ɦiaŋ^{231} 融化。

□ gɒ^{231} 完结。

2.　五官及头部动作

看 kʰẽ^{33}（1）看：我～得伊一眼。（2）看守：～牢伊，勿可拨伊逃患*。

看见 kʰẽ^{33}tɕiẽ^{33}

䀹 sæʔ^{45} 眨眼：眼睛一～，赖孵鸡娘变鸭。“䀹”，《集韵》色洽切，“目睫动貌”。

眓 huæʔ^{45} 怒视：拨伊～得记，倒有些慌兮兮咯。

横 uaŋ^{52} 瞪：伊眼睛～得偌记，则*偌有意见东*。

盯 tiŋ^{52} 凝视：～牢，嫑拨伊逃得去。

睩 loʔ^{23} 注视：小人眼睛～来～去，上课勿大专心咯。

睄 sɒ^{52} 斜视：小说书介好看东*，眼角梢头也勿肯～伲一眼。

掝* huaʔ^{45} 瞥视：我眼睛～得记，唔有看灵清。

皱 tsɤ^{33} ～眉头。

　纵 tsoŋ^{33} 眉头～拢。

听 tʰiŋ^{33}

听见 tʰiŋ^{33}tɕiẽ^{33}

嗅 ɕioŋ^{33} ～～有些臭咯。

闻 vẽ^{231}

嗅出 ɕioŋ^{33}tsʰeʔ$^{45}_{5}$ 闻见。

敨气 tʰɤ$^{335}_{33}$tɕʰi$^{33}_{55}$ 呼吸：～勿出，要闷煞哉。

吃 tɕʰieʔ^{45}

食祭 zəʔ$^{23}_{1}$tɕi$^{33}_{55}$ 吃的贬义：铜钱趁勿来，屋里头还有一班人要～，日子捺*个过过呐?

吃饭 tɕʰieʔ$^{45}_{5}$væ̃^{11}

吃茶 tɕʰieʔ$^{45}_{5}$dzo^{231} 喝茶。

吃烟 tɕʰieʔ$^{45}_{3}$iẽ^{52} 吸烟。

呷 hæʔ^{45} 喝：～老酒。

弥 mi^{52} 稍为喝一点儿：葛*老酒有些凶咯，稍为～些好哉。

啐 tsøʔ^{45} 喝一小口尝味道：～得口，葛*老酒有些酸哉。

嗒 tæʔ^{45} 尝味道：让我来～～啥味道。

含 ɦẽ^{231}

咽 iẽ^{33}

吞 tʰø̃^{52} 咽大块的食物。

嚼 ʑiaʔ^{23}

咬 ŋɒ^{113}

啃 kʰəŋ^{335}

吐 tʰu^{335}

哺 pu^{33} 嘴对嘴喂食：小人自还鱠吃咪，要娘～伊咯。

喷 pʰẽ^{52}

吹 tsʰɿ^{52}

嗍 soʔ^{45} 吸：香烟连牢～得两口。

舔 tʰiẽ^{335}

尝 zɒŋ^{231}

抚 ɒ^{33} 用勺量着吃粉状物。

呵 ho^{52} 哈气：个小人顶欢喜冷天家窗门高头～热气。

伛 iɤ^{33}　俯下：头～落，勿可拨伊看见。
抬 dᴇ^{231}　～头。
顿 tø̃^{52}　点头：伊头～～，看样子是同意咯。
昂 ŋɒŋ^{113}　仰头：～起头，看都勿来看偌一眼。
　仰 ȵiaŋ^{113}
　澳* ɒ^{33}
　傲* ŋɒ^{11}
别* bieʔ^{23}　（1）扭转：小心些，㧐脚～患*。（2）转过头：伊头～带*转勿肯理我。
蜇 ʑieʔ^{23}　转动：人～转来。
项颈伸直 ɦɒŋ$^{113}_{115}$tɕiŋ$^{335}_{52}$sẽ$^{52}_{33}$dzəʔ$^{23}_{5}$　伸脖子。
头缩拢 dɤ$^{231}_{115}$soʔ$^{45}_{3}$loŋ$^{113}_{55}$　缩脖子。
　头趜拢 dɤ$^{231}_{115}$gɤ$^{231}_{11}$loŋ$^{113}_{55}$
豲 dʑiõ^{11}　猪拱鼻子：只肉猪连猪圈都～翻哉。

3. 手部动作

擎 dʑiŋ^{231}　举手。
摇 ɦiɒ^{231}　摆手。
招 tsɒ^{52}　～手。
伸 sẽ^{52}
拱 kuoŋ^{335}，tɕioŋ^{335}　（1）拱手。（2）拱开：夜头鸡橱拨狭颡公～开，只鸡婆拨伊吃得去哉。
拱 kuoŋ^{33}，tɕioŋ^{33}　袖手：葛*种事体，伊是～手勿管哉咯。
　缩 soʔ^{45}
背 pᴇ^{33}　背手。
叉 tsʰo^{52}　（1）叉手。（2）抱肩。
点 tiẽ^{335}　指。
打手势 taŋ$^{335}_{55}$sɤ^{335}sɿ$^{33}_{52}$

拕 do^{231}　拿。“拕”，方言字，本字为“驮”，《广韵》徒河切。

执* tseʔ^{45} 拿走：吃得还要～。

挠 nɒ^{52} 抓。

撮 ts^{h}øʔ^{45} 拈。

握 uoʔ^{45}

擼 lu^{52} 抚摸：只狗要咬人咯，～伊勿得咯。

拍 p^{h}aʔ^{45}

摞 lo^{335} 抹：桌子～清爽，再安书本。

撩 liɒ^{11} 出手向不易达到的某处伸展：只大石榴～勿着，夹*以一直唔有去摘伊。

摘 tieʔ^{45} （1）摘除：粗梗子～患*，晏得嫩头好哉。（2）截断：菜叶都要～断咯。

拣 kæ̃^{335} 择菜。

理 li^{113}

揩 k^{h}a^{52} 擦拭。

搽 dzo^{231}

搨 t^{h}æʔ^{45} （1）涂抹：～胭脂。（2）抚摸：～～挼挼，百病消磨。

挼 no^{231} 揉：打一记，～一～。

搦 n̥ioʔ^{23} 揉搓：～面。

团 dõ^{231} 揉成一团：张纸拨伊～拢掼患*哉。

搓 ts^{h}o^{52}

擘 p^{h}aʔ^{45} 分开：葛*小人两只脚～带*开，立唔有立相。

卷 tɕiõ^{335}

剥 poʔ^{45}

撬 ɕiɒ^{52} 揭开覆盖物：镬黶～开。

揭 tɕieʔ^{45} 揭开黏附物：膏药～落。

掐 k^{h}æʔ^{45}

扴 kæʔ^{45} 夹断：箬～头。

绞 kɒ^{335}

研 n̥iẽ^{52} 细磨。

揧 læʔ^{23} 粗磨。

鐾 bi^{11}　磨砺：自来火～伊着。

拨 peʔ^{45}

弹 dæ̃^{231}

装 tsɒŋ^{52}　安装。

安 ẽ^{52}　安放：皮夹～东*抽斗里。

摆 pa^{335}

囥 k^{h}ɒŋ^{33} 藏：东西～好，嫑拨伊看见。

拎 liŋ^{52}　提溜。

托 t^{h}oʔ^{45}

推 t^{h}ᴇ^{52}

挡 tɒŋ^{335}

撑 ts^{h}aŋ^{33}　支撑：挖梗棒～牢。

拉 la^{52}

扯 ts^{h}a^{335}

着* dzaʔ^{23}　扯下，扯断：橘子撩得着末，连枝条～～落来好哉。

曳 ɦieʔ^{23}　拽：衣裳～直。

扳 pæ̃^{52}　拉转：枝条～牢嫑放手。

牵 tɕ^{h}iẽ^{52}

捵 ts^{h}ẽ^{335}　抻。

捧 p^{h}oŋ^{335}　碗～牢，嫑跌落敲破。

掬 tɕioʔ^{45}　双手捧。

端 tø̃^{52}　双手拿轻物：～得杯茶拨我吃。

掇 tøʔ^{45}　双手拿重物：偌是个一罐头水怕伊～得动啊？

抬 dᴇ^{231}　两人抬物：只要铜钱多，巷牌～过河。

扛 kɒŋ^{52}　两人或多人抬重物：蜣蚁～畚头。

挑 t^{h}iɒ^{52}　一人挑物：大担～，日逐销。

掮 dʑiẽ^{231}　用肩扛。

背 pᴇ^{33}

搬 pø̃^{52}

移 ɦi^{231} 挪动。

铺 p^{h}u^{52}

摊 t^{h}æ̃^{52}

抑 liɤ^{113} 作圆周形搅拌：豆腐里安些盐奶～～就好吃咯。

扚 tɒ^{33} 使劲搅拌：肉饼则*油盐要～匀再蒸。

扶 vu^{231} 伊有些立勿牢东*，偌去～伊把。

涨* tsaŋ^{33} 搀扶着手：～～走走，大街游游。

搩 dʑieʔ^{23} 夹，搂：傣老嬷小人～得追上来哉。

抱 bɒ^{113} （1）抱：～小毛头。（2）搂：～得小人坐车直到医院。

撟 dʑiɒ^{231} 挽：手里～得只篮头。

□ dʑia^{231} 抱持：嫂嫂要生快哉，豪*馋背后去～牢。

把 po^{335} 托住孩子做某事：～尿，～屎。

打 taŋ^{335}

掴 kuaʔ^{45} 打耳光。

　绍* zɒ^{11}

敲 k^{h}ɒ^{52}

戳 zoʔ^{23} 用棍棒击捣。

鏓 ts^{h}oŋ^{52} 在木头上打洞。

搡 sɒŋ^{52} 敲，砸：黄胖～年糕，出力勿讨好。

扯 ts^{h}a^{335} 撕。

豛 toʔ^{45} 点击：的笃班就是戏台高头只豛鼓只管有人～咯。

拗 ɒ^{335} 折。

碰 baŋ^{11}

撞 dzɒŋ^{11}

觩 dʑioʔ^{23} 牛用角顶人：拨只牛～得记，血出得勿少。

掼 guæ̃^{11} 投掷：嬉家生嫂～来～去。

　订* tiŋ^{33} 脑壳头拨伊～得记。

扎* tsæʔ^{45} 扔泥沙。

澄 t^{h}əŋ^{52}，dəŋ^{231} 倒水：碗挖牢，勿可～患*。

拨 peʔ^{45}　撇开。

跌 tieʔ^{45}　掉了。

跌落 tieʔ$^{45}_{3}$loʔ$^{23}_{5}$　遗失了。

　丢患* tiɤ$^{52}_{33}$ɦuæ̃$^{11}_{55}$

寻 ʑiŋ^{231}

篆* dzẽ^{113}　捡拾：跌落，～起。

抲 k^{h}o^{33}　捉。“抲”，方言字，本字为“搙”，《集韵》枯驾切，“持也”。

摘 tsaʔ^{45}　采。

缚 voʔ^{23},boʔ^{23}　捆：只鸡翼膀则*脚都～伊牢。

　绑 pɒŋ^{335}

编 piẽ^{52}

　躲* to^{335}　～辫子。

褊 biẽ^{113}　斜编：淘箩边头有些散哉，去～～好。

解 ka^{335}

开 k^{h}E^{52}

关 kuæ̃^{52}

合 keʔ^{45}　拼合：～队。

分 fẽ^{52}

封 foŋ^{52}　门撳张字条～牢。

凳* təŋ^{33}　掂掇：副镯子～～有些重带*。

数 ɕy^{335}

量 liaŋ^{231}

称 ts^{h}əŋ^{52}

　约 iaʔ^{45}　～得～，只甲鱼䏲得半斤重。

盛 zəŋ^{231}　～饭。

包 pɒ^{52}　～书。

裹 ku^{335}　缠绕包扎：～粽子，～脚。

吊 tiɒ^{33}　拴。

系 tɕi^{33} 打结子：鞋带～好。

揿 tɕʰiŋ^{33} 用指掌按住：～电铃，～喇叭。

抐 neʔ^{23} 用手指按住：开关奥*冒*坏患*哉，～牢勿可松开。

难* næ̃^{11} 用物件按住：张纸看吹得去，拕本书～牢。

闷 mẽ^{11} 捂：手～牢勿可松开。

压 æʔ^{45}

挂 kuo^{33}

别 pieʔ^{45} 紧附：钢笔～东*袋袋里。

　别 bieʔ^{23} ～针。

挑 tʰiɒ^{52} 拨动：梗刺有些深带*，拕备*饵线～伊出来。

挖 uæʔ^{45}

掘 dʑiøʔ^{23}

坌 bẽ^{11} 挖土。

堨 eʔ^{45} 覆盖：～炭火，～麦。

罩 tsɒ^{33} 扣住，套住：鱼～，灯～。

盖 kᴇ^{33} 瓶盖～牢。

塞 səʔ^{45}

　堵 tu^{335}

　碫 dzaŋ^{11} 桶漏哉，揿块木片～～。

揰 sæʔ^{45} 塞，填：～裤腰，～桌子脚。

掖 ɦieʔ^{23} 塞进：棉被～好，夜头勿可冻出来。

填 diẽ^{231}

楦 ɕiø̃^{33}

椴 tsẽ^{52} 加楔子：锄头～～实。

揳 ɕieʔ^{45} 塞。

意* i^{33} 连接两物：玻璃管断患*，胶水～勿牢咯。

4. 腿脚动作

走 tsɤ^{335}

抢 tɕiaŋ^{335} 跑：铜锣响，脚底痒，囡要～，娘要打。

跑 p^{h}ɒ^{52} 指动物奔跑：～马。

趏 zæʔ^{23}，zaʔ^{23} 闪出：半路里～出个程咬金，三勿知头碰见偌哉。

䞼 maʔ^{23} 慢走：伊脚有些勿大对东*，～记～记咯走勿快。

跳 t^{h}iɒ^{33} 跳动，舞动。

趒 t^{h}ɤ^{33} （1）平地跳：偌捺*个则*活无常咯一路～过来？（2）往下跳：窗门高头～落去脚要别断咯。

纵 tsoŋ^{33} 往上跳：个人一～～到屋高头。

跳 diɒ^{231} 原地跳跃舞动：～人阵。

撞 dzɒŋ^{113} 又碰又颠：儿子车祸死带*患*，娘要～煞哉。

跨 k^{h}o^{52}

闹* nɒ^{11} 踩：脚～牢，勿可松开。

踏 dæʔ^{23} 用力踏：明*蚣～伊煞。

踢 t^{h}ieʔ^{45}

戳 zoʔ^{23} 蹬：～桨船。

礅 tø̃^{52} 跺脚：倻儿子～嘞搡嘞有个把钟头东*哉，偌去劝劝。

踮 tiẽ^{33} ～起脚洞眼里张张。

凳 tɕiẽ^{33} 斜撑：～屋。

立 lieʔ^{23}

来 lᴇ^{231}

去 tɕ^{h}i^{33}

跟 kəŋ^{52}

追 tsᴇ^{52}

逃 dɒ^{231}

让 ȵiaŋ^{11}

避 bi^{11}

转弯 tsẽ$^{335}_{33}$uæ̃^{52}

5. 全身动作

坐 zo^{113}

睏 kʰuẽ^{33} （1）躺。（2）睡。

倒 tɒ^{335}

孵 bu^{11} （1）伏。（2）蹲。“孵”，训读字，本字为“伏”，《广韵》扶富切，“鸟菢子”。

跍 gu^{113} 蹲。

跪 dʑy^{113}

匐 boʔ^{23} （1）向下俯伏：～东*地下。（2）向外俯伏：抱东*咯小人一险险～出去。

躴 ho^{52} 伛偻：年纪大哉，背有些～哉。

骑 dʑi^{231}

翻转 fæ̃$^{52}_{33}$tsẽ$^{335}_{55}$ 倒转：去一个钟头，～来也要一个钟头。

跌 tieʔ^{45} 摔：～落来，～得交。

掼 guæ̃^{11}

绊 pæ̃^{33}

蹩 bæ̃^{231} （1）爬行：跌倒，～起。（2）攀援：～树。

粳* kaŋ^{52} 钻进：只兔洞里～进亨*哉。

佝 hɤ^{33} 探身近物：花生香喷喷，小人已经来～得两埭哉。

隑 gᴇ^{11} 靠：病还唔有好，还是少走动，多～～。

轧 gæʔ^{23} 挤，压：～煞。“轧”，训读字，本字不明。

挨 a^{52} 人～人。

汇 ɦuᴇ^{11} 退出。葛*种事体勿可掺进去，还是～开。

躲 to^{335}

闅 ieʔ^{45} 躲藏。

拦 læ̃^{231}

埒 læʔ^{23} 大汽车横转来，马路都拨伊～煞哉。

6. 生产活动

谋 mɤ^{231} 找工作。

做事体 tso$^{33}_{55}$zʅ^{11}tʰi$^{335}_{55}$ 做事：伊蛮会～咯。

做生活 tso$^{33}_{55}$saŋ$^{52}_{33}$ɦueʔ$^{23}_{5}$ 干活：葛*生活做得勿错去。

做工 tso^{33}kuoŋ^{52}

上班 zɒŋ^{11}pæ̃^{52}

落班 loʔ$^{23}_{1}$pæ̃^{52}

上夜班 zɒŋ$^{11}_{55}$ɦia^{11}pæ̃$^{52}_{11}$

做年 tso$^{33}_{55}$ȵiẽ^{231}　做长工：倻爹年纪轻咯时光来*亨*张店王里做过年咯。

打短 taŋ$^{335}_{55}$tø̃^{335}　打短工。

了手 liɒ$^{113}_{55}$sɤ^{335}　歇工：到得年关，好～哉。

　歇作 ɕieʔ$^{45}_{3}$tsoʔ$^{45}_{5}$

起屋 tɕ^{h}i$^{335}_{55}$uoʔ^{45}

捉漏 tsoʔ$^{45}_{5}$lɤ^{11}　修补房屋漏雨处。“捉”，训读字，本字为“𡎺”，《广韵》侧六切，“塞也”。

捻河泥 ȵiæ̃$^{113}_{55}$ɦo$^{231}_{11}$ȵi$^{231}_{52}$　罱河泥。

　出浮泥 ts^{h}eʔ$^{45}_{5}$vɤ$^{231}_{11}$ȵi$^{231}_{52}$

种田 tsoŋ$^{33}_{55}$diẽ^{231}　种水稻。

耕田 kaŋ$^{52}_{55}$diẽ^{231}

下肥 ɦo$^{113}_{55}$vĩ^{231}　施肥。

扎*种 tsæʔ$^{45}_{5}$tsoŋ^{335}　播种。

插秧 ts^{h}æʔ$^{45}_{3}$iaŋ^{52}

车水 ts^{h}o$^{52}_{55}$sɿ^{335}

搁田 goʔ$^{23}_{5}$diẽ^{231}　水稻长到一定时候，需停止灌水干一段时间，以催促根系生长。

耘田 ɦiø̃$^{231}_{55}$diẽ^{231}

割稻 keʔ$^{45}_{5}$dɒ^{113}

豁稻 huæʔ$^{45}_{5}$dɒ^{113}　打稻子。

晒谷 sa$^{33}_{55}$kuoʔ^{45}

牵磨 tɕ^{h}iẽ$^{52}_{55}$mo^{11}　拉磨。

种地 tsoŋ$^{33}_{55}$di^{11}　种棉花。

种园田 tsoŋ$^{33}_{55}$ɦiø̃$^{231}_{11}$diẽ$^{231}_{52}$　种菜。

削地 ɕiaʔ$^{45}_{5}$di^{11} 锄地。

散苗 sæ̃$^{33}_{55}$miɒ̃^{231} 间苗。

扦 tɕʰiẽ^{52} 移苗。

败蓬 ba^{11}boŋ$^{231}_{11}$ 藤蔓作物植株衰亡。

浇水 tɕiɒ$^{52}_{55}$sɿ^{335}

抲鱼 kʰo$^{33}_{55}$ŋ̍^{231} 捕鱼。“抲”，方言字，本字为“揢”，《集韵》丘驾切，“持也”。

纺纱 fɒŋ$^{335}_{33}$so^{52}

织布 tseʔ$^{45}_{5}$pu^{33}，tseʔ$^{45}_{3}$pu$^{33}_{55}$

绣花 ɕiɤ^{33}huo^{52}

做衣裳 tso$^{33}_{55}$i$^{52}_{33}$zɒŋ$^{231}_{52}$

挑毛线 tʰiɒ$^{52}_{55}$mɒ$^{231}_{11}$ɕiẽ$^{33}_{55}$ 打毛线：葛*班大姑娘一开会就～。

　结毛线 tɕieʔ$^{45}_{5}$mɒ$^{231}_{11}$ɕiẽ$^{33}_{55}$

缉鞋底 tɕʰieʔ$^{45}_{5}$ɦa$^{231}_{11}$ti$^{335}_{55}$ 纳鞋底。

托袜底 tʰoʔ$^{45}_{5}$mæʔ$^{23}_{1}$ti$^{335}_{55}$ 给整个袜底缝上布块。

拷边 kʰɒ$^{52}_{33}$piẽ^{52} 锁边。

　缲边 tɕʰiɒ$^{52}_{33}$piẽ^{52}

　挑边 tʰiɒ$^{52}_{33}$piẽ^{52}

补补丁 pu$^{335}_{55}$pu^{335}tiŋ^{52} 打补丁。

钉扣 tiŋ^{33}kʰɤ$^{33}_{55}$ 缝扣子。

锁眼 so$^{335}_{55}$ŋæ̃^{113} 锁扣眼。

收作 sɤ$^{52}_{33}$tsoʔ$^{45}_{5}$ 收拾。

掺 tsʰæ̃^{52} 把一种东西混合到另一种东西里：老酒里头勿可～水。

拌 bø̃^{113} 把不同的东西掺在一起和匀：盐～生豆腐。

　和 ɦu^{11}

拆开 tsʰaʔ$^{45}_{3}$kʰᴇ^{52}

造 zɒ^{113}

修 ɕiɤ^{52}

钉 tiŋ^{33}

解 ka^{335} 锯：用锯～树。

凿 dzoʔ^{23}

镶 ɕiaŋ^{52}

　嵌 kʰæ̃^{33}

贴 tʰieʔ^{45}，tʰiaʔ^{45}

黏 ȵiẽ^{52} 粘住。

　褙 pᴇ^{33} 早介时光，介咯年纪咯大姑娘都来*亨*屋里头～锡箔。

　䵍 tæʔ^{45} 出得些汗，背脊里有些～牢哉。

㔃 ɦi^{11} 磨损：钻子头有些～患*哉，去磨磨伊。

7. 日常生活

穿 tsʰẽ^{52}

脱 tʰøʔ^{45}

赤膊 tsʰeʔ$^{45}_{5}$poʔ^{45} 光着上身：～打拳。

赤卵 tsʰeʔ$^{45}_{5}$lø̃^{113} 光着下身：年纪介大还要～末有些难为情相哉咯。

戴 ta^{33}

披 pʰi^{52}

缝 voŋ^{231}

　绕 ȵiɒ^{11}

缀 tsa^{33} 缝上附加物：～扣，～花边。

绗 ɦɒŋ^{231} 缝被子。

缲 tɕʰiɒ^{52} 缝边：～边。

绲 kuẽ^{335} 缝圆边：～边。

脱绽 tʰøʔ$^{45}_{5}$dzæ̃^{11} 脱线：裤唔有破，不过～哉。

剪 tɕiẽ^{335}

裁 zᴇ^{231}

染 zẽ^{113}，ȵiẽ^{113} 旧衣裳～一～还有两年好穿咪。

烁* saʔ^{45} 浸泡衣物：衣裳～过夜再戽。

戽 hu^{33} 洗涤。

汏 da^{11}

出 tsʰeʔ^{45} 投衣服：衣裳我肥皂戽得戽，偌去～～清爽。

荡 dɒŋ^{113} 涮：药吃过，嘴脯～～。

刷 seʔ^{45}

晒 sa^{33}

㫰 lɒŋ^{11} 晾：天家介潮，～东*咯衣裳勿肯燥嘞。

烫 tʰɒŋ^{33} 熨。

闑 iɒ^{335} 摺叠：棉袍子晒晒～拢园东*箱子里。

抈 iøʔ^{45}

折 tseʔ^{45} 对折。

僮* dzɒŋ^{113} 一个个叠起来：碗要～起安东*橱里。

跳 diɒ^{113} 一层层叠起来：介许多铺板，何勿～起来，埭坞也好宽敞些。

畚 pẽ^{52} 用簸箕撮：大家来～伊两畚斗，剩落也勿多哉。

戽脸 hu$^{33}_{55}$liẽ^{113} 洗脸。

戽浴 hu$^{33}_{55}$ɦioʔ^{23} 洗澡。

揩身 kʰa$^{52}_{33}$sẽ^{52} 擦澡。

擦牙齿 tsʰæʔ$^{45}_{5}$ŋo$^{231}_{11}$tsʰʅ$^{335}_{55}$ 刷牙。

荡嘴脯 dɒŋ$^{113}_{55}$tsʅ^{335}bu$^{231}_{52}$，dɒŋ$^{113}_{55}$tsᴇ^{335}bu$^{231}_{52}$ 漱口。

梳头 ɕy$^{52}_{55}$dɤ^{231}

掠头 liaʔ$^{23}_{5}$dɤ^{231}

梳辫子 ɕy$^{52}_{55}$biẽ$^{113}_{115}$tsʅ$^{335}_{52}$

躲*辫子 to$^{335}_{55}$biẽ$^{113}_{115}$tsʅ$^{335}_{52}$

剃头 tʰi$^{33}_{55}$dɤ^{231} （1）理发：偌～剃西装发好。（2）剃光头。

剃胡须 tʰi$^{33}_{55}$ɦu$^{231}_{11}$ɕy^{52}，tʰi$^{33}_{55}$lu$^{231}_{11}$ɕy^{52} 刮胡子。

修胡须 ɕiɤ$^{52}_{55}$ɦu$^{231}_{11}$ɕy^{52}

搽水粉 dzo$^{231}_{55}$sʅ^{335}fẽ$^{335}_{52}$ 搽粉。

搨水粉 tʰæʔ$^{45}_{5}$sʅ^{335}fẽ$^{335}_{52}$

妆扮 tsɒŋ$^{52}_{33}$pæ̃$^{33}_{55}$ （1）打扮。（2）宰杀家禽：只线*鸡好～患*哉。

灯点着 təŋ$^{52}_{55}$tiẽ^{335}dzaʔ$^{23}_{54}$　点灯。

　灯点亮 təŋ$^{52}_{55}$tiẽ^{335}liaŋ$^{11}_{52}$

灯吹煬 təŋ$^{52}_{55}$tsʰɿ$^{52}_{33}$u^{52}　吹灯。

灯开开 təŋ$^{52}_{55}$kʰᴇ$^{52}_{33}$kʰᴇ^{52}　开灯。

灯关煬 təŋ$^{52}_{55}$kuæ̃$^{52}_{33}$u^{52}　关灯。

洒 sa^{52}

喷 pʰẽ^{52}

浇 tɕiɒ^{52}

泼 pʰeʔ^{45}

蘸 tsæ̃^{33}

　揾 uẽ^{33}　早介时光，～～酱油过饭也是平常事。

扫 sɒ^{335}

掸 tæ̃^{335}　拂除：～尘，～衣裳。

豁 huæʔ^{45}　拍打：拔伊皮带～得记。

淘米 dɒ$^{231}_{55}$mi^{113}

戽菜 hu^{33}tsʰᴇ$^{33}_{55}$　洗菜。

汲水 dʑieʔ$^{23}_{5}$sɿ^{335}　从井里打水。

拎水 liŋ$^{52}_{55}$sɿ^{335}　提水。

烧火 sɒ$^{52}_{55}$hu^{335}

燂 dæ̃^{231}　烧一把柴火：饭有些热带*哉，再～一把。

发风炉 fæʔ$^{45}_{5}$foŋ$^{52}_{33}$lu$^{231}_{52}$　生炉子：早起先要～，才至好煮泡饭。

□ gɒŋ^{11}　把烧着的柴火架空。

抑 liɤ^{113}　把烧着的柴火掏空。

煮饭 tsɿ$^{335}_{55}$væ̃^{11}

　烧饭 sɒ$^{52}_{55}$væ̃^{11}

煮粥 tsɿ$^{335}_{55}$tsoʔ^{45}　葛*起米～好。

　烧粥 sɒ$^{52}_{55}$tsoʔ^{45}

起油锅 tɕʰi$^{335}_{55}$ɦiɤ$^{231}_{11}$ku^{52}　～煎鱼。

烧下饭 sɒ$^{52}_{55}$ɦo^{11}væ̃^{11}

　烧菜 sɒ$^{52}_{33}$tsʰᴇ$^{33}_{55}$

放汤 fɒŋ^{33}tʰɒŋ^{52}　做汤。

蒸 tsəŋ^{52}

熯 hẽ^{33}　做饭时附带蒸菜：～下饭。

熻 heʔ^{45}　下锅略加热：冷饭头～一～就好。

煆 ho^{52}　借热锅使冷菜温热：冷下饭～一～。

烩 huᴇ^{33}　熟肉加菜再烹调：白菜～羊肉。

回陶* ɦuᴇ$^{231}_{11}$dɒ$^{231}_{52}$　菜肴重新烹调：～豆腐干。

回笼 ɦuᴇ$^{231}_{11}$loŋ$^{231}_{52}$　食物重新油煎：～油条蛮蛮脆咯。

烧茶 sɒ$^{52}_{55}$dzo^{231}　烧水。

冲茶 tsʰoŋ$^{52}_{55}$dzo^{231}　冲开水。

泡茶 pʰɒ$^{33}_{55}$dzo^{231}　沏茶。

筛茶 sa$^{52}_{55}$dzo^{231}　倒茶。

煝 mᴇ^{11}　暗火焖烧。

燩 kʰoʔ^{45}　用火烤物：～烧饼。

煏 bieʔ^{23}　用微火烘烤：火～鸡。

焪 tsʰoŋ^{33}　烘烤衣物：尿布头～～燥。

烤 kʰɒ^{335}　煮干：～虾。

渍 tseʔ^{45}　腌。

盐 ɦiẽ^{11}　用盐腌：～菜。

暴 bɒ^{113}　粗粗腌一下：鱼勿新鲜哉，豪*悛～一～。

滗 pieʔ^{45}　把所含水分倒去：～药渣。

酘 dɤ^{11}　掺入：老酒味道勿对，奥*冒*～过水咯。

杀 sæʔ^{45}　宰杀。

煺 tʰᴇ^{52}　鸡鸭等宰杀后烫水去毛：～鸡。

劗 dzæ̃^{11}　用刀切：葛*些肉～～好。

　切 tɕʰieʔ^{45}

刿 p^{h}i^{52}　横削成薄片或把表层剥去：～肉片，莴苣笋咯皮要～患*咯。

□ tsæ̃^{52}　用刀砍：有骨头咯鸡肉，拣出东*我来～。

削 ɕiaʔ^{45}　斜切。

剟 toʔ^{45}　剁：～懒惰饼子。

劈 p^{h}ieʔ^{45}

雕 tiɒ^{52}

揦 la^{113}　触割：手指头～得一刀。

劙 li^{113}　割破：～黄鳝。

斫 tsoʔ^{45}　用刀砍柴：～柴。

戳 ts^{h}oʔ^{45}　刺：～得个洞眼。

揿 tsɿ^{33}　刺入：针～勿进。

剅 lɤ^{52}　掏，挖：～耳朵。

压 æʔ^{45}

8. 生理、病理、医疗

歇[一]歇 ɕieʔ$^{45}_{3}$[ieʔ$^{45}_{5}$]ɕieʔ$^{45}_{5}$　歇会儿。

睏[觉] k^{h}uẽ^{33}[kɒ$^{33}_{55}$]　睡觉。

睏晏觉 k^{h}uẽ^{33}æ̃$^{33}_{55}$kɒ$^{33}_{55}$　睡午觉。

　歇晏[觉] ɕieʔ$^{45}_{3}$æ̃$^{33}_{55}$[kɒ$^{33}_{55}$]

打瞌晓 taŋ$^{335}_{55}$k^{h}eʔ$^{45}_{3}$ts^{h}oŋ$^{33}_{55}$　打瞌睡。

打呵汉* taŋ$^{335}_{55}$ho$^{52}_{33}$hẽ$^{33}_{55}$　打哈欠：话道～会惹咯呐。

打眠鼾 taŋ$^{335}_{55}$miẽ$^{231}_{11}$hẽ$^{33}_{55}$　打呼噜：勿晓得伊～有介响，上夜我一夜头唔有睏熟。

做[乱]梦 tso$^{33}_{55}$[lø̃^{11}]moŋ^{11}

做慌梦 tso$^{33}_{55}$huɒŋ$^{52}_{33}$moŋ$^{11}_{55}$

　做恶梦 tso$^{33}_{55}$oʔ$^{45}_{3}$moŋ$^{11}_{55}$

话梦话 ɦuo$^{11}_{55}$moŋ^{11}ɦuo^{11}　伊夜头～，拨别人晓得哉。

磨牙齿 mo$^{231}_{55}$ŋo$^{231}_{11}$ts^{h}ɿ$^{335}_{55}$

失觉 səʔ$^{45}_{3}$kɒ$^{33}_{55}$　失眠。

醒 ɕiŋ^{335}

睕 uæʔ^{45} 醒后睁眼：葛*小人眼睛～开就来*亨*作哉。

擤鼻头涕 həŋ$^{335}_{55}$beʔ$^{23}_{1}$（-ieʔ）dɤ$^{231}_{55}$tʰi$^{33}_{55}$

解手 ka$^{335}_{55}$sɤ^{335}

寨*屎 dza^{11}u$^{33}_{55}$ 拉屎。"屎"，训读字，本字为"涴"，《广韵》乌卧切。

　解大溲 ka$^{335}_{55}$do^{11}sɤ$^{52}_{55}$

寨*尿 dza^{11}ɕi^{52} 撒尿。

　解小溲 ka$^{335}_{55}$ɕiɒ^{335}sɤ^{52}

尿寨*出 ɕi$^{52}_{55}$dza^{11}tsʰeʔ$^{45}_{5}$ 尿床。

走阳 tsɤ$^{335}_{55}$ɦiaŋ^{231} 梦遗。

发抖 fæʔ$^{45}_{5}$tɤ^{335}

瘸迹* kua$^{52}_{33}$tɕieʔ$^{45}_{5}$ 发痒：背脊高头～煞哉。

搔瘸迹* tsɒ$^{52}_{55}$kua$^{52}_{33}$tɕieʔ$^{45}_{5}$ 挠痒痒。

打嚏 taŋ$^{335}_{33}$tʰi$^{33}_{55}$ 打喷嚏。

打呃㾒 taŋ$^{335}_{55}$eʔ$^{45}_{3}$təʔ$^{45}_{5}$ 打嗝儿（呃逆）：冷风吹得吹，～打得半日哉。

打餩 taŋ$^{335}_{55}$gE^{113} 打嗝儿（嗳气）：饭吃得忒个饱哉，来*带*连牢～。

筋绊牢 tɕiŋ$^{52}_{55}$pæ̃^{33}lɒ$^{231}_{33}$ 抽筋：流河脚髈～，有些慌兮兮咯。

　筋吊牢 tɕiŋ$^{52}_{55}$tiɒ^{33}lɒ$^{231}_{33}$

生毛病 saŋ$^{52}_{55}$mɒ$^{231}_{11}$biŋ$^{11}_{55}$ 生病。

勿爽快 veʔ$^{23}_{1}$sɒŋ$^{335}_{55}$kʰua$^{33}_{52}$ 生病的委婉说法：伊上夜夜头风吹得吹，真*朝有些～哉。

发出 fæʔ$^{45}_{3}$tsʰeʔ$^{45}_{5}$ 中医指内火发泄在外，表现为高烧肿胀等。

见轻 tɕiẽ^{33}tɕʰiŋ^{52} 病情好转：倷娘咯病～得些哉。

发冷 fæʔ$^{45}_{5}$laŋ^{113}

发寒噤 fæʔ$^{45}_{5}$ɦẽ$^{231}_{11}$dʑiŋ$^{113}_{55}$ 打冷战：介热咯天家还要～，奥*冒*是抖抖病。

发热 fæʔ$^{45}_{5}$ȵieʔ^{23} 发烧。

痴寒发热 tsʰɿ$^{52}_{33}$ɦẽ$^{231}_{55}$fæʔ$^{45}_{5}$ȵieʔ$^{23}_{54}$ 指疟疾发冷发烧。

头晕 dɤ$^{231}_{115}$ɦiõ^{11}，dɤ$^{231}_{11}$ɦiõ$^{11}_{55}$

乌暗头晕 u$^{52}_{33}$ẽ$^{33}_{55}$dɤ$^{231}_{55}$ɦiõ$^{11}_{52}$ 头晕时眼前一片黑。

呛 tɕʰiaŋ^{33} 咳嗽：冷得冷，有些～带*哉。

气急 tɕʰi$^{33}_{55}$tɕieʔ^{45}

厥起 tɕiøʔ$^{45}_{3}$tɕʰi$^{335}_{55}$ 昏迷不知人事：病有些重带*哉，～得两卯哉。

心⿸疒反 ɕiŋ$^{52}_{55}$fæ̃^{33} 恶心。

　想卯* ɕiaŋ$^{335}_{55}$mɒ^{113} 想吐。

乏力 væʔ$^{23}_{5}$lieʔ^{23}，væʔ$^{23}_{1}$lieʔ$^{23}_{5}$

脱力 tʰøʔ$^{23}_{5}$lieʔ^{23} 因病或过度用力一时失去精神。

发畚 fæʔ$^{45}_{3}$tʰø̃$^{33}_{55}$ 脸部浮肿。

头痛 dɤ$^{231}_{115}$tʰoŋ^{33} 头疼。

肚皮痛 du$^{113}_{115}$bi$^{231}_{52}$tʰoŋ^{33} 肚子疼。

卯* mɒ^{113} 呕吐。

饫 y^{335} 婴儿过饱反胃：小毛头奶奶吃得都～出哉。

寨* dza^{11} 腹泻。

伤风 sɒŋ$^{52}_{33}$foŋ^{52} 感冒。

冻出来 toŋ^{33}tsʰeʔ$^{15}_{3}$lᴇ$^{231}_{52}$ 着凉：只管打嚏，奥*冒*有些～哉。

热出来 ȵieʔ$^{23}_{1}$tsʰeʔ$^{45}_{5}$lᴇ$^{231}_{52}$ 中暑。

　发痧 fæʔ$^{45}_{3}$so^{52}

疰夏 tɕy$^{33}_{55}$ɦo^{11} 因暑热而发烧消瘦，食欲不振。

打餍酸 taŋ$^{335}_{55}$iẽ^{33}sø̃$^{52}_{55}$ 因过饱而吐酸水：葛*两日吃得饭只管～，也勿晓得啥之故。

伤食 sɒŋ$^{52}_{55}$zəʔ^{23} 因饮食不当而损害健康。

胃气痛 ɦuᴇ^{11}tɕʰi$^{33}_{11}$tʰoŋ$^{33}_{11}$ 胃痛。

　胸孔*头痛 ɕioŋ$^{52}_{33}$kʰuoŋ$^{335}_{55}$dɤ$^{231}_{52}$tʰoŋ^{33}

刮急*[寨*] kuæʔ$^{45}_{3}$tɕieʔ$^{45}_{5}$[dza$^{11}_{52}$] 患痢疾。

积食 tɕieʔ$^{45}_{5}$zəʔ^{23}

　膯食 təŋ$^{33}_{55}$zəʔ^{23}

出瘄子 tsʰeʔ$^{45}_{5}$tsʰu^{33}tsɿ$^{335}_{55}$ 出麻疹：小人来*亨*～，勿好见风咯。

病妊 biŋ^{11}ȵiŋ^{11} 孕期不适。

　病儿 biŋ^{11}ȵi$^{231}_{11}$

发抖抖病 fæʔ$^{45}_{5}$tɤ^{335}tɤ$^{335}_{55}$biŋ$^{11}_{52}$ 发疟子。

　开行 kʰᴇ$^{52}_{55}$ɦɒŋ^{231} 旧时某些集镇隔日成市，行商也隔日开行，用以比喻疟疾的隔日发病。

发三日两头 fæʔ$^{45}_{5}$sæ̃$^{52}_{33}$ȵieʔ$^{23}_{5}$liaŋ$^{113}_{55}$dɤ$^{231}_{52}$ 三天中两次发疟子。

发四日两头 fæʔ$^{45}_{3}$sɿ$^{33}_{55}$ȵieʔ$^{23}_{5}$liaŋ$^{113}_{55}$dɤ$^{231}_{52}$ 四天中两次发疟子。

抽筋 tsʰɤ$^{52}_{33}$tɕiŋ^{52} 抽疯。

皴皵 tsʰẽ$^{52}_{33}$tsʰaʔ$^{45}_{5}$，tsʰẽ$^{52}_{33}$tɕʰiaʔ$^{45}_{5}$ 皮肤因受冻而开裂：到得冷天，我脚后跟要生~咯。

生冻瘃 saŋ$^{52}_{55}$toŋ^{33}tsoʔ$^{45}_{5}$ 生冻疮。

生疮 saŋ$^{52}_{33}$tsʰɒŋ^{52}

肿 tsoŋ^{335}

灌毒 kuõ$^{33}_{55}$doʔ^{23} 化脓：颗疮葛*两日来*带*~，痛煞咯嘞。

溃脓 guᴇ$^{11}_{55}$noŋ^{231} 流脓：介熟咯疮，蛮会~咯。

出毒 tsʰeʔ$^{45}_{5}$doʔ^{23} 排脓：疔疮勿~，夜夜睏勿熟。

收口 sɤ$^{52}_{55}$kʰɤ^{335} 疮毒愈合，不再出脓。

结魇 tɕieʔ$^{45}_{5}$iẽ^{335} 结痂。

疯瘫 foŋ$^{52}_{33}$tʰæ̃^{52} 瘫痪。

发痴 fæʔ$^{45}_{3}$tsʰɿ^{52} 发疯。

病蛊毒 biŋ^{11}ku$^{335}_{11}$doʔ$^{23}_{1}$ 一种病久了容易对人冷漠生气的心理状态。

痡 bu^{11} 伤寒症复发。

看毛病 kʰẽ$^{33}_{55}$mɒ$^{231}_{11}$biŋ$^{11}_{55}$ 看病。

把脉 po$^{335}_{55}$maʔ^{23}

　搭脉 tæʔ$^{45}_{5}$maʔ^{23}

开药方 kʰᴇ$^{52}_{55}$ɦiaʔ$^{23}_{1}$fɒŋ^{52}

吃药 tɕʰieʔ$^{45}_{5}$ɦiaʔ^{23}

煎药 tɕiẽ$^{52}_{55}$ɦiaʔ^{23} 熬药。

搽药 dzo$^{231}_{55}$ɦiaʔ^{23} 上药。

打针 taŋ$^{335}_{33}$tsẽ^{52}

开刀 kʰᴇ$^{52}_{33}$tɒ^{52}

打针灸 taŋ$^{335}_{55}$tsẽ$^{52}_{33}$tɕiɤ$^{33}_{55}$　扎针。

灸 tɕiɤ^{33}

拔火罐 bæʔ$^{23}_{1}$hu^{335}kuõ$^{33}_{52}$

执痧 tseʔ$^{45}_{3}$so^{52}

　扭痧 ȵiɤ$^{335}_{33}$so^{52}

　刮痧 kuæʔ$^{45}_{3}$so^{52}

推拿 tʰᴇ$^{52}_{33}$no$^{231}_{52}$

清火 tɕʰiŋ$^{52}_{55}$hu^{335}　去火清热。

祛风 tɕʰi^{33}foŋ^{52}　去除风寒。

消食 ɕiɒ$^{52}_{55}$zəʔ^{23}　用药物化去积食。

将息 tɕiaŋ$^{52}_{33}$ɕieʔ$^{45}_{5}$　休息调养。

　将养 tɕiaŋ$^{52}_{33}$ɦiaŋ$^{113}_{55}$

惹 ȵia^{113}　传染：偖做护士小心疙瘩疮[illegible]～得来。

9. 人事、习俗

生 saŋ^{52}　生育。

养 ɦiaŋ^{113}　抚养。

□ biɒ^{113}　（1）培养。（2）饲养。

活 ɦueʔ^{23}

大 do^{11}　长大。

出山 tsʰeʔ$^{45}_{3}$sæ̃^{52}　旧指孩子长大就业后有出息：等偃小人～，还要好两年唻。

长寿 dzaŋ$^{231}_{11}$zɤ$^{11}_{55}$

夭寿 ɒ^{335}zɤ$^{11}_{52}$　短命。

时兴 zʅ$^{231}_{11}$ɕiŋ^{52}　行时，应时：难*城里穿解放鞋勿～哉。

谈恋爱 dæ̃$^{231}_{55}$liẽ^{11}ᴇ$^{33}_{55}$

　轧朋友 gæʔ$^{23}_{5}$baŋ$^{231}_{11}$ɦiɤ$^{113}_{55}$

相好 ɕiaŋ$^{52}_{33}$hɒ$^{335}_{55}$

发盘 fæʔ$^{45}_{5}$bø̃^{231} 下聘礼。

会亲 ɦuᴇ^{11}tɕ^{h}iŋ^{52} 双方亲家设宴相见。

相亲 ɕiaŋ^{33}tɕ^{h}iŋ^{52}

许 ɕy^{335} 女方允婚。

定亲 diŋ^{11}tɕ^{h}iŋ^{52} 订婚。

做亲 tso^{33}tɕ^{h}iŋ^{52} 结婚，就双方说。

做好日 tso$^{33}_{55}$hɒ^{335}ȵieʔ$^{23}_{54}$

讨老嬷 t^{h}ɒ$^{335}_{55}$lɒ$^{113}_{115}$mo$^{231}_{52}$ 结婚，就男方说。

嫁老公 ko$^{33}_{55}$lɒ$^{113}_{115}$kuoŋ^{52} 结婚，就女方说。

出嫁 ts^{h}eʔ$^{45}_{3}$ko$^{33}_{55}$ 旧指女性初婚。

嫁人 ko$^{33}_{55}$ȵiŋ^{231} 旧指女性再婚。

讨新妇 t^{h}ɒ$^{335}_{55}$ɕiŋ$^{52}_{33}$ɦu$^{113}_{55}$ 为儿子娶妻。

囡出嫁 nø̃$^{231}_{115}$ts^{h}eʔ$^{45}_{5}$ko^{33} 嫁女儿。“囡”的鼻化成分是儿化韵的残余。

嫁囡 ko$^{33}_{55}$nø̃^{231} “囡”的鼻化成分是儿化韵的残余。

过门 ku$^{33}_{55}$mẽ^{231} 女性嫁到男家。

调亲 diɒ^{11}tɕ^{h}iŋ^{52} 旧指两家为经济考虑各将女儿嫁给对方儿子为妻，以求两免财礼。

冲喜 ts^{h}oŋ$^{52}_{55}$ɕi^{335} 旧指男方染重病时以疾病可能因心情愉快得以痊愈而仓卒成婚。

擢亲 huoʔ$^{45}_{3}$tɕ^{h}iŋ^{52} 旧指因担心男方父或母病危可能去世需守孝届时无法成婚而提前成婚。

抢亲 tɕ^{h}iaŋ$^{335}_{33}$tɕ^{h}iŋ^{52} 旧指男方因贫穷无法举行婚礼而与女家父母约定假作抢走新娘成婚。

赖婚 la^{11}huẽ^{52} 旧指女方因嫌贫或其他原因毁弃婚约不愿成婚。

拜堂 pa$^{33}_{55}$dɒŋ^{231} 新郎新娘举行成婚仪式。

拜天地 pa$^{33}_{55}$t^{h}iẽ$^{52}_{33}$di$^{11}_{55}$

吵房 ts^{h}ɒ$^{335}_{55}$vɒŋ^{231} 闹新房。

回门 ɦuᴇ$^{231}_{55}$mẽ^{231} 女儿结婚三天后和丈夫一起回娘家。

解耙* ka$^{335}_{55}$bo^{11} 旧时女儿出嫁后第一次怀孕，娘家为催生需将小孩用的食物衣被送去，称“解耙*”。“耙*”，同音字，本字为“缚”，《广韵》符卧切，“束也”。

劈散哉 p^{h}ieʔ$^{45}_{3}$sæ̃$^{33}_{55}$tsᴇ^{52}

离婚 li$^{231}_{11}$huẽ^{52}

讨填房 t^{h}ɒ$^{335}_{55}$diẽ$^{113}_{115}$vɒŋ$^{231}_{52}$　妻死后再娶。

做填房 tso$^{33}_{55}$diẽ$^{113}_{115}$vɒŋ$^{231}_{52}$　嫁给死了妻子的人。

再嫁 tsᴇ^{33}ko$^{33}_{55}$，tsᴇ$^{33}_{55}$ko^{33}

分开住 fẽ$^{52}_{33}$k^{h}ᴇ$^{52}_{55}$dʑy$^{11}_{52}$　分居。

各管各住 koʔ$^{45}_{3}$kuø̃$^{335}_{55}$koʔ^{45}dʑy^{11}

同居 doŋ$^{231}_{11}$tɕy^{52}　男女双方未结婚而像夫妇一样在一起生活。

姘居 p^{h}iŋ^{33}tɕy$^{52}_{33}$　旧词。

继拜 tɕi^{33}pa^{33}　无血缘关系或亲戚关系的人相认结成父母和子女的关系。

入丫屄 zeʔ$^{23}_{5}$o$^{52}_{33}$pi^{52}　性交。

同房 doŋ$^{231}_{11}$vɒŋ$^{231}_{52}$　性交的婉语。

躭身 tæ̃$^{52}_{33}$sẽ^{52}　怀孕。

有孕哉 ɦiɤ$^{113}_{55}$ɦiø̃^{11}tsᴇ$^{52}_{55}$

有[小人]哉 ɦiɤ$^{113}_{115}$[ɕiɒ^{335}n̠iŋ$^{231}_{55}$]tsᴇ^{52}

做产 tso$^{33}_{55}$ts^{h}æ̃^{335}

生小人 saŋ$^{52}_{55}$ɕiɒ^{335}n̠iŋ$^{231}_{52}$

做舍*五* tso$^{33}_{55}$so^{335}ŋ̍$^{113}_{52}$　坐月子：话道～落东*咯毛病要下卯～调理才至会好。“舍*五*”，“产母”的音变。

吃奶奶 tɕ^{h}ieʔ$^{45}_{3}$na$^{33}_{55}$na$^{33}_{55}$　喂奶，吃奶。

把屎 po$^{335}_{33}$u$^{33}_{55}$　“屎”，训读字，本字为“涴”，《广韵》乌卧切。

把尿 po$^{335}_{33}$ɕi^{52}

满月 mø̃$^{113}_{115}$ɦiøʔ$^{23}_{54}$

小产 ɕiɒ^{335}ts^{h}æ̃$^{335}_{52}$　流产。

打胎 taŋ$^{335}_{33}$t^{h}ᴇ^{52}　人工流产。

拕落哉 do$^{231}_{11}$loʔ$^{23}_{5}$tsᴇ^{52}　“拕”，方言字，本字为“驮”，《广韵》

　徒河切。

得周 təʔ$^{45}_{3}$tsɤ^{52}　小孩周岁生日。

毁牙齿 huᴇ$^{33}_{55}$ŋo$^{231}_{11}$tsʰɿ$^{335}_{55}$　小孩换牙。

做肉 tso$^{33}_{55}$ȵioʔ^{23}　指有益生长：小人吃饭哭，吃得勿～。

栈* dzæ̃^{113} 育肥。

走动 tsɤ^{335}doŋ$^{113}_{52}$　往来。

探亲 tʰẽ^{33}tɕʰiŋ^{52}

走亲眷 tsɤ$^{335}_{55}$tɕʰiŋ$^{52}_{33}$tɕiø̃$^{33}_{55}$　走亲戚。

抢人家 tɕʰiaŋ$^{335}_{55}$ȵiŋ$^{231}_{11}$ko^{52}　串门。

做人客 tso$^{33}_{55}$ȵiŋ$^{231}_{11}$kʰaʔ$^{45}_{5}$　做客。

出门 tsʰeʔ$^{45}_{5}$mẽ^{231}　去外地探亲或办事。

回转 ɦuᴇ$^{231}_{11}$tsẽ$^{335}_{55}$　返回。

归来 tɕy$^{52}_{33}$lᴇ$^{231}_{52}$　回家。

送灶 soŋ^{33}tsɒ$^{33}_{55}$　农历腊月二十三日送灶王爷上天的祭祀活动。

祝福 tsoʔ$^{45}_{5}$foʔ^{45}　旧历年底谢年谢神的祭祀活动。

散福 sæ̃$^{33}_{55}$foʔ^{45}　把祭祀用的菜肴和年糕等让全家人分享。

守岁 sɤ$^{335}_{33}$sᴇ$^{33}_{55}$　除夕夜全家人通宵不寐，见证新旧年的更替。

分岁 fẽ$^{52}_{33}$sᴇ$^{33}_{55}$　除夕夜全家团聚用餐。

拜岁 pa^{33}sᴇ$^{33}_{55}$　拜年。

放灯 fɒŋ^{33}təŋ^{52}　指正月十五元宵节看灯。

迎会 ȵiŋ$^{11}_{55}$ɦuᴇ^{11}　指旧时各寺庙的迎神赛会。

拜寿 pa$^{33}_{55}$zɤ^{11}

　贺寿 ɦo$^{11}_{55}$zɤ^{11}

做生日 tso$^{33}_{55}$saŋ$^{52}_{33}$ȵieʔ$^{23}_{5}$　过生日。

做寿[日] tso$^{33}_{55}$zɤ^{11}[ȵieʔ$^{23}_{1}$]　为五十岁以上的老人过生日，一般选择整十年的日子。

做阴寿 tso$^{33}_{55}$iŋ$^{52}_{33}$zɤ$^{11}_{55}$　为逝者做寿。

做忌日 tso$^{33}_{55}$dʑi^{11}ȵieʔ$^{23}_{5}$　在逝者去世日和生日祭祀供奉。
拜菩萨 pa$^{33}_{55}$bu$^{231}_{11}$sæʔ$^{45}_{5}$
算命 sø̃$^{33}_{55}$miŋ^{11}
求签 dʑiɤ$^{231}_{11}$tɕʰiẽ^{52}　在庙中拜佛后取签问吉凶。
念经 ȵiæ̃^{11}tɕiŋ^{52}
许愿心 ɕy$^{335}_{55}$ȵiø̃^{11}ɕiŋ$^{52}_{11}$　求佛后表示将会报答的情状。
还愿 ɦuæ̃$^{231}_{55}$ȵiø̃^{11}　践行报答。

死 ɕi^{335}
寻死 ʑiŋ$^{231}_{55}$ɕi^{335}　自杀。
上吊 zɒŋ^{11}tiɒ$^{33}_{55}$
投河 dɤ$^{231}_{55}$ɦo^{231}
断气 dø̃$^{113}_{11}$tɕʰi$^{33}_{55}$　停止呼吸。
送终 soŋ^{33}tsoŋ$^{52}_{55}$　家人在逝者断气前守候在周围。
守灵 sɤ$^{335}_{55}$liŋ^{231}　家人整夜守候在逝者前。
入殓 zeʔ$^{23}_{5}$liẽ^{11}　逝者擦拭装束后放入棺材。
报丧 pɒ^{33}sɒŋ^{52}　家人将凶讯通知诸亲友。
奔丧 pẽ$^{52}_{33}$sɒŋ^{52}　家人从外地赶回参加长辈的葬礼。
穿素 tsʰẽ$^{52}_{33}$su$^{33}_{55}$　逝者家人披麻戴孝。
开吊 kʰᴇ$^{52}_{33}$tiɒ$^{33}_{55}$　吊唁。
做七 tso$^{33}_{55}$tɕʰieʔ^{45}　旧时在逝者死后每隔七天超度亡灵一次，共七次。
拜忏 pa^{33}tsʰæ̃$^{33}_{55}$　旧时僧尼超度亡灵时的仪式。
歌薤 ku$^{52}_{55}$(-o) ɦia^{11}　为追悼亡母，在做七后另行安排的佛事。薤：薤露。原为秦末齐田横门人为悼念田横而作的悲歌，诉说生命犹如薤叶上的露水容易在曝晒中蒸发消失。
出丧 tsʰeʔ$^{45}_{3}$sɒŋ^{52}　出殡。
落葬 loʔ$^{23}_{1}$tsɒŋ$^{33}_{55}$　下葬。
火葬 hu^{335}tsɒŋ$^{33}_{52}$
土葬 tu^{335}tsɒŋ$^{33}_{52}$

哄丧事 huoŋ$^{335}_{55}$sɒŋ$^{52}_{33}$zɿ$^{11}_{55}$ 旧指旁边人为有丧事的人家出钱出主意，把场面越做越大。

上坟 zɒŋ$^{113}_{55}$vẽ^{231}

10. 社会生活、犯罪

话 ɦuo^{11} 说。

讲 kɒŋ^{335}

话说话 ɦuo$^{11}_{55}$søʔ$^{45}_{3}$ɦuo$^{11}_{52}$，ɦuo$^{11}_{55}$soʔ$^{45}_{3}$ɦuo$^{11}_{52}$ 说话：伊来*亨*则*先生～。

讲说话 kɒŋ$^{335}_{55}$søʔ$^{45}_{3}$ɦuo$^{11}_{52}$，kɒŋ$^{335}_{55}$soʔ$^{45}_{3}$ɦuo$^{11}_{52}$

告送* kɒ^{33}soŋ^{33}

告诉 kɒ^{33}su^{33}

话白话 ɦuo$^{11}_{55}$baʔ$^{23}_{1}$ɦuo$^{11}_{52}$ 闲谈。

讲白话 kɒŋ$^{335}_{55}$baʔ$^{23}_{1}$ɦuo$^{11}_{52}$

兜搭 tɤ$^{52}_{33}$tæʔ$^{45}_{5}$ 攀谈。

答对 tæʔ$^{45}_{3}$tE$^{33}_{55}$ 应付。

搭嘴 tæʔ$^{45}_{5}$tsE^{335} 插嘴。

唆使 ɕio^{335}sɿ$^{335}_{52}$ 挑唆。

打听 taŋ^{335}t^{h}iŋ$^{33}_{52}$

兜头寸 tɤ$^{52}_{55}$dɤ$^{231}_{11}$ts^{h}ẽ$^{33}_{52}$ 交换情况：伽来*亨*茶馆店里～。

交代 kɒ$^{52}_{33}$dE$^{11}_{55}$

问 mẽ^{11}

应 iŋ^{33}

回答 ɦuE$^{231}_{11}$tæʔ$^{45}_{5}$

应承 iŋ^{33}dzəŋ$^{231}_{55}$，iŋ^{33}dzẽ$^{231}_{55}$ 答应：伊～东*咯事体总赊忘记咯。

理 li^{113}

睬 ts^{h}E^{335}

兜呼 tɤ$^{52}_{33}$hu^{52} 招呼：葛*种人覅则*伊～。

吩咐 fẽ$^{52}_{33}$fu$^{33}_{55}$

嘱咐 tsoʔ$^{45}_{3}$fu$^{33}_{55}$ 则*伊千～，万～，做带*来仍旧老样式。

叮嘱 tiŋ$^{52}_{33}$tsoʔ$^{45}_{5}$

顶嘴 tiŋ$^{335}_{55}$tsᴇ^{335}

应嘴 iŋ$^{33}_{55}$tsᴇ^{335}　回嘴。

搭手 tæʔ$^{45}_{5}$sɤ^{335}　插手。

嬲 ȵiɒ^{113}　纠缠。

缠夹 dzẽ$^{231}_{115}$kæʔ$^{45}_{54}$　纠缠不休。

寿*记 zɤ^{11}tɕi$^{33}_{11}$　打算。

候 ɦɤ^{11}　等待时机：机会总算拨伊～着哉。

要 iɒ^{33}

嫑　fiɒ^{33}　不要：本书我～看。“嫑”，“弗要”的合音字。

拨 peʔ^{45}　（1）给：老太太欢喜外甥，样式要～伊咯。（2）被：～伊借去咯铜钱，赊还哉咯。

挜 o^{33}　硬给：～拨偌。

借 tɕia^{33}

谢借 ʑia^{11}tɕia$^{33}_{11}$　因借用而致谢。

送 soŋ^{33}

还 ɦuæ̃^{231}

还杯 ɦuæ̃$^{231}_{11}$pᴇ^{52}　回报：勿肯～，一世吃亏。

争 tsaŋ^{52}

夺 døʔ^{23}

赔 bᴇ^{231}

比 pi^{335}　比量。

　䁙 iẽ^{33}　侬两个人来～～长短看。

　㩊 iŋ^{33}

行礼 ɦaŋ$^{231}_{55}$li^{113}

　敬礼 tɕiŋ$^{33}_{55}$li^{113}，tɕiŋ$^{33}_{55}$li$^{113}_{52}$

鞠躬 tɕioʔ$^{45}_{3}$kuoŋ^{52}

握手 uoʔ$^{45}_{5}$sɤ^{335}

拍手 pʰaʔ$^{45}_{5}$sɤ^{335}

传 dzẽ^{11}　背后称道人：偌连牢打嚏，有人来*亨*～哉。

数 ɕy^{335} 背后责备人：某人来*亨*～偌呐。

中意 tsoŋ^{33}i$^{33}_{55}$ 合意。

脱空 t^{h}øʔ$^{45}_{3}$k^{h}uoŋ^{52} 落空。

帮忙 pɒŋ$^{52}_{55}$mɒŋ^{231}

当值 tɒŋ$^{52}_{33}$dzəʔ$^{23}_{5}$ 侍候：～老太太。

打拼 taŋ^{335}p^{h}iŋ$^{33}_{52}$ 合伙。

　搭拼 tæʔ$^{45}_{3}$p^{h}iŋ$^{33}_{55}$

做队 tso$^{33}_{55}$dᴇ^{11} 结伴儿：我则*偌～去。

　合队 keʔ$^{45}_{5}$dᴇ^{11}

　合淘 keʔ$^{45}_{5}$dɒ^{11}

轧淘 gæʔ$^{23}_{5}$dɒ^{11} 交朋友。“轧”，训读字，本字不明。

喊 hæ̃^{33} （1）叫唤：痛得煞力咯～。（2）大声哭：啥事体勿如意，要是个～咯。

叫 tɕiɒ^{33} 哭叫：偌啥嘞要是个～。

讴 ɤ^{52} 呼喊：偌去～伊来。

哭 k^{h}uoʔ^{45}，k^{h}oʔ^{45}

出眼泪水 ts^{h}eʔ$^{45}_{5}$ŋæ̃$^{113}_{115}$li$^{11}_{55}$sɿ$^{335}_{52}$ 流泪，饮泣：话得伊句，来*亨*～哉。

笑 ɕiɒ^{33}

骂 mo^{11}

　呵 ho^{52}

刁骂 tiɒ$^{52}_{33}$mo$^{11}_{55}$ 指桑骂槐。

娘煞 ȵiaŋ$^{231}_{115}$sæʔ$^{45}_{54}$ 辱骂时以性行为侮辱人的母亲。

　娘东*入煞 ȵiaŋ$^{231}_{115}$toŋ$^{52}_{55}$ʑieʔ$^{23}_{1}$sæʔ$^{45}_{5}$

𡟭砌*脸 fiɒ$^{33}_{55}$tɕ^{h}i^{33}liẽ$^{113}_{55}$ 不要脸。“𡟭”，“弗要”的合音字。

埋怨 mɒ$^{231}_{11}$（–a）iø̃$^{33}_{55}$

话勿来 ɦuo^{11}veʔ$^{23}_{1}$lᴇ$^{231}_{55}$ 不相投：伽两个人一向～咯。

恶开 oʔ$^{45}_{3}$k^{h}ᴇ^{52} 关系搞坏：伽两个人勿晓得啥事体～哉。

吵 ts^{h}ɒ^{335}

作 tsoʔ^{45} 生事：个小人只管要～咯。

讨相骂 tʰɒ$^{335}_{55}$ɕiaŋ$^{52}_{33}$mo$^{11}_{55}$　吵架：葛*两夫妻三日两头咯～。

　悖逆 beʔ$^{23}_{1}$ȵieʔ$^{23}_{5}$

打人阵 taŋ$^{335}_{55}$ȵiŋ$^{231}_{11}$dzẽ$^{11}_{55}$　打架：葛*家人家两兄弟只管要～咯。

敲头棚* kʰɒ$^{52}_{55}$dɤ$^{231}_{11}$baŋ$^{231}_{52}$　掴脑袋：拨儿子～，人勿痛心痛！

敲巴掌 kʰɒ$^{52}_{55}$po$^{52}_{33}$tsɒŋ$^{335}_{55}$　打耳光。

　打巴掌 taŋ$^{335}_{55}$po$^{52}_{33}$tsɒŋ$^{335}_{55}$

　劈巴掌 pʰieʔ$^{45}_{5}$po$^{52}_{33}$tsɒŋ$^{335}_{55}$

打栗凿 taŋ$^{335}_{55}$lieʔ$^{23}_{1}$dzoʔ$^{23}_{5}$　打栗暴。

　吃栗子块 tɕʰieʔ$^{45}_{5}$lieʔ$^{23}_{1}$tsɿ$^{335}_{55}$kʰuᴇ$^{33}_{52}$

吹牛屄 tsʰɿ$^{52}_{55}$ȵiɤ$^{231}_{11}$pi^{52}　吹牛。

　讲大话 kɒŋ$^{335}_{55}$do^{11}ɦuo^{11}

拍马屁 pʰaʔ$^{45}_{5}$mo$^{113}_{115}$pʰi$^{33}_{52}$　拍马。

讨好 tʰɒ$^{335}_{55}$hɒ^{335}　巴结。

取笑 tɕʰy^{335}ɕiɒ$^{33}_{52}$　嘲笑。

寻开心 ʑiŋ$^{231}_{55}$kʰᴇ$^{52}_{33}$ɕiŋ^{52}　开玩笑。

　打棚 taŋ$^{335}_{55}$baŋ^{231}

呵痒 ho$^{52}_{55}$ɦiaŋ^{113}　哈痒痒。

管闲事 kuø̃$^{335}_{55}$ɦæ̃$^{231}_{11}$zɿ$^{11}_{55}$　过问不需过问的事。

　管闲账 kuø̃$^{335}_{55}$ɦæ̃$^{231}_{11}$tsaŋ$^{33}_{55}$

瞎话 hæʔ$^{45}_{3}$ɦuo$^{11}_{55}$　瞎说。

骗 pʰiẽ^{33}

　哄骗 huoŋ^{335}pʰiẽ$^{33}_{52}$

由依 ɦiɤ$^{231}_{11}$i^{52}　干上了：偌是个欺待我，我要～得偌哉。

戳毅 zoʔ$^{23}_{1}$toʔ$^{45}_{5}$　不住地责备：话得两句末好哉，覅是个～人。

拆劝 tsʰaʔ$^{45}_{3}$tɕʰiø̃$^{33}_{55}$　劝架。

　劝 tɕʰiø̃^{33}

救 tɕiɤ^{33}

认错 ȵiŋ^{11}tsʰo$^{33}_{55}$　道歉。

讨饶 tʰɒ$^{335}_{55}$ȵiɒ^{231}　求饶。

原谅 ȵiø̃$^{231}_{11}$liaŋ$^{11}_{52}$

罚咒 væʔ$^{23}_{1}$tsɤ$^{33}_{55}$　起誓。

搅吵 kɒ^{335}ts^{h}ɒ$^{335}_{52}$　打扰：来得一日，忒个～哉。

容纵 ɦioŋ$^{113}_{115}$tsoŋ$^{33}_{52}$　纵容。

撺掇 ts^{h}ø̃$^{52}_{33}$tøʔ$^{45}_{5}$　怂恿。

做忌 tso$^{33}_{55}$dʑi^{11}　有所禁忌。

回话 ɦuᴇ$^{231}_{11}$ɦuo$^{11}_{55}$　（1）拒绝。（2）辞退。

　回头 ɦuᴇ$^{231}_{11}$dɤ$^{231}_{52}$

　回报 ɦuᴇ$^{231}_{11}$pɒ$^{33}_{55}$

重脸 dzoŋ$^{113}_{55}$liẽ^{113}　碍于情面，不忍回绝别人的要求：～掇大肚。

欺待 tɕ^{h}i$^{52}_{33}$dᴇ$^{113}_{55}$　欺负。

做弄 tso^{33}loŋ$^{11}_{33}$　作弄：阿妹小咊，勿可～伊。

　弄耸 loŋ$^{113}_{115}$soŋ$^{335}_{52}$

调排 diɒ$^{231}_{11}$ba$^{231}_{52}$　戏弄。

撚线* ȵiẽ$^{113}_{115}$ɕiẽ$^{33}_{52}$　善于生事：看看是个老实人，背后挑是非一等，顶会～！

伤屈 sɒŋ$^{52}_{55}$tɕ^{h}ioʔ^{45}　中伤。

装膖* tsɒŋ$^{52}_{33}$p^{h}ɒŋ^{52}　怒形于色。

摆篷*径 pa$^{335}_{55}$boŋ$^{231}_{11}$tɕiŋ$^{33}_{55}$　生闷气。

发呆 fæʔ$^{45}_{5}$ŋᴇ^{231}

　发呆径 fæʔ$^{45}_{5}$ŋᴇ$^{231}_{11}$tɕiŋ$^{33}_{55}$

出空 ts^{h}eʔ$^{45}_{3}$k^{h}uoŋ^{52}　做无用之功：事体都撚好哉，偌嫑再来～。

擂光滚 lᴇ$^{11}_{55}$kuɒŋ$^{52}_{33}$kuẽ$^{335}_{55}$　卧地打滚，比喻太过娇惯。

掼纱帽 guæ̃$^{11}_{55}$so$^{52}_{33}$mɒ$^{11}_{55}$　撂挑子：伊本事是有些咯，就是听两句说话要～。

　掼锣槌 guæ̃$^{11}_{55}$lo$^{231}_{11}$dzʅ$^{231}_{52}$

吃瘪 tɕ^{h}ieʔ$^{45}_{5}$pieʔ^{45}　失败。

倒灶 tɒ$^{335}_{33}$tsɒ$^{33}_{55}$　败落：亨*爿店老早～哉。

惹鬼 ȵia$^{113}_{55}$tɕy^{335}　见鬼：东西一睏时都唔有哉，真当～。

天火烧 t^{h}iẽ$^{52}_{33}$hu$^{335}_{55}$sɒ^{52}　旧时迷信指做了坏事遭到上天的惩罚。

交幕*库* kɒ$^{52}_{55}$mu^{11}k^{h}u$^{33}_{11}$　一段时间诸事不顺，旧时迷信认为是交了幕*库*运。

交桃花运 kɒ$^{52}_{55}$dɒ$^{231}_{11}$huo$^{52}_{55}$ɦiø$^{11}_{52}$　旧时迷信指得到一个满意的对象。

嚼舌胎 ʑiaʔ$^{23}_{5}$zeʔ$^{23}_{1}$t^{h}E^{52}　瞎说：嫑去听伊～。“胎”，张仲景《伤寒论》：“舌上白胎者，可与小柴胡汤。”“胎”即“苔”，《广韵》土来切。

　嚼舌头 ʑiaʔ$^{23}_{5}$zeʔ$^{23}_{1}$dɤ$^{231}_{52}$

豁翎子 huæʔ$^{45}_{5}$liŋ$^{231}_{11}$tsɿ$^{335}_{55}$　暗示：偌嫑话说话～好哚，偃心里有数咯。

炒冷饭 ts^{h}ɒ$^{335}_{55}$laŋ$^{113}_{115}$væ̃$^{11}_{52}$　旧事一再重提。

鬼画符 tɕy^{335}ɦuo$^{11}_{55}$vu^{231}　指人字迹恶劣潦草。

戳壁脚 ts^{h}oʔ$^{45}_{5}$pieʔ$^{45}_{3}$tɕiaʔ$^{45}_{5}$　背地里说人坏话：偌背后来*亨*～，伊有数咯。

做手脚 tso$^{33}_{55}$sɤ^{335}tɕiaʔ$^{45}_{54}$　埋下各种弊端：秤看牢，勿可拨伊～。

塞后手 səʔ$^{45}_{5}$ɦɤ$^{113}_{115}$sɤ$^{335}_{52}$　行贿：亨*老倌～咯本事蛮蛮大咯。

伤阴骘 sɒŋ$^{52}_{55}$iŋ$^{52}_{33}$tɕieʔ$^{45}_{5}$　缺德：偌背后是个话伊，～咯呐。

讨便宜 t^{h}ɒ$^{335}_{55}$biẽ$^{231}_{11}$i$_{52}$（ȵi^{231}）　在言行上占人便宜。

拗嫩头 ɒ$^{335}_{55}$nø̃^{11}dɤ$^{231}_{11}$　欺负弱者。

刨黄瓜 bɒ$^{11}_{55}$ɦuɒŋ$^{231}_{11}$kuo^{52}　找借口索取财物。

敲竹杠 k^{h}ɒ$^{52}_{55}$tsoʔ$^{45}_{3}$kɒŋ$^{33}_{55}$　乘机抬价或索取财物。

吃豆腐 tɕ^{h}ieʔ$^{45}_{5}$dɤ^{11}ɦu^{11}　调笑女性。

吊膀子 tiɒ$^{33}_{55}$pɒŋ^{335}tsɿ$^{335}_{52}$　调情：人家是好端端咯来*东*轧朋友，勿是～，偌嫑撚错。

轧姘头 gæʔ$^{23}_{1}$p^{h}iŋ$^{33}_{55}$dɤ$^{231}_{55}$　和非夫妇关系的男性或女性发生性关系。

打落头 taŋ$^{335}_{55}$loʔ$^{23}_{1}$dɤ$^{231}_{52}$　多报数额收敛钱物：防恐人家～，靠*偌自去买好哉。

化三千 huo^{33}sæ̃$^{52}_{55}$tɕ^{h}iẽ$^{52}_{55}$　说得天花乱坠：伊是个～咯，有几句好淘剩？

翻别十 fæ̃$^{52}_{55}$bieʔ$^{23}_{1}$zeʔ$^{23}_{5}$　乘机害人。

吃没 tɕ^{h}ieʔ$^{45}_{3}$meʔ$^{23}_{5}$　吞没：多落来咯铜钱都拨伊～哉。

做磨心 tso$^{33}_{55}$mo^{11}ɕiŋ$^{52}_{11}$ 四面受气：小人外头来*亨*闯祸，大人屋里头来*带*～。

叹苦经 t^{h}æ̃$^{33}_{55}$k^{h}u^{335}tɕiŋ^{52} 诉苦。

结仇寇 tɕieʔ$^{45}_{5}$dzɤ$^{231}_{11}$k^{h}ɤ$^{33}_{55}$ 结仇。

临市面 liŋ$^{231}_{55}$zɿ$^{113}_{115}$miẽ$^{11}_{52}$ 打听情况。

做规矩 tso$^{33}_{55}$kuᴇ$^{52}_{33}$tɕy$^{335}_{55}$ 加以约束。

触霉头 ts^{h}oʔ$^{45}_{5}$mᴇ$^{231}_{11}$dɤ$^{231}_{52}$ 倒霉：真当～，刚刚买来咯蟹死得两只。

吃生活 tɕ^{h}ieʔ$^{45}_{5}$saŋ$^{52}_{33}$ɦueʔ$^{23}_{5}$ 受惩罚。

揩屁股 k^{h}a$^{52}_{55}$p^{h}i^{33}ku$^{335}_{55}$ 替人收拾烂摊子。

卷铺盖 tɕiø̃$^{335}_{55}$p^{h}u$^{52}_{33}$kᴇ$^{33}_{55}$ 解职。

脚碰脚 tɕiaʔ$^{45}_{3}$baŋ$^{11}_{55}$tɕiaʔ$^{45}_{54}$ 彼此一样：葛*班人都是～咯货色。

掞花脸 dæ̃$^{11}_{55}$huo$^{52}_{33}$liẽ$^{113}_{55}$ 笑脸解决矛盾，并缓和气氛。

掞乌鼻头 dæ̃$^{11}_{55}$u$^{52}_{33}$bieʔ$^{23}_{5}$dɤ$^{231}_{52}$ 碰壁。

摸暗弄堂 moʔ$^{23}_{5}$ẽ^{33}loŋ$^{11}_{33}$dɒŋ$^{231}_{33}$ 边做边试探：大家都来*东*～，一些唔有数咯。

卖狗皮膏药 ma$^{11}_{55}$kɤ^{335}bi$^{231}_{55}$kɒ$^{52}_{55}$ɦiaʔ$^{23}_{54}$ 指只讲漂亮话，不做实事。也指以次充好骗人。

挖墙脚 uæʔ$^{45}_{5}$dʑiaŋ$^{231}_{11}$tɕiaʔ$^{45}_{5}$ 挖走别人的得力人物。

买账 ma$^{113}_{11}$tsaŋ$^{33}_{55}$ 承认对方长处表示认同：勿晓得我去会会～。

变死 piẽ$^{33}_{55}$ɕi^{335} 变坏，找死：个人来*东*～，嫖赌，吸毒，样式都勿缺咯。

惹屎 ȵia$^{113}_{11}$u$^{33}_{55}$ 受牵连：伊则*亨*老倌话得两句说话，赞*～哉。“屎”，训读字，本字为“涴”，《广韵》乌卧切。

翻梢 fæ̃$^{52}_{33}$sɒ^{52} 输了的赢回来：马背高头跌落，牛背高头～。

挖脚底板 uæʔ$^{45}_{5}$tɕiaʔ$^{45}_{3}$ti$^{335}_{55}$pæ̃$^{335}_{52}$ 揭短。

挖老疤 uæʔ$^{45}_{5}$lɒ$^{113}_{115}$po^{52} 揭老底。

背木梢 pᴇ$^{33}_{55}$moʔ$^{23}_{1}$sɒ^{52} 本不需承担责任却不得不承担到底：有介咯呆人，专门～咯。

断六亲 dø̃$^{113}_{55}$loʔ$^{23}_{1}$tɕ^{h}iŋ^{52} 断绝亲戚往来。

拎斗篮 liŋ$^{52}_{55}$tɤ^{335}læ̃$^{231}_{52}$ 给人当下手：偌是个些本事，也贿拨伊～咯。

压肩胛 æʔ$^{45}_{5}$tɕiẽ$^{52}_{33}$kæʔ$^{45}_{5}$　增加工作或责任的压力。

伸后脚 sẽ$^{52}_{55}$ɦɤ$^{113}_{115}$tɕiaʔ$^{45}_{54}$　留后路。

走蹿路 tsɤ$^{335}_{55}$liɒ^{11}lu^{11}　走捷径。

掉枪花 diɒ$^{11}_{55}$tɕ^{h}iaŋ$^{52}_{33}$huo^{52}　耍花招。

摞顺毛 lo$^{335}_{55}$zẽ^{11}mɒ$^{231}_{11}$　顺着对方的心意说好听的：个人脾气介坏，话说话只好～哉。

幽火掇* iɤ$^{52}_{33}$hu$^{335}_{55}$tøʔ^{45}　开小火煮，比喻平心静气地说话：勿怕伊勿讲道理，只怕伊～，撚得偌䐓得依伊。

收骨头 sɤ$^{52}_{55}$kueʔ$^{45}_{3}$dɤ$^{231}_{52}$　准备在较严格的条件下努力。

牵头皮 tɕ^{h}iẽ$^{52}_{55}$dɤ$^{231}_{11}$bi$^{231}_{52}$　因个人过失而影响到亲友的名声。

寻事头 ʑiŋ$^{231}_{55}$zɿ^{11}dɤ$^{231}_{11}$　找茬。

豛结头 toʔ$^{45}_{5}$tɕieʔ$^{45}_{3}$dɤ$^{231}_{52}$　借故寻衅。

吵湖棚 ts^{h}ɒ$^{335}_{55}$ɦu$^{231}_{11}$baŋ$^{231}_{52}$　捣乱，搅局。

杀人 sæʔ$^{45}_{5}$ȵiŋ^{231}

放火 fɒŋ$^{33}_{55}$hu^{335}

抢 tɕ^{h}iaŋ^{335}

　夺 døʔ^{23}

偷 t^{h}ɤ^{52}

着贼 dzaʔ$^{23}_{5}$zəʔ^{23}　被偷。

强奸 dʑiaŋ$^{231}_{11}$kæ̃^{52}

判 pø̃^{33}　判决。

犯法 væ̃$^{113}_{55}$fæʔ^{45}

坐牢监 zo$^{113}_{55}$lɒ$^{231}_{11}$kæ̃^{52}

　坐班房 zo$^{113}_{55}$pæ̃$^{52}_{33}$vɒŋ$^{231}_{52}$

枪毙 tɕ^{h}iaŋ$^{52}_{33}$bi$^{231}_{52}$

　豛洞 toʔ$^{45}_{5}$doŋ^{11}

放 fɒŋ^{33}　释放。

11. 商业、交通

存钞票 dzẽ$^{231}_{55}$tsʰɒ^{335}pʰiɒ$^{33}_{52}$

　存铜钱 dzẽ$^{231}_{55}$doŋ$^{231}_{11}$liẽ$^{231}_{52}$

借 tɕia^{33}

趁 tsʰẽ^{33} （1）挣钱：做小本生意～来有限咯。（2）赚钱：做生意～得勿少铜钱。

稞 zɤ^{113} 积攒。

拆蚀 tsʰaʔ$^{45}_{3}$zeʔ$^{23}_{5}$ 损失钱财物资：自咯生活自做，一些鲙～咯。

做生意 tso$^{33}_{55}$saŋ$^{52}_{33}$i$^{33}_{55}$

蚀本 zeʔ$^{23}_{5}$pẽ^{335}，zeʔ$^{23}_{1}$pẽ$^{335}_{55}$

□ zøʔ^{23} 减缩。

背债 pᴇ$^{52}_{33}$tsa$^{33}_{55}$ 欠债：儿子年纪大哉，～做亲也唔有办法咯。

　做债 tso^{33}tsa$^{33}_{55}$

拔债 bæʔ$^{23}_{1}$tsa$^{33}_{55}$ 还债。

脱手 tʰøʔ$^{45}_{5}$sɤ^{335} （1）脱开手：稿子～哉，书年底好印出来。（2）货物已出售。

背算 pᴇ$^{52}_{33}$sõ$^{33}_{55}$ 盘算。

兜会 tɤ$^{52}_{55}$ɦuᴇ^{11} 一种民间的集资方式，各人每月凑钱帮助其中某一人解决困难。

扣镨扣 kʰɤ$^{33}_{55}$tsaʔ$^{45}_{5}$kʰɤ$^{33}_{55}$ 正好，不多不少：葛*块料作做条裤是～。

节剥节 tɕieʔ$^{45}_{3}$poʔ$^{45}_{5}$tɕieʔ$^{45}_{54}$ 勉强打发日子：倠是个～咯来*带*过日子，还有啥铜钱好借倷。

分家 fẽ$^{52}_{33}$ko^{52}

拆家 tsʰaʔ$^{45}_{3}$ko^{52} 旧指因分家或离婚而致一家离散：为得分家，蛮好咯几兄弟～哉。

买 ma^{113}

朸布 tᴇ^{33}pu$^{33}_{55}$ 买布。

撮药 tsʰeʔ$^{45}_{5}$（-øʔ）ɦiaʔ^{23} 买中药。

拷油 kʰɒ$^{52}_{55}$ɦiɤ^{231} 买油。

舀油 ɦiɒ$^{113}_{55}$ɦiɤ^{231}　买酱油。

称盐 tsʰəŋ$^{52}_{55}$ɦiẽ^{231}　买盐。

打豆腐 taŋ$^{335}_{55}$dɤ^{11}ɦu^{11}　买豆腐。

劗肉 dzæ̃$^{11}_{55}$ȵioʔ^{23}　买肉。

量米 liaŋ$^{231}_{55}$mi^{113}　买米。

抲鸡 kʰo$^{52}_{33}$tɕi^{52}　买鸡。“抲”，方言字，本字为“揢”，《集韵》枯驾切，“持也”。

卖 ma^{11}

讨价 tʰɒ$^{335}_{33}$ko$^{33}_{55}$

还价 ɦuæ̃$^{231}_{11}$ko$^{33}_{55}$

赊账 so$^{52}_{33}$tsaŋ$^{33}_{55}$

找 tsɒ^{335}　退还余额。

节省 tɕieʔ$^{45}_{3}$saŋ$^{335}_{55}$

狼藉 lɒŋ$^{231}_{11}$dʑieʔ$^{23}_{5}$，lɒŋ$^{231}_{11}$ʑieʔ$^{23}_{5}$　浪费，糟蹋：吃清爽，覅~。

　告*将* kɒ^{33}tɕiaŋ^{33}

出市 tsʰeʔ$^{45}_{5}$zɿ^{113}　赶集。

　赶市 kẽ$^{335}_{55}$zɿ^{113}

包梢 pɒ$^{52}_{33}$sɒ^{52}　剩余物全部买入。

　倒担 tɒ^{33}tæ̃$^{33}_{55}$

门市 mẽ$^{231}_{11}$zɿ$^{113}_{55}$　惜售。

走路 tsɤ$^{335}_{55}$lu^{11}

开车 kʰᴇ$^{52}_{33}$tsʰo^{52}

撑船 tsʰaŋ$^{52}_{55}$zẽ^{231}　行船。

开轮船 kʰᴇ$^{52}_{55}$lõ$^{231}_{11}$zẽ$^{231}_{52}$，kʰᴇ$^{52}_{55}$lẽ$^{231}_{11}$zẽ$^{231}_{52}$

划船 uo$^{52}_{55}$zẽ^{231}

舠纤 tᴇ$^{335}_{33}$tɕʰiẽ$^{33}_{55}$　拉纤。

骑马 dʑi$^{231}_{55}$mo^{113}

骑踏脚车 dʑi$^{231}_{55}$dæʔ$^{23}_{1}$tɕiaʔ$^{45}_{5}$tsʰo^{52}

　骑脚踏车 dʑi$^{231}_{55}$tɕiaʔ$^{45}_{3}$dæʔ$^{23}_{5}$tsʰo^{52}

坐车 zo$^{113}_{11}$tsʰo^{52}

　趁车 tsʰẽ^{33}tsʰo^{52}

坐船 zo$^{113}_{55}$zẽ^{231}

坐飞机 zo$^{113}_{55}$fi$^{52}_{33}$tɕi^{52}

12. 文化、娱乐

教 kɒ^{33}

学 ɦoʔ^{23}

上学 zɒŋ$^{113}_{55}$ɦoʔ^{23}

放学 fɒŋ$^{33}_{55}$ɦoʔ^{23}

上课 zɒŋ$^{113}_{11}$kʰo$^{33}_{55}$

落课 loʔ$^{23}_{1}$kʰo$^{33}_{55}$

认字 ȵiŋ$^{11}_{55}$zɿ^{11}

　识字 seʔ$^{45}_{5}$zɿ^{11}

读白字 doʔ$^{23}_{5}$baʔ$^{23}_{1}$zɿ$^{11}_{55}$

　读别 doʔ$^{23}_{1}$pieʔ$^{45}_{5}$

看书 kʰẽ^{33}ɕy^{52}

读书 doʔ$^{23}_{1}$ɕy^{52}

背书 bᴇ^{11}ɕy^{52}

温习 uẽ$^{52}_{33}$dʑieʔ$^{23}_{5}$

　复习 foʔ$^{45}_{3}$dʑieʔ$^{23}_{5}$

自学 zɿ^{11}ɦoʔ$^{23}_{5}$

　自修 zɿ^{11}ɕiɤ$^{52}_{55}$

考试 kʰɒ^{335}sɿ$^{33}_{52}$

测验 tsʰeʔ$^{45}_{3}$ ȵiæ̃$^{11}_{55}$　指小部或局部内容的考试：偃上课时光随得~，放假之前才至有考试。

及格 dʑieʔ$^{23}_{1}$kaʔ$^{45}_{5}$

勿及格 veʔ$^{23}_{1}$dʑieʔ$^{23}_{5}$kaʔ$^{45}_{54}$

背榜 pᴇ$^{33}_{55}$pɒŋ^{335}　指末一名。

升级 səŋ$^{52}_{55}$tɕieʔ^{45}

留级 liɤ$^{231}_{11}$tɕieʔ^{45}

毕业 pieʔ$^{45}_{5}$ȵieʔ^{23}

读出哉 doʔ$^{23}_{1}$tsʰeʔ$^{45}_{5}$tsᴇ^{52} 六年咯学堂总算～，赞*要做事体哉。

放假 fɒŋ^{33}ko$^{33}_{55}$

告假 kɒ^{33}ko$^{33}_{55}$

请假 tɕʰiŋ$^{335}_{33}$ko$^{33}_{55}$

赖学 la$^{11}_{55}$ɦoʔ^{23} 逃学。

立壁角 lieʔ$^{23}_{5}$pieʔ$^{45}_{3}$koʔ$^{45}_{5}$ 站在墙角或墙前，旧时对学生的一种体罚。

打手心 taŋ$^{335}_{55}$sɤ^{335}ɕiŋ^{52} 旧时对学生的一种体罚。

打手底板 taŋ$^{335}_{55}$sɤ^{335}ti$^{335}_{55}$pæ̃$^{335}_{52}$

关夜学 kuæ̃$^{52}_{55}$ɦia^{11}ɦoʔ$^{23}_{5}$ 放学后一段时间不让回家，旧时对学生的一种体罚。

写字 ɕia$^{335}_{55}$zɿ^{11}

记笔记 tɕi$^{33}_{55}$pieʔ$^{45}_{3}$tɕi$^{33}_{52}$

摘笔记 tsaʔ$^{45}_{5}$pieʔ$^{45}_{3}$tɕi$^{33}_{52}$

画图画 ɦuo$^{11}_{55}$du$^{231}_{11}$ɦuo$^{11}_{55}$

写影格纸 ɕia$^{335}_{55}$iŋ^{335}kaʔ$^{45}_{5}$tsɿ$^{335}_{52}$ 先～，再临字帖。

描红 miɒ$^{231}_{11}$ɦuoŋ^{231}

对课 tᴇ^{33}kʰo$^{33}_{55}$ 对对子。

默写 meʔ$^{23}_{1}$ɕia$^{335}_{55}$

听写 tʰiŋ^{33}ɕia$^{335}_{55}$

抄书 tsʰɒ$^{52}_{33}$ɕy^{52}

写信 ɕia$^{335}_{33}$ɕiŋ$^{33}_{55}$

拣 kæ̃^{335}

候 ɦɤ^{11} 比量是否合适：买双鞋总要～～咯。

试 sɿ^{33}

嬉 ɕi^{52} 游玩：门*朝到杭州西湖边去～～。

做嬉客 tso$^{33}_{55}$ɕi$^{52}_{33}$kʰaʔ$^{45}_{5}$

搅 kɒ^{335} 玩儿：小人一日～到夜，夜头睏熟东*都会出汗咯。

趤趤 daŋ^{11}daŋ^{11} 散步。

　踱踱 doʔ$^{23}_{1}$doʔ$^{23}_{5}$

眼饭花 lɒŋ$^{11}_{55}$væ̃^{11}huo$^{52}_{11}$ 指散步帮助消化。

踢毽子 tʰieʔ$^{45}_{5}$tɕiẽ^{335}tsɿ$^{335}_{52}$

办人家 bæ̃$^{11}_{55}$ȵiŋ$^{231}_{11}$ko^{52} 过家家。

造房子 zɒ$^{113}_{55}$vɒŋ$^{231}_{11}$tsɿ$^{335}_{55}$ 一种儿童游戏，以单腿跳跃踢石块进阶取胜。

取线绷 tɕʰy$^{335}_{55}$ɕiẽ^{33}paŋ$^{52}_{55}$ 一种儿童游戏，以棉线手戏取胜。

乘风凉 dzəŋ$^{231}_{55}$foŋ$^{52}_{33}$liaŋ$^{231}_{52}$ 小王来*亨*明堂里～。

跳舞 tʰiɒ$^{33}_{55}$ɦu^{231}

做戏文 tso$^{33}_{55}$ɕi^{33}vẽ$^{231}_{33}$，tso^{33}ɕi$^{33}_{55}$vẽ$^{231}_{55}$ 演戏。

钓鱼 tiɒ$^{33}_{55}$ŋ̍^{231}

斗蛐蛐 tɤ$^{33}_{55}$tɕʰy^{33}tɕʰy$^{33}_{55}$

照照相 tsɒ$^{33}_{55}$tsɒ^{33}ɕiaŋ^{33}，tsɒ^{33}tsɒ$^{33}_{55}$ɕiaŋ$^{33}_{55}$

　拍照相 pʰaʔ$^{45}_{5}$tsɒ^{33}ɕiaŋ^{33}，pʰaʔ$^{45}_{3}$tsɒ$^{33}_{55}$ɕiaŋ$^{33}_{55}$

　照照片 tsɒ$^{33}_{55}$tsɒ^{33}pʰiẽ^{33}，tsɒ^{33}tsɒ$^{33}_{55}$pʰiẽ$^{33}_{55}$

　拍照片 pʰaʔ$^{45}_{5}$tsɒ^{33}pʰiẽ^{33}，pʰaʔ$^{45}_{3}$tsɒ$^{33}_{55}$pʰiẽ$^{33}_{55}$

放炮仗 fɒŋ$^{33}_{55}$pʰɒ^{33}dzaŋ$^{113}_{33}$，fɒŋ^{33}pʰɒ$^{33}_{55}$dzaŋ$^{113}_{55}$

放鹞 fɒŋ$^{33}_{55}$ɦiɒ^{11} 放风筝。

摸青盲 moʔ$^{45}_{5}$tɕʰiŋ$^{52}_{33}$maŋ$^{231}_{52}$，moʔ$^{45}_{5}$tɕʰiŋ$^{52}_{33}$baŋ$^{231}_{52}$ 捉迷藏。

躲静窠伴伴 to$^{335}_{55}$dʑiŋ$^{113}_{115}$kʰo$^{52}_{55}$bø̃$^{113}_{55}$bø̃$^{113}_{52}$ 与捉迷藏近似，一个人悄悄躲在某处，由几个人寻找。

老鹰拖小鸡 lɒ^{11}iŋ$^{52}_{11}$tʰo$^{52}_{55}$ɕiɒ^{335}tɕi^{52} 一种儿童游戏，老鹰以抓住小鸡为胜，母鸡则尽力拦阻，不让小鸡被抓。

抢埭埭 tɕʰiaŋ$^{335}_{55}$da^{11}da$^{11}_{55}$ 抓起自己的一条腿跳着赛跑的一种游戏。

荡秋千 daŋ$^{11}_{55}$tɕʰiɤ$^{52}_{33}$tɕʰiẽ^{52}

打水撇 taŋ$^{335}_{55}$sɿ^{335}pʰieʔ$^{45}_{54}$ 打水漂儿。

跳绳 tʰiɒ$^{33}_{55}$zəŋ^{231}

踢皮球 tʰieʔ$^{45}_{5}$bi$^{231}_{11}$dʑiɤ$^{231}_{52}$

流水 liɤ$^{231}_{55}$sʅ^{335} 游泳：伊来*亨*河港里～。

流河 liɤ$^{231}_{55}$ɦo^{231}

躲没头蒜* to$^{335}_{55}$meʔ$^{23}_{1}$dɤ$^{231}_{55}$sø̃$^{33}_{55}$ 潜泳。

躲潭 to$^{335}_{55}$dø̃^{11}

打球 taŋ$^{335}_{55}$dʑiɤ^{231}

赛跑 sa$^{33}_{55}$bɒ^{231}

跳高 tʰiɒ^{33}kɒ^{52}

跳远 tʰiɒ$^{33}_{55}$ɦiø̃^{113}

踏高跷 dæʔ$^{23}_{5}$kɒ$^{52}_{33}$tɕʰiɒ$^{33}_{55}$ 踩高跷。

打虎跳 taŋ$^{335}_{55}$hu^{335}tʰiɒ$^{33}_{52}$ 两手上举后侧身按地翻转一周。

豁虎跳 huæʔ$^{45}_{5}$hu^{335}tʰiɒ$^{33}_{52}$

翻滚斗 fæ̃$^{52}_{55}$kuẽ$^{335}_{33}$tɤ$^{335}_{55}$ 翻跟头。

翻畚斗 fæ̃$^{52}_{55}$pẽ$^{52}_{33}$tɤ$^{335}_{55}$

翻空心畚斗 fæ̃$^{52}_{55}$kʰuoŋ$^{52}_{33}$ɕiŋ$^{52}_{55}$pẽ$^{52}_{55}$tɤ$^{335}_{52}$ 站着翻跟斗。

竖蜻蜓 ʑy$^{113}_{55}$ɕiŋ$^{52}_{33}$diŋ$^{231}_{52}$ 倒立。

倒爬[出] tɒ^{33}bo$^{231}_{33}$[tsʰeʔ$^{45}_{5}$] 倒立用手走路。

荡头晕 daŋ$^{11}_{55}$dɤ$^{231}_{11}$ɦiø̃$^{11}_{55}$ 原地快速转圈。

变戏法 piẽ$^{33}_{55}$ɕi^{33}fæʔ$^{45}_{5}$ 耍把戏。

走棋 tsɤ$^{335}_{55}$dʑi^{231} 下棋。

着棋 tsaʔ$^{45}_{5}$dʑi^{231}

打扑克 taŋ$^{335}_{55}$pʰoʔ^{45}kʰeʔ$^{45}_{54}$

叉麻将 tsʰo$^{52}_{55}$mo$^{231}_{11}$ tɕiaŋ$_{55}$ 打麻将。“将”为“雀”tɕʰiaʔ^{45}旧音tɕiaʔ^{45}的音变。“雀”有-ŋ尾，是儿化韵的残余。

游*九和 ɦiɤ$^{231}_{11}$tɕiɤ^{335}ɦu$^{231}_{52}$ 打牌九。

推牌九 tʰᴇ$^{52}_{55}$ba$^{231}_{11}$tɕiɤ$^{335}_{55}$

抲棋老虎 kʰo$^{33}_{55}$dʑi$^{231}_{11}$lɒ$^{113}_{55}$hu$^{335}_{52}$ 抓象棋子以将、士、相等的大小比输赢。“抲”，方言字，本字为“揢”，《集韵》枯驾切，“持也”。

猜谜 tsʰᴇ$^{52}_{55}$mᴇ^{231}

猜拳 tsʰᴇ$^{52}_{55}$dʑiø̃^{231}

豁拳 huæʔ$^{45}_{5}$dʑiø̃^{231}

嬉赌 ɕi$^{52}_{55}$tu^{335} 赌博。

赢 ɦiŋ^{231}

输 ɕy^{52}

13. 感受、思维

要 iɒ^{33}

嫑 fiɒ^{33} 不要。“弗要”的合音。

欢喜 huø̃$^{52}_{33}$ɕi$^{335}_{55}$ 喜欢。

容 ɦioŋ^{113} 宠爱。

值钿 dzəʔ$^{23}_{1}$diẽ$^{231}_{52}$ 疼爱。

　成钿 dzəŋ$^{231}_{11}$diẽ$^{231}_{52}$

肉痛 ȵioʔ$^{23}_{1}$tʰoŋ$^{33}_{55}$ 心疼。

眼热 ŋæ̃$^{113}_{11}$ȵieʔ$^{23}_{5}$ 羡慕。

看相 kʰẽ^{33}ɕiaŋ^{33} 看中。

勿割舍 veʔ$^{23}_{1}$keʔ$^{45}_{5}$so$^{335}_{52}$ 不舍得。

割舍 keʔ$^{45}_{3}$so$^{335}_{55}$ 舍得。

气勿过 tɕʰi^{33}veʔ$^{23}_{3}$ku$^{33}_{55}$ 嫉妒：学堂里表扬伊阿弟，伊～煞哉。

讨厌 tʰɒ$^{335}_{33}$iẽ$^{33}_{55}$

恶数 u^{33}su^{33} 厌恶：偌是介咯行事，要拨别人～咯。

　犯恶 væ̃$^{113}_{11}$u$^{33}_{55}$

嫌憎 iẽ^{33}tsəŋ^{33} 嫌：勿会划船～港阔。

误会 ɦu^{11}ɦuᴇ^{11}

恨 ɦẽ^{11}

怪 kua^{33}

气 tɕʰi^{33}

生气 saŋ$^{52}_{33}$tɕʰi$^{33}_{55}$，saŋ$^{52}_{55}$tɕʰi^{33}

发脾气 fæʔ$^{45}_{5}$bi$^{231}_{11}$tɕʰi$^{33}_{55}$

　发火 fæʔ$^{45}_{5}$hu^{335}

发极* fæʔ$^{45}_{5}$dʑieʔ^{23} 急怒。

发废* fæʔ$^{45}_{3}$fi$^{33}_{55}$ 轻浮，过于兴奋。

发妗 fæʔ$^{45}_{3}$ɕiẽ^{52}　忘乎所以。
见情 tɕiẽ$^{33}_{55}$dʑiŋ^{231}　感谢：伊是个帮偌，偌捺*个勿～？
服 voʔ^{23}　佩服：个人本事大，我真当～得伊哉。

慌 huɒŋ^{52}
　怕 pʰo^{33}
怕羞 pʰo^{33}ɕiɤ^{52}　害羞。
　勿好意思 veʔ$^{23}_{1}$hɒ$^{335}_{55}$i$^{33}_{55}$sɿ^{52}
　难为情 næ̃$^{231}_{11}$ɦuᴇ$^{231}_{55}$dʑiŋ$^{231}_{52}$
　难为情相 næ̃$^{231}_{11}$ɦuᴇ$^{231}_{55}$dʑiŋ$^{231}_{55}$ɕiaŋ$^{33}_{52}$
恳情 kʰəŋ$^{335}_{55}$dʑiŋ^{231}　求情。
对胃口 tᴇ$^{33}_{55}$ɦuᴇ^{11}kʰɤ$^{335}_{55}$　满意。
安心 ẽ$^{52}_{33}$ɕiŋ^{52}
担心事 tæ̃$^{52}_{55}$ɕiŋ$^{52}_{33}$zɿ$^{11}_{55}$　担心。
　愁 zɤ^{231}
急 tɕieʔ^{45}　着急。
伤心 sɒŋ$^{52}_{33}$ɕiŋ^{52}
塞心 səʔ$^{45}_{3}$ɕiŋ^{52}　堵得慌。
懊恼 ɒ^{33}nɒ$^{113}_{55}$　（1）很烦恼。（2）后悔。
懊 ɒ^{33}　后悔：葛*桩事体我真当～煞。
熬牢 ŋɒ$^{231}_{11}$lɒ$^{231}_{52}$　忍住。
坍台 tʰæ̃$^{52}_{55}$dᴇ^{231}　丢脸。

晓得 ɕiɒ^{335}təʔ$^{45}_{54}$
勿晓得 veʔ$^{23}_{1}$ɕiɒ$^{335}_{55}$təʔ$^{45}_{54}$
懂 toŋ^{335}
勿懂[径] veʔ$^{23}_{1}$toŋ$^{335}_{55}$[tɕiŋ$^{33}_{52}$]
有数[账] ɦiɤ$^{113}_{115}$su$^{33}_{55}$[tsaŋ$^{33}_{52}$]　明白。
接头 tɕieʔ$^{45}_{5}$dɤ^{231}　了解：伊咯事体我一些勿～咯。
认得 ȵiŋ^{11}təʔ$^{45}_{5}$

勿认得 veʔ$^{23}_{1}$ȵiŋ$^{11}_{55}$təʔ$^{45}_{54}$

当心 tɒŋ$^{52}_{33}$ɕiŋ^{52} 小心。

做注意 tso^{33}tsɿ$^{335}_{33}$i^{33} 注意。

上心 zɒŋ$^{113}_{115}$ɕiŋ^{52} 用心。

发心 fæʔ$^{45}_{3}$ɕiŋ^{52} 下决心要做某件事。

想 ɕiaŋ^{335}

记 tɕi^{33}

望 mɒŋ^{11} 期盼。

　傲* ŋɒ^{11}

记挂 tɕi^{33}kuo^{33}

相信 ɕiaŋ$^{52}_{33}$ɕiŋ$^{33}_{55}$

疑心 ȵi$^{231}_{11}$ɕiŋ^{52} （1）怀疑。（2）疑惑。

疑疑惑惑 ȵi$^{231}_{11}$ȵi$^{231}_{55}$ɦuoʔ$^{23}_{5}$ɦuoʔ$^{23}_{54}$ 犹豫。

猜 tsʰᴇ^{52}

详 dʑiaŋ^{231} 猜测。

估估 ku^{335}ku$^{335}_{52}$ 估算。

　可*可* kʰo^{335}kʰo$^{335}_{52}$

榷 goʔ^{23} 考虑。

□ ɦa^{113} 捉摸。

料 liɒ^{11} 估计。

14. 愿望、判断、趋向

是 zᴇ^{113}，zeʔ^{23}

勿是 veʔ$^{23}_{1}$zᴇ$^{113}_{55}$，veʔ$^{23}_{1}$zeʔ$^{23}_{5}$ 不是。

像 ʑiaŋ^{113}

勿像 veʔ$^{23}_{1}$ʑiaŋ$^{113}_{55}$ 不像。

有 ɦiɤ^{113}

唔有 n̩^{33}ȵiɤ$^{113}_{33}$（ɦ–） 没有。

来* lᴇ^{113} 在：偌~东*何里？

会 ɦuᴇ^{11}　（1）会。（2）能够。

𣍐 fᴇ^{33}，fᴇ^{52}　（1）不会：搞关系葛*种事体我～咯。（2）不能：个事体我～咯。“弗会”的合音字。

　勿会 veʔ$^{23}_{1}$ɦuᴇ$^{11}_{55}$

背得着 pᴇ$^{52}_{33}$teʔ$^{45}_{5}$dzaʔ$^{23}_{54}$　值得。

　值得过 dzəʔ$^{23}_{1}$təʔ$^{45}_{5}$ku$^{33}_{55}$

背勿着 pᴇ$^{52}_{33}$veʔ$^{23}_{5}$dzaʔ$^{23}_{54}$　不值得。

　值勿过 dzəʔ$^{23}_{1}$veʔ$^{23}_{5}$ku$^{33}_{55}$

来 lᴇ^{231}

去 tɕʰi^{33}

上 zɒŋ^{113}

落 loʔ^{23}　下。

进 tɕiŋ^{33}

出 tsʰeʔ^{45}

过 ku^{33}

起 tɕʰi^{335}

上来 zɒŋ$^{113}_{115}$lᴇ$^{231}_{52}$

上去 zɒŋ$^{113}_{115}$tɕʰi$^{33}_{52}$

落来 loʔ$^{23}_{1}$lᴇ$^{231}_{52}$　下来。

落去 loʔ$^{23}_{1}$tɕʰi$^{33}_{52}$　下去。

进来 tɕiŋ$^{33}_{55}$lᴇ$^{231}_{52}$

进去 tɕiŋ$^{33}_{55}$tɕʰi$^{33}_{52}$

出来 tsʰeʔ$^{45}_{3}$lᴇ$^{231}_{52}$

出去 tsʰeʔ$^{45}_{3}$tɕʰi$^{33}_{52}$

过来 ku$^{33}_{55}$lᴇ$^{231}_{52}$

过去 ku$^{33}_{55}$tɕʰi$^{33}_{52}$

回来 ɦuᴇ$^{231}_{11}$lᴇ$^{231}_{52}$

回去 ɦuᴇ$^{231}_{11}$tɕʰi$^{33}_{55}$

起来 tɕʰi^{335}lᴇ$^{231}_{52}$

15. 常用的四字格

勾肩搭背 kɤ$^{52}_{33}$tɕiẽ$^{52}_{55}$tæʔ$^{45}_{5}$pᴇ$^{33}_{52}$ 指两人关系亲密：伽两个人～，多少好唻。

眯花眼笑 mi$^{52}_{33}$huo$^{52}_{55}$ŋæ̃$^{113}_{55}$ɕiɒ$^{33}_{52}$ 笑逐颜开：伊看见偌就～咯。

跌跌蹱蹱 tieʔ$^{45}_{3}$tieʔ$^{45}_{5}$tsʰoŋ$^{33}_{55}$tsʰoŋ$^{33}_{52}$ 行走不稳：年纪大哉，走路有些～哉。

跌煞绊倒 tieʔ$^{45}_{3}$sæʔ$^{45}_{5}$pæ̃$^{33}_{55}$tɒ$^{335}_{52}$ 形容急忙走路：偌～咯防恐来勿及啊？

做死做活 tso^{33}ɕi$^{335}_{33}$tso^{33}ɦueʔ$^{23}_{3}$ 拼命干活：一日到夜～为得啥呐？

脸孔下落 liẽ$^{113}_{115}$kʰuoŋ$^{335}_{52}$ɦo$^{113}_{115}$loʔ$^{23}_{54}$ 变脸：话得伊一句，当时～哉。

活脱活像 ɦueʔ$^{23}_{1}$tʰøʔ$^{45}_{5}$ɦueʔ$^{23}_{5}$ʑiaŋ$^{113}_{52}$ 很像：囡则*娘～咯。

看样学样 kʰẽ$^{33}_{55}$ɦiaŋ^{11}ɦoʔ$^{23}_{5}$ɦiaŋ^{11} 学样：小人蛮蛮会～咯。

哭作无*赖* kʰoʔ$^{45}_{3}$tsoʔ$^{45}_{5}$ɦu$^{231}_{55}$la$^{11}_{52}$ 哭丧着脸：伊真*朝～咯，勿晓得有啥事体。

塞祭搡饱 səʔ$^{45}_{3}$tɕi$^{33}_{55}$sɒŋ$^{33}_{55}$pɒ$^{335}_{52}$ 吃得太饱：偌～咯，夜头饭要要吃哉？

寨*出良心 dza^{11}tsʰeʔ$^{45}_{1}$liaŋ$^{231}_{11}$ɕiŋ^{52} 没良心：自勿好，还要话别人～。

潧清碧绿 kuaŋ^{335}tɕʰiŋ^{52}pieʔ$^{45}_{5}$loʔ^{23} 池水清彻，草木葱绿：到得春天，花园里～，蛮蛮好看唻。

清潧漻澌 tɕʰiŋ$^{52}_{33}$kuaŋ$^{335}_{55}$liɒ$^{231}_{55}$sɿ^{52} 汤水中没有干货：～咯一碗汤，捺*个过老酒呐。

形　容　词

1. 形状、情况

大 do^{11}

小 ɕiɒ^{335}

韶* zɒ^{231} 指人或动物不大不小：～～[头]人。

高 kɒ^{52}　指物：老鹰飞得～，归去吃年糕，老鹰飞得低，归去吃只鸡。

长 dzaŋ^{231}　指人和物：～子，筷～。

低 ti^{52}　指物。

矮 a^{335}　指人：～子。

短 tø̃^{335} 指物：～筷。

粗 ts^{h}u^{52}

细 ɕi^{33}

远 ɦiø̃^{113}

近 dʑiŋ^{113}

阔 k^{h}ueʔ^{45}　宽：肩胛～。

狭 ɦæʔ^{23}　窄：马路～。

厚 ɦɤ^{113}

薄 boʔ^{23}

　薄泛 boʔ$^{23}_{1}$fæ̃$^{33}_{55}$

飘薄 p^{h}iɒ$^{52}_{33}$boʔ$^{23}_{5}$　不厚实：天家风凉哉，衣裳嫌憎～哉。

深 sẽ^{52}

浅 tɕ^{h}ie^{335}

空 k^{h}uoŋ^{52}

满 mø̃^{113}

多 to^{52}

勿少 veʔ$^{23}_{1}$sɒ$^{335}_{55}$　稍多：真*朝客人来得～。

少 sɒ^{335}

方 fɒŋ^{52}

圆 ɦiø̃^{231}

扁 piẽ^{335}

瘪 pieʔ^{45} 不丰满：～嘴老太婆。

糏 ieʔ^{45}　指谷粒等不饱满：～谷。

　篆* dzẽ^{113}

窪 uɒŋ^{33}　洼：生得一场病，眼睛都～进哉。

凹 hæʔ^{45} 瘪进：热水壶碰得记，壳盉有块～进哉。“凹”，训读字，本字不明。

凸 døʔ^{23}

尖 tɕiẽ^{52}

快 kʰua^{33} 锋利。

钝 dõ^{11}

平 biŋ^{231}

正 tsəŋ^{33}

歪 ua^{52} 不正。

反 fæ̃^{335}

倒 tɒ^{33}

横 ɦuaŋ^{231}

直 dzəʔ^{23} （1）直：晾杆要～。（2）竖：吓得寒毛管～起。

笃* toʔ^{45} 陡：山介～，蹩勿上去咯。

斜 ʑia^{231}

笡 tɕʰia^{33}

弯 uæ̃^{52}

亮 liaŋ^{11}

暗 ẽ^{33}

红 ɦuoŋ^{231}

橘红 tɕiøʔ$^{45}_{3}$ɦuoŋ$^{231}_{52}$

黄 ɦuɒŋ^{231}

绿 loʔ^{23}

湖绿 ɦu$^{231}_{11}$loʔ$^{23}_{5}$ 像湖水一样绿中带灰。

青 tɕʰiŋ^{52} （1）绿色或浅蓝：～草，～天。（2）黑色：～丝。

蓝 læ̃^{231}

藏青 dzɒŋ$^{113}_{115}$tɕʰiŋ^{52} 蓝中带黑：穿得条～咯长裤，忒个正式哉。

紫 tsɿ^{335}

紫红 tsɿ^{335}ɦuoŋ$^{231}_{52}$ 红中带紫。

黑 həʔ^{45}

　玄色 ɦiø̃$^{231}_{11}$səʔ$^{45}_{5}$　指布色黑：总还是～咯布头经俸*。

白 baʔ^{23}

灰 huᴇ^{52}

重 dzoŋ^{113}

轻 tɕʰiŋ^{52}

快 kʰua^{33}　迅速。

慢 mæ̃^{11}

燥 sɒ^{33}　干：太阳猛，衣裳当时～哉。

潮 dzɒ^{231}　潮湿：衣裳涀得涀雨，有些～哉。

湿 seʔ^{45}

浓 ȵioŋ^{231}　指茶浓：～茶。

淡 dæ̃^{113}　指茶不浓：～茶。

厚 ɦɤ^{113}　指酒或粥浓：老酒味道～，～粥。

薄 boʔ^{23}　指酒或粥不浓：老酒味道～，～粥楦大肚。

疏 sɿ^{52}　稀疏：葛*件衣裳穿得好两年哉，布都～哉。

　朗 lɒŋ^{113}　雨～起来哉。

密 mieʔ^{23}

硬 ŋaŋ^{11}

软 ȵiø̃^{113}

糙 tsʰɒ^{33}

黏 ȵiẽ^{52}

滑 ɦuæʔ^{23}

紧 tɕiŋ^{335}

宽 kʰuø̃^{52}　宽松：期限两日忒个紧，稍为～些好。

脆 tsʰᴇ^{33}

韧 ȵiŋ^{11}

纯 zẽ^{231}

杂 dzaʔ^{23}　不纯。

稳 uẽ^{335}

兀 ŋeʔ^{23} 不稳：只凳坐得有些～，要讴木作师父来修修哉。

　胍 ɦy^{113}

鲜 ɕiẽ^{52} 鲜活。

蔫 iẽ^{52} 精神不振，萎靡：养老日日～，养小日日鲜。

清爽 tɕʰiŋ$^{52}_{33}$sɒŋ$^{335}_{55}$ （1）干净：房间收作～。（2）清楚：道理话得蛮～。

清致 tɕʰiŋ$^{52}_{33}$tsɿ$^{33}_{55}$ 干净：揿些～水戽戽。

俸* foŋ^{33} 脏：新衣裳穿得埭有些～哉。

灵清 liŋ$^{231}_{11}$tɕʰiŋ^{52} 清楚：看勿～。

糊 ɦu^{11} 模糊：勿戴眼镜，看东西有些～咯。

清 tɕʰiŋ^{52}

浑 ɦuẽ^{231}

仔洁 tsɿ^{335}tɕieʔ$^{45}_{54}$ 注意干净：～～，一百念个屎迹。

整齐 tsəŋ^{335}ʑi$^{231}_{52}$ 书架高头咯书揿揿～。

　齐崭 ʑi$^{231}_{11}$tsæ̃$^{335}_{55}$

乱 lø̃^{11}

破 pʰa^{33}

牢 lɒ^{231}

葵* guᴇ^{231} 不结实：葛*东西忒个～，勿经用咯。

　勿牢 veʔ$^{23}_{1}$lɒ$^{231}_{52}$

响 ɕiaŋ^{335}

幽 iɤ^{52} 声音小：无线电开得～些。

闹热 nɒ^{11}ȵieʔ$^{23}_{5}$ 热闹。

静 dʑiŋ^{113} 安静。

吵 tsʰɒ^{335} 吵闹。

清静 tɕʰiŋ$^{52}_{33}$dʑiŋ$^{113}_{55}$

冷静 laŋ$^{113}_{115}$dʑiŋ$^{113}_{52}$ 冷清：葛*埭坞勿大有人咯，忒个～哉。

2. 性质

好 hɒ^{335}

　嬇 tsæ̃^{335}

头挑 dɤ̃$^{231}_{11}$tʰiɒ$^{335}_{55}$　最好的。

疲 ɕieʔ^{45}　不好：便宜货勿一定就～。

　勿好 veʔ$^{23}_{1}$hɒ$^{335}_{55}$

推为 tʰᴇ$^{52}_{33}$ɦuᴇ$^{231}_{52}$　差：个人介～咯。

　蹩脚 bieʔ$^{23}_{1}$tɕiaʔ$^{45}_{5}$

对 tᴇ^{33}　正确。

勿对 veʔ$^{23}_{1}$tᴇ$^{33}_{55}$　不正确。

各异 koʔ$^{45}_{3}$ʑi$^{231}_{52}$（ɦ-）　不一样：葛*人脾气～星咯，覅去理伊。

错 tsʰo^{33}

错嗛 tsʰo^{33}dzæ̃$^{11}_{33}$　有偶然出错的意思，较“错”语气较轻：伊是～咯，偌覅安东*心里。

真 tsẽ^{52}

假 ko^{335}

早 tsɒ^{335}

迟 dzɿ^{231}　晚：～到。

夜 ɦia^{11}　指晚上时间的早或晚：勿知勿觉，天家介～哉。

生 saŋ^{52}

熟 zoʔ^{23}

老 lɒ^{113}

嫩 nø̃^{11}

新 ɕiŋ^{52}

旧 dʑiɤ^{11}

新鲜 ɕiŋ$^{52}_{33}$ɕiẽ^{52}

生落 saŋ$^{52}_{33}$loʔ$^{23}_{5}$　指蔬菜瓜果新鲜：个黄瓜刚刚摘落来咯，蛮～咯。

陈年 dzẽ$^{231}_{11}$ȵiẽ$^{231}_{52}$　不新鲜。

　陈年百果 dzẽ$^{231}_{11}$ȵiẽ$^{231}_{55}$pæʔ$^{45}_{5}$（-aʔ）ku$^{335}_{52}$

怪 kua^{335} 个事体是有些～咯噢。

稀奇 ɕi$^{52}_{33}$dʑi$^{231}_{52}$

古怪 ku^{335}kua$^{335}_{52}$

还魂 ɦuæ̃$^{231}_{11}$ɦuẽ$^{231}_{52}$ 加工废品，恢复原有性能，使成为新产品：～纸，～橡胶。

陌生 maʔ$^{23}_{1}$saŋ^{52}

烦难 væ̃$^{231}_{11}$næ̃$^{231}_{52}$ 困难：托人做些事体有多少～。

难 næ̃^{231}

便当 biẽ^{11}tɒŋ$^{52}_{11}$

容易 ɦioŋ$^{231}_{11}$ɦi$^{11}_{55}$

贵 tɕy^{33}

贱 ʑiẽ^{11}

便宜 biẽ$^{231}_{11}$i$_{52}$（ȵi^{231}）

挖打 tæʔ$^{45}_{3}$taŋ$^{335}_{55}$

稀奇 ɕi$^{52}_{33}$dʑi$^{231}_{52}$ 稀罕。

考究 kʰɒ^{335}tɕiɤ$^{33}_{52}$ 讲究：衣裳做工蛮蛮～咯。

3. 感觉

热 ȵieʔ^{23}

泡 pʰɒ^{33} 烫：火火～，～煞。

冷 laŋ^{113}

荫 iŋ^{33} 凉：个西瓜井水里激过，有些～带*哉。

温吞 uẽ$^{52}_{33}$tʰø̃^{52} 指水不冷不热：～水庳浴，恐怕欠热。

和暖 ɦo$^{231}_{11}$nø̃$^{113}_{55}$ 暖和：三九四九，捺*个会有是介～咯日子。

荫凉 iŋ^{33}liaŋ$^{231}_{33}$ 指天气凉快：秋老虎过哉，天家～落来哉。

风凉 foŋ$^{52}_{33}$liaŋ$^{231}_{52}$ 指因吹风而凉快。

甜 diẽ^{231}

酸 sø̃^{52}

市*口 zɿ$^{113}_{115}$kʰɤ$^{335}_{52}$ 略酸。

苦 k^{h}u^{335}

辣 læʔ^{23}

咸 ɦæ̃^{231}

淡 dæ̃^{113} 不咸。

涩 seʔ^{45}

只*腻 tseʔ$^{45}_{3}$ȵi$^{11}_{55}$ 油腻。

油腻 ɦiɤ$^{231}_{11}$ȵi$^{11}_{55}$

爽口 sɒŋ^{335}k^{h}ɤ$^{335}_{52}$ 口感清爽：油腻煞哉，顶好～咯东西吃些。

糯 no^{11} 黏而软。

水罗* sɿ^{335}lo$^{231}_{52}$ 水分多：嘴脯燥火火，独想吃些～咯东西。

松脆 soŋ$^{52}_{33}$ts^{h}ᴇ$^{33}_{55}$ 酥脆。

入味 zeʔ$^{23}_{5}$bi^{11} 菜肴有滋味：还唔有～唻，再烧烧。

煞口 sæʔ$^{45}_{5}$k^{h}ɤ^{335} 解除原先的口味：油肉吃过，酱萝卜一块，蛮蛮～咯。

香 ɕiaŋ^{52}

臭 ts^{h}ɤ^{33}

馊 sɤ^{52}

出气 ts^{h}eʔ$^{45}_{3}$tɕ^{h}i$^{33}_{55}$ 指食品因包装不严密失去特有气味：罐头唔有盖好，茶叶～哉。

哈喇* ha$^{52}_{33}$la$^{231}_{52}$ 指腌肉等日久变质发涩：火腿～哉。

饱 pɒ^{335}

嘈 zɒ^{231} （1）饿：晏快哉，肚皮～煞哉。（2）饥饿感：毛笋吃得有些～。

肚饥 du$^{113}_{11}$tɕi^{52} 饿：饭煮煮好东*唻？有些～哉。

饿 ŋo^{11} 极饿：介～咯，奥*冒*有两日唔有吃饭哉。

口渴 k^{h}ɤ$^{335}_{33}$k^{h}eʔ$^{45}_{5}$ ～煞哉。

[嘴脯]燥 [tsɿ^{335}bu$^{231}_{52}$]sɒ^{33}，[tsᴇ^{335}bu$^{231}_{52}$]sɒ^{33}

瞌睆 k^{h}eʔ$^{45}_{3}$ts^{h}oŋ$^{33}_{55}$ 睏倦。

吃力 tɕ^{h}ieʔ$^{45}_{3}$lieʔ$^{23}_{5}$ 累。

　乏 væʔ^{23}

气闷 tɕʰi^{33}mẽ$^{11}_{33}$

晕 ɦiø̃^{11}

齆 uoŋ^{33}，ŋ̍^{33} 鼻子不通气：伊是个～鼻头。

痛 tʰoŋ^{33}

胀 tsaŋ^{33}

木 moʔ^{23} 没了感觉。

麻 mo^{231} 一种触电或蚂蚁爬动似的不舒服的感觉：坐得半日，脚也～患*哉。

痒 ɦiaŋ^{113}

　瘑迹* kua$^{52}_{33}$tɕieʔ$^{45}_{5}$

发戳 fæʔ$^{45}_{5}$tsʰoʔ^{45} 刺挠。

心疲 ɕiŋ$^{52}_{55}$fæ̃^{33} 恶心。

发荡 fæʔ$^{45}_{5}$dɒŋ^{113} 心慌。

体泰 tʰi^{335}tʰa$^{33}_{52}$ 宽裕，从容：早些走，～些。

安躭 ẽ$^{52}_{33}$tæ̃^{52} 安定。

落胃 loʔ$^{23}_{1}$ɦuᴇ$^{11}_{55}$ 舒服，满意。

腻心 ȵi^{11}ɕiŋ$^{52}_{55}$ 脏得让人恶心。

畅 tsʰaŋ^{33} 舒畅：一脸盆咯蚕豆，赞*末吃～哉。

煞渴 sæʔ$^{45}_{5}$kʰeʔ^{45} 过瘾：吃一些些勿～，要吃末就吃畅。

忙 mɒŋ^{231}

空 kʰuoŋ^{33} 空闲。

　闲空 ɦæ̃$^{231}_{11}$kʰuoŋ$^{33}_{55}$

好听 hɒ^{335}tʰiŋ$^{33}_{52}$

难听 næ̃$^{231}_{11}$tʰiŋ$^{33}_{55}$

有什相 ɦiɤ$^{113}_{115}$zəʔ$^{23}_{5}$ɕiaŋ$^{33}_{52}$ 看来数量很多，其实不多：一缸米看看～，吃吃蛮蛮快咯。

4. 人品、形貌

壮 tsɒŋ^{33} 肥胖，指人胖。

瘦[瘠] sɤ^{33}[saŋ$^{335}_{33}$]　指人瘦：人还是生得～些好，[illegible]介壮。

精 tɕiŋ^{52}　指肉瘦：～猪肉。“精”，本字为“腈”，《集韵》子盈切，“肉之粹者”。

肥 bi^{231}　指肉肥：～猪肉。

扎实 tsæʔ$^{45}_{3}$zeʔ$^{23}_{5}$

　结实 tɕieʔ$^{45}_{3}$zeʔ$^{23}_{5}$

弱 zoʔ^{23}　指人虚弱：介大年纪，再加生得场病，人也～哉。

虚 ɕy^{52}　指人因病或缺乏营养而虚弱。

亏 kʰuᴇ^{52}　指人因某一方面原因而虚弱：伊葛*卯人～是做产咯之故，大鱼大肉吃得会好咯。

惺忪 ɕiŋ$^{52}_{33}$soŋ^{52}　刚睡醒眼睛模糊不清的样子。

老 lɒ^{113}

后生 ɦɤ$^{113}_{115}$saŋ^{52}　年轻：伊亨*个时光还蛮蛮～唻。

　年纪轻 ȵiẽ$^{231}_{11}$tɕi$^{33}_{55}$tɕʰiŋ^{52}

好看 hɒ^{335}kʰẽ$^{33}_{52}$　指人或物好看。

漂亮 pʰiɒ^{335}liaŋ$^{11}_{52}$　指人好看。

　齐整 ʑi$^{231}_{11}$tsəŋ$^{335}_{55}$

　登*样 təŋ$^{52}_{55}$ɦiaŋ^{11}

细洁 ɕi^{33}tɕieʔ$^{45}_{3}$　细腻光洁。

出客 tsʰeʔ$^{45}_{5}$kʰaʔ^{45}　漂亮大方。

　上照 zɒŋ^{11}tsɒ$^{33}_{55}$

挺刮 tʰiŋ^{335}kuaʔ$^{45}_{54}$　衣服平整。

灵光 liŋ$^{231}_{11}$kuɒŋ^{52}　指物好看或有用。

难看 næ̃$^{231}_{11}$kʰẽ$^{33}_{55}$　指人或物不好看。

老相 lɒ$^{113}_{115}$ɕiaŋ$^{33}_{52}$　指人显得比实际年龄要老：个大姑娘人蛮好，就是生得有些～。

矬 zo^{231}　指人短小。

活泛 ɦueʔ$^{23}_{1}$fæ̃$^{33}_{55}$　指人活泼灵活。

死闭闭 ɕi^{335}pi$^{33}_{55}$pi$^{33}_{52}$　指人死板，不活泼：倷阿哥人有些～咯，一些

勿活泛。

时派 zʅ$_{11}^{231}$p^{h}a$_{55}^{335}$ 时髦。

摩登 mo$_{11}^{231}$təŋ^{52}

落魄 loʔ$_{1}^{23}$t^{h}oʔ$_{5}^{45}$ 不整齐，不干净。

拉带* la$_{33}^{52}$ta$_{55}^{33}$

5. 品行、行为

聪明 ts^{h}oŋ$_{33}^{52}$miŋ$_{52}^{231}$

呆 ŋᴇ^{231}

⿰亻强 ua^{33} （1）能干：伊有些～咯，东西蛮蛮会修咯。（2）健壮：活要活得～，死要死得快。“⿰亻强”，方言字，本字为“会”，《广韵》黄外切。

精 tɕiŋ^{52} 精明。

糊涂 ɦu$_{11}^{231}$du$_{52}^{231}$

煞纳* sæʔ$_{3}^{45}$næʔ$_{5}^{23}$ 干练。

落索 loʔ$_{1}^{23}$soʔ$_{5}^{45}$ 利索。

内行 nᴇ^{11}ɦɒŋ$_{11}^{231}$

在行 dzᴇ$_{115}^{113}$ɦɒŋ$_{52}^{231}$

外行 ŋa^{11}ɦɒŋ$_{11}^{231}$

老实 lɒ$_{115}^{113}$zəʔ$_{54}^{23}$

滑头 ɦuæʔ$_{1}^{23}$dɤ$_{52}^{231}$ 滑。

爽气 sɒŋ^{335}tɕ^{h}i$_{52}^{33}$ 直爽。

爽快 sɒŋ^{335}k^{h}ua$_{52}^{33}$ （1）直爽。（2）舒畅。

忠厚 tsoŋ$_{33}^{52}$ɦɤ$_{55}^{113}$

顶真 tiŋ^{335}tsẽ^{52} 认真。

刁 tiɒ^{52} 聪明而自私。

乖刁 kua$_{33}^{52}$tiɒ^{52} 狡猾。

奸刁 kæ̃$_{33}^{52}$tiɒ^{52} 狡诈。

傲 ŋɒ^{11} 骄傲。

客气 kʰaʔ$^{45}_{3}$tɕʰi$^{33}_{55}$ 谦虚。

煞照* sæʔ$^{45}_{3}$tsɒ$^{33}_{55}$ 厉害。

凶 ɕioŋ^{52}

俏察* tɕʰiɒ$^{52}_{33}$tsʰæʔ$^{45}_{5}$ 指人稍不如意就生气变脸。

破赖 pʰa^{33}la$^{11}_{33}$ 指女性撒泼、凶横。

热络 ȵieʔ$^{23}_{1}$loʔ$^{23}_{5}$ 亲密。

和气 ɦo$^{231}_{11}$tɕʰi$^{33}_{55}$

善 zẽ^{113}

　良善 liaŋ$^{231}_{11}$zẽ$^{113}_{55}$

贼腔 zəʔ$^{23}_{1}$tɕʰiaŋ$^{52}_{55}$ 言行令人生厌：傢同学捺*个介～咯。

断命 dø̃$^{113}_{115}$miŋ$^{11}_{52}$ 指人言行令人无法忍受。

仔细 tsɿ^{335}ɕi$^{33}_{52}$ 心细。

粗心 tsʰu$^{52}_{33}$ɕiŋ^{52}

毛躁 mɒ$^{231}_{11}$tsʰɒ$^{33}_{55}$ 粗糙：伊做事体忒个～。

搭浆 tæʔ$^{45}_{3}$tɕiaŋ^{52} 马虎。

勤谨 dʑiŋ$^{231}_{11}$tɕiŋ$^{335}_{55}$ 勤快。

懒惰 læ̃$^{113}_{115}$do$^{113}_{52}$

　无结煞 ŋ̍$^{52}_{33}$tɕieʔ$^{45}_{5}$sæʔ$^{45}_{54}$

小气 ɕiɒ^{335}tɕʰi$^{33}_{52}$

　狗屄 kɤ^{335}pi^{52}

大方 da^{11}fɒŋ$^{52}_{11}$

得人心 təʔ$^{45}_{5}$ȵiŋ$^{231}_{11}$ɕiŋ^{52} 指小孩或女孩活泼可爱。

可怜 kʰo^{335}liẽ$^{231}_{52}$

　罪过 zᴇ$^{113}_{115}$ku$^{33}_{52}$ 小小年纪爹娘都唔有哉，真当～！

可恶 kʰo^{335}u$^{33}_{52}$，kʰo^{335}oʔ$^{45}_{54}$

讨人厌 tʰɒ^{335}ȵiŋ$^{231}_{52}$iẽ^{33} 让人讨厌。

讨债 tʰɒ^{335}tsa$^{33}_{52}$ 麻烦。葛*桩事体有些～哉。

填债 diẽ$^{231}_{11}$tsa$^{33}_{55}$ 小孩儿听话。

吓煞人 haʔ$^{45}_{3}$sæʔ$^{45}_{5}$ȵiŋ^{231} 可怕。

　吓人 haʔ$^{45}_{5}$ȵiŋ^{231}
活络 ɦueʔ$^{23}_{1}$loʔ$^{23}_{5}$ 活泼。
死板 ɕi^{335}pæ̃$^{335}_{52}$
皮 bi^{231} 赖皮。
勿入调 veʔ$^{23}_{1}$zeʔ$^{23}_{5}$diɒ$^{11}_{52}$ 不守规矩。
儇 huæ̃^{52} 乖，听话。
发㑇 fæʔ$^{45}_{3}$iẽ$^{335}_{55}$ 有趣。“㑇”，本字为“燕”，原指燕王哙受人唆使把王位禅让给丞相子之，结果国乱身死，无知愚蠢，成为笑柄。现指有趣可笑。
发噱 fæʔ$^{45}_{3}$ɕioʔ$^{45}_{5}$ 引人发笑。
犟 dʑiẽ^{113} 不听话。
勥 dʑiaŋ^{113} 倔强。
业戳* ȵieʔ$^{23}_{1}$tsʰoʔ$^{45}_{5}$ 指小孩动手动脚惹人生厌：随便啥西都要拆伊破，个小人真当～嘞。
藤 dəŋ^{231} 死心眼。
㧟*细 geʔ$^{23}_{1}$ɕi$^{33}_{55}$ 爱挑剔。
识相 səʔ$^{45}_{3}$ɕiaŋ$^{33}_{55}$ 知趣。
下作 ɦo$^{113}_{115}$tsoʔ$^{45}_{54}$ 下流。
猛闯 maŋ$^{113}_{115}$tsʰɒŋ$^{335}_{52}$ 急躁。
犯贱 væ̃$^{113}_{55}$ʑiẽ^{11} 指不识好歹，自讨苦吃。
耐 nᴇ^{11} 有耐心。
气宽 tɕʰi$^{33}_{55}$kʰuõ^{52}
懈 ga^{113} 不思振作。

6. 思想、感情

高兴 kɒ$^{52}_{33}$ɕiŋ^{52}
　开心 kʰᴇ$^{52}_{33}$ɕiŋ^{52}
难过 næ̃$^{231}_{11}$ku$^{33}_{55}$
烦 væ̃^{231} 腻烦。
嫌烦 iẽ^{33}væ̃$^{231}_{33}$ 厌恶。“嫌”，或写作“厌”。

嫌憎 iẽ^{33}tsəŋ^{33} “嫌”，或写作“厌”。

闷 mẽ^{11} 烦闷。

恶喇* oʔ$^{45}_{3}$la$^{231}_{52}$ 烦躁。

恶挛* oʔ$^{45}_{3}$lø̃$^{231}_{52}$

中意 tsoŋ^{33}i^{33} 合意。

称心 tsʰəŋ$^{52}_{33}$ɕiŋ^{52}，tsʰẽ$^{52}_{33}$ɕiŋ^{52} 满意。

爽快 sɒŋ^{335}kʰua$^{33}_{52}$ 舒服。

薯* ʑy^{231} 自得，风光：道伊一声好，当时～煞哉。

晦气 huᴇ^{33}tɕʰi^{33} 倒霉。

坍台 tʰæ̃$^{52}_{55}$dᴇ^{231} 丢脸。

胀 tsaŋ^{33} 不舒服，不痛快。

极*趜 dʑieʔ$^{23}_{1}$gɤ$^{231}_{52}$ 急。

愕呆起 ŋoʔ$^{23}_{1}$ŋᴇ$^{231}_{55}$tɕʰi$^{335}_{55}$ 愕住了。

唔趣相 ŋ̍$^{52}_{33}$tɕʰy$^{33}_{55}$ɕiaŋ$^{33}_{52}$ 没意思。

7. 常用的四字格

日长世久 ȵieʔ$^{23}_{1}$dzaŋ$^{231}_{55}$sɿ$^{33}_{55}$tɕiɤ$^{335}_{52}$，ȵieʔ$^{23}_{1}$dzaŋ$^{231}_{55}$ɕi$^{33}_{55}$tɕiɤ$^{335}_{52}$ 长期的：～咯事体，随便勿来咯。

滑塌精光 ɦuæʔ$^{23}_{1}$tʰæʔ$^{45}_{5}$tɕiŋ$^{52}_{55}$kuɒŋ^{52} 一点不剩：人忒个老实，一些铜钱拨别人骗得～。

石骨铁硬 zaʔ$^{23}_{1}$kuaʔ$^{45}_{5}$(−ueʔ) tʰieʔ$^{45}_{5}$ŋaŋ^{11} 极硬：～咯东西，捺*个咬得落呐。

精干巴瘦 tɕiŋ$^{52}_{33}$kẽ$^{52}_{55}$po$^{52}_{55}$sɤ$^{33}_{52}$ 精瘦：伊随便捺*个吃东*，总是是个～咯。

或*俸*别*塔* ɦuoʔ$^{23}_{1}$foŋ$^{33}_{55}$tʰieʔ$^{45}_{5}$tʰæʔ$^{45}_{54}$ 很脏：屋里～咯也勿肯收作。

僵硬骨粒 tɕiaŋ$^{52}_{33}$ŋaŋ$^{11}_{55}$kueʔ$^{45}_{5}$leʔ$^{23}_{54}$（−ieʔ）僵硬：饭～咯，火头还勿到唻。

小唧零零 ɕiɒ^{335}tɕieʔ$^{45}_{5}$liŋ$^{231}_{55}$liŋ$^{231}_{52}$ 小而灵巧：伽新妇～咯蛮好看咯。

精神气爽 tɕiŋ$^{52}_{33}$zẽ$^{231}_{55}$tɕʰi$^{33}_{55}$sɒŋ$^{335}_{52}$ 很有精神：伊头两日有些萎，难*咦～哉。

神智无知 zẽ$^{231}_{11}$tsɿ$^{33}_{55}$ɦu$^{231}_{55}$tsɿ^{52} 神智不清。

喉咙响巴 ɦɤ$^{231}_{11}$loŋ$^{231}_{55}$ɕiaŋ$^{335}_{55}$po^{52} 责备人大声指责人：话两句末好哉，覅是个～。

死样怪气 ɕi^{335}ɦiaŋ$^{11}_{55}$kua$^{335}_{55}$tɕ^{h}i$^{33}_{52}$ 有气无力的样子。

狗皮倒灶 kɤ^{335}bi$^{231}_{55}$tɒ$^{335}_{55}$tsɒ$^{33}_{52}$ 吝啬。

稀刁八头 ɕi$^{52}_{33}$tiɒ$^{52}_{55}$pæʔ$^{45}_{5}$dɤ$^{231}_{52}$ 指想法做法不同于他人：捺*个会有是介～咯念头！

花头花脑 huo$^{52}_{33}$dɤ$^{231}_{55}$huo$^{52}_{55}$nɒ$^{113}_{52}$ 指人花样翻新。

熟门熟路 zoʔ$^{23}_{1}$mẽ$^{231}_{55}$zoʔ$^{23}_{5}$lu$^{11}_{52}$ 熟悉地方：日日来咯，～哉。

寒毛凛凛 ɦẽ$^{231}_{11}$mɒ$^{231}_{55}$liŋ$^{113}_{55}$liŋ$^{113}_{52}$ 很害怕的样子：照伊咯说话，倒有些～咯。

礧坺驼*驼* lᴇ^{11}beʔ$^{23}_{1}$do$^{231}_{11}$do$^{231}_{11}$ 臃肿：天家还勿冷，衣裳则*啥穿得～咯。

呆不棱*登* ŋᴇ$^{231}_{11}$peʔ$^{45}_{5}$ləŋ$^{231}_{55}$təŋ^{52} 不聪明，不灵活：应酬场里伊还有些～带*啉。

奇出古怪 dʑi$^{231}_{11}$ts^{h}eʔ$^{45}_{5}$ku$^{335}_{55}$kua$^{335}_{52}$ 稀奇古怪：倻单位里～咯事体只管会有咯。

火出赖*寨* hu^{335}ts^{h}eʔ$^{45}_{5}$la$^{11}_{55}$za$^{11}_{52}$ 欠文雅：伊是个～咯上学去哉啊？

血出无*赖* ɕiøʔ$^{45}_{3}$ts^{h}eʔ$^{45}_{5}$ɦu$^{231}_{55}$la$^{11}_{52}$ 一片血污：伊鼻头屎血流得一脸孔，～慌兮兮。

投五投六 dɤ$^{231}_{11}$ŋ̍$^{113}_{55}$dɤ$^{231}_{55}$loʔ$^{23}_{54}$ 做事缺乏头绪，莽撞冒失：伊工作勿上心，～咯。

吓人到怪 haʔ$^{45}_{3}$ȵiŋ$^{231}_{55}$tɒ$^{33}_{55}$kua$^{335}_{52}$ 挺怕人的：好端端咯话，覅是个～咯撚。

凿骨捣髓 zoʔ$^{23}_{1}$kueʔ$^{45}_{5}$tɒ$^{335}_{55}$ɕi$^{33}_{52}$ 态度粗暴：则小人要耐些咯，勿可～。

淡拆*刮*烁* dæ̃$^{113}_{115}$ts^{h}aʔ$^{45}_{5}$kuaʔ$^{45}_{5}$（-uæʔ）saʔ$^{45}_{54}$ 淡而无味：葛*碗下饭～咯一些唔有吃头。

腥气眼*凋* ɕiŋ$^{52}_{33}$tɕ^{h}i$^{33}_{55}$ŋæ̃$^{113}_{55}$tiɒ^{52} 腥臭：钓得两梗鱼，～咯行李里塞带*进东*。

雪白滚壮 ɕieʔ$^{45}_{3}$baʔ$^{23}_{5}$kuẽ$^{335}_{55}$tsɒŋ$^{33}_{52}$ 白白胖胖：倻新妇生得个～咯儿

子，一家屋里都高兴煞哉。

面熟陌生 miẽ$^{113}_{115}$zoʔ$^{23}_{5}$maʔ$^{23}_{5}$saŋ^{52}　似曾相识，又说不出是谁：个人有些～，勿晓得是是老同学。

乌嘴野猫 u$^{52}_{33}$tsᴇ$^{335}_{55}$ɦia$^{113}_{55}$mɒ$^{231}_{52}$　脸面不干净：勿去𢬿𢬿脸，是个～咯来吃饭哉啊？

披头散发 pʰi$^{52}_{33}$dɤ$^{231}_{55}$sæ̃$^{335}_{55}$fæʔ$^{45}_{54}$　仪容不整：偌～咯去吃喜酒哉啊？

花里斑斓 huo$^{52}_{33}$li$^{113}_{55}$pæ̃$^{52}_{55}$læ̃$^{231}_{52}$　花哨：个衣裳～咯，老年人穿勿出去咯。

破里罗沙 pʰa^{33}li$^{113}_{33}$lo$^{231}_{33}$so^{52}　破旧：簇簇新咯一本书拨偌撚得～哉。

青皮寡血 tɕʰiŋ$^{52}_{33}$bi$^{231}_{55}$kuo$^{335}_{55}$ɕiøʔ$^{45}_{54}$　脸色苍白：偌个人～咯身体勿好。

的角四方 tieʔ$^{45}_{3}$koʔ$^{45}_{5}$sɿ$^{33}_{55}$fɒŋ^{52}　正方形的：～一块田，豁块豁块卖铜钱。

定注煞势　diŋ^{11}tɕy$^{33}_{11}$sæʔ$^{45}_{3}$sɿ$^{33}_{55}$　特地的：伊～咯来一埭，一定要好端端兜呼咯。

汗出部*流 ɦẽ^{11}tsʰeʔ$^{45}_{1}$bu^{11}liɤ$^{231}_{11}$　满身是汗：当时要吃饭哉，勿可～咯再去搅。

擘脚蛈螋 pʰaʔ$^{45}_{3}$tɕiaʔ$^{45}_{5}$dʑi$^{231}_{55}$ɕiɤ$^{33}_{52}$　睡觉时展开手脚：则*～咯，睏唔有睏相。

在和理当 zᴇ$^{231}_{115}$ɦu$^{231}_{55}$li$^{113}_{55}$tɒŋ^{52}　合情合理。

数　　词

1. 数目

零 liŋ^{231}

一 ieʔ^{45}

两 liaŋ^{113}　～个。

　二 ȵi^{11} 第～。

三 sæ̃^{52}

四 sɿ^{33}

五 ŋ̍^{113}

六 loʔ^{23}

七 tɕ^{h}ieʔ^{45}

八 pæʔ^{45}

九 tɕiɤ^{335}

十 zeʔ^{23}

十一 zeʔ$^{23}_{1}$ieʔ$^{45}_{5}$

十二 zeʔ$^{23}_{1}$ȵi$^{11}_{55}$

十三 zeʔ$^{23}_{1}$sæ̃^{52}

十四 zeʔ$^{23}_{1}$sɿ$^{33}_{55}$

十五 zeʔ$^{23}_{1}$ŋ̍$^{113}_{55}$

上*五 zɒŋ$_{11}$ŋ̍$^{113}_{55}$

十六 zeʔ$^{23}_{1}$loʔ$^{23}_{5}$

十七 zeʔ$^{23}_{1}$tɕ^{h}ieʔ$^{45}_{5}$

十八 zeʔ$^{23}_{1}$pæʔ$^{45}_{5}$

十九 zeʔ$^{23}_{1}$tɕiɤ$^{335}_{55}$

[一]念 [ieʔ$^{45}_{5}$]ȵiæ̃^{11}

二十 ȵi^{11}zeʔ$^{23}_{5}$

念一 ȵiæ̃^{11}ieʔ$^{45}_{5}$

念二 ȵiæ̃^{11}ȵĩ^{11}

念三 ȵiæ̃^{11}sæ̃^{52}

三十 sæ̃$^{52}_{55}$zeʔ$^{23}_{5}$

三十一 sæ̃$^{52}_{33}$zeʔ$^{23}_{5}$ieʔ^{45}

四十 sɿ$^{33}_{55}$zeʔ$^{23}_{5}$

四十一 sɿ$^{33}_{55}$zeʔ$^{23}_{5}$ieʔ^{45}

五十 ŋ̍$^{113}_{115}$zeʔ$^{23}_{5}$

五十一 ŋ̍$^{113}_{115}$zeʔ$^{23}_{5}$ieʔ^{45}

六十 loʔ$^{23}_{1}$zeʔ$^{23}_{5}$

七十 tɕ^{h}ieʔ$^{45}_{3}$zeʔ$^{23}_{5}$

八十 pæʔ$^{45}_{3}$zeʔ$^{23}_{5}$

九十 tɕiɤ^{335}zeʔ$^{23}_{5}$，tɕiɤ$^{335}_{55}$zeʔ$^{23}_{5}$

一百 ieʔ$^{45}_{3}$paʔ$^{23}_{5}$

一百零一 ieʔ$^{45}_{3}$paʔ$^{23}_{5}$liŋ$^{231}_{55}$ieʔ^{45}

两百 liaŋ$^{113}_{115}$paʔ$^{23}_{5}$

一千 ieʔ$^{45}_{3}$tɕ^{h}iẽ$^{52}_{55}$

两千 liaŋ$^{113}_{115}$tɕ^{h}iẽ$^{52}_{55}$

一万 ieʔ$^{45}_{3}$væ̃$^{11}_{55}$

两万两千两百念二 liaŋ$^{113}_{115}$væ̃$^{11}_{55}$liaŋ$^{113}_{115}$tɕ^{h}iẽ$^{52}_{55}$liaŋ$^{113}_{115}$paʔ$^{23}_{5}$ȵiæ̃^{11}ȵi^{11}

念万 ȵiæ̃$^{11}_{115}$væ̃$^{11}_{55}$

三十万 sæ̃$^{52}_{55}$zeʔ$^{23}_{5}$væ̃$^{11}_{55}$

三十一万 sæ̃$^{52}_{33}$zeʔ$^{23}_{5}$ieʔ$^{45}_{3}$væ̃$^{11}_{55}$

三十二万 sæ̃$^{52}_{33}$zeʔ$^{23}_{5}$ȵi$^{11}_{115}$væ̃$^{11}_{55}$

四十万 sɿ$^{33}_{55}$zeʔ$^{23}_{5}$væ̃$^{11}_{55}$

五十万 ŋ̍$^{113}_{115}$zeʔ$^{23}_{5}$væ̃$^{11}_{55}$

一百万 ieʔ$^{45}_{3}$paʔ$^{23}_{5}$væ̃$^{11}_{55}$

一千万 ieʔ$^{45}_{3}$tɕ^{h}iẽ$^{52}_{55}$væ̃$^{11}_{55}$

一亿 ieʔ$^{45}_{3}$i$^{33}_{55}$

数目 su^{33}moʔ$^{23}_{3}$

齐头数 dʑi$^{231}_{11}$dɤ$^{231}_{55}$su$^{33}_{52}$　整数。

候分候数 ɦɤ^{11}fẽ$^{52}_{11}$ɦɤ$^{11}_{55}$su$^{33}_{52}$　不多不少，刚好：一人一份，我是～算好东*咯。

一五一十 ieʔ$^{45}_{3}$ŋ̍$^{113}_{55}$ieʔ$^{45}_{5}$zeʔ$^{23}_{54}$，ieʔ$^{45}_{3}$ŋ̍$^{113}_{55}$ieʔ$^{45}_{5}$zeʔ^{23}　和盘托出：葛*桩事体我来～咯则*偌交代清爽。

一卯孤注 ieʔ$^{45}_{3}$mɒ$^{113}_{55}$ku$^{52}_{55}$tɕy$^{33}_{52}$　仅此一遭：～就赔得介许多。

一塌*刮子 ieʔ$^{45}_{3}$t^{h}æʔ$^{45}_{5}$kuæʔ$^{45}_{5}$tsɿ$^{335}_{52}$　全都算在内：～也陏五千光景。

2.　约数

一些[些] ieʔ$^{45}_{3}$søʔ$^{45}_{5}$[søʔ$^{45}_{5}$]　一些，一点儿。

木*老老 moʔ$^{23}_{1}$lɒ$^{113}_{55}$lɒ$^{113}_{52}$　极多。

差[仿]勿多 ts^{h}o$^{52}_{335}$[fɒŋ$^{335}_{55}$]veʔ$^{23}_{5}$to^{52} 差不多：伊有一米七长，则*偌～。

几 tɕi^{335} （1）若干：偌～岁？（2）略多：念～岁。

来 lᴇ^{231} 略多或略少于该数：学生子总有念～个人。

靠 k^{h}ɒ^{33} 接近该数：～念岁。

　毛 mɒ^{231}

上下 zɒŋ^{11}ɦo$^{113}_{55}$ 略多、相当或略少：十个～。

　里外 li$^{113}_{115}$ŋa$^{11}_{52}$

凑来为数 ts^{h}ɤ^{33}lᴇ$^{231}_{55}$ɦuᴇ$^{231}_{55}$su$^{33}_{52}$ 凑成多少是多少：也贿～哉咯，尽量多撚些。

成多不少 dzəŋ$^{231}_{115}$to$^{52}_{55}$pæʔ$^{45}_{5}$（-eʔ）sɒ$^{335}_{52}$ 极言其多：下饭～咯买介许多则*啥。

无千无万 ɦu$^{231}_{11}$tɕ^{h}iẽ$^{52}_{55}$ɦu$^{231}_{55}$væ̃$^{231}_{52}$ 成千上万：亨*日开大会，人有介许多，真当～。

3. 分数、倍数

股 ku^{335} 三～之一。

倍 bᴇ^{11}

每 mᴇ^{113}

各 koʔ^{45}

单 tæ̃^{52}

双 sɒŋ^{52}

半 pø̃^{33}

4. 次序

等 təŋ^{335} 一～。

号 ɦɒ^{11}

头 dɤ^{231} 只用于“一”之前：～一。

　第 di^{11} 用于“一”以外其他数目之前：～二。

末丫 meʔ$^{45}_{3}$o^{52}，mieʔ$^{45}_{3}$o^{52} 末等。

　末屎 meʔ$^{45}_{3}$toʔ$^{45}_{5}$，mieʔ$^{45}_{3}$toʔ$^{45}_{5}$

埒豚末 læʔ$^{45}_{3}$toʔ$^{45}_{5}$meʔ$^{45}_{54}$，læʔ$^{45}_{3}$toʔ$^{45}_{5}$mieʔ$^{45}_{54}$

量　　词

1. 名量词

个 ko^{33}，koʔ^{45}　一～，一～人。

种 tsoŋ^{335}　一～情况。

盏 tsæ̃^{335}　一～灯，一～凳。

备* bᴇ^{11}　枚：一～饵线，一～凳。

只 tsəʔ^{45}　一～鸡，一～船。

双 sɒŋ^{52}　一～鞋，一～筷，一～手套。

副 fu^{33}　一～手套。

打 taŋ^{335}　一～铅笔。英语dozen的音译，十二个。

厅* tʰiŋ^{52}　一～罐头。英语tin的音译。

项 ɦɒŋ^{113}　一～内容。

份 vẽ^{11}　一～礼。

张 tsaŋ^{52}　一～报纸，一～席。

口 kʰɤ^{335}　一～水，一～井。

班 pæ̃^{52}　一～人。

群 dʑiõ^{231}　一～羊。

批 pʰi^{52}　一～货，一～人。

家 ko^{52}　一～人家，一～亲眷。

户 ɦu^{113}　一～人家。

塍 liŋ^{231}　畦：一～菜。

爿 bæ̃^{231}　一～店，一～田。

垗 zɒ^{11}　一～板壁。

排 ba^{231}　一～座位，一～牙齿。

埭 da^{11}　一～字，一～路。

行 ɦɒŋ^{231} 一～字。
层 dzəŋ^{231} 一～皮，一～楼。
脱* t^{h}øʔ^{45} 一～蒸笼。
匹 p^{h}ieʔ^{45} 一～布，一～马。
头 dɤ^{231} 一～牛，一～马。
只 tsəʔ^{45} 一～牛，一～马，一～飞机。
床 zɒŋ^{231} 一～棉被，一～席。
梗 kuaŋ^{335} 一～鱼，一～凳，一～绳，一～自来火。
绺 liɤ^{113} 一～头发。
窠 k^{h}o^{52} 一～老鼠。

株 tɕy^{52} 一～树，一～草。
枝 tsɿ^{52} 一～笔，一～烟，一～枪。
管 kuø̃^{335} 一～枪，一～尺。
橛 dʑiøʔ^{23} 截：一～甘蔗。
橥 tɕiẽ^{335} 小捆：一～稻。
颗 k^{h}o^{33} 一～米，一～莲子。
牙 ŋo^{231} 瓤：一～西瓜。
串 ts^{h}ẽ^{33} 一～珍珠。
球 dʑiɤ^{231} 一～葡萄。
朵 to^{335} 一～花。
蓬 boŋ^{231} 一～草，一～烟。
呷 hæʔ^{45} 少量液体：一～老酒。
眼 ŋæ̃^{113} 一～井。
胛 kæʔ^{45} 一～翼膀。
爪 tsɒ^{335} 一～虾。

块 k^{h}uᴇ^{33} 一～糕，一～洋绢。
把 po^{335} 一～刀，一～雨伞，一～椅子。
瓣 bæ̃^{11} 一～叶片。

滴 tieʔ^{45}　一～水。

提 di^{231}　（1）一勺：一～酒。（2）一泡：一～尿。

潮 dzɒ^{231}　指潮水涨落之间：葛*～鱼勿多。

沰 toʔ^{45}　指黏状物：一～痰，一～浆糊。

股 ku^{335}　一～纱，一～气息。

绞 kɒ^{335}　一～线。

掐 kʰæʔ^{45}　一～韭菜。

堆 tᴇ^{52}　一～湖泥，一～血。

场 dzaŋ^{231}　一～梦，一～电影。

阵 dzẽ^{11}　一～风。

道 da^{113}　一～痕。

捧 pʰoŋ^{335}　一～花生。

叠 dieʔ^{23}　一～纸，一～书。

包 pɒ^{52}　一～糖，一～洋火。

筒 doŋ^{113}　一～纸。

棱* liŋ^{231}　叠：一～纸（折起来的）。

捆 kʰuẽ^{335}　一～柴。

撮 tsʰøʔ^{45}　一～米。

笔 pieʔ^{45}　一～交易。

直* dzəʔ^{23}　出（齣）：一～戏文。

出（齣） tsʰeʔ^{45}　一～戏文。

顶 tiŋ^{335}　一～桌子，一～帐子，一～轿。

面 miẽ^{11}　一～旗，一～镜。

本 pẽ^{335}　一～书。

封 foŋ^{52}　一～信。

刀 tɒ^{52}　一～纸。

间 kæ̃^{52}　一～房间。

透* tʰɤ^{33}　座，幢：一～屋。

毕 bi^{11}　排：一～砖头。

套 t^{h}ɒ^{33} 一～房间，一～衣裳。
乘 dzəŋ^{11} 一～轿。
座 zo^{113} 一～山，一～桥。
扇 sẽ^{33} 一～门。
具 dʑy^{113} 一～锁，一～棺材。
部 bu^{113} 一～车，一～机器，一～梯子，一～二粟。
尊 tsẽ^{52} 一～大炮。

堵 du^{113} 一～墙。
桌 tsoʔ^{45} 一～菜。
盝 loʔ^{23} 盒：一～鐾来火。
瓶 biŋ^{231} 一～酒。
碗 uø̃^{335} 一～饭。
杯 pᴇ^{52} 一～茶。
餐 ts^{h}æ̃^{52} 一～饭。
帖 t^{h}iaʔ^{45} 一～药。
味 vi^{11} 一～药。

件 dʑiẽ^{113} 一～衣裳。
腰 iɒ^{52} 一～裙。
样 ɦiaŋ^{11} 一～东西。
桩 tsɒŋ^{52} 一～事体。
篇 p^{h}iẽ^{52} 一～文章。
注 tɕy^{33} 一～铜钱，一～生意。

墶 tæʔ^{45} 处：一～埭坞，一～血迹。
坺 beʔ^{23} 块：一～湖泥。

2. 动量词

卯 mɒ^{113} 次：来一～。

回 ɦuᴇ^{231}　看一～。

　埭 da^{11}　去一～。

顿 tø̃^{33}　打一～。

记 tɕi^{33}　挎一～。

歇 ɕieʔ^{45}　会儿：坐一～。

3.　单位量词

丈 dzaŋ^{113}

尺 tsʰaʔ^{45}

寸 tsʰẽ^{33}

里 li^{113}

石 zaʔ^{23}

斗 tɤ^{335}

升 səŋ^{52}

合 keʔ^{45}

斤 tɕiŋ^{52}

两 liaŋ^{113}

钿 diẽ^{231}　钱。

块 kʰuᴇ^{33}　元。

角 koʔ^{45}

分 fẽ^{52}

代　　词

1.　人称代词

我 ŋo^{113}

　我落* ŋo$^{113}_{11}$loʔ$^{23}_{5}$

偌 noʔ^{23} 你。

　偌落* noʔ$^{23}_{1}$loʔ$^{23}_{5}$

伊 ɦi^{113} 他。“伊”，训读字，本字为“渠”，《广韵》强鱼切，《集韵》：“倸，吴人呼彼称，通作渠。”

　伊落* ɦi$^{113}_{11}$loʔ$^{23}_{5}$

伲 ŋa^{113} （1）我们。（2）咱们。

　伲赖* ŋa$^{113}_{11}$la$_{55}$

　伲落* ŋa$^{113}_{11}$loʔ$^{23}_{5}$

倷 na^{113} 你们。

　倷赖* na$^{113}_{11}$la$_{55}$

伽 ɦia^{113} 他们。

　伽赖* ɦia$^{113}_{11}$la$_{55}$

　伊赖* ɦi$^{113}_{11}$la$_{55}$

自 ʑi^{11} 自己。

别人家 beʔ$^{23}_{1}$（-ieʔ）ȵiŋ$^{231}_{55}$ko^{52}

　人家 ȵiŋ$^{231}_{11}$ko^{52}

大家 do^{11}ko$^{52}_{55}$

我咯 ŋo$^{113}_{11}$goʔ$^{45}_{5}$（k-） 我的。

偌咯 noʔ$^{23}_{1}$goʔ$^{45}_{5}$（k-） 你的。

伊咯 ɦi$^{113}_{11}$goʔ$^{45}_{5}$（k-） 他的。“伊”，训读字，本字为“渠”，《广韵》强鱼切，《集韵》：“倸，吴人呼彼称，通作渠。”

伲咯 ŋa$^{113}_{11}$goʔ$^{45}_{5}$（k-） （1）我们的。（2）咱们的。

倷咯 na$^{113}_{11}$goʔ$^{45}_{5}$（k-） 你们的。

伽咯 ɦia$^{113}_{11}$goʔ$^{45}_{5}$（k-） 他们的。

2. 指示代词

葛* keʔ^{45} 这。

亨* haŋ^{33} 那。

葛*个 keʔ$^{45}_{3}$goʔ$^{45}_{5}$（k-） 这个。

亨*个 haŋ$^{33}_{55}$goʔ$^{45}_{5}$（k-） 那个。

葛*些 keʔ$^{45}_{3}$søʔ$^{45}_{5}$ 这些。

亨*些 haŋ$^{33}_{55}$søʔ$^{45}_{5}$ 那些。

别咯 bieʔ$^{23}_{1}$goʔ$^{45}_{5}$（k-） 别的。

另外咯 liŋ^{11}ŋa^{11}goʔ$^{45}_{1}$（k-）

葛*老倌 keʔ$^{45}_{3}$lɒ$^{113}_{55}$kuø̃^{52} 这个人。

亨*老倌 haŋ$^{33}_{55}$lɒ$^{113}_{55}$kuø̃^{52} 那个人。

葛*里 keʔ^{45}li$^{113}_{52}$ 这里。

亨*里 haŋ$^{33}_{55}$li$^{113}_{52}$ 那里。

葛*头 keʔ^{45}dɤ$^{231}_{52}$ 这头。

葛*埯块 keʔ$^{45}_{3}$tæʔ$^{45}_{5}$kʰuᴇ$^{33}_{52}$

葛*块首 keʔ$^{45}_{3}$kʰuᴇ$^{33}_{55}$sɤ$^{335}_{52}$

亨*头 haŋ$^{33}_{55}$dɤ$^{231}_{52}$ 那头。

亨*埯块 haŋ$^{33}_{55}$tæʔ$^{45}_{5}$kʰuᴇ$^{33}_{52}$

亨*块首 haŋ$^{33}_{55}$kʰuᴇ$^{33}_{55}$sɤ$^{335}_{52}$

葛*半边 keʔ$^{45}_{3}$pø̃$^{33}_{55}$piẽ^{52} 这边。

亨*半边 haŋ$^{33}_{55}$pø̃$^{33}_{55}$piẽ^{52} 那边。

葛*时光 keʔ^{45}zɿ$^{231}_{55}$kuɒŋ^{52} 这时候。

亨*时光 haŋ$^{33}_{55}$zɿ$^{231}_{55}$kuɒŋ^{52} 那时候。

葛*歇 keʔ$^{45}_{3}$ɕieʔ$^{45}_{5}$ 这会儿。

葛*[歇]卯 keʔ$^{45}_{3}$[ɕieʔ$^{45}_{5}$]mɒ$^{113}_{55}$

亨*卯 haŋ$^{33}_{55}$mɒ$^{113}_{55}$ 那会儿。

是个[套] zeʔ$^{23}_{1}$geʔ$^{45}_{5}$（koʔ）[tʰɒ$^{33}_{55}$] 这么，那么：葛*事体要是个做咯，勿好是个做咯。

是介 zeʔ$^{23}_{1}$ga$^{33}_{55}$（k-） 这样，那样。

介 ka$^{33}_{55}$

3. 疑问代词

何谁 ɦa$^{231}_{11}$zɿ$^{231}_{52}$ 谁。

啥人 so$^{33}_{55}$ȵiŋ$^{231}_{52}$

何里老倌 ɦa$^{231}_{11}$li$^{113}_{55}$lɒ$^{113}_{55}$kuø̃^{52}

啥[东]西 so^{33}[toŋ$^{52}_{33}$]ɕi^{52} 什么（东西）。

啥[劳什] so$^{33}_{55}$[lɒ$^{231}_{55}$zəʔ$^{23}_{54}$]

何里个 ɦa$^{231}_{11}$li$^{113}_{55}$goʔ$^{45}_{5}$（k-） 哪个。

何里块首 ɦa$^{231}_{11}$li$^{113}_{55}$kʰuᴇ$^{33}_{55}$sɤ$^{335}_{52}$ 哪儿。

何里半边 ɦa$^{231}_{11}$li$^{113}_{55}$pø̃$^{33}_{55}$piẽ^{52} 哪边。

啥介时光 so$^{33}_{55}$ga$^{33}_{55}$（k-）zʅ$^{231}_{11}$kuɒŋ^{52} 哪会儿。

啥时光 so$^{33}_{55}$zʅ$^{231}_{55}$kuɒŋ^{52}

捺*个[套] næʔ$^{23}_{1}$geʔ$^{23}_{5}$（koʔ）[tʰɒ$^{33}_{55}$] 怎么。

捺*介 næʔ$^{23}_{1}$ga$^{33}_{55}$（k-） 怎样。

多少 to$^{52}_{33}$sɒ$^{335}_{55}$ （1）多少：来得～人？（2）多么：小官人～聪明嘞。

为啥 ɦuᴇ$^{231}_{11}$so$^{33}_{55}$ 为什么：偌～勿来？

底个子 ti^{335}ko$^{33}_{55}$tsʅ$^{335}_{52}$，ti^{335}ko$^{33}_{55}$tseʔ$^{45}_{54}$

则*啥 tseʔ$^{45}_{3}$so$^{33}_{55}$ （1）为什么：偌～勿来？（2）干什么：偌来亨*～？

副　　词

1. 时间、频率

刚刚 kɒŋ$^{52}_{33}$kɒŋ$^{52}_{55}$ 正，刚，刚才：我～看过。

才至[新得] dzᴇ$^{231}_{11}$tsʅ$^{33}_{55}$[ɕiŋ$^{52}_{55}$teʔ$^{45}_{54}$] 方才：我～归来咯。

新得 ɕiŋ$^{52}_{55}$teʔ$^{45}_{5}$ 伊～上夜来咯。

当时 tɒŋ$^{52}_{33}$zʅ$^{231}_{55}$ 马上：伊～会来咯，偌稍为等伊歇好唻。

当就 tɒŋ$^{52}_{33}$dʑiɤ$^{11}_{55}$

豪*悛 ɦɒ$^{231}_{11}$sɒ$^{33}_{55}$ 赶紧，赶快：～写东*。

摞手 lo$^{113}_{115}$sɤ$^{335}_{52}$

夹手 kæʔ$^{45}_{3}$sɤ$^{335}_{55}$ 连忙：放落衣裳，～写得一张字条交拨伊。

已经 i^{335}tɕiŋ^{52}

永古 $io\eta^{335}ku^{335}_{52}$ 长久，向来：伊我里～勿来咯。

老早[就] $l\text{ɒ}^{113}_{115}ts\text{ɒ}^{335}_{55}$[$\text{ʑ}i\text{ɤ}^{11}_{52}$] 早就。

十老八早 $ze\text{ʔ}^{23}_{1}l\text{ɒ}^{113}_{55}p\text{æ}\text{ʔ}^{45}_{5}ts\text{ɒ}^{335}_{52}$

一向 $ie\text{ʔ}^{45}_{3}\text{ɕ}ia\eta^{33}_{55}$ 一直。

一直来 $ie\text{ʔ}^{45}_{3}dz\text{ə}\text{ʔ}^{23}_{5}l\text{ᴇ}^{231}_{52}$

前 $\text{ʑ}i\tilde{e}^{231}$ 先。

本来 $p\tilde{e}^{335}l\text{ᴇ}^{231}_{52}$ 起先。

原底子 $\text{ȵ}i\tilde{\text{ø}}^{231}_{11}ti^{335}_{55}ts\text{ɿ}^{335}_{52}$

头直 $d\text{ɤ}^{231}_{11}dz\text{ə}\text{ʔ}^{23}_{5}$ 旧词。

事先 $z\text{ɿ}^{11}\text{ɕ}i\tilde{e}^{52}_{11}$ 预先。

先 $\text{ɕ}i\tilde{e}^{52}$

葛*顷[里] $ke\text{ʔ}^{45}_{3}t\text{ɕ}^{h}ia\eta^{335}_{55}$[$li^{113}_{55}$] （1）这阵子。（2）近来。

要 $i\text{ɒ}^{33}$ （1）要。（2）将要，就要。

刚刚要 $k\text{ɒ}\eta^{52}_{33}k\text{ɒ}\eta^{52}_{55}i\text{ɒ}^{33}_{52}$ 正要。

总算 $tso\eta^{335}s\tilde{\text{ø}}^{33}_{55}$ 终于。

一⿰目臿时 $ie\text{ʔ}^{45}_{3}s\text{æ}\text{ʔ}^{45}_{5}z\text{ɿ}^{231}_{55}$ 忽然，突然：话道天家晴东*唻，～落起雨来哉。“⿰目臿”，《集韵》色洽切，“目睫动貌”。

三勿知头 $s\tilde{\text{æ}}^{52}_{33}ve\text{ʔ}^{23}_{5}ts\text{ɿ}^{52}_{55}d\text{ɤ}^{231}_{52}$ 意料之外的：～咯一班人来带*来，真当一些也唔有准备。

有时光 $\text{ɦ}i\text{ɤ}^{113}_{11}z\text{ɿ}^{231}_{55}ku\text{ɒ}\eta^{52}$ 偶尔：伊～要骂两句人咯。

到介时光 $t\text{ɒ}^{33}ka^{33}z\text{ɿ}^{231}_{33}ku\text{ɒ}\eta^{52}$，$ta^{33}ga^{33}z\text{ɿ}^{231}_{33}ku\text{ɒ}\eta^{52}$

一时头里 $ie\text{ʔ}^{45}_{3}z\text{ɿ}^{231}_{55}d\text{ɤ}^{231}_{55}li^{113}_{52}$ 一时。

难*板* $n\tilde{\text{æ}}^{231}_{11}p\tilde{\text{æ}}^{52}_{55}$ 难得，不常有：倷～来一埭，饭是一定要吃得去咯。

只管 $tse\text{ʔ}^{45}_{3}ku\tilde{\text{ø}}^{335}_{55}$ （1）尽管：有啥事体要我帮忙，偌～话好唻。（2）常常，老是：伊脾气勿好，～要警毅人咯。

迟早 $dz\text{ɿ}^{231}_{11}ts\text{ɒ}^{335}_{55}$ 早晚：伊个爿店～要倒灶咯。

初初 $ts^{h}u^{52}_{33}ts^{h}u^{52}_{55}$ 起初：伊～勿同意咯，后首咦同意哉。

后首 $\text{ɦ}\text{ɤ}^{113}_{115}s\text{ɤ}^{335}_{52}$ 后来。

2. 程度

蛮 mæ̃^{52} 很。

　蛮蛮 mæ̃$^{52}_{33}$mæ̃$^{52}_{55}$，mæʔ$^{45}_{3}$mæʔ$^{45}_{5}$

　呆呆 ŋE$^{231}_{11}$ŋE$^{231}_{55}$

　交关 tɕiɒ$^{52}_{33}$kuæ̃^{52}

越加 ɦiøʔ$^{23}_{1}$ko$^{52}_{55}$ 更加：小人大得两年，～好看哉。

　越发 ɦiøʔ$^{23}_{1}$fæʔ$^{45}_{5}$

　越 ɦiøʔ^{23}

顶[间] tiŋ^{335}[kæ̃^{52}] 最：～快。

忒个 tʰæʔ$^{45}_{3}$geʔ$^{45}_{5}$（koʔ） 太：偌走得～慢哉。

綦 dʑi^{231} 极：～好。

透 tʰɤ^{33} 置于形容词后：好～哉。

　煞 sæʔ^{45} 置于形容词后：气～哉。

夥夥什 ɦo$^{113}_{115}$ɦo$^{113}_{55}$zəʔ$^{23}_{5}$，ɦio$^{113}_{115}$ɦio$^{113}_{55}$zəʔ$^{23}_{5}$ 极多：来得～咯人，玻璃门都轧破哉。

木秩*秩* moʔ$^{23}_{1}$dzeʔ$^{23}_{5}$dzeʔ$^{23}_{54}$ （1）非常：伊有部小汽车～新咯。（2）非常多：个人屋里铜钱～。

　木老老 moʔ$^{23}_{1}$lɒ$^{113}_{55}$lɒ$^{113}_{52}$

来得[个] lE$^{231}_{11}$teʔ$^{45}_{5}$[geʔ$^{45}_{5}$（koʔ）] 居然也很：伊字写得～好带*。

好 hɒ^{335} 较多：～两个人，～几只牛，～歇日子。

勿大 veʔ$^{23}_{1}$da$^{11}_{55}$ 不很：～大，～长。

毛 mɒ^{231} 约略：～估估，也䝼两斤多。

格外 kaʔ$^{45}_{3}$ŋa$^{11}_{55}$ （1）格外：两兄弟则*两姐妹做亲，～亲热些咯。（2）特别：偌个人～星咯。

𫌀注 tø̃^{335}tɕy$^{33}_{52}$ 合在一起。

　𫌀注势势 tø̃^{335}tɕy$^{33}_{55}$sɿ$^{33}_{55}$sɿ$^{33}_{52}$

还 ɦuæ̃^{231} ～好。

还要 ɦuæ̃$^{231}_{11}$iɒ$^{33}_{55}$，ɦuæʔ$^{23}_{1}$iɒ$^{33}_{55}$ 更：～好。

稍许 sɒ$^{52}_{33}$ɕy$^{335}_{55}$ 㬝～一些好哉。

　稍为 sɒ$^{52}_{33}$ɦuᴇ$^{231}_{52}$

有些 ɦiɤ$^{113}_{115}$sø$ʔ^{45}_{5}$　有点：棒～短也勿要紧咯。

大约摸 da^{11}ia$ʔ^{45}_{5}$mo$ʔ^{23}_{5}$　大约。

刚则* kɒŋ$^{52}_{33}$tse$ʔ^{45}_{5}$　好像：伊～瞓醒咯样子，好端端则*伊话。

　好像 hɒ^{335}ʑiaŋ$^{113}_{52}$

直头 dzə$ʔ^{23}_{1}$dɤ$^{231}_{55}$　确实：葛*老倌～有些本事带*。

真当 tsẽ$^{52}_{33}$tɒŋ$^{33}_{55}$　真的：一部踏脚车偷得去哉，～要命。

3. 范围

都 tu^{33}，du^{33}　总括：人～撚得吃力煞带*。

统统 t^{h}oŋ^{335}t^{h}oŋ$^{335}_{55}$

七打八 tɕ^{h}ie$ʔ^{45}_{3}$taŋ$^{335}_{55}$pæ$ʔ^{45}_{54}$　十有八九：伊有事体求人，真*朝～要去咯。

同头 doŋ$^{231}_{115}$dɤ$^{231}_{52}$　一起：我～偌一道生去。

　同队 doŋ$^{231}_{115}$dᴇ$^{11}_{52}$

一堆生 ie$ʔ^{45}_{3}$tᴇ$^{52}_{55}$saŋ^{52}　一块儿：倻姐妹淘里～坐亨*。

　一道生 ie$ʔ^{45}_{3}$dɒ$^{113}_{55}$saŋ^{52}

两埯生 liaŋ$^{113}_{115}$tæ$ʔ^{45}_{5}$saŋ^{52}　分在两处：夫妻两个人调工作调得～哉。

　两起生 liaŋ$^{113}_{115}$tɕ^{h}i$^{335}_{55}$saŋ^{52}

两秃*生 liaŋ$^{113}_{115}$t^{h}ø$ʔ^{45}_{5}$saŋ^{52}　物体分成上下两部分：春暖百花香，腰骨～。

两化生 liaŋ$^{113}_{115}$huo$^{33}_{55}$saŋ^{52}　球状物分成二个：西瓜先～剖开。

四牙生 sɿ^{33}ŋo$^{231}_{33}$saŋ^{52}　球状物分成四个：～咯黄金瓜，一人一牙，忒个少得些。

总共 tsoŋ^{335}guoŋ$^{11}_{52}$　一共。

　共总 guoŋ^{11}tsoŋ$^{335}_{11}$

　拢总 loŋ^{335}tsoŋ$^{335}_{52}$

单另另 tæ̃$^{52}_{33}$liŋ$^{11}_{55}$liŋ$^{11}_{52}$　单独：真*朝倷去，门*朝我～去。

在介 zᴇ$^{113}_{115}$ka$^{33}_{52}$　另外的：除出伊，～人都到哉。

总究 tsoŋ^{335}tɕiɤ$^{33}_{55}$ 只能：是介咯生活，～请伊来做咯。

贿 tɕiɤ^{33} “只有”的合音字：我～两块洋钿。

䙌 tɕiɒ^{33} “只要”的合音字：～一些些好哉。

单单 tæ̃$^{52}_{33}$tæ̃$^{52}_{55}$ 光是：～偌话两句，恐怕唔有用场咯。

　单是 tæ̃$^{52}_{33}$zeʔ$^{23}_{5}$

对…对… tᴇ^{33}… tᴇ^{33}… 一面…，一面…：上班防恐要来勿及，

　偓～走～话好好？

4. 重复、连续

还 ɦuæ̃^{231}，ɦuæʔ^{23} 葛*里～有一个。

咦 i^{33} 又：～要好，～要巧，～要马儿勿吃草。

再 tsᴇ^{33} ～吃一碗。

　添 tʰiẽ^{52} 置于述宾结构之后：吃碗饭～。

也 ɦia^{113}，ɦa^{113}

仍旧 dzəŋ$^{231}_{11}$dʑiɤ$^{11}_{55}$，dʑiŋ$^{231}_{11}$dʑiɤ$^{11}_{55}$ 劝得半日，～老样子。

　仍靠* dziŋ$^{231}_{11}$kʰɒ$^{33}_{55}$

　依旧 i$^{52}_{33}$dʑiɤ$^{11}_{55}$

另外 liŋ^{11}ŋa^{11}

从新 dzoŋ$^{231}_{11}$ɕiŋ^{52}

　从头 dzoŋ$^{231}_{11}$dɤ$^{231}_{52}$

过 ku^{33} 置动词后表示重复：今朝迟哉，明朝再来～。

5. 强调、转折、方式

就是 ʑiɤ^{11}zeʔ$^{23}_{1}$ 好是好，～迟得些哉。

倒[反] tɒ^{33}[fæ̃$^{335}_{33}$]

偏生 pʰiẽ$^{52}_{33}$saŋ$^{52}_{55}$ 要伊东，伊～西。

到底 tɒ^{33}ti$^{335}_{55}$

　到究 tɒ^{33}tɕiɤ^{33}

自然 zɿ^{11}zẽ$^{231}_{11}$

　当然 tɒŋ$^{52}_{33}$zẽ$^{231}_{33}$

免勿起 miẽ$^{113}_{115}$veʔ$^{23}_{5}$tɕʰi$^{335}_{52}$ 难免。
亏得 tɕʰy$^{52}_{33}$teʔ$^{45}_{5}$，kʰuᴇ$^{52}_{33}$teʔ$^{45}_{5}$
特为 deʔ$^{23}_{1}$（–əʔ）ɦuᴇ$^{231}_{52}$，dieʔ$^{23}_{1}$ɦuᴇ$^{231}_{52}$ 特地。

万万 væ̃^{11}væ̃^{11} 千万。
或是 ɦuoʔ$^{23}_{1}$zeʔ$^{23}_{5}$ 或者：偌来～勿来，都好咯。
大概 da^{11}kᴇ$^{33}_{55}$ 大约。
怕伊 pʰo^{33}ɦi$^{113}_{33}$ 难道：葛*些道理偌～勿晓得咯啊。
　怕道 pʰo^{33}dɒ$^{113}_{33}$
　颗*来 kʰo^{33}lᴇ$^{231}_{55}$ 偌勿去上班，～讴侬爹去拨偌上班？
作兴 tsoʔ$^{45}_{3}$ɕiŋ^{52} 可能：伊～会来咯，偌要末等伊歇。
得知 təʔ$^{45}_{3}$tsɿ$^{52}_{55}$ 说不定：偌话伊勿来，～伊来呐。

偷盘 tʰɤ$^{52}_{33}$bø̃$^{231}_{52}$ 悄悄的：伊～则*我话，单位要精简哉。
闃手闃脚 ieʔ$^{45}_{3}$sɤ$^{335}_{55}$ieʔ$^{45}_{5}$tɕiaʔ$^{45}_{54}$ 轻手轻脚的。
哑罗*罗* o^{335}lo$^{231}_{55}$lo$^{231}_{52}$ 偷偷的：伊～咯房子汽车都买进。
顺[带]便 zẽ^{11}[ta$^{33}_{11}$]biẽ^{11}
当假 tɒŋ$^{52}_{33}$ko$^{335}_{33}$ 假意。
背命 pᴇ^{33}miŋ$^{11}_{55}$ 使劲儿地：伊～做，一日工夫也贿做得一件衣裳。
　煞力 sæʔ$^{45}_{3}$lieʔ$^{23}_{5}$
直拔直 dzəʔ$^{23}_{1}$bæʔ$^{23}_{5}$dzəʔ$^{23}_{54}$ 直来直去，不拐弯抹角：是介咯事体只好～则*伊话哉。

6. 语气

乐得 loʔ$^{23}_{1}$teʔ$^{45}_{5}$，loʔ$^{23}_{1}$deʔ$^{45}_{5}$ 恰如自己心意：倻都去嬉哉，我也～清静清静。
抵桩 ti^{335}tsɒŋ^{52} 准备：我～拨伊话两句咯。
防恐 bɒŋ$^{231}_{11}$kʰuoŋ$^{335}_{55}$ 恐怕：伊上夜跌得交，真*朝～去勿来咯。
反究 fæ̃^{335}tɕiɤ$^{33}_{52}$ 反而：偌东西敲破得，～话我唔有安拢。
大*来 do^{11}lᴇ$^{231}_{11}$ 不小心：我上夜～睏过头，夹*以迟到哉。

爽反 sɒŋ^{335}fæ̃$^{335}_{52}$ 不如：偌～勿来倒也好哉。

一险险 ieʔ$^{45}_{3}$ɕiẽ$^{335}_{55}$ɕiẽ$^{335}_{55}$ 差一丁点儿：～跌一交。

亏煞 tɕʰy$^{52}_{33}$sæʔ$^{45}_{5}$ 幸亏：～伊帮忙，勿然撚勿好哉。

该生 kᴇ$^{52}_{33}$saŋ$^{52}_{55}$ 本该：葛*本书我～看一看咯，难*拨伊还得去哉。

定道 diŋ^{11}dɒ$^{113}_{11}$ 以为：～偌勿来哉，偌个份唔有准备。

须道 ɕy$^{52}_{33}$dɒ$^{113}_{55}$ 因为：我笔～有枝带*，勿买哉。

横竖 ɦuaŋ$^{231}_{11}$zʅ$^{113}_{55}$，ɦuaŋ$^{231}_{11}$ʑy$^{113}_{55}$ 反正。

　横直 ɦuaŋ$^{231}_{11}$dzəʔ$^{23}_{5}$

话勿来 ɦuo^{11}veʔ$^{23}_{1}$lᴇ$^{231}_{55}$ 说不定：伽真*朝上勿上班也～咯。

　无有数 n̩$^{33}_{55}$ȵiɤ$^{113}_{55}$（ɦ-） su$^{33}_{55}$

大约摸 da^{11}iaʔ$^{45}_{5}$moʔ$^{45}_{5}$ 大约。

奥*冒* ɒ^{33}mɒ$^{11}_{33}$，ɒŋ^{33}mɒŋ$^{11}_{33}$ 也许。

情愿 dʑiŋ$^{231}_{11}$ȵiø̃$^{11}_{55}$ 甘愿。

肯 kʰəŋ^{335}

敢 kẽ^{335}

配 pʰᴇ^{33}

宁可 nəŋ$^{113}_{115}$kʰo$^{335}_{52}$ 厂里做生活忒个吃力，我～去做嬷嬷咯。

　宁使 nəŋ$^{113}_{115}$sʅ$^{335}_{52}$

7. 肯定、否定

来* lᴇ^{113} 在：偌～东*何里？

要 iɒ^{33} 伊～吃药东*哉。

好 hɒ^{335} 可以：介咯事体末偌老早～话哉。

定注[势势] diŋ^{11}tɕy$^{33}_{11}$[sʅ$^{33}_{11}$sʅ$^{33}_{11}$] 一定：事体～是要是个套咯。

铅*板 kʰæ̃$^{52}_{33}$pæ̃$^{335}_{55}$ 肯定：个人～是勿肯来咯。

　咸*板 ɦæ̃$^{231}_{11}$pæ̃$^{335}_{55}$

准定 tsẽ^{335}diŋ$^{11}_{52}$

一定要 ieʔ$^{45}_{3}$diŋ$^{11}_{55}$iɒ$^{33}_{55}$ 必须。

勿 veʔ^{23}　不。

勿曾 veʔ$^{23}_{1}$ʑiŋ$^{231}_{52}$，veʔ$^{23}_{1}$ɦiŋ$^{231}_{52}$　不曾：伊～来过。

唔有 n̥^{33}ȵiɤ$^{113}_{33}$（ɦ-）　未曾：早唻，伊还～来唻。

　未 mi^{11}

甮 foŋ^{33}，foŋ^{52}　“弗用”的合音字。不必，不用：伊自会来咯，～去讴咯。

嫑 fiɒ^{33}　“弗要”的合音字。别：偌～去吓伊。

𫞩 fE^{33}　“弗会”的合音字。不会：踏脚车我～骑咯。

[勿]可 [veʔ$^{23}_{1}$]k^{h}o$^{335}_{55}$　不可以：要吃饭哉，偌～去。

勿好 veʔ$^{23}_{1}$hɒ$^{335}_{55}$　不可以，不能：对大人～唔有礼貌咯。

勿一定 veʔ$^{23}_{1}$ieʔ$^{45}_{5}$diŋ$^{11}_{55}$　未必。

介　　词

则* tseʔ^{45}　（1）对：～伊一些无有办法咯。（2）把：～只牛杀伊患*。（3）跟：我～偌话。“则*”是由“做”变来的。《越谚》：“穷勿做富斗，富勿做官斗”，其中“做”和“则*”语法功能相同，语音有变化的关系：由 [tso^{33}] 入声化变为 [tsoʔ^{45}]，再弱化为 [tsəʔ^{45}]。写作“则*”。

拨 peʔ^{45}　（1）把：～我枝笔㧐过来。（2）比：我～伊长些。

代 dE^{11}　排队排得个把钟头哉，我来～～偌。

　替 t^{h}i^{33}

以 i^{335}　～我为首。

来*东* lE$^{231}_{11}$toŋ$_{55}$，lE$^{231}_{11}$doŋ$_{55}$　在（某处）。

来*带* lE$^{231}_{11}$ta$_{55}$，lE$^{231}_{11}$da$_{55}$　在（这儿）。

来*亨* lE$^{231}_{11}$haŋ$_{55}$，laŋ$_{55}$　在（那儿）。

趁 ts^{h}ẽ^{33}　趁：～机会。

从 dzoŋ^{231}

自从 zʅ^{11}dzoŋ$^{231}_{11}$

到 tɒ^{33}，ta^{33}，da^{33} 捻～一世八界。

望 mɒŋ^{11}，maŋ^{11}
朝 dzɒ^{231}
除出 dʑy$^{231}_{11}$ts^{h}eʔ$^{45}_{5}$　除了。
对 tᴇ^{33}　对于。
连至 liẽ$^{231}_{11}$tsɿ$^{33}_{55}$　连：葛*道理～小人都懂咯。
　连 liẽ^{231}
为得 ɦuᴇ$^{231}_{11}$teʔ$^{45}_{1}$，ɦuᴇ$^{231}_{11}$deʔ$^{45}_{1}$　为了。
照 tsɒ^{33}　按照。
沿 ɦiẽ^{231} 顺：～得大路走。

让 ȵiaŋ^{11}
拨 peʔ^{45}　被：～伊敲得记。
随 dzᴇ^{231}　由着：～伊欢喜。
由 ɦɤ^{231}（-iɤ）　～伊去。

连　　词

则* tseʔ^{45}　和：我～偌都是农民。“则*”，标音字，本字为“做”。
　同头 doŋ$^{231}_{115}$dɤ$^{231}_{52}$
　同 doŋ^{231}
再话 tsᴇ^{33}ɦuo$^{11}_{33}$　况且。
勿管 veʔ$^{23}_{1}$kuø$^{335}_{55}$　不管。
无论[如何]ɦu$^{231}_{11}$lõ$^{231}_{55}$[ʑy$^{231}_{55}$ɦo$^{231}_{52}$]，ɦu$^{231}_{11}$lẽ$^{231}_{55}$[ʑy$^{231}_{55}$ɦo$^{231}_{52}$]　不论。
是话 zᴇ$^{113}_{115}$ɦuo$^{11}_{55}$　如果。
譬如 p^{h}i^{335}ʑy$^{231}_{52}$
要 tɕiɒ^{33}　“只要”的合音：偌～扶伊把，伊立起自会走咯。

虽则 sᴇ$^{52}_{33}$tseʔ$^{45}_{5}$　虽然。
不过 peʔ$^{45}_{3}$ku$^{33}_{55}$，pieʔ$^{45}_{3}$ku$^{33}_{55}$　但是，可是，不过。
勿如 veʔ$^{23}_{1}$ʑy$^{231}_{52}$　不如。

夹*以 kæʔ$^{45}_{5}$i$^{335}_{52}$　所以。

随后 zᴇ$^{231}_{11}$ɦɤ$^{113}_{55}$　然后。

　过之后 ku^{33}tsʅ$^{52}_{33}$ɦɤ^{113}

□么 tsæ̃$^{52}_{55}$meʔ$^{23}_{54}$　这就。

　□ tsæ̃^{52}

靠*[么] k^{h}ɒ^{33}[meʔ$^{23}_{3}$]　那么。

语　助　词

1. 结构助词

咯 koʔ^{45}，goʔ^{23}　的：我～，红～。

叫 tɕiɒ^{33}　地：慢慢～。

得 teʔ^{45}，deʔ^{23}　得：走～快。

东* toŋ^{33}，doŋ^{11}　在其中：伊来*～咯。

带* ta^{33}，da^{11}　在近处：东西来*～葛*里。

亨* haŋ^{33}　在远处：伽来*～学堂里头。

2. 时态助词

得 teʔ^{45}，deʔ^{23}　（1）着：墙壁高头挂～一张画。（2）了：园～一个泥菩萨。

过 ku^{33}　过：饭吃～哉。

牢 lɒ^{231}　住：看～伊。

患* ɦuæ̃^{11}　已然：人死～哉。

3. 语气助词

咯 koʔ^{45}，goʔ^{23}　肯定：我是勿去～。

末 meʔ^{23}　停顿：等～，勿晓得伊来来，勿等～，防恐伊会来，捺*个伊呐！

唻 lᴇ^{231}　（1）赞美：戏文好看～。（2）疑问：伊来来～？（3）指

明：伊还无有来～。

嘞 laʔ^{23} （1）疑问：何谁～？（2）肯定：我覅～。

呐 neʔ^{23} 疑问：伊万一勿肯～？

嘞 leʔ^{23} 列举：伊娘劝～骂～一些唔有用场。

呶 （1）nɒ^{113} 赞美：亏伊咯～。（2）nɒʔ^{23} 假设：是话勿肯～。（绍兴方言韵母系统并无 ɒʔ，但可在语气词中出现。）

借* tɕia^{33} 劝令：豪*馊吃～。也可入声化为 tɕiaʔ^{45}，或浊化为 dʑiaʔ^{23}，写作“爵*”。

嚆 dʑiɒ^{231}，tɕiɒ^{52} 提醒：我是话伊覅个～。

及* dʑieʔ^{23}，tɕieʔ^{45} （1）讽嘲：一加一是三。——是～。（2）不耐烦：覅话哉～。

啊 ɦa^{231} （1）疑问：勿肯～？（2）提醒：去勿得个～。

噢 ɒ^{52}，ɦɒ^{231} 请求，劝告：去勿得个～。

嗬 ɦo^{231} （1）感叹：偌个人～。（2）劝令：去勿得个～。

咳 ɦᴇ^{231} 称呼：～，偌是何谁？

咳哉 ɦᴇ$^{231}_{11}$tsᴇ$^{52}_{55}$，ɦᴇ$^{231}_{11}$dzᴇ$^{231}_{55}$ 妥协：依得伊～。

哉 tsᴇ^{52}，dzᴇ^{231} 完成：西北风进城～。

末 meʔ^{23} 指明：葛*人是是介个～。

感 叹 词

1. 感叹

呸 p^{h}ᴇ^{52} 蔑视：～！偌覅有趣！

诺* noʔ^{23} 意外：～，伊啥事体勿来？

啐 tseʔ^{45} 无措：～，是介咯大礼，葛*捺*个当得起呐！

啐 ts^{h}ᴇ^{52} 安慰：～～，煞手拨偌吓得*记！

嗽 ɕieʔ^{45} 轻视：～，偌倒来试试看！

嗨 hᴇ^{52} 满意：～，终算葚到顶哉！

哼 hŋ̍^{52} 轻视：～，偌算啥东西！

啊亦* ɦaʔ$^{23}_{45}$ɦieʔ$^{23}_{54}$　惋惜：～，皮夹跌落哉！

狭*唷 ɦæʔ$^{23}_{45}$ɦioʔ$^{23}_{54}$　无助：～，我气透勿出嘞。

咳个 ɦE$^{113}_{115}$geʔ$^{45}_{54}$（koʔ）　肯定：～，天真当来带*落哉！

嗬 ɦo^{231}　高兴：～，中得头奖哉！

嗬吔 ɦo$^{231}_{115}$ɦiE$^{113}_{52}$　嫌憎：～，介贵个东西买带*来！

啊个 ɦaʔ$^{23}_{45}$geʔ$^{45}_{54}$（koʔ）　坏事了：～，忘记拕来哉！

喔唷 oʔ$^{45}_{5}$io^{52}，ɦoʔ$^{23}_{5}$ɦio$^{231}_{52}$　不好：～，介痛个。

噫吔 i$^{33}_{55}$ɦiE$^{113}_{52}$　惊慌：～，要跌落去哉！

唔 ŋ̍^{231}　有所感觉：～，啥气息啊？

唔高* ŋ̍$^{113}_{115}$kɒ^{52}　强调：～，我看伊去个。

2. 呼唤、应答、指示

蒿* hɒ^{52}　请求：～，拨我些！

嗬 ɦo^{231}　提醒：～，落雨哉，豪*悛好归去哉！

咳 ɦE^{231}，E^{52}　回答：姆妈！——～！

咳 ɦE^{11}　同意：～，是个。

讴 ɤ^{33}　同意：～，有数哉。

讴 ɤ^{52}　考虑：～，葛*月十八是伊生日。

讴高* ɤ$^{33}_{55}$kɒ^{52}　再次肯定：～，偌放心好哉。

噢 ɒ^{33}　明白：～，靠*末我勿去哉。

晏* æ̃^{33}　应付：～，我看还是是个擞。

唔 ŋ̍^{231}　同意：～，偌话东*！

呶 nɒ^{113}　指示：～，来*带*葛*里！

呶 nɒ^{52}　给予：～，葛*个拨偌！

3. 怀疑、肯定、否定

啊 ɦa^{113}　不理解：～，偌话啥西？

咳 ɦE^{113}　不同意：～，勿对带*哉。

嗬 ɦo^{113}　怀疑：～，伊小人读大学哉？

唔 ŋ̍ ^{113} 异议：~，偌是个啥意思嘞？

呒 m̩ ^{231} 同意：~，我去。

噢 ɒ ^{33} 醒悟：~，我想起来哉。

第九章　绍兴方言语法特点

绍兴方言语法的特点包括构词法、词类和句法等几个方面。现在把它们合在一起，分头叙述如下。

一　有词头“阿”“老”和词尾“子”“头”

（一）绍兴方言的词根可以加上词头“阿”“老”或词尾“子”“头”，构成名词

1. “阿”æʔ^{45}——放在亲属称呼和名字前面

阿婆 æʔ$^{45}_{5}$bo^{231}　　阿妹 æʔ$^{45}_{5}$mᴇ^{11}

阿毛 æʔ$^{45}_{5}$mɒ^{231}　　阿贵 æʔ$^{45}_{3}$kuᴇ$^{33}_{55}$

“阿”还可以放在数字前，用来称呼亲属排行中的晚辈。如：

阿大 æʔ$^{45}_{5}$do^{11}　　阿四 æʔ$^{45}_{3}$sɿ$^{33}_{55}$

2. “老”lɒ^{113}——放在姓氏前称呼友人，或放在数字前称呼晚辈

老张 lɒ$^{113}_{11}$tsaŋ^{52}　　老蔡 lɒ$^{113}_{11}$ts^{h}a$^{33}_{55}$

老大 lɒ$^{113}_{55}$do^{11}　　老三 lɒ$^{113}_{11}$sæ̃^{52}

3. “子”tsɿ^{335}——放在名词后

梅子 mᴇ$^{231}_{11}$tsɿ$^{335}_{55}$　　瞎子 hæʔ$^{45}_{3}$tsɿ$^{335}_{55}$

“子”还有一个入声化的变音 tseʔ^{45}

呆子 ŋᴇ$^{231}_{11}$tsɿ$^{335}_{55}$ ~ ŋᴇ$^{231}_{11}$tseʔ$^{45}_{5}$　橘子 tɕiøʔ$^{45}_{3}$tsɿ$^{335}_{55}$ ~ tɕiøʔ$^{45}_{3}$tseʔ$^{45}_{5}$

4. “头”dɤ^{231}——放在名词后

纸头 tsɿ^{335}dɤ$^{231}_{52}$　　舌头 zeʔ$^{23}_{1}$dɤ$^{231}_{52}$

比较起来，绍兴方言以词头词尾构成词语的数量不多，因此单音词在口语中显得较为丰富。而且绍兴方言也没有北京方言中数量众多的

“儿”尾，或者说，绍兴方言曾经有过“儿”尾，只是目前已经淡出，只留下一些残存的现象，一般人也已经不再确知。如不知“女儿”꜀nø̃中曾有“儿”尾，只写作“囡”。

（二）词尾“头”还可以加在动词和部分形容词、数量词后构成名词，表示具有某种性质的事物

拖头 tʰo$^{52}_{33}$dɤ$^{231}_{52}$　添头 tʰiẽ$^{52}_{33}$dɤ$^{231}_{52}$　找头 tsɒ^{335}dɤ$^{231}_{52}$

多头 to$^{52}_{33}$dɤ$^{231}_{52}$　甜头 diẽ$^{231}_{11}$dɤ$^{231}_{52}$　咸头 ɦæ̃$^{231}_{11}$dɤ$^{231}_{52}$　苦头 kʰu^{335}dɤ$^{231}_{52}$

块头 kʰuᴇ^{33}dɤ$^{231}_{33}$　八件头 pæʔ$^{45}_{3}$dʑiẽ$^{113}_{55}$dɤ$^{231}_{52}$　十碗头 zeʔ$^{23}_{1}$uø̃$^{335}_{55}$dɤ$^{231}_{52}$

“头”尾还可以跟所有的动词自由结合成名词。这类词比北京方言的远为丰富。如：

看头 kʰẽ^{33}dɤ$^{231}_{33}$　听头 tʰiŋ^{33}dɤ$^{231}_{33}$　嬉头 ɕi$^{52}_{33}$dɤ$^{231}_{52}$　吃头 tɕʰieʔ$^{45}_{3}$dɤ$^{231}_{52}$

话头 ɦuo^{11}dɤ$^{231}_{11}$　哭头 kʰoʔ$^{45}_{3}$dɤ$^{231}_{32}$　笑头 ɕiɒ^{33}dɤ$^{231}_{33}$　活头 ɦueʔ$^{23}_{1}$dɤ$^{231}_{52}$

（三）“家”ko^{52}也可以作为词尾放在表亲属称呼的集合名词后，强调亲属相互间的关系。不过这种词尾使用的机会不多

兄弟家 ɕioŋ$^{52}_{33}$di$^{113}_{55}$ko^{52}　姐妹家 tɕi^{335}mᴇ$^{11}_{55}$ko^{52}

夫妻家 fu$^{52}_{33}$tɕʰi$^{52}_{55}$ko^{52}　邻舍家 liŋ$^{231}_{11}$so$^{33}_{55}$ko^{52}

二　形容词以重叠方式改变形容程度

（一）形容词最常见的方法是运用重叠方式来改变形容的程度

双音节形容词表示程度不同时直接采用重叠方式，构成AABB式。如：

端端正正 tø̃$^{52}_{33}$tø̃$^{52}_{55}$tsəŋ$^{33}_{55}$tsəŋ$^{33}_{52}$ ——很整齐，很漂亮。

清清爽爽 tɕʰiŋ$^{52}_{33}$tɕʰiŋ$^{52}_{55}$sɒŋ$^{335}_{55}$sɒŋ$^{335}_{52}$——干干净净。

红红绿绿 ɦuoŋ$^{231}_{11}$ɦuoŋ$^{231}_{55}$loʔ$^{23}_{5}$loʔ$^{23}_{54}$ ——很花哨。

白白胖胖 baʔ$^{23}_{1}$baʔ$^{23}_{5}$pʰɒŋ$^{33}_{55}$pʰɒŋ$^{33}_{52}$

单音节形容词本身不能重叠，但可以前后加上重叠的附加成分来表示形容程度的不同，构成ABB式和AAB式。如：

潮炟炟 dzɒ$^{231}_{11}$ȵiɤ$^{113}_{55}$ȵiɤ$^{113}_{52}$——有点潮湿。

石石硬 zaʔ$^{23}_{1}$zaʔ$^{23}_{5}$ŋaŋ^{11}——硬得像石头一样。

AAB 式有时也在前面加上重叠的程度副词，如“蛮蛮好”mæʔ$^{45}_{3}$mæʔ$^{45}_{5}$hɒ^{335}。

（二）形容词重叠式的变调规律

AABB 式形容词的变调规律：

变调属四字格，虽然在变调规律中没有提及，但和前字、次字、后字相同的成词三字变调大致相同。如“端端正正”tõ$^{52}_{33}$tõ$^{52}_{55}$tsəŋ$^{33}_{55}$tsəŋ$^{33}_{52}$除增加第三音节外，和三音节“交通线”tɕiɒ$^{52}_{33}$t^{h}oŋ$^{52}_{55}$ɕiẽ$^{33}_{52}$相同。

ABB 式形容词的变调规律：

前字和中字——和成词三字变调的前字、中字相同。

后字——舒声变阴平，入声在前字平、上、入声后变降入，去声后变上入。

AAB 式形容词的变调规律：

前字及中字——和成词三字变调的前字、中字相同。

后字——不变调。

（三）单音节形容词附加的重叠成分，在形容词前的表示“如同”“很”，使形容程度加强；在形容词后的表示“近似”“略为”，使形容程度减弱。这种差别在同一形容词的附加成分可前可后的情况下表现得相当清楚

黄焦焦 ɦuɒŋ$^{231}_{11}$tɕiɒ$^{52}_{55}$tɕiɒ^{52}——略黄似焦。

焦焦黄 tɕiɒ$^{52}_{33}$tɕiɒ$^{52}_{55}$ɦuɒŋ^{231}——焦黄，很黄。

滑跌*跌* ɦuæʔ$^{23}_{1}$tieʔ$^{45}_{5}$tieʔ$^{45}_{54}$——比较滑润。

跌*跌*滑 tieʔ$^{45}_{3}$tieʔ$^{45}_{5}$ɦuæʔ^{23}——很光滑，很滑。

亮烁烁 liaŋ^{11}saʔ$^{45}_{1}$saʔ$^{45}_{5}$——微有亮光。

烁烁亮 saʔ$^{45}_{3}$saʔ$^{45}_{5}$liaŋ^{11}——很亮。

（四）下面列出常用的后附重叠成分的形容词，即 ABB 式

香喷喷 ɕiaŋ$^{52}_{33}$p^{h}ẽ$^{52}_{55}$p^{h}ẽ^{52}　很香的样子：芝麻炒过～咯。

慌兮兮 huɒŋ$^{52}_{33}$ɕi$^{52}_{55}$ɕi^{52}　心慌的样子：立带*楼顶边沿高头有些～咯。

羞拉*拉* ɕiɤ$^{52}_{33}$la$^{52}_{55}$la^{52}　难为情的样子：新娘子～咯，伛得头勿肯话

说话。

酸汪汪 sø$^{52}_{33}$uɒŋ$^{52}_{55}$uɒŋ^{52} 略酸：葛*瓶果子露有些～咯。

孤伶伶 ku$^{52}_{33}$liŋ$^{231}_{55}$liŋ$^{231}_{52}$ 孤单的样子。

空老*老* k^{h}uoŋ$^{52}_{33}$lɒ$^{113}_{55}$lɒ$^{113}_{52}$ 空无一物的样子：一双手～咯，捺*个好去做人客。

凶拜*拜* ɕioŋ$^{52}_{33}$pa$^{33}_{55}$pa$^{33}_{52}$ 凶狠的样子：看看伊～，其实心相勿坏咯。

黏冻冻 ȵiẽ$^{52}_{33}$toŋ$^{33}_{55}$toŋ$^{33}_{52}$ 很黏：糊头～咯，蛮好吃。

尖血*血* tɕiẽ$^{52}_{33}$ɕioʔ$^{45}_{5}$ɕioʔ$^{45}_{54}$ （1）尖锐：～咯一把刀。（2）声音高而不圆润：喉咙～。

宽夌夌 k^{h}uõ$^{52}_{33}$tæʔ$^{45}_{5}$tæʔ$^{45}_{54}$ 松弛：生得场病，皮肉～哉。

孅烁*烁* tɕ^{h}iẽ$^{52}_{33}$saʔ$^{45}_{5}$saʔ$^{45}_{54}$ 忸怩作态，撒娇。

黄焦焦 ɦuɒŋ$^{231}_{11}$tɕiɒ$^{52}_{55}$tɕiɒ^{52} 土黄色：雪雪白咯绸衣裳惹得～哉。

甜丝丝 diẽ$^{231}_{11}$sʅ$^{52}_{55}$sʅ^{52} 微甜：小馒头勿摆糖也有些～咯。

圆丢*丢* ɦiõ$^{231}_{11}$tiɤ$^{52}_{55}$tiɤ^{52} 稍圆：苹果～咯甜。

油啰*啰* ɦiɤ$^{231}_{11}$lo$^{231}_{55}$lo$^{231}_{52}$ 油而润：嘴脯吃得～带*哉。

媚啰*啰* mᴇ$^{231}_{11}$lo$^{231}_{55}$lo$^{231}_{52}$ 柔而媚：个大姑娘～咯蛮好看咯。

猴抖抖 ɦiɤ$^{231}_{11}$tɤ$^{335}_{55}$tɤ$^{335}_{52}$ 恐惧：做葛*种事体，有些～咯。

胡海海 ɦu$^{231}_{11}$hᴇ$^{335}_{55}$hᴇ$^{335}_{52}$ 浮夸，不实在：偌～咯好两日哉，勿晓得做得些啥事体。

潮炟炟 dzɒ$^{231}_{11}$ȵiɤ$^{113}_{55}$ȵiɤ$^{113}_{52}$ 不很干：衣裳～咯，还要再眼眼燥。

红血血 ɦuoŋ$^{231}_{11}$ɕioʔ$^{45}_{5}$ɕioʔ$^{45}_{54}$ 有点红：鳑鲏眼睛有些～咯，隔*以讴伊烂眼鳑鲏。

咸渍渍 ɦæ̃$^{231}_{11}$tseʔ$^{45}_{5}$tseʔ$^{45}_{54}$ 略咸：下饭勿可多摆糖，～咯才至好吃。

浑浊浊 ɦuẽ$^{231}_{11}$doʔ$^{23}_{5}$doʔ$^{23}_{54}$ 水不清：个水～咯，要澄一澄才至会清。

呆嗄*嗄* ŋᴇ$^{231}_{11}$doʔ$^{23}_{5}$doʔ$^{23}_{54}$ 傻傻的：是介咯说话勿好去话咯，偌嫑～。

矮墩墩 a^{335}tõ$^{52}_{55}$tõ^{52} 人身材矮小而壮实：亨*个～咯是伊大儿子。

哑啰*啰* o^{335}lo$^{231}_{55}$lo$^{231}_{52}$ 偷偷的：是介咯事体只好～咯揿揿咯。

俸呶呶 ts^{h}ẽ^{335}nɒ$^{335}_{55}$nɒ$^{335}_{52}$ 撒娇的样子：偌已经是大人哉，还要是个～咯。

苦薏薏 k^{h}u^{335}i$^{33}_{55}$i$^{33}_{52}$ 略苦：青果吃起来开头有些～咯。

苦搭*搭* k^{h}u^{335}tæʔ$^{45}_{5}$tæʔ$^{45}_{54}$ 很苦：药煎得～实在勿好吃。

水拆*拆* sɿ^{335}ts^{h}aʔ$^{45}_{5}$ts^{h}aʔ$^{45}_{54}$ 水分太多无味：葛*南瓜～咯一些勿好吃。

小唧*唧* ɕiɒ^{335}tɕieʔ$^{45}_{5}$tɕieʔ$^{45}_{54}$ 身材较小：看看～咯人，做起来倒蛮有力气咯。

冷冰冰 laŋ$^{113}_{115}$piŋ$^{52}_{55}$piŋ^{52} 冷淡：个人则*随便何谁都是个～咯。

痒绸*绸* ɦiaŋ$^{113}_{115}$dzɤ$^{231}_{55}$dzɤ$^{231}_{52}$ 有些痒：～咯勿可来撚扰我。

卤渧渧 lu$^{113}_{115}$ti$^{33}_{55}$ti$^{33}_{52}$ 液体渗出的样子：衣裳绞些燥，勿可～咯就晾起。

厚笃*笃* ɦɤ$^{113}_{115}$toʔ$^{45}_{5}$toʔ$^{45}_{54}$ 厚厚的：嘴唇皮～，看看人有些老实咯。

臭烘烘 ts^{h}ɤ^{33}huoŋ$^{52}_{33}$huoŋ^{52} 很臭：苋菜梗有些～，吃起来蛮蛮煞口咯。

瘦精精 sɤ^{33}tɕiŋ$^{52}_{33}$tɕiŋ^{52} 人较瘦：有个～咯大姑娘来寻偌过。

俸*挠*挠* foŋ^{33}nɒ$^{52}_{33}$nɒ^{52} 很脏的样子：～咯东西勿可拕得屋里来。

荫飕飕 iŋ^{33}sɤ$^{52}_{33}$sɤ^{52} 凉凉的：个房间里有些～咯。

醉醺醺 tsᴇ^{33}ɕiø̃$^{52}_{33}$ɕiø̃^{52} 喝醉酒的样子：伊是个～咯去开得个会。

细久*久* ɕi^{33}tɕiɤ$^{335}_{33}$tɕiɤ$^{335}_{52}$ 较细：帐杆棒要～咯，[勿]可忒个粗。

翘耸耸 tɕ^{h}iɒ^{33}soŋ$^{335}_{33}$soŋ$^{335}_{52}$ 上翘而耸动的样子：小大姑娘两只辫子～。

脆朵朵 ts^{h}ᴇ^{33}to$^{335}_{33}$to$^{335}_{52}$ 声音清脆而动听：五十多岁哉，喉气还～带*唻。

燥火火 sɒ^{33}hu$^{335}_{33}$hu$^{335}_{52}$ 很干：饼干～咯賥两块好吃。

暗洞洞 ẽ^{33}doŋ$^{11}_{33}$doŋ$^{11}_{52}$ 黑暗：房间里～，看勿灵清。

翘笃*笃* tɕ^{h}iɒ^{33}toʔ$^{45}_{3}$toʔ$^{45}_{5}$ 自以为是：别人忙得要死，伊倒～咯一些事体也唔有。

胀别*别* tsaŋ^{33}bieʔ$^{23}_{3}$bieʔ$^{23}_{5}$ 肚子胀：肚皮有些～带*。

硬绷绷 ŋaŋ^{11}paŋ$^{52}_{11}$paŋ^{52} （1）发硬：小衫～咯穿得勿爽快。（2）使人勉强：伊是我～请来咯。

韧刁*刁* ȵiŋ^{11}tiɒ$^{52}_{11}$tiɒ^{52} 韧得咬不动：老油条～咯咬勿动。

耐幽幽 nᴇ^{11}iɤ$^{52}_{11}$iɤ^{52} 平心静气的样子：勿管偌肯勿肯听，伊总是～咯来劝咯。

糊拖拖 ɦu^{11}t^{h}o$^{52}_{11}$t^{h}o^{52} 酥软：娘娘顶欢喜吃～咯肚皮肉。

摇凛凛 ɦiɒ^{11}liŋ^{11}liŋ$^{11}_{52}$ 动摇不稳：扇窗门～咯看跌落来。

澜溚溚 læ̃^{11}tæʔ$^{45}_{1}$tæʔ$^{45}_{5}$ 水湿：刚刚落过雨，地下～咯。

韧结结 ȵiŋ^{11}tɕieʔ$^{45}_{1}$tɕieʔ$^{45}_{5}$ 有咬劲：条头糕～咯。

亮烁烁 liaŋ^{11}saʔ$^{45}_{1}$saʔ$^{45}_{5}$ 电筒光头～咯。

给搭*搭* dᴇ^{11}tæʔ$^{45}_{1}$tæʔ$^{45}_{5}$ 松垂：棕绷～带*哉，要修过哉。

糊踏*踏* ɦu^{11}dæʔ$^{23}_{1}$dæʔ$^{23}_{5}$ 糊而泞：天刚刚落过雨，园田里～咯捺*个走得进去？

涩滋滋 seʔ$^{45}_{3}$tsɿ$^{52}_{55}$tsɿ^{52} 略涩：柿子捏捏嫩哉，吃吃还有些～带*唻。

急吼吼 tɕieʔ$^{45}_{3}$hɤ$^{335}_{55}$hɤ$^{335}_{52}$ 急不可耐的样子：葛*东西啥嘞要～咯吃伊呐？

血厉厉 ɕiøʔ$^{45}_{3}$li$^{11}_{55}$li$^{11}_{52}$ 过分计较：覅是个～咯去撚伊。

黑黢黢 həʔ$^{45}_{3}$tsʰoʔ$^{45}_{5}$tsʰoʔ$^{45}_{54}$ 黑黑的：白布衫惹得个～咯迹作*，戽都戽勿患*。

瘪塌塌 pieʔ$^{45}_{3}$tʰæʔ$^{45}_{5}$tʰæʔ$^{45}_{54}$ （1）瘪而空：肚皮饿得～。（2）委顿：嬉赌输患*，～咯归去。

熟齐*齐* zoʔ$^{23}_{1}$ʑi$^{231}_{55}$ʑi$^{231}_{52}$ （1）不新鲜：菠菜炒得～哉。（2）不挺括：新衣裳团得～。

辣火火 læʔ$^{23}_{1}$hu$^{335}_{55}$hu$^{335}_{52}$ 微辣：难*饭店里咯下饭都要撚得～咯。

绿映映 loʔ$^{23}_{1}$iŋ$^{33}_{55}$iŋ$^{33}_{52}$ 绿而透亮：个树蓬望出去～咯。

白塔*塔* baʔ$^{23}_{1}$tʰæʔ$^{45}_{5}$tʰæʔ$^{45}_{54}$ 发白而无光泽：玄色衣裳多戽有些～咯。

绿滴滴 loʔ$^{23}_{1}$tieʔ$^{45}_{5}$tieʔ$^{45}_{54}$ 碧绿：个芹菜看看～咯，已经有些老哉。

活唧*唧* ɦueʔ$^{23}_{1}$tɕieʔ$^{45}_{5}$tɕieʔ$^{45}_{54}$ 鲜活的样子：葛*几梗鲫鱼还～带*唻。

实别*别* zeʔ$^{23}_{1}$bieʔ$^{23}_{5}$bieʔ$^{23}_{54}$ 实在，不会客套：伊～咯𫧃应酬咯。

（五）下面再列出常用的前附重叠成分的形容词，即AAB式

潧潧清 kuaŋ^{335}kuaŋ$^{335}_{55}$tɕʰiŋ^{52} 清澈见底：葛*水看看～，烧茶水烧勿来咯。

透透鲜 tʰɤ^{33}tʰɤ^{33}ɕiẽ^{52} 很鲜：下饭～带*。

簇簇新 tsʰoʔ$^{45}_{3}$tsʰoʔ$^{45}_{5}$ɕiŋ^{52} 很新：～咯一本书，拨偌捻得介破。

血*血*尖 ɕiøʔ$^{45}_{3}$ɕiøʔ$^{45}_{5}$tɕiẽ^{52} 很尖：～咯剪刀，勿可一日到夜拕东*手里。

焦焦黄 tɕiɒ$^{52}_{33}$tɕiɒ$^{52}_{55}$ɦuɒŋ^{231}　深黄：脸孔～咯，有病东*哉。

烁*烁*咸 saʔ$^{45}_{3}$saʔ$^{45}_{5}$ɦæ̃^{231}　很咸：～咯下饭，水头放长些再热热。

血血红 ɕiøʔ$^{45}_{3}$ɕiøʔ$^{45}_{5}$ɦuoŋ^{231}　血红：嘴唇皮搨得～，难看唻。

汪*汪*苦 uɒŋ$^{52}_{55}$uɒŋ$^{52}_{55}$kʰu^{335}　很苦：药总是～咯。

棚棚肿 baŋ$^{231}_{11}$baŋ$^{231}_{55}$tsoŋ^{335} 肿得厉害：嘴脯拨伊敲得～，捺*个走得出去?

簇*簇*紫 tsʰoʔ$^{45}_{3}$tsʰoʔ$^{45}_{5}$tsɿ^{335}　深紫：嘴唇～咯，偌怕伊介冷东*?

石石厚 zaʔ$^{23}_{1}$zaʔ$^{23}_{5}$ɦɤ^{113}　很厚：舌胎～，吃东西一些唔有味道。

冰冰荫 piŋ$^{52}_{33}$piŋ$^{52}_{55}$iŋ^{33}　挺凉的：偌手髈捺*个～带*?

精精瘦 tɕiŋ$^{52}_{33}$tɕiŋ$^{52}_{55}$sɤ^{33}　很瘦：一日到夜担心事，人也～哉。

滚滚壮 kuẽ^{335}kuẽ$^{335}_{55}$tsɒŋ^{33}　很胖或很壮：只老勿大咯肉猪拨偌养得～带*哉。

火火泡 hu^{335}hu$^{335}_{55}$pʰɒ^{33}　很烫：汤嬷子还～带*唻。

簌*簌*脆 soʔ$^{45}_{3}$soʔ$^{45}_{5}$tsʰᴇ^{33}　松脆：回笼油条～。

或*或*俸* ɦuoʔ$^{23}_{1}$ɦuoʔ$^{23}_{5}$foŋ^{33}　很脏：偌双手～咯，豪*悛去戽戽清爽。

实*实*细 zeʔ$^{23}_{1}$zeʔ$^{23}_{5}$ɕi^{33}，ʑieʔ$^{23}_{1}$ʑieʔ$^{23}_{5}$ɕi^{33}　很细：腰骨衱得～，忒个要好看哉。

蕈蕈嫩 ʑiŋ$^{113}_{11}$ʑiŋ$^{113}_{55}$nø̃^{11}　很嫩：～咯笋干，賟一块洋钿一斤。

石石硬 zaʔ$^{23}_{1}$zaʔ$^{23}_{5}$ŋaŋ^{11}　很硬：肚皮～，有毛病东*哉。

澜澜湿 læ̃^{11}læ̃^{11}seʔ^{45}　很湿：雨淀得淀，衣裳～哉。

墨墨黑 moʔ$^{23}_{1}$moʔ$^{23}_{5}$həʔ^{45}　深黑：个墨水写出来字～咯，勿是蓝咯。

火火热 hu^{335}hu$^{335}_{55}$ȵieʔ^{23}　很热：下饭～带*唻，覅蒸哉。

土*土*熟 tʰu^{335}tʰu$^{335}_{55}$zoʔ^{23} 睡得很熟：头搭得枕头，当时就～哉。

夥夥什 ɦo$^{113}_{115}$ɦo$^{113}_{55}$zəʔ$^{23}_{5}$，ɦio$^{113}_{115}$ɦio$^{113}_{55}$zəʔ$^{23}_{5}$ 极多：来得～咯人，玻璃门都轧破哉。

雪雪白 ɕieʔ$^{45}_{3}$ɕieʔ$^{45}_{5}$baʔ^{23}　很白：葛*卯买来咯纸头～咯。

滴滴绿 tieʔ$^{45}_{3}$tieʔ$^{45}_{5}$loʔ^{23}　青翠欲滴：～咯翡翠戒指蛮好看咯。

习*习*薄 ʑieʔ$^{23}_{1}$ʑieʔ$^{23}_{5}$boʔ^{23}　很薄：～咯一张纸，捺*个包得牢呐?

三　量词以重叠方式表示周遍

（一）量词以重叠方式表示周遍

量词以重叠的方式表示每一个，如“瓶瓶”表示每一瓶，“只只”指每一只。

（二）量词重叠变调表

阴平	阳平	阴上	阳上	阴去	阳去	阴入	阳入
张张	瓶瓶	碗碗	件件	块块	样样	只只	粒粒
33 55	11 55	33 55	11 55	33 33	11 11	3 5	1 5

（三）量词重叠变调规律

前字——去声不变，阴平、阴上变同阴去，阳平、阳上变同阳去，阴入变中入，阳入变下入。

后字——平声、上声变超平，入声变上入，去声不变，或阴去变超平。

后字阴去或不变，或变超平，条件还不是很清楚。如：“一块块咯梯田”ieʔ$^{45}_{3}$kʰuᴇ$^{33}_{55}$kʰuᴇ$^{33}_{55}$geʔ$^{23}_{5}$tʰi$^{52}_{33}$diẽ$^{231}_{52}$，“块块”在数词“一”字后变调相同，但“块块相似”kʰuᴇ^{33}kʰuᴇ$^{33}_{55}$ɕiaŋ$^{52}_{55}$zʅ$^{113}_{52}$，两个“块块”变调不同，条件不明。

四　动词、形容词作述语时以重叠方式表示疑问和尝试

动词、形容词作为述语时重叠，可以表示疑问和尝试两种不同的语法意义。

（一）表疑问述语（动词、形容词）重叠的变调表

阴平	阳平	阴上	阳上	阴去	阳去	阴入	阳入
55 52	115 52	335 52	115 52	33 33	11 11	45 54	25 54

表疑问的述语重叠，变调规律如下：

前字——去声、阴上、阴入不变调，阴平变超平，阳平、阳上变为变上，阳入变升入。

后字——去声、阴平不变调，上声、阳平变同阴平，入声

变为降入。

（二）表尝试述语重叠的变调表

阴平	阳平	阴上	阳上	阴去	阳去	阴入	阳入
55 52	115 52	33 55	11 55	33 33	11 11	3 5	1 5

表尝试的述语重叠，变调规律如下：

前字——去声不变调，阴平变超平，阳平变为变上，阴上变同阴去，阳上变同阳去，阴入变中入，阳入变下入。

后字——去声阴平不变调，阳平变同阴平，上声变超平，入声变上入。

（三）以上两种不同语法功能的重叠，平声、去声字的变调相同，上声、入声字的变调不同

述语	表疑问	表尝试
穿穿 ꜀tsʰẽ ꜀tsʰẽ，空空 ꜀kʰuoŋ ꜀kʰuoŋ	55 52	55 52
来来 ꜁lᴇ ꜁lᴇ，齐齐 ꜁ʑi ꜁ʑi	115 52	115 52
走走 ꜂tsɤ ꜂tsɤ，吵吵 ꜂tsʰɒ ꜂tsʰɒ	335 52	33 55
坐坐 ꜃zo ꜃zo，满满 ꜃mø̃ ꜃mø̃	115 52	11 55
看看 kʰẽ꜄ kʰẽ꜄，燥燥 sɒ꜄ sɒ꜄	33 33	33 33
话话 ɦuo꜅ ɦuo꜅，饿饿 ŋo꜅ ŋo꜅	11 11	11 11
吃吃 tɕʰieʔ꜆ tɕʰieʔ꜆，湿湿 seʔ꜆ seʔ꜆	45 54	3 5
读读 doʔ꜇ doʔ꜇，辣辣 læʔ꜇ læʔ꜇	25 54	1 5

以上述语（动词、形容词）的重叠，实际上是“□勿□”“□一□”这两种结构省略了“勿”和“一”的结果。这两种形式相同、意义不同的重叠式，虽然一部分变调相同，但由于语言环境或说话时语气的不同，仍然绝少相混。它们在任何情况下也都可以还原而说成原来“□勿□”或“□一□”的格式。

（四）由“□勿□”省略成的述语重叠，表示是非问

（葛*）个书偌看看（嘞）？（keʔ$^{45}_{3}$）keʔ$^{45}_{5}$ ɕy^{52}noʔ$^{23}_{25}$kʰẽ^{33}kʰẽ^{33}（laʔ$^{23}_{3}$）——这本书你看不看？

如果述语是双音节的，就由前一音节重叠。如：

偌欢欢喜？noʔ$^{23}_{25}$huø̃$^{52}_{33}$huø̃$^{52}_{55}$ɕi$^{335}_{55}$——你喜欢不喜欢？

如果述语前面有助动词，则由助动词重叠。如：

偌要要去？noʔ$^{23}_{25}$iɒ$^{33}_{55}$iɒ$^{33}_{55}$tɕ^{h}i$^{33}_{52}$——你要不要去？

伊有有话啥西？ɦi$^{113}_{115}$ɦiɤ$^{113}_{115}$ɦiɤ$^{113}_{55}$ ɦuo$^{11}_{55}$so^{33}ɕi^{52}——他有没有说什么？

好好吃咯？hɒ^{335}hɒ$^{335}_{55}$tɕ^{h}ieʔ$^{45}_{54}$ ɡoʔ$_{3}$(koʔ^{45}）——可以吃吗？

（五）由“□一□”省略而成的述语重叠，表示一个动程很短，稍行即止的动作

让我看看！ȵiaŋ^{11}ŋo$^{113}_{55}$k^{h}ẽ^{33}k^{h}ẽ^{33}——让我看一下！

如果这种重叠的述语是连动式中的前一个谓语，就表示这一动作的将要完成。如：

让我看看再话。ȵiaŋ^{11}ŋo$^{113}_{55}$k^{h}ẽ$^{33}_{55}$k^{h}ẽ$^{33}_{55}$tsɛ$^{33}_{55}$ɦuo^{11}——让我看一下再说。

如果后面再加一个语助词“看”，就表示“试行”。如：

让我看看看。ȵiaŋ^{11}ŋo$^{113}_{55}$k^{h}ẽ^{33}k^{h}ẽ^{33}k^{h}ẽ^{33}——让我来看一下。

五　拟声词的高低调

（一）绍兴方言中拟声词的声调有另一种特殊性，或另一种类型的变调

它一般不表现为某字的本调，也不按变调规律的曲折变化，而是使用调域边际两侧高低端的音高成分：阴调舒声字一律变为高平调55，入声字为5，阳调舒声字一律变为低平调11（和阳去相同），入声字为1。就是说，模拟对象高声的，拟声词也高声；模拟对象低声的，拟声词也低声。只在极个别情况下才使用本调或变调。因此高低调就成了拟声词的特殊变调。

（二）下面列出若干单音节和多音节的拟声词。声调按拟声词的类型标写，凡另有本调和变调的，一并在后面标写出来，近音字不另加说明

平*（打枪）—— biŋ^{11}，biŋ^{231}

笃*（轻敲）—— toʔ^{5}

订*冻*（小件金属碰撞）——tiŋ^{55}toŋ^{55}，tiŋ^{33}toŋ^{55}

劈*拍*（火星爆裂）—— p^{h}ieʔ^{5}p^{h}aʔ^{5}，p^{h}ieʔ^{3}p^{h}aʔ^{5}

薄*毒*（重物掉在地上或走路时摔在地上）—— boʔ^{1}doʔ^{1}

狭*秋*（打喷嚏）—— ɦæʔ$^{23}_{25}$tɕ^{h}iɤ^{52}

哥*哥*荷*（鸡啼）—— ko^{55}ko^{55}ɦo^{55}，ko$^{52}_{33}$ko$^{52}_{55}$ɦo$^{231}_{52}$，ko$^{52}_{33}$ko$^{52}_{55}$ɦo^{231}

其中“平*”又作本调，“订*冻*”“劈*拍*”又按成词两字规律变调，“狭*秋*”按主谓结构变调，“哥*哥*荷*”按形容词AAB式变调。

（三）拟声词中，单音节词可以按重叠方式构成多音节词，比如二、三、四各个不同的音节，成为AA、AAA、AAAA等格式

AA 呼*呼*，胡*胡*（刮风）—— hu^{55}hu^{55}，ɦu^{11}ɦu^{11}

笃*笃*（轻敲）—— toʔ^{5}toʔ^{5}

拍*拍*（拍手）—— p^{h}aʔ^{5}p^{h}aʔ^{5}

AAA 平*平*平*（到处打枪）—— biŋ^{11}biŋ^{11}biŋ^{11}，biŋ^{231}biŋ^{231}biŋ^{231}

冻*冻*冻*（敲小鼓）—— toŋ^{55}toŋ^{55}toŋ^{55}

塌*塌*塌*（轻快地走路）—— t^{h}æʔ^{5}t^{h}æʔ^{5}t^{h}æʔ^{5}

AAAA 铴*铴*铴*铴*（打锣）—— t^{h}aŋ^{55}t^{h}aŋ^{55}t^{h}aŋ^{55}t^{h}aŋ^{55}

棚*棚*棚*棚*（使劲敲门）—— baŋ^{11}baŋ^{11}baŋ^{11}baŋ^{11}，
baŋ^{231}baŋ^{231}baŋ^{231}baŋ^{231}

踏*踏*踏*踏*（使劲快走）—— dæʔ^{1}dæʔ^{1}dæʔ^{1}dæʔ^{1}

双音节的拟声词则可以让前面或后面的音节重叠，构成三音节的AAB式或ABB式。如：

AAB 寝*寝*撑*（震动金属片）—— tɕ^{h}iŋ^{55}tɕ^{h}iŋ^{55}ts^{h}aŋ^{55}，
tɕ^{h}iŋ^{33}tɕ^{h}iŋ^{33} ts^{h}aŋ^{55}

劈*劈*拍*（鼓掌）—— p^{h}ieʔ^{5}p^{h}ieʔ^{5}p^{h}aʔ^{5}，p^{h}ieʔ^{3}p^{h}ieʔ^{3}p^{h}aʔ^{5}

敌*敌*薄*（水果不断掉在地上）—— dieʔ^{1}dieʔ^{1}boʔ^{1}，
dieʔ^{1}dieʔ^{1} boʔ^{5}

ABB 撑*冷*冷*（震动金属片）——ts^{h}aŋ^{55}laŋ^{55}laŋ^{55}

共*弄*弄*（打雷）—— guoŋ^{11}loŋ^{11}loŋ^{11}

各*落*落*（圆物滚动）—— koʔ^{5}loʔ^{5}loʔ^{5}

ABB式中，后置的重叠成分声母一般为l。

双音节的拟声词也可以重叠构成四字格。一是拟声词的语素分别重叠，构成AABB式。如：

AABB 际*际*债*债*（女孩边说边笑）—— tɕi^{55}tɕi^{55}tsa^{55}tsa^{55}

订*订*冻*冻*（金属棒磕碰声）—— tiŋ^{55}tiŋ^{55}toŋ^{55}toŋ^{55}，

tiŋ^{33}tiŋ^{55}toŋ^{55}toŋ^{52}

的*的*笃*笃*（打算盘）—— tieʔ^{5}tieʔ^{5}toʔ^{5}toʔ^{5}，

tieʔ^{3}tieʔ^{5}toʔ^{5} toʔ^{54}

二是双音节词自身重叠，构成ABAB式。如：

ABAB 故*嘟*故*嘟*（大口喝水）—— ku^{55}tu^{55}ku^{55}tu^{55}，

gu^{11}du^{11}gu^{11}du^{11}

订*冻*订*冻*（金属棒敲击声）—— tiŋ^{55}toŋ^{55}tiŋ^{55}toŋ^{55}

敌*薄*敌*薄*（水果不断掉在地上）—— dieʔ^{1}boʔ^{1}dieʔ^{1}boʔ^{1}

（四）双音节拟声词还可以和以l声母起头的音节构成四字格ALBL式

在这种格式中，拟声词占一、三音节，互为双声（或早期曾为双声，如下例“寄”和“故”声母同为见母k，“寝”和“畅”声母同为清彻母ts^h），l声母音节占二、四音节，分别与一、三音节叠韵。如：

寄*故* tɕi^{55}ku^{55}——寄*哩*故*卢* tɕi^{55}li^{55}ku^{55}lu^{55}

寝*撑* tɕ^{h}iŋ^{55}ts^{h}aŋ^{55}——寝*另*撑*冷* tɕ^{h}iŋ^{55}liŋ^{55}ts^{h}aŋ^{55}laŋ^{55}

这类ALBL式在绍兴方言中使用颇多，其他汉语方言也很常见。如：

寄*哩*故*卢*（小声说话）—— tɕi^{55}li^{55}ku^{55}lu^{55}

寝*另*撑*冷*（戏曲乐队演奏）—— tɕ^{h}iŋ^{55}liŋ^{55}ts^{h}aŋ^{55}laŋ^{55}

的*历*笃*落*（打算盘）——tieʔ^{5}lieʔ^{5}toʔ^{5}loʔ^{5}，tieʔ^{3}lieʔ^{5}toʔ^{5}loʔ^{54}

这类四字格ALBL式中AB的生成，还不能确定阴声韵、阳声韵、入声韵中是由哪一个起头发展而成的。如：

避*里*败*拉* bi^{11}li^{11}ba^{11}la^{11}——并*另*碰*冷* biŋ^{11}liŋ^{11}baŋ^{11}laŋ^{11}—— 别*历*白*嘞 bieʔ^{1}lieʔ^{1}baʔ^{1}laʔ^{1}，bieʔ^{1}lieʔ^{5}baʔ^{5}laʔ^{54}

此外，还有一种四字格第二音节改用“出*”字，一、三音节也并非双声的格式。这种格式较为少见。如：

地*出*部*溜*（大汗淋漓）—— di^{11}ts^{h}eʔ^{1}bu^{11}liɤ^{11}

定*出*甏*冷*（居室扰动不安）—— diŋ^{11}ts^{h}eʔ^{1}baŋ^{11}laŋ^{11}

敌*出*白*嘞*（匆忙作准备）—— dieʔ^{1}ts^{h}eʔ^{1}baʔ^{1}laʔ^{1}，
dieʔ^{1}ts^{h}eʔ^{5}baʔ^{5}laʔ^{54}

要补充说明的是，绍兴方言拟声词的音节大多按阴阳调分别读入高平（上入）和低平（下入），但首字的阴阳调还决定后字的声调为阴调或是阳调，后字声母本身不再按阴阳调起作用。比如前述“撑*冷*冷*”中的“冷*”、“寝*另*撑*冷*”中的“另*”和“冷*”都不读阳调的低平，而和首字阴调的“撑*”和“寝*”相同读为高平，“定*出*甏*冷*”中的“出*”不读阴调的上入，而和首字“定*”同属阳调而读为下入。

前字入声的两音节拟声词还可以和 l 音节构成三音节的 ALB 式。l 音节插在中间，并与后一音节叠韵。如：

扑*痛* p^{h}oʔ^{5}t^{h}oŋ^{55}，p^{h}oʔ^{3}t^{h}oŋ^{55}——扑*弄*痛* p^{h}oʔ^{5}loŋ^{55}t^{h}oŋ^{55}，
p^{h}oʔ^{3}loŋ^{33}t^{h}oŋ^{55}

这种格式在吴方言中很多见，但很少见于其他方言。如：

拍*冷*淌*（碗摔碎了）—— p^{h}aʔ^{5}laŋ^{55}t^{h}aŋ^{55}，p^{h}aʔ^{3}laŋ^{33}t^{h}aŋ^{55}

白*冷*宕*（重物投入水中）—— baʔ^{1}laŋ^{11}daŋ^{11}，baʔ^{1}laŋ^{11}daŋ^{55}

拍*嘞□（小物摔在地上）—— p^{h}aʔ^{5}laʔ^{5}t^{h}aʔ^{5}，p^{h}aʔ^{3}laʔ^{3}t^{h}aʔ^{5}

白*嘞□（重物摔在地上）—— baʔ^{1}laʔ^{1}daʔ^{1}，baʔ^{1}laʔ^{1}daʔ^{5}

这类三音节 ALB 式中的 B 只有阳声韵和入声韵，没有阴声韵。相互生成的脉络也不是很清楚。如：

白*冷*宕* baʔ^{1}laŋ^{11}daŋ^{11}，baʔ^{1}laŋ^{11}daŋ^{55}——白*嘞□ baʔ^{1}laʔ^{1}daʔ^{1}，
baʔ^{1}laʔ^{1}daʔ^{5}

（五）绍兴方言拟声词的高低调，和拟声词声母、韵母的音色相互接近也有一定关系

绍兴方言拟声词的高低调，如前所说，跟模拟对象和拟声词音域内的高低调有关。不仅如此，还跟拟声词声母和韵母的音色相互接近也有一定关系。比如，拟声词以高调、清声母模拟清脆的声音，以低调、浊声母模拟沉重的声音。如：

寄*哩*故*卢*（小声说话）—— tɕi^{55}li^{55}ku^{55}lu^{55}

忌*利*跍*路*（钝物摩擦）—— dʑi^{11}li^{11}gu^{11}lu^{11}

的*伯*的*伯*（柴火火星迸裂）—— tieʔ^{5}paʔ^{5}tieʔ^{5}paʔ^{5}，

tieʔ^{3}paʔ^{5}tieʔ^{5}paʔ^{54}

敌*白*敌*白*（杂乱的脚步声）—— dieʔ^{1}baʔ^{1}dieʔ^{1}baʔ^{1}

或兼以清声母送气音或-ŋ 尾阳声韵模拟连串的声音或回声，以浊声母或-ŋ 尾阳声韵或入声模拟闷哑的声音。如：

刺*刺*刺*（放鞭炮时点燃药线）—— tsʰɿ^{55}tsʰɿ^{55}tsʰɿ^{55}

滞*滞*滞*（烙铁烫到木头）—— dzɿ^{11}dzɿ^{11}dzɿ^{11}

乒*乒*乒*（轻声敲门）—— pʰaŋ^{55}pʰaŋ^{55}pʰaŋ^{55}，pʰaŋ^{52}pʰaŋ^{52}pʰaŋ^{52}

棚*棚*棚*（重重地敲门）—— baŋ^{11}baŋ^{11}baŋ^{11}，baŋ^{231}baŋ^{231}baŋ^{231}

扑*弄*痛*（轻物投入水中）—— pʰoʔ^{5}loŋ^{55}tʰoŋ^{55}，

pʰoʔ^{3} loŋ^{33}tʰoŋ^{55}

勃*弄*洞*（重物投入水中）—— boʔ^{1}loŋ^{11}doŋ^{11}，boʔ^{1}loŋ^{11}doŋ^{55}

塌*塌*塌*（轻快地走）—— tʰæʔ^{5}tʰæʔ^{5}tʰæʔ^{5}

达*达*达*（重步快跑）—— dæʔ^{1}dæʔ^{1}dæʔ^{1}

拟声词在音值上尽量接近模拟的事物，这原是语言的内在要求。绍兴方言属吴方言，音系中声调本来就有阴高阳低之别，又加声母区分清浊，韵母区分阴阳和舒入，因此在模拟时比其他汉语方言有了更多的手段，能较好地满足语言中拟声的要求。

六　人称代词以语音变化表示单复数

绍兴方言在改变人称代词的单复数时，不用增减词尾，而用改变韵母读音的办法。

（一）人称代词依靠韵母的语音变化来表示单数和复数，并有特殊的词尾

	单数	复数
第一身	我 ŋo^{113}，我洛* ŋo$^{113}_{11}$loʔ$^{23}_{5}$	伲 ŋa^{113}，伲赖* ŋa$^{113}_{11}$la$_{55}$
第二身	偌 noʔ^{23}，偌洛* noʔ$^{23}_{1}$loʔ$^{23}_{5}$	倷 na^{113}，倷赖* na$^{113}_{11}$la$_{55}$

第三身　伊 ɦi^{113}，伊洛* ɦi$^{113}_{11}$loʔ$^{23}_{5}$　　　倻 ɦia^{113}，倻赖*ɦia$^{113}_{11}$la$_{55}$，

伊赖* ɦi$^{113}_{11}$la$_{55}$

单数式“我”、“偌”、“伊”各自不同的韵母，在复数中都变为“偓”、“倷”、“倻”的 a（ia）。词尾也由单数式的“洛*”loʔ^{23}变为表复数的“赖*”la$_{55}$，“赖*”还可以入声化读作 laʔ$^{23}_{5}$。

“我”、“伊”之间的声调还有一个特殊的变化。下面先列出绍兴方言人称代词有无词尾的两种读音：

	第一人称	第二人称	第三人称
①	我 ⊆ŋo^{113}，偓 ⊆ŋa^{113}	偌 noʔ⊇^{23}，倷 ⊆na^{113}	伊 ⊆ɦi^{113}，倻 ⊆ɦia^{113}
②	我洛* ⊆ŋo$^{113}_{11}$loʔ⊇$^{23}_{5}$	偌洛* noʔ⊇$^{23}_{1}$loʔ⊇$^{23}_{5}$	伊洛* ⊆ɦi$^{113}_{11}$loʔ⊇$^{23}_{5}$
③	偓赖* ⊆ŋa$^{113}_{11}$la$_{55}$	倷赖* ⊆na$^{113}_{11}$la$_{55}$	倻赖* ⊆ɦia$^{113}_{11}$la$_{55}$，伊赖* ɦi$^{113}_{11}$la$_{55}$

单音形式①中，“伊”的本字为“渠”（《集韵》求於切），二者声母和声调都不相同。原因是浙南地区一种音变规律的影响，使 tɕ 声母或浊化的 dʑ 声母趋于失落（如云和方言“其狼～” ꜀tɕi → ꜀ji，温州方言“贱”dʑi⊇ →ji⊇），绍兴城区一带的方言“渠”dʑi 的声母也因此失落，音变成“伊”ɦi。又因为“我”字声调的同化作用，“伊”的声调又由阳平变为阳上，成为 ⊆ɦi^{113}。“渠”声母和声调的变化由此完成。此外，由于表复数的“偓”、“倻”分别是“我”、“伊（渠）”的音变，另加“偌”变为“倷”，声调随着也变为阳上，成为 ⊆ŋa^{113}、⊆na^{113}、⊆ɦia^{113}。以上在带词尾的形式②和③中，都按单音词和语助词的两音节变调规律变调。

（二）人称代词的词尾“洛*”和“赖*”没有独立意义，不能单独运用。除少数需要特别强调的场合，一般也都省略不用（但“伊赖*”不能省略“赖*”，因为单用的“伊”只能用作单数式）

嫑伊去！ fiɒ$^{33}_{335}$ɦi$^{113}_{55}$tɕʰi$^{33}_{52}$——不要他去！

嫑抲去！（葛*）个是偓（赖*）咯！ fiɒ$^{33}_{335}$do$^{231}_{55}$ tɕʰi$^{33}_{52}$，（keʔ$^{45}_{3}$）keʔ$^{45}_{5}$zeʔ$^{23}_{54}$ŋa$^{113}_{11}$（la$_{55}$）goʔ$^{45}_{5}$（k－）——别拿去！这是我们的！

“赖*”尾还可以放在表人名词的后面，表示这是一个既是第三者，又是多数的特定集合体。例如“学生子赖*”ɦoʔ$^{23}_{1}$saŋ$^{52}_{55}$tsɿ$^{335}_{55}$la$_{55}$，其中的“赖*”并不是表多数的词尾，而是并列同位语“伊赖*”（“倻赖*”）的

省略，相当于北京方言“学生他们”中的“他们”。只是绍兴方言不能像北京方言的“学生他们”那样把“学生子赖*”还原说成“学生子伊赖*”（或“学生子倻赖*”），因为绍兴方言中并没有后者那样的说法。

（三）人称代词多数第一身没有排除式和包括式的分别

偌覅来惹偃！noʔ$^{23}_{25}$ɦiɒ$^{33}_{55}$lE$^{231}_{55}$ȵia$^{113}_{11}$ŋa$^{113}_{52}$——你别来招惹我们！

偃一道生去好好？ŋa$^{113}_{115}$ieʔ$^{45}_{3}$dɒ$^{113}_{55}$saŋ$^{52}_{55}$tɕʰi^{33}hɒ^{335}hɒ$^{335}_{52}$——咱们一起去好不好？

（四）人称代词领有的方式和名词相同

我咯哥哥。ŋo$^{113}_{11}$goʔ$_{5}$（koʔ^{45}）ko$^{52}_{335}$ko^{52}——我的哥哥。

表领有时，有时复数人称代词实际上表示的是单数。例如：

伊是偃咯哥哥。ɦi$^{113}_{115}$zeʔ$^{23}_{5}$ŋa$^{113}_{11}$goʔ$_{5}$（koʔ^{45}）ko$^{52}_{335}$ko^{52}——他是我的哥哥。

句子实际上也可说成“伊是偃哥哥”。这时领有的一般限于家庭、家族、学校、工作单位等集体中的成员。

七　指示代词的远指和近指

指示代词表示人和事物时分近指和远指，近指用“葛*”keʔ^{45}，相当于北京方言的“这”，远指用“亨*”haŋ^{33}，相当于北京方言的“那”。

葛*个 keʔ$^{45}_{3}$goʔ$_{5}$(koʔ^{45})　　亨*个 haŋ$^{33}_{55}$goʔ$_{5}$(koʔ^{45})

葛*些 keʔ$^{45}_{3}$søʔ$^{45}_{5}$　　亨*些 haŋ$^{33}_{55}$søʔ$^{45}_{5}$

葛*里 keʔ^{45}li$^{113}_{52}$　　亨*里 haŋ$^{33}_{55}$li$^{113}_{52}$

葛*时光 keʔ^{45}zɿ$^{231}_{55}$kuɒŋ^{52}　　亨*时光 haŋ$^{33}_{55}$zɿ$^{231}_{55}$kuɒŋ^{52}

但表示事物性质、状态和方式时，指示代词没有近指和远指之分。

是个 zeʔ$^{23}_{1}$geʔ$_{5}$（koʔ^{45}）——这么，那么。

是个些 zeʔ$^{23}_{1}$geʔ$_{5}$（koʔ^{45}）søʔ$^{45}_{5}$——这么些，那么些。

是介 zeʔ$^{23}_{1}$ga$^{33}_{55}$，介 ka$^{33}_{55}$——这样，那样。

八　指示代词"葛*"和数词"一"的省略

近指指示代词"葛*" $ke?^{45}$和数词"一" $ie?^{45}$在量词前出现时，如果语言环境不致引起误解，可以省略不出现。如：

（葛*）只狗介大咯！（$ke?^{45}_{3}$）$tsə?^{45}_{5}kɤ^{335}ka^{33}_{55}do^{11}go?^{45}_{1}$（k－）——这只狗这么大！

（一）只鸟飞过来哉。（$ie?^{45}_{3}$）$tsə?^{45}_{5}tiɒ^{335}fi^{52}_{33}ku^{33}_{55}lE^{231}_{55}tsE^{52}$——一只鸟飞过来了。

所说的语言环境，是指该事物是说话人双方都知道的，或限指数量为"一"的事物。即例句中所说的是彼此都知道的或提到过的那只狗，或不管省略不省略，鸟的数量都只是"一"。如果双方并不都知道该事物，或该事物数量为多个，则前面的代词和数词都不能省略。否则就必需把这种语言环境允许的省略说成是名词的一种语法功能，甚至设想必需说明所有名词的一个义项是近指的"这个"和数量为"一"，而这显然是不符合事实的。

九　表示处所的语助词

（一）语助词"东*" $toŋ^{33}\sim doŋ^{11}$、"带*" $ta^{33}\sim da^{11}$、"亨*" $haŋ^{33}$置于介词和动词后，表示语句中人或物存在的处所。"东*""带*""亨*"或置于介词"来*" lE^{113}（在）后

我来*带*饲鸡。$ŋo^{113}_{115}lE^{231}_{55}ta^{33}_{55}zɿ^{11}tɕi^{52}$——我在喂鸡。

阿祥清早就来*亨*忙哉。$æ?^{45}_{5}dʑiaŋ^{231}tɕ^{h}iŋ^{52}_{33}tsɒ^{335}_{55}ʑiɤ^{11}_{55}lE^{113}_{55}haŋ^{33}_{55}mɒŋ^{231}_{11}tsE^{52}$——阿祥一早就在忙了。

偌来*东*则*啥？$no?^{23}_{25}lE^{113}_{55}toŋ^{33}_{55}tse?^{45}_{3}so^{33}_{55}$？——你在做什么？

"东*""带*""亨*"或置于一般动词后，如：

小船歇带*桥底下。$ɕiɒ^{335}zẽ^{231}_{52}ɕie?^{45}_{3}ta^{33}_{55}dʑiɒ^{231}_{11}ti^{335}_{55}ɦo^{113}_{52}$——小船停在桥下。

麻鸟落亨*稻田里。$mo^{231}_{11}tiɒ^{335}_{55}lo?^{23}_{5}haŋ^{33}_{52}dɒ^{113}_{115}diẽ^{231}_{55}li^{113}_{52}$——麻雀

落在水田里。

伊翻东*河港里哉。ɦi$^{113}_{115}$fæ̃$^{52}_{55}$toŋ$^{33}_{52}$ɦo$^{231}_{11}$kɒŋ$^{335}_{55}$li$^{113}_{55}$tsᴇ^{52}——他掉在河里了。

（二）“东*”“带*”“亨*”中，“带*”表示事物离说话人距离近，“亨*”表示事物离说话人距离远

可以说“带*”是近指，“亨*”是远指。但“东*”不表示事物和说话人距离的远近，只指明事物的所在地或事物与事物的相对位置。因此，《越谚》中“发语语助”只说“东*”为“助语辞，有‘指明’意”，而“带*”（《越谚》作“歹*”）并没有任何说明，“亨*”则未曾提及。因此，“东*”“带*”“亨*”应该是有区别的两个类，“带*”“亨*”属于一类，是近指和远指，“东*”是另一类，是泛指。把“东*”归入“带*”和“亨*”为一类，或说成是“带*”“亨*”之间的“中指”之类，都是不合适的。

（三）“东*”“带*”“亨*”的来源和发展趋向

动词后的“东*”“带*”“亨*”可能原来前面也有介词“来*”，格式就是例句中的“歇来*带*”“落来*亨*”“翻来*东*”等说法。丢失了“来*”以后，看起来“东*”“带*”“亨*”就直接连在动词后了。“带*”还有一种表示和说话人距离远近的特殊用法，是“东*”“亨*”所没有的。如：

侬葛*里坐带*带*，怕伊勿看见咯啊？noʔ$^{23}_{25}$keʔ$^{45}_{5}$li$^{113}_{52}$zo$^{113}_{115}$ta$^{33}_{55}$ta$^{33}_{52}$，pʰo^{33}ɦi$^{113}_{33}$veʔ$^{23}_{1}$kʰẽ$^{33}_{55}$tɕiẽ$^{33}_{55}$ga$_{52}$——你坐在这儿，难道看不到啊？

侬是个立带*亨*则*啥？noʔ$^{23}_{25}$zeʔ$^{23}_{1}$geʔ$_{5}$lieʔ$^{23}_{1}$ta$^{33}_{55}$haŋ$^{33}_{52}$tseʔ$^{45}_{3}$so$^{33}_{55}$——你这么站着干吗？

电视机买带*东*，也唔有功夫看。diẽ^{11}zʅ^{11}tɕi$^{52}_{11}$ma$^{113}_{115}$ta$^{33}_{55}$toŋ$^{33}_{52}$，ɦa$^{113}_{115}$n̩$^{33}_{55}$n̩iɤ$^{113}_{55}$（ɦ–）kuoŋ$^{52}_{33}$fu$^{52}_{55}$kʰẽ^{33}——买了电视机，也没时间看。

这可能是在都指近处的情况下，“带*”的意义在使用中已经磨损，另需“东*”“带*”“亨*”来表示事物距离的缘故。

十　表示时态的语助词

（一）表示完成态的“得”teʔ^{45} ~ deʔ^{23}和“哉”tsᴇ^{52}

“得”置于动词后，相当于北京方言的“了$_{1}$”。

伊来得一封信。ɦi$^{113}_{115}$lE$^{231}_{115}$teʔ$^{45}_{54}$ieʔ$^{45}_{3}$foŋ$^{52}_{55}$ɕiŋ^{33}——他来了一封信。

我搡破得一只碗。ŋo$^{113}_{115}$sɒŋ$^{52}_{33}$pʰa$^{33}_{55}$teʔ$^{45}_{5}$ieʔ$^{45}_{3}$tsəʔ$^{45}_{5}$uø̃^{335}——我摔破了一只碗。

“哉”则置于句末，相当于北京方言的“了$_2$”。

伊来快哉。ɦi$^{113}_{115}$lE$^{231}_{11}$kʰua$^{33}_{55}$tsE^{52}——他快来了。

倷爹去得有两日哉。na$^{113}_{11}$tia^{52}tɕʰi^{33}teʔ$^{45}_{3}$ɦiɤ$^{113}_{115}$liaŋ$^{113}_{55}$ȵieʔ$^{23}_{5}$tsE^{52}——你爸去了有些天了。

“得”也可以用“哉”来替换。比如“我搡破得一只碗”，也可以说成“一只碗我搡破哉”。

（二）表示进行态的“东*”“带*”“亨*”

“东*”“带*”“亨*”可以置于介词“来”后，表示动作正在进行之中。

钢笔来*东*书包里。kɒŋ$^{52}_{33}$pieʔ$^{45}_{5}$lE$^{113}_{55}$toŋ$^{33}_{55}$ɕy$^{52}_{33}$pɒ$^{52}_{55}$li$^{113}_{52}$——钢笔在书包里。

伊车站里头来*带*。ɦi$^{113}_{115}$tsʰo$^{52}_{33}$dzæ̃$^{113}_{55}$li$^{113}_{55}$dɤ$^{231}_{52}$lE$^{113}_{11}$ta$^{33}_{55}$——他在车站里。

倷儿子来*亨*哉。na$^{113}_{115}$ȵi$^{231}_{11}$tsɿ$^{335}_{55}$lE$^{113}_{115}$haŋ$^{33}_{55}$tsE^{52}——你儿子在了。

也可以置于动词后，表示同样的语法意义。如：

偌立东*则啥？noʔ$^{23}_{25}$lieʔ$^{23}_{1}$toŋ$^{33}_{52}$tseʔ$^{45}_{3}$so$^{33}_{55}$——你站着干什么？

小王坐带*明堂里承风凉。ɕiɒ^{335}ɦuɒŋ$^{231}_{52}$ zo$^{113}_{55}$ ta$^{33}_{55}$mẽ$^{231}_{11}$（–iŋ）dɒŋ$^{231}_{55}$li$^{113}_{52}$dzəŋ$^{231}_{55}$foŋ$^{52}_{33}$liaŋ$^{231}_{52}$——小王坐在院子里乘凉。

倷娘屋里头等亨*咯。na$^{113}_{11}$ȵiaŋ^{231}u$^{33}_{55}$li$^{113}_{55}$dɤ$^{231}_{52}$təŋ$^{335}_{33}$haŋ$^{33}_{55}$koʔ$^{45}_{54}$——你妈在家等着的。

例句中，“东*”“带*”“亨*”显然表示动作的持续。

上节提到，“东*”“带*”“亨*”能置于动词后，可能是“来*+动+东*”这种格式丢失了介词“来*”的结果。

十一　句子成分的位置

绍兴方言个别句子成分的位置有相当的特殊之处。

（一）双宾语的位置

句子中有两个宾语时，直接宾语在前，间接宾语在后。

拨本书我。$\text{peʔ}_{3}^{45}\text{pẽ}_{55}^{335}\text{ɕy}_{55}^{52}\text{ŋo}_{52}^{113}$——给我一本书。

或将间接宾语提前至主语位置。

书拨我本。$\text{ɕy}_{55}^{52}\text{peʔ}_{3}^{45}\text{ŋo}_{55}^{113}\text{pẽ}_{52}^{335}$

但也有跟北京方言相同的说法，间接宾语在前，直接宾语在后，说成“拨我本书”的。

（二）动词后附状语时，宾语往往提到动词或主语前

北京方言的“我看过这书了”，绍兴方言有两种说法：

我书看过哉。$\text{ŋo}_{115}^{113}\text{ɕy}_{55}^{52}\text{k}^{\text{h}}\text{ẽ}^{33}\text{ku}^{33}\text{tsᴇ}^{52}$。

书我看过哉。$\text{ɕy}_{55}^{52}\text{ŋo}_{115}^{113}\text{k}^{\text{h}}\text{ẽ}^{33}\text{ku}^{33}\text{tsᴇ}^{52}$。

（三）表示动量的补语，可以跟北京方言一样，放在宾语后，但也可以放在宾语前

北京方言“我喊过他一次了”，绍兴方言也有两种说法：

我讴得伊卯过哉。$\text{ŋo}_{115}^{113}\text{ɤ}_{55}^{52}\text{teʔ}_{5}^{45}\text{ɦi}_{55}^{113}\text{mɒ}_{55}^{113}\text{ku}_{55}^{33}\text{tsᴇ}^{52}$

我讴得卯伊过哉。$\text{ŋo}_{115}^{113}\text{ɤ}_{55}^{52}\text{teʔ}_{5}^{45}\text{mɒ}_{55}^{113}\text{ɦi}_{52}^{113}\text{ku}^{33}\text{tsᴇ}_{33}^{52}$

（四）表示动作结果的补语，如果是一个多音节的词组，就和北京方言一样，由动词后面加一个“得”teʔ^{45}引出

捻得伊神魂颠倒。$\text{ȵiẽ}_{115}^{113}\text{teʔ}_{5}^{45}\text{ɦi}_{52}^{113}\text{zẽ}_{11}^{231}\text{ɦuẽ}_{55}^{231}\text{tiẽ}_{55}^{52}\text{tɒ}_{52}^{33}$——弄得他神魂颠倒。

如果是单个的词，大多可以直接放在宾语之后。如：

碗脚吃伊过！ $\text{uø̃}^{335}\text{tɕiaʔ}_{54}^{45}\text{tɕ}^{\text{h}}\text{ieʔ}_{3}^{45}\text{ɦi}_{55}^{113}\text{ku}_{55}^{33}$——把饭吃干净！

打伊败。$\text{taŋ}^{335}\text{ɦi}_{55}^{113}\text{ba}_{52}^{11}$——打败他。

则*梗狗屎蝮敲伊煞。$\text{tseʔ}_{3}^{45}\text{kuaŋ}_{33}^{335}\text{kɤ}^{335}\text{u}_{55}^{33}\text{p}^{\text{h}}\text{oʔ}_{54}^{45}\text{k}^{\text{h}}\text{ɒ}_{33}^{52}\text{ɦi}_{55}^{113}\text{sæʔ}_{54}^{45}$——把这条毒蛇打死了。

覅客气，吃碗添。 $\text{fiɒ}_{55}^{33}\text{k}^{\text{h}}\text{aʔ}_{3}^{45}\text{tɕ}^{\text{h}}\text{i}_{55}^{33}$，$\text{tɕ}^{\text{h}}\text{ieʔ}_{3}^{45}\text{uø̃}_{55}^{335}\text{t}^{\text{h}}\text{iẽ}^{52}$——别客气，再吃一碗。

十二 两种句式

（一）被动句

被动式句子有时用一个介词“拨”peʔ^{45}放在使动者名词前来表示。例如：

书拨我看过哉。ɕy$^{52}_{55}$peʔ$^{45}_{5}$ŋo$^{113}_{55}$k^{h}ẽ^{33}ku^{33}tsE^{52}——这本书我看过了。

不过多数情况下不用介词。

书我看过哉。ɕy^{52}ŋo$^{113}_{115}$k^{h}ẽ^{33}ku^{33}tsE^{52}——这本书我看过了。

这时主语“书”仍有被动的意思。

（二）处置式

一般不用处置的方式，而只用提前宾语为主语的方法来表示。

亨*本书拕拨我！haŋ$_{55}$pẽ$^{335}_{55}$ ɕy^{52}do$^{231}_{11}$ peʔ$^{45}_{5}$ ŋo$^{113}_{52}$——把那本书拿给我。

在原来宾语的位置上有时也可以放上一个代词作为后行词。

（葛*）只鸡杀伊患*！（keʔ$^{45}_{3}$）tsəʔ$^{45}_{5}$tɕi^{52}sæʔ$^{45}_{3}$ɦi$^{113}_{55}$ɦuæ̃$_{55}$——把这只鸡宰了。

有时处置式也用和北京方言同样的方式表示，在被处置者名词前加一个和北京方言的“把”相当的“做”，目前按音变都写成“则*”tseʔ˩。但绍兴方言的这种表示方式不能用于命令句（比如说“则*亨*本书拕拨我”），而且一般只能用于被处置者的命运不佳的场合。

（葛*）只鸡我则*伊杀患*哉嘞。（keʔ$^{45}_{3}$）tsəʔ$^{45}_{5}$tɕi^{52}ŋo$^{113}_{115}$tseʔ$^{45}_{5}$ɦi$^{113}_{55}$ sæʔ$^{45}_{3}$ɦuæ̃$_{55}$tsE$^{52}_{55}$laʔ$^{23}_{54}$——这只鸡我把它宰了。

参考文献

戴侗《六书故》，上海社会科学院出版社，2006.

丁度《集韵》（述古堂影宋抄本），上海古籍出版社，1985.

丁声树等 《现代汉语语法讲话》，商务印书馆，1961.

范寅《越谚》，谷应山房刊本，1882年；上海文艺出版社，1986.

顾野王《大广益会玉篇》（建德周氏藏元本），商务印书馆.

摩棱多夫（P.G.von Möllendorff）《宁波方言的字音》（*The Ningpo Syllabary*），american presbyterian mission press, 1901.

钱乃荣《当代吴语研究》，上海教育出版社，1992.

司马光《类篇》，上海古籍出版社，1988.

陶寰、金春华、盛益民《吴语绍兴方言的内部分区》，《承泽堂方言论集》，语文出版社，2014.

王福堂《绍兴话记音》，《语言学论丛》第3辑，上海教育出版社，1959.

《汉语方言论集》， 商务印书馆，2010.

吴子慧《吴越文化视野中的绍兴方言研究》，浙江大学出版社，2007.

杨葳、杨乃浚《绍兴方言》，国际文化出版公司，2000.

余迺永《新校互注宋本广韵》，上海辞书出版社，2000.

袁家骅等《汉语方言概要》（第二版），语文出版社，2001.

赵元任《现代吴语的研究》，清华学校研究院，1928；科学出版社，1956.

《语言问题》，商务印书馆，1980.

后　记

笔者原籍绍兴，一直向往家乡的水乡和风物，对家乡话也有一些感性的了解。对古人勾践卧薪尝胆终得灭吴的故事比较熟悉，陆游、徐文长、秋瑾、鲁迅等人的生平事迹也较为关心。1952年到北京上大学，毕业后留在母校从事教学和研究工作，以汉语方言为主要研究方向之一。开始觉得方言教学是一项和方言研究有关的工作，可以有较多机会调查研究自己的家乡话，了解本地人的方言，因此感到兴奋。后来在工作的过程中逐渐了解到，研究自己的方言并不容易，需要有一定的积累，而且不宜安排在年轻时。

笔者祖居绍兴昌安门外瓦窑头，虽是山阴县界，但属近郊。祖父一辈才迁到城里，居所在东街附近。家中原来所说就是东头埭话（会稽音），进城后则完全是城区话了。应该说，作为家乡话的绍兴方言，笔者的口音还是具有代表性的。但笔者青少年时除在本地外，还曾在杭州、上海两地生活。在异乡时虽然在家中一直说绍兴话，平日就可以捉摸方言中的问题，但远离本土，使自己和本地的口语有了一些细微的差别，口音也要比同龄人高出一个年龄层次。而业务工作又甚为繁忙，对本地的方言只能作一些零星的了解，直到1988年才有机会通过实习课的教学工作作了一次有限的调查，退休前的1998年又调查研究了一段时间。总的来说，对家乡话的掌握还是很不够的。

经历多年，对家乡方言略有了解。也许在这老年时整理家乡话有了些可能吧。但笔者感到，对家乡话不同年龄层次的了解仍然有限，而且进入老年后精力已经有所不逮，调查研究工作仍有很多困难。几经犹豫，不免把写作计划停了下来。不过后来转则又想，时不我待，全面详尽的调查研究目前虽然力所不及，但可以由其他学者来完成，自己按老年的口音和有限的了解作一番记录，还是有条件的，也有一定的意义。这样想了以后，也就消除了顾虑，开始抽时间整理材料，斟酌旧见，进行写作。计划按城区老年口音对绍兴方言的概貌作一介绍，再就个别问题谈一点看法。内容大致包括语音、词汇、语法等几个基本方面。语音部分包括声韵调及其构成、变调、对应规律和同音字汇，词汇部分包括词汇特点和分类词汇，语法部分包括构词法、词类和句法方面的一些特点。写作中，参考了几位同乡学者的成果。最近还看到陶寰等人有关绍兴方言内部分歧的短文，深感本文最大的弱点即将得到补正，无任兴奋。希望在工作完成之后，还能得到读者的指正。

本书正文前还放置了若干张反映绍兴当地人物风貌的照片，这些照片系由老同学狄祥华所摄。这是他念书时（1953年）和刚工作时（1957年）的作品，曾经公开发表，以《绍兴之行》为题，笔名狄华，刊登在2008年第6期的《中国摄影家》上。作者还说明拍摄对象主要是“烙有旧社会痕迹的老农、妇女和知识分子”。这一年龄层次和书中较老的绍兴口音比较接近，因此征得同意后选择采用。

王 福 堂　北大承泽园　2014年5月2日